绿色计算原理与应用

郭 兵 沈 艳 王继禾等 著

科 学 出 版 社

北 京

内 容 简 介

本书详细介绍了绿色计算的基本概念、原理、组成、度量、优化、评价与应用等内容。内容主要包括绿色计算的基本概念、原理、分类、研究内容与发展现状，嵌入式系统的低功耗设计，嵌入式软件的能耗优化与评价，高能效的可定制异构多核体系结构，低能耗的嵌入式操作系统，Internet 的动态能耗优化，绿色软件工程，移动云计算的绿色设计，物联网的绿色设计等。

本书可作为高等院校计算机、电子工程、通信工程、微电子、自动化等专业高年级本科生、研究生和教师的教学参考书，也可作为相关行业从事计算机系统的"绿色化"研究、设计与应用的工程人员的参考书。

图书在版编目(CIP)数据

绿色计算原理与应用/郭兵等著. —北京：科学出版社，2013
ISBN 978-7-03-036436-4

Ⅰ.①绿… Ⅱ.①郭… Ⅲ.①计算技术 Ⅳ.①TP3

中国版本图书馆 CIP 数据核字(2013)第 008784 号

责任编辑：张海娜 / 责任校对：纪振红
责任印制：张 倩 / 封面设计：蓝正设计

科学出版社 出版
北京东黄城根北街 16 号
邮政编码：100717
http://www.sciencep.com

新科印刷有限公司印刷
科学出版社发行 各地新华书店经销
*
2013 年 4 月第 一 版 开本：B5(720×1000)
2013 年 4 月第一次印刷 印张：24
字数：482 000

定价：98.00 元

序

计算机系统经过60多年的快速发展和广泛应用，对人类社会进步产生了巨大的推动作用，但“凡事物极必反”，其对环境的一些负面影响也日益显现出来。按行业划分，整个ICT(information and communication technologies，信息与通信技术)行业是全球第五大耗能行业，与航空业的耗能水平大体相当，而随着移动互联网和云计算等技术应用的日益深入，ICT行业是能耗增长最为迅速的产业之一。

2005年以来全球极端天气的频繁出现，导致严重的环境破坏和经济损失，预示气候变化近在眼前，尤其2012年极端气候事件比十年前上升五倍，导致粮食价格不断上升，资源、水源争夺激烈，全球经济正陷入“日本式”衰退，更加凸显ICT行业“低碳节能”问题的重要性和迫切性。

绿色计算是一种以环境保护为中心的计算模式，与其他计算模式相融合(包括高性能计算、分布式计算、嵌入式计算、社会计算、普适计算和云计算等)，从源头上、根本上改进/消除计算机系统的环境不友好方面，追求计算机系统与人、社会、资源、环境和经济发展的和谐关系，避免计算机系统的“过度计算”现象，即过分追求系统的性能，实现计算机系统的环境友好性。绿色计算之“绿”，既有自然、生态含义，更有社会、人文之意，包含“计算的绿色化(green of computing)”和“通过计算的绿色化(green by computing)”两层含义，其目标包括能源和资源的节约，能源和资源的高效利用与循环利用，对人和环境的友好性，即低碳排放与无害，ICT技术在环境保护领域的应用等。

绿色计算涵盖了各种类型的计算机系统，其中“云计算”数据中心的服务器系统和智能移动的嵌入式计算机系统(如智能手机)节能要求最为迫切。《绿色计算原理与应用》一书从智能移动的嵌入式计算机系统低功耗设计的角度出发，在移动云计算环境下，根据嵌入式系统的典型软/硬件组成结构，自顶向下，对绿色计算进行了层层分解，全面介绍了目前绿色计算的理论研究和工程应用所取得的丰硕成果及最新进展，包括绿色计算的基本原理与研究内容、嵌入式系统的低功耗设计、嵌入式软件的能耗优化与评价方法、高能效的可定制异构多核体系结构、低能耗的嵌入式操作系统、Internet的动态能耗优化、绿色软件工程、移动云计算的绿色设计以及绿色计算在物联网中的应用等，给不同学科的研究、教学和工程人员提供一个关于绿色计算的全貌。

总体上看，绿色化的需求将促使信息产业产生颠覆性的变革，导致计算机系统软/硬件设计思想的大转变。绿色计算的研究在我国还比较少，难以满足产业发展和人才培养的需要，大力开展这方面的研究是很有意义的。

中国计算机学会理事长
清华大学教授
郑纬民

2012 年 12 月 3 日

前　言

通常，人们认为ICT产业是一种科技含量高、资源和能源消耗低、环境污染小的绿色产业。但是，根据Gartner公司2007年一份名为《绿色IT：新一波产业冲击》的报告，计算机和通信设备每年碳排放量约占全球碳排放量的2%。Gartner公司就用户电脑耗费的电能和服务器搜索一次的耗能进行计算，形象地指出：我们每Google一次，耗能相当于烧开半壶水。而随着信息科技应用日益深入，按行业划分，整个ICT行业是全球第五大耗能行业，与航空业的耗能水平大体相当，这个数字仍在迅速上升。据中国国家发展和改革委员会(简称发改委)发布的2010年各行业耗电量，IT产业的耗电量位居第五位，是能耗增长最为迅速的产业之一。产生的这些电力消耗，一方面用户需要承担高昂的电费支出，另一方面也严重地影响到城市的能源分配。计算机系统的广泛使用除消耗大量的电力能源外，还对气候、环境等产生间接的不利影响。

从1946年开始，计算机系统经过60多年的快速发展和全球广泛应用，对人类社会进步产生了巨大的推动作用，但"凡事物极必反"，其对环境的一些负面影响也日益显现出来。"气候变化问题"已由一个科学问题，转为涉及政治、经济、外交等多方面的综合问题。实际上，计算机系统的节能环保问题已受到各国政府、学者和ICT业内软/硬件开发商的高度重视与认可，如工业与信息化部组织编制的《电子信息节能技术开发与应用方案推荐目录》和《信息化促进节能减排》方案，中国移动集团公司启动以节能减排为核心的"绿色行动计划"，华为、中兴、诺基亚、爱立信等通信设备公司倡导的绿色通信理念，联想、ARM、AMD、NVIDIA、Intel等计算机公司倡导的绿色计算模式，DARPA(美国国防部高级研究计划署)于1999年启动的PAC/C(power-aware computing and communications，感功计算与通信)研究计划等。

本书大部分内容是作者和其他学者近年来的研究成果，反映了国内外绿色计算研究和应用的最新进展。全书共九章。第1章概述了绿色计算的基本概念、原理、分类、研究内容与发展现状，并对绿色计算的背景及意义进行了简要介绍。第2章研究了嵌入式系统的低功耗设计，包括低功耗设计的软/硬件层次划分、系统层的低功耗设计技术、多层次的硬件功耗优化技术、嵌入式系统的电池技术以及功耗优化工具等内容。第3章分析了嵌入式软件的能耗优化与评价，包括嵌入式软件能耗的测量方法与工具、源程序结构级/算法级/软件体系结构级软件能耗的建模与优化技术、软件能耗融合模型、低功耗编译优化方法、嵌入式软件能耗属性与其他质量属性的关系以及嵌入式软件能耗优化方法的评价等内容。第 4 章论述了高能效的可定制异构多核体系结构，包括面向能耗相关软/硬件划分的层次化控制数据流图建模、基于离散 Hopfield 神经网络的 RTOS 功耗优化、NoC 目录协议能耗分析与建模，以及智能移动终端的异构多核结构与软/硬件划分技术等内容。第 5 章研究了低能耗的嵌入式操作系统，包括实时任务调度、低能耗调度算法的问题和制约、低能耗任务调度以及低能耗嵌入式操作系统的静态设计等内容。第 6 章探讨了 Internet 的动态能耗优化，包括 Internet 的能耗特性、Internet 的低能耗技术分类、节点的动态能耗优化、节点间协同的动态能耗优化以及面向 IP over TDM over DWDM 的多层网络能耗优化等内容。第 7 章阐述了绿色软件工程，包括绿色软件的需求工程、系统设计、绿色软件的设计、构造与编译技术、绿色软件的测试、评价与验证、绿色软件的部署、运行与控制以及绿色软件开发与运行保障的集成与验证平台等内容。第 8 章分析了移动云计算的绿色设计，包括智能移动终端的协同节能设计、无线通信网络的绿色设计、“云端”的资源管理、分配和服务、“云端”与“终端”的虚拟化技术以及“云端”与“终端”的负载平衡等内容。第 9 章研究了物联网的绿色设计，包括节点的硬件节能设计、节点的软件节能设计、无线传感网络的节能设计、物联网系统层的节能设计等内容。

在本书的编写和四川大学先进嵌入式系统团队的绿色计算研究与开发过程中，一直得到众多国内外专家的亲切关怀。香港理工大学的邵子立副教授，澳大利亚 La Trobe 大学的王殿辉教授，美国肯塔基大学的邱美康副教授，美国加州大学洛杉矶分校(UCLA)的丛京生(Jason Cong)教授，美国加州大学圣地亚哥分校(UCSD)的 Rejesh Gupta 教授，美国 Texas 大学Dallas 分校的 E. H. M. Sha 教授，美国伊利诺伊大学香槟分校(UIUC)的陈德铭教授，韩国 Kyungwon 大学的 Y. S. Kim 教授，中国台湾大学的郭大维教授，日本筑波大学(University of Tsukuba)的李颉教授，加拿大 St. Francis Xavier 大学的 Laurence T. Yang 教授，上海交通大学的过敏意教授和戚正伟副教授，中国科学院计算技术研究所的徐志伟研究员、刘志勇研究员和孙毓忠研究员，华中科技大学的金海教授和廖小飞副教授，浙江大学的吴朝晖教授、张宏刚教授、陈天洲教授和黄江伟博士，西北工业大学的周兴社教授，北京大学的郭耀副教授，东北大学的邓庆绪教授，国防科学技术大学的廖湘科教授，清华大学的汪东升教授、曹军威教授和陈渝副教授，大连理工大学的李克秋教授，电子科技大学的江维副教授等给了作者很多支持与帮助。本书还从国内外许多关于绿色计算、嵌入式系统低功耗设计、移动计算等高水平著作或与有关专家的讨论交流中吸取了新的营养，这些著作的作者和专家是杨学军教授、李德毅教授、Lionel Ni 教授、赵伟教授、N. K. Jha 教授、郑纬民教授、林闯教授、牛志升教授、胡事民教授、马华东教授、易会战教授、T. K. Tan 博士、周学海教授、雷霆博士、陈向群教授、赵霞博士、董云卫教授等，谨向上述教授、专家和朋友表示诚挚的谢意。

本书由郭兵、沈艳、王继禾、伍元胜、刘啸滨、刘云本、王毅、段林涛、张文丽、黄武、熊伟等执笔完成，参加本书编写工作的还有陈晓丰、王钦、李鹏、徐阔海、夏俊、马波、张俊涛、刘凡、罗标、张强、张放、王伟男、许莹、程晨等同学。四川大学计算机学院(软件学院)的有关领导和师生为本书的写作提供了宽松的环境和多方协助，在本书编写过程中得到了四川大学计算机学院(软件学院)章毅教授、王俊峰教授、洪玫教授、彭舰教授、唐宁九教授、朱敏教授、郜明松书记、卢莉副书记、秦燕副书记、刘东权教授、蒋玉明教授、何军副教授、杨秋辉副教授、李强副教授和电子科技大学计算机学院熊光泽教授、雷航教授、桑楠教授、罗蕾教授的大力支持和悉心指导，在此表示深深的谢意。

最后，特别感谢国家自然科学基金项目“智能移动嵌入式系统的协同节能关键技术研究”(批准号：61272104)和“嵌入式软件低功耗设计关键技术研究”(批准号：61073045)、四川省杰出青年科技基金项目“嵌入式软件功耗的建模方法研究”(批准号：2010JQ0011)、中国科学院计算技术研究所计算机体系结构国家重点实验室开放课题“嵌入式软件功耗的融合建模方法研究”(批准号：ICT-ARCH201003)、国家 863 计划项目“基于软/硬件划分的嵌入式系统低功耗设计关键技术研究”(批准号：2008AA01Z105)、“嵌入式构件的语义模型及其运行支撑技术的研究”(批准号：2007AA01Z131)、“嵌入式 Linux PDA 手机开发平台”(批准号：2003AAIZ2210)，国家“核高基”重大专项“基于国产软硬件的数字电视终端解决方案及样机研制”(批准号：2012ZX01033-001-003)、“数字电视嵌入式软件平台及产业化”(批准号：2009ZX01039-003-001-002)等项目对本书研究的资助与支持。

绿色计算是一门非常年轻的技术，仍处于快速发展时期，对许多问题作者仍未深入研究，一些有价值的新内容也来不及收入本书。由于作者知识水平有限，书中疏漏之处在所难免，希望各位专家、教授和读者批评指正。

郭　兵

于四川大学计算机学院(软件学院)

2012 年 10 月

目　　录

第1章 绪　论

1.1 绿色计算的背景

根据美国 In-stat 公司的市场调查，截至 2011 年年底，全世界各种计算机系统（包括通用的台式机系统、专用的嵌入式计算机系统和大型的服务器系统）的保有量超过了 70 亿台，且数量继续呈快速增长的势头，其中在用的 PC 机已经超过 10 亿台，预计到 2015 年时还将翻倍。在正常工作状态下，当前主流配置的 PC 机功率大致在 200W 左右，嵌入式计算机系统（简称嵌入式系统）的平均功率为 30W 左右，一天按 10h 工作时间计算，那么 70 亿台计算机（按 10 亿台台式机和 60 亿台嵌入式系统保守计算）一天消耗的电力平均为 38 亿 kW·h，相当于三峡年发电量 847 亿 kW·h 的 4.49%。如果按 1 度（kW·h）电收费 0.5 元人民币计算的话，全球计算机用户一年要交纳的电费为 6935 亿元人民币[1]。

随着“云计算（cloud computing）”模式逐渐得到全球市场的认可，针对服务器系统的能源消耗情况，IDC 公司最近对数据中心（data center）服务器的调查结果显示，当前国内外正在使用的大量 X86 服务器或 Non-X86 Unix 服务器，平均功率为 1000W 左右，目前数据中心的能耗成本约占总运营成本的 50%，其中有近 50% 为冷却设备所消耗。由于数据中心大容量、高强度地使用各种服务器及其配套设备，提供各种关键的“7×24”数据计算和存储服务，使得单台服务器每天消耗的电力能源远高于台式机系统和嵌入式系统，而数据中心真正的耗能大户是 UPS 电源、配电系统、制冷系统等配套设施。虽然服务器系统绝对数量相对较小，但数据中心用户也面临能源消耗日益严重的问题。到 2012 年，美国各类服务器的数量达到 2000 万台，一年所需电费将超过 157.68 亿美元，其中还不包括配套空调所需的电力。以 Google 公司为例，根据爱迪生电气协会（Edison Electric Institute）的数据，截至 2010 年年底，Google 公司耗电 23 亿 kW·h，相当于 20.7 万户美国家庭一年的用电量。如果按每度电 0.09 美元计算的话，Google 公司每年交纳的电费就达到 2.07 亿美元。同时，IDC 的研究表明，服务器增加的同时，配套用电量将会呈指数级上升。在机房设计布局不合理的情况下，冷却部分所占用的能耗比例将更高。

2010 年 5 月，命名为“星云（Nebulae）”的超级计算机，由中国厂商曙光（Dawning Information Industry）的 TC3600 刀锋服务器所组成，是第三套打破全球千兆次浮点运算速度纪录的系统，在当时全球前五百超级计算机排行榜（Top 500 Supercomputers Rank）上排名第二。该机采用 Intel 的 X5650 处理器，搭配 NVIDIA 的 Tesla C2050 绘图处理器作为加速器。Intel 与 NVIDIA 最新款处理器的结合，是让该系统具有优异效能的主要因素。而 NVIDIA 绘图处理器省电表现也较佳，配备了 4640 颗 Tesla 芯片的"星云"功耗为 6.32MW。根据最新资料，目前全球前五百大超级计算机的平均功耗为 397kW，平均电源效率则为 195MFLOPs/W，较一年前的 150MFLOPs/W 改善不少。

通常，人们一般认为 ICT 产业是一种科技含量高、资源和能源消耗低、环境污染小的绿色产业。但是，根据 Gartner 公司 2007 年一份名为《绿色 IT：新一波产业冲击》的报告[2]，计算机和通信设备每年碳排放量约占全球碳排放量的 2%。而随着信息科技应用日益深入，按行业划分，整个 ICT 行业是全球第五大耗能行业，与航空业的耗能水平大体相当，这个数字仍在迅速上升。Gartner 公司就用户电脑耗费的电能和服务器搜索一次的耗能进行计算，形象地指出：我们每 Google 一次，耗能相当于烧开半壶水。据统计 2010 年美国计算机系统的电力消耗占到全部电力消耗的 2%，而据我国发改委发布的 2010 年各行业耗电量，IT 产业的耗电量位居第五位，是能耗增长最为迅速的产业之一。产生的这些电力消耗，一方面用户需要承担高昂的电费支出，另一方面也严重地影响到城市的能源分配。计算机系统的广泛使用除消耗大量的电力能源外，对环境还将产生下列不利影响[3]：

（1）大气影响堪忧。除了计算机系统散热对大气的影响外，生产计算机系统所需能源带来的大气污染更令人担忧，这些污染物将会对城市大气造成严重的破坏，而弥补这些破坏则需要付出更多的人力和资金成本。目前我国的电力供应仍主要依赖于火电厂，而火电厂工业锅炉燃烧产生的污染物是破坏大气的主要因素之一。环境专家估算，如果采用燃煤发电，生产 1 度电需要消耗 0.4kg 标准煤、4L 净水，并产生 0.272kg 粉尘、0.997kg 二氧化碳和 0.03kg 二氧化硫的排放。2011 年我国计算机、彩电和手机分别达到了 3.2 亿台、1.2 亿台和 11.3 亿部，均列世界第一，以我国 2011 年拥有 PC 机数量 3.2 亿台来计算，每台 PC 机每天工作 10h，一年将耗电 2336 亿 kW·h，相应需要消耗 934.4 亿 kg 标准煤、9344 亿 L 净水，并产生 635.39 亿 kg 粉尘、2328.99 亿 kg 二氧化碳和 70.08 亿 kg 二氧化硫的排放。如果按照目前国际碳交易市场价每年 30 欧元/t，中国 PC 机用户每年将缴纳 2.1 亿欧元碳排放税。因此，计算机系统不但同 Internet 网络相连，而且同电力网络紧密相连，其运行产生了严重的环境影响，如图 1.1 所示。

（2）建筑资源消耗。计算机系统对建筑资源的分配有一定影响，计算机系统及其配套设施所占空间不断膨胀，使得企业和机构的办公和机房面积也被迫不断加大。目前有 10%的企业和机构不得不升级其电力和空调设施，这将带来更大的办公面积需求，另外还有 41%的企业和机构在三年内将面临同样的问题。

图1.1 计算机系统广泛使用产生的一些负面环境影响

(3) 维护成本巨大。企业拥有计算机系统的数量不断加大,随之带来的是高昂的维护成本。同时,计算机系统数量的增加,使得企业的系统软件许可证费用和应用软件开发费用也不断增加。

(4) 人力资源浪费。计算机系统的增加导致企业需要雇用更多的技术人员开发、维护和保养这些设备。

(5) 回收再利用成本高,循环机制亟待构建。目前计算机系统设备中都采用了一些有毒材料(如电路板中的铅和镉、CRT中的氧化铅和钡、开关和平板屏幕中的水银以及印刷电路板和线缆中经过溴化处理的阻燃剂)和一些难以降解的材料(如塑料部件),这些材料提高了报废设备的回收再利用成本,并增大了环境污染的风险。Gartner公司在2007年的一份报告中指出,全球今后每年将有超过1.8亿台PC机"退役",但其中20%的电脑将会被直接送往垃圾站填埋,这将造成严重的环境破坏[1]。Gartner公司统计2010年全球PC出货量3.766亿台,开支将达2454亿美元。更新频率为3年,全球每年将遗弃至少2亿台PC机,损失2000亿美元。此外,国际绿色和平组织2005年进行的一次调查中发现,美国大多数被回收再生利用的计算机被非法送往中国和印度等发展中国家的分解场,从而导致这些国家的环境遭到污染。中国电信行业2009年用户数达到7.26亿户,每月800万速率增加新用户。更换手机的频率为8~12个月,而中国废旧手机的回收率仅为1%。由此,中国每年将遗弃高达7亿部手机,或者扔掉至少3500亿元/年(每部手机平均价格500元计)。随着欧盟计算机环保标准在2008年夏季生效以及美国越来越多的州开始通过环保法规,制造商和用户将面临对减少有毒物质和回收再利用的强制性要求,无形中加大了IT产品的使用成本,将彻底地改变IT产品的设计理念。

(6) 不可自循环性和在线演化能力。硬件方面,在摩尔定律驱动下每年有数以千万计的"落伍"处理器连同其所附的计算系统被抛弃等待"销毁",而不是通过自适应自演化出新结构来自循环再利用;软件方面,地球上每时每刻有千百万的人在写永远不会"重用"的代码,而硬件的换代也加速了"软件"的死亡,因为不能自适应地演化以适应新硬件结构和新需求从而不能自循环再利用。如果我们思考硬件和软件"生产"中对地球资源的高昂"消耗",有必要设计可循环的绿色计算(green

computing)系统。因此,必须重新思考计算系统的基本原理和机制,必须重构硬件、软件及其生产工艺与流程,重新设计和实现计算系统,使得计算系统能够回归自然,无缝地融入自然界无尽的演化和循环中[4]。

可见,从1946年开始,计算机系统经过60多年的快速发展和全球广泛应用,对人类社会进步产生了巨大的推动作用,但"凡事物极必反",其对环境的一些负面影响也日益显现出来。2005年以来全球极端天气的频繁出现,导致严重的环境破坏和经济损失,预示气候变化近在眼前,尤其2011年冬天中国南方"千里冰封",北方"干旱少雪",是近十年来我国极端天气事件发生频率、强度和影响最大的一年,更加凸显"低碳节能"问题的重要性和迫切性,给我们每个人提出了一个严肃而现实的课题,即如何协调社会经济发展与自然、环境的关系,保持社会经济的可持续发展状态。因此,"节能减排、科学发展、人人参与",不单是钢铁、冶金、化工、制造等高能耗重型行业必须完成的任务,也是IT和计算机领域必须面对的紧迫问题。

2012年极端气候事件比十年前上升五倍,导致粮食价格、石油价格、天然气价格不断上升,资源、水源争夺激烈,全球经济正陷入"日本式"衰退,世界气象组织全球天气研究计划负责人则称世界正进入"极端天气频发时代"。"气候变化问题"已由一个科学问题,转为涉及政治、经济、外交等多方面的综合问题。实际上,计算机系统的节能环保问题已受到业内软/硬件开发商和各国政府的高度重视,主要标志性的事件包括:

(1) 2007年7月CSCC(中国标准化研究院中标认证中心 http://www.cecp.org.cn/)向威盛电子公司颁发了PowerSave™节能技术推荐证书,这意味着国家权威机构对高科技企业在节能领域的技术创新成果,给予了大力支持和高度肯定。与此同时,中标认证中心在北京举办了主题为"创新成就1瓦"的中国第二届"1瓦论坛",得到了政府、专家及企业的大力支持。按照中标认证中心提供的数据,如果我国待机能耗指标采用1W的规定,到2012年,计算机系统预计可节电将超过5亿度,显示器可节电约7亿度。

(2) 2007年10月18日,科技部发布《全民节能减排手册》和《全民节能减排技巧汇编》等科普材料,在衣、食、住、行、用等方面提出了36项全民节能减排的量化指标,还有全面节能的500个小诀窍和使用方法。希望这些措施可以提高公众的节能减排意识,发掘公民节能减排的潜力,同时也指导机关事业单位、社区和农村乡镇开展节能减排活动,摒弃不合理的、不科学的生活模式,转变成合理的、科学的消费模式。

(3) 2007年11月23日,为贯彻落实科学发展观,走新型工业化道路,推进信息化与工业化融合,根据《中华人民共和国节约能源法》和《国务院关于加强节能工作的决定》的有关要求,工业与信息化部组织编制了《电子信息节能技术开发与应用方案推荐目录》(以下简称《推荐目录》),用于引导电子信息节能技术和产品开发，并在若干重点节能领域推荐一批先进适用、取得显著节能效果的信息技术应用方案，以推动电子信息产业和信息技术应用领域节能工作深入开展。

《推荐目录》所列的电子信息技术、产品和应用方案主要包括：

① 实现电子信息产品和应用系统节能的技术路线、解决方案；

② 节能型电子信息产品；

③ 传统工业领域利用电子信息技术实现节能降耗的典型应用方案；

④ 为推进电子信息节能技术开发与应用提供支撑的技术研发平台、信息服务平台。

该目录所列项目涉及电子元器件、机电设备、工业专用设备、家电产品、通信设备、软件及服务、应用电子等各个门类，应用方案涉及电子、机械、纺织、钢铁、建材、化工等行业，反映了我国电子信息产业节能技术和产品发展状况，展示了利用信息技术促进传统工业节能降耗取得的成果，为相关政府主管部门、行业管理机构、企事业单位等部门的管理决策提供有效的信息支持。

（4）“节能减排、科学发展”是2008年全国节能宣传周活动的主题，国家发改委、教育部、科技部、国资委、环保总局、广电总局、中华全国总工会、共青团中央等部门纷纷发起响应，一场围绕“节能减排”的攻坚战，已经在能源、化工、冶金乃至家电和IT等各个领域全面展开。由于当年是我国完成“十一五”节能减排约束性目标的关键一年，《节约能源法》也已从2008年4月1日起正式实施。围绕《节约能源法》，我国政府将进一步完善政策法规，强化激励和约束机制，综合采用法律、财税、金融、行政等手段推进“节能减排”工作，实现“低碳经济（或绿色经济）”的目标。在世界前三次工业革命中，因各种原因，中国都失之交臂，现在是以新能源、低碳为主的第四次工业革命，中国和世界各国都处在同一起跑线上，我们要痛定思痛，把握机遇，争抢先机，力争成为国际“低碳经济（或绿色经济）”的领跑者。

（5）由于目前许多能源产生仍然依靠燃煤和燃油，而此过程向大气中排放了大量的二氧化碳，因此，降低能耗又称减少碳排放量。2008年9月，一批国际知名科学家组成的全球碳计划组织（GCP）发表报告称，“目前，地球二氧化碳的浓度是65万年来最高的，甚至可能是2000万年来的最高浓度”。2005年《京都议定书》正式生效后，全球碳交易市场出现了爆炸式的增长，2007年碳交易量从2006年的16亿吨跃升到27亿吨，上升了68.75%。中国获得经联合国批准的核证碳减排量居世界第一，约占全球总量的40%。在我国“节能减排”政策推出后，业内人士也纷纷呼吁建立碳排放权交易市场。因为作为全球碳排放权的重要供方，我国目前还没有类似完整的交易平台，在国际交易中由于交易的信息透明度不够，国内企业处于弱势地位，应该加快碳排放权交易市场的建设步伐。在中国政府将“节能减排”作为经济发展重要指标的情况下，IT设备所造成的能源消耗也日益成为低碳交易的重要目标[5]。

(6) 2009 年 6 月 26 日，美国众议院以微弱优势通过了《美国清洁能源与安全法案》，该法案的一项重要内容是制定了边境调节税，亦称“碳关税”制度。考虑到欧盟国家同样是碳关税的积极倡导者，且在推进全球减排方面态度比美国更加积极，不能排除其在效仿美国的基础上推出条件更苛刻、启动时间更早的碳关税的可能性。中国财政部财政科学研究所日前发布研究报告称，可以考虑未来五年内，即在“十二五”内中国开征碳排放税（简称碳税）。开征碳税不仅考虑到减少二氧化碳和二氧化硫的排放量，更重要的是释放强烈的信号，凡是排放污染的生产者，都要付出成本，包括 IT 设备的生产者。

(7) 2009 年 12 月 16 日，全球能源与气候会议在丹麦首都哥本哈根（Copenhagen）召开，该会议成为推动全球“低碳经济”发展的又一个里程碑。在哥本哈根气候大会后，低碳已成为全世界瞩目的焦点。中国政府承诺到 2010 年单位 GDP 能源消耗量减少 20%的基础上，进一步承诺到 2020 年单位 GDP 二氧化碳排放比 2005 年下降 40%～45%，非化石能源占一次能源消费的比重达到 15%左右，以顺利实现社会经济结构的转型。

(8) 低碳概念已成为全球的一种意识形态，人们普遍认定是人类活动带来了全球气候的变暖，因此必须实行减排。2010 年 3 月，九三学社中央提交的“关于推动我国低碳经济发展的提案”，被列为全国政协十一届三次会议的一号提案。提案中建议，将低碳经济发展的总体目标纳入国家“十二五”总体规划之中，将低碳经济的统计和考核指标作为国民经济规划中的引导指标。

(9) 2010 年 3 月 27 日，全球应对气候变化参与人数最多的行动——“地球一小时”在全球七大洲 6000 多个城市共同举行，超过 10 亿人同时熄灯一小时，以倡导“低碳生活”，表示对节约能源、关爱地球的响应。该活动由世界自然基金会（WWF）发起，始于 2007 年，目的在于倡导世界各地的人们在活动当晚熄灭身边的灯光，以实际行动表达对气候变化问题的关注。

(10) 博鳌亚洲论坛 2010 年年会于 4 月 10 日举行了“绿色复苏：亚洲可持续发展的现实选择”为主题的开幕大会，中国国家副主席（现为主席）习近平在开幕式上做了题为《携手推进亚洲绿色发展和可持续发展》的主旨演讲，中国以制造业见长，但环境与资源的压力大，传统的高碳、高能耗、高增长的粗放型增长模式已不可持续，必须转向低碳增长方式，大力发展循环经济，建设生态文明，形成节约能源资源和保护生态环境的产业结构、增长方式、消费模式，将建设资源节约型、环境友好型社会落实到每个单位、每个家庭。同时，即将卸任的论坛理事长、菲律宾前总统拉莫斯表示，绿色科技带来的能源有效利用和商业发展，将是经济增长的强劲推动力。每个亚洲国家都应该研究如何通过政府引导的投资，将“绿色”与“增长”有机结合，建立长期的可持续的经济发展模式。与会专家认为，低碳经济是一种新型发展模式，与低碳的生产方式、生活方式、消费方式密切相关，绿色低碳技术本身就是一个能够创造就业机会的行业。低碳技术和低碳产业规模也是未来解决的重点，通过政府强而有力“有形之手”和市场经济“无形之手”联动，增加高碳企业的生产成本，增加低碳产品市场竞争力。

(11) 2010年4月22～23日，由中国企业家俱乐部、道农研究院和《绿公司》杂志联合主办的“2010中国绿色公司年会(Annual Summit of China Green Companies 2010)”在四川成都召开，本次年会的主题是“绿色进化:政府与企业”，吸引了600多位国内外政界要员齐聚蓉城。代表性的观点包括:绿色发展和可持续发展是当今世界的时代潮流，推进绿色发展和可持续发展是政府和企业的共同责任;要建立科学合理的绿色价值观，不要把低碳经济、绿色和发展对立起来，也不要将把绿色和市场对立起来，通过市场和价格，使人们做出正确的选择;推动教育和宣传，使环保理念深入全民每个人的心中，并付诸到自己的点滴行动中，“绿色”已经变成了一种文化，变成了一种生活方式，成为人类进步和文明的象征;低碳发展、绿色发展、可持续发展应成为国家战略，政府通过综合利用各种手段保障绿色经济发展，并推定制度创新;从中国制造到中国创造，低碳模式的转换是关键，“绿色成长”已经成为未来经济发展的一个大趋势;企业承担更多的社会责任和环境责任，大力开展绿色技术创新，追求人、社会和自然环境的和谐关系。除主题演讲外，年会将首次发布“中国绿色公司百强榜”和《中国绿色公司百强报告》，以期望在更大范围内鼓励在“通过打造良性生态以赢得可持续竞争力”方面有突出表现的企业，鼓励中国更多的企业以绿色创新引领中国经济的结构转型。中国绿色公司年会由中国企业家俱乐部于2008年的世界地球日(4月22日)创办，是中国企业界第一个跨行业、国际化的可持续发展峰会。该年会前两届均在北京举行，本届移师成都，更进一步呼应了成都建设“世界现代田园城市”的战略目标。

(12) 欧洲大力推动，预计2012年全面实施全新的碳足迹(Carbon footprint)标签法规。对电子制造商而言，已不再仅限于告知消费者所购买的电子产品能将消耗功率降到多低，厂商们还必须明白指出每公克产品在相关制造、运输、使用和回收过程中的二氧化碳排放量。

(13) 国家发改委副主任解振华2010年10月24日在北京表示，发改委正在研究制定“十二五”节能减排的专项规划。“十二五”期间，将把大幅度地降低能源消耗强度、二氧化碳排放强度和主要污染物的排放总量作为重要的约束性指标。解振华是在北京举办的“2010中国绿色产业和绿色经济高科技高峰论坛”上作上述表示的。他指出，“十二五”期间，将加大财政金融支持力度，全面改革资源税，研究开征环境税，建立生态补偿机制，逐步建立碳排放交易市场，更多地采用鼓励性的经济政策，发挥市场机制，起到促进节能减排的作用。解振华表示，将完善政策机制，理顺煤、电、油、气、水、矿产等资源类产品价格关系，严格落实差别电价、惩罚性电价和脱硫电价。解振华称，据初步估算，当年前三季度国内生产总值能耗同比下降了3%左右，“十一五”节能目标有望如期实现，减排目标已经提前完成。

(14) 国务院制定并公布的《废弃电器电子产品回收处理管理条例》将在2011年1月1日正式实施。该条例规定，电器产品生产者需缴纳废弃电子产品处理基金，补贴废弃电器电子产品回收处理费用。

(15)“苹果的两个面孔”：自2007年以来，苹果公司以其时尚设计和创新技术，推出了iPad、iPhone等一系列IT产品，引发市场销售的阵阵狂潮。每当苹果新品推出的时候，在纽约、伦敦、东京、上海等城市，大批粉丝甚至会彻夜排队，希望最先拥有和尝试这些产品。但是，在时尚靓丽的外表后面，苹果的产品却有着不为人知的另外一面：污染、侵犯和毒害。这一面深深隐藏在其秘不示人的供应链中，2011年富士康科技集团的一些负面消息不时爆出，有些内幕才逐渐为公众所了解[6]。

(16) 在2009年12月丹麦哥本哈根和2010年12月墨西哥坎昆气候大会基础上，2011年11月南非德班世界气候大会被各界誉为是人类为拯救地球达成共识的最后一次机会，重点讨论气候变化及应对措施，进一步明确全球二氧化碳的减排目标和具体行动措施，包括确定发达国家在《京都议定书》第二承诺期的量化减排指标；明确非公约发达国家在公约下承担与其他发达国家可比的减排承诺；落实资金、技术转让方面的安排；细化《坎昆协议》中有关“三合”和透明度的具体安排，但该次会议的成果并不令人满意。中国作为最大的发展中国家，2010年二氧化碳年排放量达到31.2亿吨，已超过美国位居全球第一，减排任务更加艰巨[5]。

(17) 信息化促进节能减排。与世界先进水平相比，我国单位产出的能耗和资源消耗水平明显偏高。火电煤耗比国际先进水平高22.5%，大中型钢铁企业吨钢可比能耗高21%，水泥综合能耗高45%，乙烯综合能耗高31%，机动车百公里油耗比欧洲高25%、比日本高20%、比美国高10%。我国钢铁行业的单位耗能最高，其后是煤气生产和供应、石油加工、化学工业、有色、造纸、电力、食品。我国石化、电力、钢铁、有色、建材、化工、纺织主要产品单位能耗平均比国际先进水平高出40%。因此，这七个行业是信息化节能降耗研究的重点行业。

同时，我国废弃物排放水平大大高于发达国家。每增加单位GDP(国内生产总值)的废水排放量比发达国家高四倍，单位工业产值产生的固体废弃物比发达国家高十多倍。2003年我国工业和生活废水排放总量453亿吨，其中，化学需氧量排放1348万吨，居世界第一；二氧化硫排放量2120万吨，居世界第一；二氧化碳年排放量仅次于美国，居世界第二。目前，我国工业固体废弃物年产生量约10亿吨。从行业来看，冶金有机污染物排放占18.8%，化工占13.2%，造纸占12.5%，食品和饮料业占30.1%，纺织业占15.3%。上述五个行业污染物排放接近90%，是需要关注的重点。

有研究表明，如果将信息通信技术充分用于节能降耗、减污减排，可以在2020

年使全球温室气体排放量减少15%,节约能源的总价值近9000亿美元。虽然按目前的趋势发展,信息通信产业排放的温室气体占全球总排放量的比例可能由现在的2%增加至2020年的约4%,但如果将信息通信技术充分应用于各行业的节能减排,则到2020年全球温室气体的年排放量有望减少15%,即78亿吨二氧化碳。可以看出,节能减排是调整、优化经济结构的主要措施,应从战略角度将节能减排作为整个国民经济可持续发展的三大战略[7]。

因此,根据上述事件可以看出,协调IT技术与产品和环境的关系,实施“绿色计算”是这些问题的最有效解决方案。绿色计算强调,利用各种软/硬件先进技术,将目前大量计算机系统的工作负载降低,提高其运算效率(如FLOP/W指标),使计算机系统的数量减少,进一步降低系统配套电源能耗,同时,改善计算机系统的设计,提高其资源利用率和回收率,降低二氧化碳/温室气体排放,从而达到节能、环保和节约的目的。

由于我国国内的电力、油气、煤等能源价格与国际市场严重倒挂,给国家财政和产业结构调整带来许多不利影响,能源价格改革势在必行。虽然企业信息化建设与绿色环保的进程应当根据企业自身情况有所差异,但无论从宏观政策环境、企业所处的市场环境还是自身发展的要求,毫无疑问,绿色计算、节能环保是企业发展的必经之路,必将成为企业生存发展的核心竞争力。

1.2 绿色计算的发展与现状

绿色计算是在追求计算机系统性能快速发展的前提下,在能源与环境成为人类社会必须面对的两大基本问题的今天,需要不断改善环境、持续提高生活质量的背景下产生的。其大的背景可追溯到1987年联合国的报告《我们共同的未来》,在该报告中提出了“可持续发展”的基本概念,其基本思想立即得到广大环境保护者、经济学者和社会活动家的认可。

1.2.1 工业界的发展与现状

在IT领域,第一个表现绿色计算的“能源之星(Energy Star)”计划起源于1992年。能源之星服务作为一种自愿性标签,批给电脑产品,在尽量减少使用能源的同时,最大限度地提升能源的使用效率。能源之星的应用产品,包括电脑显示器、电视机和温度控制设备(如冰箱、冷气机)等。绿色计算的第一批成果之一是电脑显示器的睡眠模式功能,在预先设定的时间内,用户的活动未被检出时,显示器设备将处于待机模式[8]。

目前常用的4.0版能源之星标准是在2010年5月公布,功耗条件比前一版低40%。该4.0版标准要求电视机的待机功耗必须低于1W,而于2011年9月生效的能源之星 5.3 版，则对大尺寸屏幕显示器来说，提出了更具挑战性的指标，如 5.3 版能源之星对较小尺寸显示器的功耗要求标准比前一版本低 30%，而且对 50 英寸以上的大屏显示器来说，功耗尺度不会再随着尺寸增加而放宽，这意味着，对 55 英寸大屏显示器来说，功耗要求比前一版本低 40%。因此，超过 50 英寸的等离子电视要满足 5.3 版能源之星要求将会有实际困难，对 CCFL 背光 LCD TV 来说，新版能源之星标准将是一个重大的挑战。

计算机系统节能，当然要从 CPU(central processing unit，中央处理器)开始。传统台式机的 CPU 因为在一块芯片中制作了大量的晶体管，由 10 亿个晶体管构成的芯片通常会额外泄漏 60～70W 电力，并且运行在极高的频率上，其结果是 CPU 芯片消耗的电力和产生的热量日益增多，不仅增加了系统的能耗，而且往往因为散热问题给系统设计带来麻烦。因此，许多 CPU 厂商在版图级、电路级、门级、RTL 级、微结构级等多个级别采取功耗优化设计措施，纷纷推出了低功耗的 CPU 产品，如基于 ARM 核的系列嵌入式 CPU 核[9]、NVIDIA 公司的 4 核 Tegra3 处理器[10]、Intel 公司的 8 核 Xeon(至强)服务器芯片[11]、AMD 公司的多核 Opterons 处理器[12]和中国科学院计算技术研究所的龙芯多核处理器[13]，这些产品的目标均是在追求高性能的同时力争减少能耗，其中：

(1) 基于 ARM 核的系列嵌入式 CPU 核主要优点是功耗低，如台湾新唐(Nuvoton，原 Winbond 公司)基于 ARM7TDMI 核的 W90P710 处理器，采用 90nm 工艺，主频 80MHz，功耗为 0.3～0.4W，能效比达到 5mW/MHz。

(2) Intel 公司的多核 Xeon 服务器芯片，性能更强，单核主频约为 1.2GHz，能耗也更小，约为 40W，能效比达到 12.5mW/MHz，不但是一种新的处理器新架构，也意味着 Intel 绿色计算时代的开始。

(3) NVIDIA 公司的 Tegra3 处理器是全球首款采用“4-加-1(4-plus-1)”四核架构的移动处理器，基于 ARM Cortex-A9 核，采用台积电 40nm 工艺制造，四个主核的工作频率最高为 1.4GHz，集成 12 个执行单元的 GeForce GPU 图形核心，支持 3D 立体显示，并支持 2560×1600 的超高清分辨率，整体性能达到 Tegra2 的五倍，并超越 Intel 的双核心笔记本处理器 Core 2 Duo，其四核功耗比双核的 Tegra2 降低 20%以上，改变了智能手机移动计算的衡量标准，不仅可提供强劲性能，而且能够实现超长的电池续航时间。

(4) AMD 的 Opterons 处理器，采用 X86 兼容结构，主频在 1GHz 时的能耗约为 19W，能效比达到 10mW/MHz。在实现低功耗的同时，还实现了环保计算设备，如静音设备、太阳能供电设备，采用无铅芯片的无碳净氧计算技术减少了处理器的耗能和二氧化碳的排放量。目前，AMD 公司启动了绿色计算主题行动，长期关注绿色计算与环保问题。

(5) 龙芯 2 号 CPU 采用 90nm 技术，最高频率为 500MHz，功耗为 3～5W，能

效比达到10mW/MHz，远低于国外同类芯片，其SPEC CPU2000测试程序的实测性能是1.3GHz的威盛处理器的2～3倍，已达到Pentium III水平。

目前，多核(MultiCore)、众核(ManyCore)技术是进一步提高处理器计算能力的主要手段，商业产品中，如IBM公司的POWER 6处理器及相关的"Blue Planet(蓝色星球)"计划和Intel公司的Xeon处理器等；学术研究中，如IBM公司的Cyclops处理器、麻省理工学院的RAW处理器和中国科学院计算技术研究所的Godson-T处理器，普遍采用了多核、多线程、片上互联与通信、高性能Cache与总线接口、低功耗设计等新的结构与技术，由于功耗问题更为突出，为促进企业的可持续发展，"节能高效"，追求高能效比(power efficiency/energy efficiency)是这些处理器设计的一个重要指标，其实也反映了绿色计算的发展趋势。

同时，许多计算机系统外设和通信厂商也积极将绿色计算理念用于产品设计中，主要包括：

(1) Avocent公司采用DSView 3管理软件，构建绿色数据中心完整解决方案[14]。

(2) APC公司通过提高电源设备的电能转换效率，为数据中心提供制冷解决方案[15]。

(3) Seagate公司通过采用PoerTrim™技术显著优化硬盘功耗，与前一代Barracuda ES硬盘相比，将GB/W提高55%，总体功耗降低20%，SAS接口1TB硬盘的典型功耗降至13W[16]。

(4) 2011年3月16在北京新世纪日航饭店召开的"2011年第四届中国绿色通信大会"上，绿色通信(green communication)、绿色网络(green networking)、绿色电子(green electronics)、节能减排成为会场的主题内容。中国移动、中国联通、艾默生、思科、爱立信、上海贝尔阿尔卡特、华为、中兴、诺基亚、西门子等设备厂商纷纷推出绿色产品和解决方案，从绿色基站到绿色天线，从绿色能源到绿色终端，整个通信行业已经成为推进国家"节能减排"政策的生力军[17]。

(5) 随着网络规模的不断扩大和业务的快速发展，电信行业能耗不断增加并已成为一项主要运营成本，通信企业节能减排潜力巨大，不容忽视。中国移动通信集团公司不断摸索通信行业的节能减排，于2007年全面启动以节能减排为核心的"绿色行动计划"，迄今已探索出了一条企业、社会、环境和谐发展的道路，并以系统科学为理论基础，经过深入的思考和实践，逐步构建了一套企业低碳发展的理论体系，累计投入节能减排专项资金超过21亿元，推广成熟节能技术近60项，不仅实现了全国单位业务流量耗电较去年同期下降8.8%，还依靠移动信息技术，主动开发支持社会降低消耗，减少排放的信息化产品，促进了全社会节能减排工作的顺利开展。作为三家首批试点中央企业之一，中国移动还在2010年配合相关部门开展了《中央企业节能减排效果评价》研究，以ISO 50001等能源管理体系为指导，逐步开展能源管理体系试点建设，对企业研发、采购、生产、服务、管理等全生命周期活动过程中的能源消耗进行系统管理[18]。

（6）目前我国通信行业每年耗电超过200亿度，消耗煤炭量达675万吨，成为能耗排碳的大户。节能问题从来没有像现在这样，成为创新、环境保护、可持续发展的重要推动力。华为技术有限公司致力于提供更节能的网络，以实现“绿色通信，绿色华为，绿色世界”的目标。华为宣布正式加入全球ICT行业最有影响力的环保行业组织GeSI（Global e-Sustainability Initiative，全球电子可持续发展推进协会）。GeSI成立于2001年，是旨在推动ICT行业节能减排的全球行业组织。作为目前ICT行业最有影响力的民间环保组织，GeSI协调全球ICT行业的环保政策和实施方法，影响环保法规和标准的制订，并共同推动通信环保事业的发展。GeSI有五个下属机构：绿色供应链工作组、气候变化工作组、绿色材料工作组、电子废物工作组和公共政策工作组，正在准备成立标准化工作组为第六个下属机构[19]。

（7）GreenIT公司是一家专业从事信息和通信技术系统环评咨询的公司，在系统设计、管理和人员培训等方面，为客户提供关于IT技术经济效率和经济创新方面（eco-efficiency and eco-innovation）的建议和方案。该公司提出的绿色IT指数（green IT index）是度量一个组织面向成熟ICT可持续发展能力过程的重要指标，分为六个分量：材料与资源（materials and resources）、能源与气候变化（energy and climate change）、废物回收（waste production）、人员健康与安全（human health and safety）、管理流程（management processes）和IT创新（innovation through IT），每一项分配一个数值[20]。

（8）Enxsuite公司（原Carbonetworks公司）是一家开发碳排量计算、管理、交易和控制成本软件平台的公司，正成为碳排量管理绿色IT 2.0的第一波，采用SaaS模式，提供给客户减少碳排量的决策工具，而软件可以用来帮助企业改变客户的业务方式，以此来减少客户及其供应链的碳排量[21]。与此相类似，企业应用软件巨头SAP将其碳管理系统融入到企业级的金融和物流体系。SAP公司的可持续性运营经理Daniel Schmid说，SAP公司现在是“针对公司使用的IT硬件以外的碳排量控制，为企业可持续的支持。我们的优势在于，我们关注客户的整个业务流程”。另外，Enablon公司（http://enablon.com）和IBM公司也开发了一些用于碳排量计算与管理、企业可持续发展评价的软件，重点关注企业发展的环评问题。

（9）凌华科技公司多年来致力于低碳和环保的策略，从2004年开始实施绿色产品策略，从购买和使用绿色产品要求出发，以适应国际环保法规。凌华科技通过了国际环境管理标准ISO 14000认证，这是公司致力于环保策略的一个重要表现。在新产品设计中，包括绿色产品设计与开发、零部件及原材料管理（使用无铅设计)、回收及再利用和生产绿色产品等阶段,严格遵守绿色产品策略,以保护人类共同的环境和实现企业的可持续发展[22]。

(10) 2011年6月日本NEC公司和日本东北大学的研究人员称,他们已经开发出一种新型存储器,可大幅降低个人电脑、电视以及其他电子设备在待机期间的能量消耗。这种新型内容可寻址存储器(CAM)除了具备现有存储器的运行速度外,还具有非易失性的功能,即在没有电流的情况下仍能保存数据。新型CAM采用了自旋电子逻辑集成电路技术,通过注入自旋极化电流的方式来实现扭转磁矩,以磁畴壁中的垂直布洛赫线为信息载体。由于新型的自旋电子技术使存储密度更大,这种存储器的电路面积比传统电路要小一半,可以让未来的电子设备更轻、更薄、更小巧。同时,由于新存储器根据内容而非地址进行存取,与传统技术相比其数据检索速度也更快。另外,LED效率持续改善,其内部量子效率(internal quantum efficiency)与光萃取效率(light extraction efficiency)每年也都有10%～15%的提升。

一些业内知名的IT企业也积极联合起来,成立了关于绿色计算的企业联盟,主要包括:

(1) "Green IT World"是IDG主办的著名国际展会,是展览结合论坛会议的国际盛会,每年在美国、日本定期举办,展会活动主要面向IT公司的CEO、CIO、CTO等IT决策者、研究机构及政府部门。"Green IT World 2009"是继IDG在美国、日本连续成功举办后将首次登陆中国,并在最具影响力的2009中国国际高新技术成果交易会IT展上闪亮登场,著名企业如IBM、HP、EMC、NEC、DELL、NTT等参加了"Green IT World 2009"展会。同时,组委会举行了"绿色IT创新产品奖"评选和"中国国际节能减排和新能源论坛"简介等活动[23]。

(2) 日本绿色IT推进协会(Green IT Promotion Council)。日本经济产业省为建设兼顾环境保护和经济增长的社会,提出"绿色IT倡议",为促进其具体进程,于2008年2月1日通过产学官(产业、大学、官方)联合成立了"绿色IT推进协议会"。今后,以日本的强项"制造"及"环保节能"上的技术为先导,在经济、社会、民生等方面全面推行变革,并为实现"IT节能"及"通过IT的节能"而做不懈努力[24]。

(3) "绿色IT行动"是一个框架,以环保为核心,关注设计、制造、部署和处置IT产品以及其他有关方面,从而实现可持续性。它要求在产品的整个生命周期中执行绿色经营(如视频会议、数字化办公、智能运输)、碳管理(如碳审计、排放管理)、绿色制造(如环保供应链、废品管理)、绿色使用(如虚拟化、数据中心整合及散热优化),以及绿色处置(如回收再利用、IT资产管理)。Intel公司已将"绿色IT"作为继续提升IT绩效的必经之路,并取得了瞩目的成绩。其中,提高数据中心的能效比是近五年"绿色IT"的重点。

(4) Green Grid(绿色网格)组织。由 AMD、APC、Dell、HP、IBM、Intel、Microsoft、Rackable Systems、SprayCool 和 VMware 等公司成立的全球性企业联盟，致力于发展和改善数据中心和信息设备的能源使用效率，主要工作内容包括：定义有意义的、以用户为中心的模型(models)和度量标准(metrics)；开发相关标准、度量方法、过程和新技术，改善系统性能；促进节能标准、过程、方法和技术的推广与应用[25]。

(5) 电脑产业拯救气候行动计划(climate savers computing initiative,CSCI)。一般情况下，供应给台式电脑的电量，平均 50%的电力用于驱动 IT 设备，其他的电力都被供电设备和散热设备所消耗。这种电力的浪费无谓地增加了电脑用电的成本，同时还增加了温室气体的排放量，最近一份调研报告表明，计算机排放的二氧化碳占世界二氧化碳排放量的 2%左右，改善电脑的能效是减少耗电量和温室气体排放量的一种具有成本效益的方法。CSCI 在此背景下诞生，将电脑/服务器制造商、消费者和环保组织联合起来，包括 Intel、Google、AMD、eBay、Lenovo 等公司，以大幅度提高计算机、计算机零部件和服务器的能效。CSCI 最初采用 2007 "能源之星"计划台式机、笔记本和工作站电脑(包括显示器)的标准，从 2007 年 7 月开始生效，并将在今后四年内逐渐提高能效要求，电源在其大部分负载范围内都至少达到 80%的能效，设定设备在不活动时的耗电限值，并要求系统在装运时即已启用电源管理等功能。CSCI 的目标是超越"能源之星"计划的相关要求，达到更具进取性的节能标准，到 2010 年减少计算机系统 50%的能耗，力争实现将电脑操作而导致的全球二氧化碳排放量减少 5400 万 t/年，相当于 1100 万辆汽车或 10～20座火电厂的年排放量[26]。

国际上，EPEAT(Electronic Product Environmental Assessment Tool，电子产品环境评价工具)是绿色计算的相关标准之一。EPEAT 由波特兰绿色电子委员会提出，并在 2006 年的电子与环境国际研讨会上获得了通过。EPEAT 采用铜、银、金三个等级对计算机以及其他电子设备的环保表现进行综合评价，一个产品必须满足所有的必备指标才可通过 EPEAT 认证，制造商通过可选指标来提升产品的 EPEAT 认证等级。消费者在购买产品时，参照产品的 EPEAT 认证等级，除了关心售价与性能外，还可考虑产品的能源效率及危害物质，从而买到一个更环保的产品[27]。

当前，一些计算机制造商发布了一些有关产品功耗的数字，如 HP 公司在其网站提供了一个电力计算器，能够用于计算机系统运行时的功耗估算，HP ProLiant DL145 和 DL140 是两款性能相当的 1U 双处理器平台，根据该电力计算器的计算结果，采用 AMD 皓龙处理器的 DL145 比采用双核的英特尔至强处理器的 DL140 平均节能 21%。这些数字由于负载、系统配置、测试环境等差异而很难具有可比性。为解决功耗测试基准问题，以下两个测试基准应运而生：

(1) EECoMark工具。Windows基准测试组织BAPCo与标准化组织ECMA(European Computer Manufacturer Association,欧洲计算机制造商协会)联合宣布了二者共同开发的新款基准测试工具EECoMark,以节能效率为前提衡量个人电脑的性能水平,Intel公司也参与了EECoMark的制定工作。EECoMark是ECMA节能标准中的第一个工具,主要使用真实的应用程序评定计算机的性能,但优先考虑系统功耗问题。在开发过程中,BAPCo和ECMA摒弃了人工综合测试程序,而是采用通过认可的负载技术测量整个系统的能量消耗。BAPCo和ECMA已于在2008年上半年分别发布了EECoMark和节能标准的第一个版本[28]。

(2) SPECpower_ssj2008测试标准。著名的SPEC(Standard Performance Evaluation Corporation,标准性能评价公司)于2007年12月发布了SPECpower_ssj2008测试标准,提供了一种测量功耗(交流输入)的方式。该标准既可以作为一个测试基准,用于比较不同服务器的功耗和性能,也可以作为一个工具集,用于改善服务器的能效,有助于IT管理员了解功耗特性,提高数据中心机房的效率[29]。

ISO 1400是国际标准化组织(ISO)第207技术委员会(TC207)从1993年开始制定的系列环境管理国际标准的总称,同以往各国自定的环境排放标准和产品的技术标准等不同,是一个国际性标准,对全世界工业、商业、政府等所有组织改善环境管理行为具有统一标准的功能,尤其对于ICT行业也具有重要的指导意义。由环境管理体系(EMS)、环境行为评价(EPE)、生命周期评估(LCA)、环境管理(EM)、产品标准中的环境因素(EAPS)等七个部分组成,标准号从14001至14100,共100个。通过实施ISO 1400标准有利于消除非关税贸易壁垒,使组织的产品通向国际贸易市场,提高组织的经济和环境效益及其知名度,提高组织和员工保护环境和预防污染的意识与自觉性,提高组织经营管理水平,发挥其管理的潜在效益,丰富所在国的环境管理内涵和手段。

因此,越来越多的国家和组织开始考虑计算机系统的能效比问题,制定了相应的能效等级,如欧盟、日本等,并开始逐步强制执行计算机系统的能效标准。

随着绿色计算构想的不断发展,绿色计算技术不仅关注计算机系统功耗问题,而且开始涵盖瘦客户机(networked computer,NC,如智能手机)解决方案、能源成本核算、虚拟机技术、电子垃圾等内容。绿色计算促使IT企业在进行生产经营时,不但要考虑自身的运营成本,更要考虑到其技术产品在应用中所产生的社会成本、环境成本;不但要考虑到市场和利润,更要考虑到社会价值和环境影响。随着越来越多厂商的关注,使绿色计算普及并不断创新,严重影响着业界IT趋势的发展。对IT用户来说,日常的工作和生活也会处于一个绿色环境之中。

1.2.2 学术界的发展与现状

自从1946年2月第一台电子计算机ENIAC(electronic numerical integrator

and calculator，电子数字积分器与计算器）在美国宾法尼亚大学诞生以来，旨在降低计算机系统能耗的研究就没有停止过。在计算机系统中，可移动的嵌入式系统的功耗优化较为急迫。以无线传感器网络为例，由于无线传感器网络在军事、医疗健康、灾难拯救、智能家居、精细农业、环境监测、空间探测和可穿戴计算等领域的广泛应用前景，正受到世界许多国家学术界、工业界和军事部门的普遍重视，在有关无线传感器网络的诸多研究中，功耗问题都是一个重要的研究内容[30]。究其原因，主要由于：①移动设备依靠电池供电，而电池的能量和供电时间是有限的，延长电池的使用寿命，降低用户更换电池的周期，提高系统性能与降低系统开销，甚至能起到保护环境的作用；②移动设备一般质量和体积较小，系统紧凑，功耗越低，电磁辐射的能量越小，系统内部模块相互间造成的干扰越小，电磁兼容性设计会变得更容易，同时，也可以降低因电磁辐射带来的信息泄露风险；③许多移动设备在闷热气候和封闭环境中使用，高的功耗可能导致系统过热，从而引起系统工作异常，甚至烧毁系统。因此，降低这些嵌入式系统的功耗往往意味着增强了系统的"可移动性"，甚至是系统的"寿命"，对系统设计者和消费者而言，这都是一个重要的考量因素。

为推动和加速计算机系统功耗技术的研究与发展，DARPA 于 1999 年启动 PAC/C 研究计划，研究内容非常广泛，涉及计算机系统的所有方面，包括芯片、体系结构、编译器、操作系统、网络通信、实时系统、分布式系统到应用工程等多个技术层次，开发各种相关策略、算法、协议、工具和设备，为系统提供一个完整的功耗解决方案[31]。日本、英国、韩国、法国、俄罗斯等国家也对计算机系统的功耗问题表现出了极大的兴趣，纷纷展开了该领域的研究工作。

功耗研究先期主要集中在计算机系统的硬件方面，包括工艺级、版图级、门级、RTL 级以及系统结构级的电路低功耗设计和优化策略。北京大学的王阳元院士长期从事微电子学领域中新器件、新工艺和新结构电路的研究，通过科学严谨地论证认为未来集成电路与集成系统发展的驱动力是降低功耗。随着微电子技术的不断发展，各种底层先进硬件功耗优化技术的出现和应用，使得高层软件方面的功耗管理和优化技术逐步成为控制计算机系统功耗的重要手段，主要包括：

（1）1994 年，Tiwari 等首先提出了对嵌入式软件进行功耗分析的一些基本概念，建立了基本的指令级功耗模型，并以 Intel 486DX 和 Fujitsu SPARClite 934 处理器为例初步探讨了低功耗编译技术[32]。随后，许多研究者纷纷开展了各种传统编译优化技术在低功耗方面的改良研究，主要工作集中在分支预测、循环结构优化、存储器和 Cache 分配优化等方面，在保持程序语义和遵守目标机器资源限制的条件下，以形成各种功耗优化编译技术[33]。

（2）目前操作系统级的动态功耗管理与优化技术得到了较为普遍的应用，主要包括 Intel、Microsoft 等软/硬件厂商提出的 APM（advanced power management，高级功耗管理）、ACPI（advanced configuration and power interface，高级配置与功耗接口）等功耗管理规范[34]；DVS技术在运行过程中可动态改变CPU的运行频率和工作电压，达到降低系统功耗的目的，如Intel公司的SpeedStep和AMD公司的PowerNow！等；操作系统功耗相关任务调度模型和算法，能够改善软件任务的动态执行行为，进一步降低系统的功耗[35]。

（3）针对操作系统级的静态功耗优化技术，一些代表性的文献有：Li等提出了对操作系统采用服务例程级功耗建模的思想，并具体分析了Linux操作系统50种服务例程的功耗-IPC关联模型[36]；Tan等采用二元线性回归方法对UC/OS II和Embedded Linux两种实时操作系统（real-time operating system，RTOS）的功耗实验数据进行了归纳、分析，得出了RTOS服务例程级的宏模型，即功耗与软件的算法复杂度、通信量和路径基本块关联信息等高层度量特征之间的函数关系[37]；Baynes等采用SimBed指令级能耗仿真器对UC/OS、Echidna和NOS三种RTOS的功耗和性能数据进行了实验、度量、分析与比较，揭示了RTOS的动态运行行为，对RTOS的结构改进提出了一些有价值的建议[38]。

（4）国内在软件功耗优化相关方面的研究工作起步晚于国外，但经过国内一些科研单位同仁多年的刻苦攻关，迄今已取得了一些可喜的成果，一些代表性的工作有：中国科学院计算技术研究所赵荣彩等提出了在多线程体系结构中通过降低处理器执行频率减小系统功耗的理论模型和方法，有效解决了多线程低功耗的编译优化问题[39]；电子科技大学吴琦等提出了当空闲时间长度服从Pareto分布时，基于截尾均值法小样本情况下Pareto分布形状参数的稳健有效估计算法和基于窗口大小自适应技术非平稳业务请求下的DPM控制算法，有效解决了计算机系统非平稳自相似业务条件下自适应动态功耗管理问题[40]；国防科学技术大学易会战等提出了基于语言语法树的实时动态电压调节低功耗算法，使用这种技术，编译器指导的动态电压调节能够有效地降低系统功耗[41]；中国科学技术大学雷霆等将性能无损的低能耗电压调度问题形式化为一个混合整数规划模型（MILP），提出了基于剖析结果的PGS算法和基于分析结果的ADS算法，可有效降低软件运行中所需的能耗[42]；四川大学郭兵等提出了一种基于Hopfield神经网络的SoC-RTOS软/硬件划分方法，在硬件面积约束条件下优化SoC-RTOS的运行功耗，明显地提高了多任务SoC-RTOS的运行性能[43]；华中科技大学金海等对数据中心Clusters的虚拟化环境下的绿色计算问题进行了探讨，开发了桌面终端的PM（power manager）方案Clienvisor和服务器端的PM方案Magnet。

计算功耗比（即能效比）是指单位功耗所提供的计算能力，一般用每瓦支持的浮点运算数表示，即FLOPs/W。长期以来，计算机的计算功耗比在不断地下降。进入21世纪，IT业界开始意识到功耗问题的严重性，于是从多个角度尝试提高计算功耗比。从另一个角度看，计算机系统的节能层次多、途径多也说明目前还没有找到节能的主要突破口，还需要从基础原理和内部机制上深下工夫。

提高计算功耗比的核心问题是提高计算机系统的效率。计算机的应用效率不高一直是困扰计算机系统结构的难题，一般应用效率只有峰值运算速度的5%～20%。这主要是由计算机系统的两个矛盾造成的：一是通用性（灵活性）和效率之间的矛盾（系统层次多）。一般来说，通用处理器为了满足多种应用的需要，将功能设计得面面俱到，往往导致芯片的许多逻辑门忙碌地工作却不产生真正的应用效率，无谓产生很高的功耗。实际上，近年来处理器开始走细分之路，为不同类型的应用量身定制处理器，如台式机处理器、嵌入式处理器、网络应用处理器、游戏应用处理器、图形图像处理应用处理器、科学计算应用处理器。二是规模与效率之间的矛盾。晶体管越多，应用效率越低。可扩展系统规模越大，应用并行效率也越低。这是由数据传输延迟增大引起，要解决这个问题，充分挖掘应用的存储和通信局部性，采用层次化的存储结构和通信模式是必要手段之一。除了以上两个矛盾，复杂性也增加了控制的开销，降低了应用的效率，如集中控制的结构增加了芯片布线和提高时钟频率的难度，多核结构增加了处理器存储一致性、片上互联网络、多个内存控制器设计的难度等。

提高计算功耗比的另一个重要途径是降低计算机系统功耗。计算机系统的实际能耗远高于电路的理论极限，系统结构是解决功耗问题的重要方法。以一次32位运算为例，电路的理论能耗约为2pJ（10^{-12}J），但是组成超级计算机系统后却需要微焦耳量级——地球模拟器系统约为0.3μJ，两者相差5个数量级。IBM公司“Roadrunner（走鹃）”巨型机是一个成功的通过系统结构降低功耗的例子。由于采用异构加速结构，其计算功耗比达到了437MFLOPs/W，是采用向量结构的“Earth Simulator（地球模拟器）”巨型机3.4MFLOPs/W的130倍。

从叠加高耗的深层次化、透明性、单向映射、固定计算、间接执行直销模型的横向扁平化、颗粒化、双向感知、变尺度计算、直接执行等技术，从单纯追求应用的开发效率到应用开发效率与系统效能并重是改变巨型机功耗的重要思路[44]。

另外，与能耗相关的容错技术也是系统重要的设计因素。系统工作温度是影响系统可靠性的重要因素，测试和分析表明，当系统的工作温度从20℃提高到30℃时，节点的失效率将提高一倍。目前的能耗控制研究主要是针对如何在满足用户计算需求的前提下有效控制系统的整体能耗，防止系统热点的产生。当系统中的温度出现过度集中时，将导致系统局部过热，进而影响系统的稳定性。目前防止系统热点产生的能耗控制技术主要包括处理器芯片内的面向能耗热点的调度技术和节点级的任务调度技术。Linux操作系统中提出了多域调度技术，针对多核处理器的特点，将处理器分为核内、核间、处理器内、处理器间等多个域，根据用户应用对性能、可靠性、能耗等方面的需求实施不同的调度，如为了防止热点的产生，多域调度技术可以将多个任务均匀分布到不同处理器的核心上，也可以根据性能要求，将任务集中部署到一个处理器上，充分利用片内缓存(cache)实现高效的数据共享。对于采用低功耗处理器构建的集群系统(green destiny)，由于系统采用低功耗的 Transmeter 处理器，并借助防热点的任务调度技术，较同规模集群系统可靠性高一个数量级[45]。

除功耗外，一些研究者已开始关注更宽视角计算机系统引起的环境保护问题，并尝试对绿色计算进行了一些初步的研究工作，主要包括：

(1) 2007 年 8 月，Wang 在 HDP'07 会议上，对绿色计算中 IT 设备面临的电力需求、发热情况和制冷成本等方面的挑战进行了分析，指出政府和企业应积极采取绿色计算技术等措施应对未来可能出现的难题[46]。

(2) 2007 年 11 月，Faludi 在 *The Future of Things* 杂志上发表了一篇关于绿色计算的文章，从数据中心、计算机部件和计算机整机系统三个方面对绿色计算面临的问题和解决措施进行了较完整的诠释。绿色计算不仅仅是一个更长久、更环保的计算方法，而且还体现在更加节省成本。目前，计算机设备所耗费能源量占能源消耗最快领域的 20%，通过运用节能绿色计算技术，能够降低巨大的成本[47]。

(3) 2011 年，中国科学院计算技术研究所徐志伟研究员和李国杰院士在 *Communications of the ACM* 上发表了"人民计算(Computing for the masses)"的文章。他认为，当前主流的微机系统，不论从处理器还是操作系统来看，总体上走的是资源消耗型的模式，如缓存越来越大、占用的芯片面积与寄存体越来越多。因此，为人民计算的系统，应该考虑新的模式。更明确地说，我们应该思考并探索下列问题：在个人电脑的未来发展中，是否存在类似北欧国家维持国内生产总值适度增长的同时，保持资源消耗零增长的这样一条可持续发展的道路，使得个人电脑的价值每年适度提高，而资源消耗也能够实现零增长？在近几年的计算机体系结构会议(ISCA)上，我们已经能看到更节能环保的思路，从硬件结构、系统软件和编程语言等几个方面寻求突破，如最近加州大学伯克利分校的一个研究组在探索一种新型个人电脑体系结构，中国科学院计算技术研究所的龙芯团队和联想研究院也在进行这方面的研究开发[48]。

(4) 计算的可持续发展(computation sustainability)是美国 NSF 2008 资助的四个计算远征探索(expeditions in computing)课题之一。由美国康奈尔(Cornell)大学的 Carla Gomes 教授牵头，联合了 Oregon State University、Bowdoin College、Howard University 和 Pacific Northwest National Laboratory 共五家单位，目标是将计算思维注入可持续发展，特别是研究新的计算方法，用于理解和解决可持续环境、经济、社会问题(computational methods for a sustainable environment, economy and society)。该课题将建立一个新的计算可持续发展研究领域(a new field of computational sustainability)、一个新的计算可持续发展学术期刊(*Journal of Computational Sustainability*)和一个新的计算可持续发展研究所(Institute

of Computational Sustainability)[49]。

(5) 2009 年 3 月，Francis 和 Richardson 在 *Green Maturity Model for Virtualization* 中，提出在软/硬件架构设计时，“绿色”应作为设计的一个首要目的，专注于全部设备生命周期的能耗，减少现在和未来的碳排放。通过不同层次的虚拟化技术，改善能源效率，减少能耗，必然会减少经济成本，因为能源成本对于一个数据中心的生命周期成本是一个重大的影响因素[50]。

低功耗、简单易用是 21 世纪计算机技术发展的主要方向之一，已成为 IT 业界人士的共识。推动绿色计算，降低用户的电费支出，减少环境破坏，形成一种可持续发展的模式，具有重要的社会经济价值和环境意义。

1.3　绿色计算的定义

什么是“绿色计算”？“绿色计算”具体有哪些研究内容？早期对绿色计算的研究主要从功耗问题开始的，关于绿色计算完整的研究与分析，迄今文献还比较少，目前仍然没有一个公认的定义，存在多种定义，例如：

(1) 2007 年 12 月，Gartner 公司在《绿色 IT：新一波产业冲击》报告中，对“绿色计算”术语给出了一个明确的定义，即在企业背景下，通过 ICT 技术的优化使用，用于支撑企业运营及供应链的可持续发展，以及全生命周期中企业产品、服务和资源的可持续发展[2]。

(2) 按照维基百科(Wikipedia)的定义，绿色计算(又称为 green IT/ICT 或 ICT sustainability)是指环境可持续的计算或 IT/ICT，本着对环境负责的原则使用计算机及相关资源的行为，包括采用高效节能的中央处理器(CPU)、服务器和外围设备，减少资源消耗，并妥善处理电子垃圾。

(3) 按照百度百科的定义，一般认为绿色计算是符合环保概念的计算机主机和相关产品(含显示器、打印机等外设)，具有省电、低噪声、低污染、低辐射、材料可回收及符合人体工程学特性的产品。

(4) Murugesan 将绿色计算定义为计算机、服务器和相关子系统(如显示器、打印机、存储设备及网络通信系统)的设计、制造、使用和回收处理的研究和实践活动的总称，有效地减少对环境的影响[51]。

绿色计算之“绿”，既有自然、生态含义，更有社会、人文之意，其目标包括：

(1) 能源和资源的节约；

(2) 能源和资源的高效利用与循环利用；

(3) 对人和环境的友好性，即低碳排放与无害；

(4) ICT 技术在环境保护领域的应用。

因此，我们可以从三个不同的视角描述绿色计算的含义：

(1) 工业界的视角。业内不同厂商对绿色计算的概念都有不同的理解,也采取着不同方式开发自己的产品,但迄今业界有一个比较认可的说法。所谓绿色计算,考虑设备全生命周期内,即在设计、制造、购买和使用 IT 产品的时候,除了追求高性能或高性价比之外,也要考虑电力消耗、空间占用、热耗散、回收与循环利用等因素,提高其资源利用率和回收率,降低二氧化碳等温室气体排放,达到节能、环保和节约的要求,实现低能耗、低排放、低污染、低资源占用与浪费、低辐射、循环利用等目标。

(2) 理论的视角。与绿色化学与技术、绿色设计与制造、可持续发展的理论和方法进行比较研究,我们可以采取一种更加明确、统一和抽象的方式定义绿色计算,即绿色计算是一种以环境为中心的计算模式,与其他计算模式相融合(包括高性能计算、可信计算、实时计算、分布式计算、C/S 计算、嵌入式计算、社会计算、普适计算和云计算等),从源头上、从根本上改进/消除计算机系统的环境不友好方面,追求计算机系统与人、社会、资源、环境和经济发展的和谐关系,避免计算机系统的“过度计算”现象,即过分追求系统的性能,实现计算机系统的“绿色”特性(即环境友好性)及应用[52]。

(3) 交叉学科的视角。绿色计算是一种哲学,也是一种处理问题的理念和方法,各种因素相互联系、相互作用、相互影响。它是计算机科学、环境科学、经济管理科学、材料科学、医学等的交叉学科,作为一种重要的指导原则,指导企业设计出有利于经济发展、生态保护和社会增益的计算机系统,也可以称为可持续计算(sustainable computing)、环境相关的计算(environment-aware computing)或环境友好的计算(environment-friendly computing)[53]。

进一步地,对绿色计算的解释如下:

(1) 研究对象:计算机系统的环境可分为人文环境和自然环境两个部分,其环境不友好方面,主要包含人类健康、社区安全、生态环境和能源等方面,具体表现为能耗、使用者危害(如计算机职业病、Internet 癖不良信息侵扰和信息安全等)、废弃物(如电子垃圾)、辐射、资源占用与浪费(如机房、办公/家居空间、软件/数据的存储空间以及原材料的使用)等。

(2) 研究内容:在计算机系统全生命周期内,包括系统体系结构、软/硬件设计、制造、使用、管理和回收利用等,采用生命周期评估方法,全面考虑对环境的影响。同时,不局限于计算机系统本身的绿色环保,还考虑将计算机系统应用于其他非计算机系统和设备中,以实现更大范围、更高水平的绿色环保。

(3) 研究目标:采用相应的技术手段和管理措施,消除计算机系统对环境的不利影响,实现节能、环保和节约的目的,而不仅仅只是追求系统功能、速度、智能等目标,使计算机技术更好地服务于人类社会。

根据上述定义，我们可以清晰地看出绿色计算与 PAC/C 在研究对象、研究内容和研究目标等方面的区别，如图 1.2 所示。因此，我们也可将绿色计算的定义分为狭义和广义两种：

（1）狭义定义。PAC/C 是绿色计算的重要组成部分，研究目标主要是节能，涉及能源资源的节约，从狭义定义的角度，许多研究者都将 PAC/C、功耗匀增计算（energy-proportional computing）、高能效计算（high energy-efficient computing）等能耗建模与优化相关的计算称为绿色计算，先前的文献对计算机系统的能耗问题关注较多，相关研究成果也较多。

（2）广义定义。从广义定义的角度，绿色计算可以视为 PAC/C 的进一步发展，不但关注计算机系统的能耗问题，而且还关注使用者危害、废弃物、辐射、资源占用与浪费等问题，目标是节能、环保和节约，视角更宽，范围更广，与绿色 IT/ICT（green IT/green ICT）和绿色电脑（green computer/green machine）等概念更为接近[54,55]。

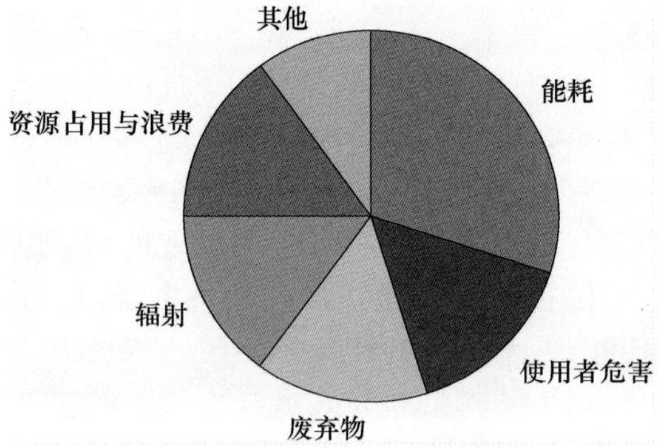

图 1.2　绿色计算的研究对象

1.4　绿色计算的研究内容

绿色计算，对应的英文单词“green computing”是一个组合词，包含“green of computing（计算的绿色化）”和“green by computing（通过计算的绿色化）”两层含义。因此，其研究内容可简单分为两大类[56,57]：

（1）计算系统本身的绿色化。由于全球气候变化和高油价，计算系统和技术本身的节能能够有效降低二氧化碳的排放，使得 ICT 行业达到环境保护的目的。这部分是绿色计算研究的主要内容。

（2）通过计算系统的使用，使其他系统“绿色化”。ICT 系统和技术的高效、有效的使用，减少其他系统、设备和行业的碳排放，尤其是许多高耗能的传统行业，包括钢铁、石化、有色、建材等行业，通过信息系统建设，利用信息技术改造、提升传统产业的生产效率，有效降低碳排放，实现环境友好的目标。这部分可视为绿色计算应用的主要内容。

针对计算系统本身的绿色化，Murugesan 提出了绿色计算的循环周期理论（见图 1.3），分为 ICT 系统的绿色设计、绿色制造、绿色使用和绿色回收处理等四个阶段[51]，包含 ICT 产品的完整生命周期，其中：

（1）绿色设计：设计低能效和环境友好的计算机、服务器和制冷设备；

（2）绿色制造：采用对环境影响最小或无影响的方式制造计算机及相关子系统；

（3）绿色使用：采用环境友好方式降低 ICT 产品的能耗；

（4）绿色回收处理：回收、循环利用计算机和其他电子设备。

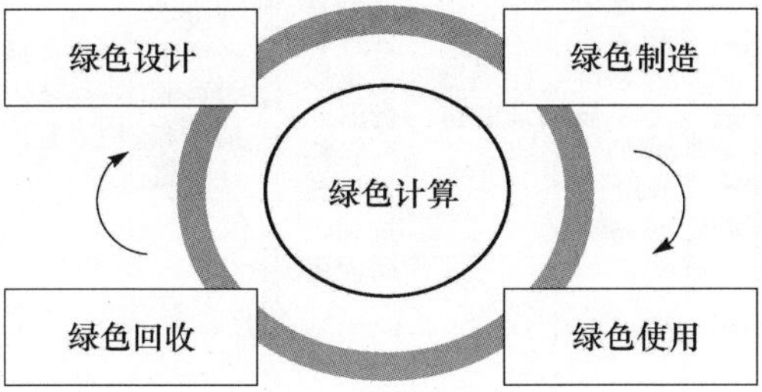

图 1.3 绿色计算的循环周期理论

针对通过计算系统的使用，使其他系统的绿色化，Park 等将 ICT 技术应用于能源行业（见图 1.4），探讨 ICT 行业与能源行业的关系，共同促进二者的绿色化[57]。

实际上，可持续发展强调的是整体系统的改进，而不仅仅是局部过程和步骤的改进。在绿色计算中，最具代表性的方法是生命周期评价方法，对系统的设计、制造、销售、消费、报废处理、回收等全生命周期，做一个“从头到尾”的分析，需要大量的数据和信息，从而评估一个计算机系统或计算过程对人类健康和环境影响的能力；另一种评估方法是框架结构模型，将生态环境、社会和经济性能综合在一起，结合除计算系统外的其他系统和设备，有效地做出更宏观的战略性决策。

进一步地，绿色计算的研究内容主要包含下列四个部分[58]：

（1）绿色计算的界限和范围（内涵与外延）：主要研究绿色计算判断和评价的标准与方法；

（2）绿色计算的构成分析：主要研究绿色计算的具体组成因素；

（3）绿色计算的影响分析：主要研究各具体组成因素对环境的影响；

（4）绿色计算的改进分析：主要研究绿色计算的具体改进措施。

<table>
<tr><td colspan="2" rowspan="3"></td><td colspan="3">ICT行业</td><td colspan="3">能源行业</td></tr>
<tr><td colspan="3">green of computing</td><td colspan="3">green by computing</td></tr>
<tr><td>生产</td><td>消费</td><td>分配</td><td>生产</td><td>消费</td><td>分配</td></tr>
<tr><td rowspan="3">化石能源</td><td>石油</td><td rowspan="3">生产过程改善</td><td rowspan="3">碳排放度量与优化</td><td rowspan="10">开发集成的远程控制系统服务器（包括操作系统和存储设备）</td><td rowspan="10">开发高效的电力控制技术和计算机模型</td><td rowspan="3">数据采集和消费管理</td><td rowspan="3">能量损失的检测技术</td></tr>
<tr><td>煤</td></tr>
<tr><td>天然气</td></tr>
<tr><td rowspan="6">新能源和可再生能源</td><td>水电</td><td rowspan="6">开发使用新能源和可再生能源的ICT设备</td><td rowspan="6">能量循环的仿真</td><td rowspan="6">集成的能源需求管理系统</td><td rowspan="6">可替换能源的集成管理系统</td></tr>
<tr><td>核能</td></tr>
<tr><td>风能</td></tr>
<tr><td>氢能</td></tr>
<tr><td>生物质能</td></tr>
<tr><td>太阳能</td></tr>
<tr><td>电能</td><td>电能</td><td>电力设备的自动化</td><td>ICT产品的循环利用</td><td>家庭和建筑的能源管理系统</td><td>AMI（智能电表基础架构）</td></tr>
</table>

图 1.4　绿色 ICT 与能源行业的关系

下面对绿色计算当前需要迫切解决的三个主要问题进行初步的探讨，包括[59]：

1）绿色计算判断和评价的准则

即如何判断一个计算机系统或计算过程（算法）是“绿色的”？全面评价一个计算机系统或计算过程，不仅需要理论模型与方法的指导，在实际操作中还需要一些定量化的指标，准确反映研究体系中某些因素的变化对绿色程度的影响。按照可持续发展的定义，与经济、环境和社会相关的某些因素的定量化是非常困难的，甚至几乎是不可能的。

因此，绿色计算的判断标准可以是定性的、定量的或动态的，评价实际上是评价计算机系统或计算过程的环境友好性和可持续性，而环境友好性与可持续性并不是等价的。

2）绿色计算的定量评价指标

在工程界有一句名言，“If you can’t measure it，you can’t improve it（如果你

不能度量它，你就不能改进它)"。近年来，绿色化学开始考虑原子经济性，是指反应物中的原子有多少进入了最终产物。通过与绿色化学的比较研究，对于计算机系统/计算过程与环境和经济相关的一些因素，能够采用定量的方法加以描述，如计算机系统或计算过程(算法)的能耗/成本/质量有多少转化成计算能力。因此，可设计环境系数(E)指标描述绿色计算的某些本质特性，E 可以定义为一个八元组的集合 $E=(q,a,v,p,e,r,l,w)$，其中，q 表示质量因子；a 表示面积因子；v 表示体积因子；p 表示功耗因子；e 表示经济因子；r 表示回收因子；l 表示排放因子；w 表示水耗因子。

八个因子的计算方式、单位和含义如表 1.1 所示(所有数值取小数点后两位)，其中：

(1) 衡量计算机系统能力的三个指标：计算能力、通信能力和存储能力，我们优先研究环境系数 E 中计算能力的影响因素，通信能力和存储能力可以采用相同的方法进行度量。

(2) 在计算能力中，包含计算机系统性能和计算过程能力两部分。计算机系统性能采用 FLOP(floating-point operations per second，每秒浮点运算次数)和 MIPS(million instructions per second，每秒百万指令数)表示。同时，受限于目前算法复杂度的研究成果，计算过程能力采用运行时间(单位：s，刻画时间复杂度)和存储空间占用(单位：Byte，刻画空间复杂度)表示。

(3) 目标产品质量采用单位质量(单位：g)表示。

(4) 目标产品面积采用单位面积(单位：cm^2)表示。

(5) 目标产品体积采用单位体积(单位：cm^3)表示。

(6) 目标产品功耗采用单位能耗(单位：W)表示。

(7) 目标产品购置和运行成本采用单位货币(单位：元)表示。

(8) 目标产品回收成本采用单位货币(单位：元)表示，与目标产品购置和运行成本的表示单位相同，但含义和计算方法存在本质区别。

(9) 目标产品二氧化碳排放量采用单位重量(单位：g)表示，与目标产品质量的表示单位相同，但含义和计算方法存在本质区别。

(10) 目标产品耗水量采用单位重量(单位：g)表示，与目标产品质量的表示单位相同，但含义和计算方法存在本质区别。

表 1.1 绿色计算的定量评价指标

环境系数	计算方式	单 位	描 述
质量因子	质量因子=计算能力/目标产品质量	FLOP/g，MIPS/g，Byte/g 和 s/g	反映单位计算能力的物质利用率
面积因子	面积因子=计算能力/目标产品面积	FLOP/cm^2，MIPS/cm^2，Byte/cm^2 和 s/cm^2	反映单位计算能力的面积利用率

续表

环境系数	计算方式	单位	描述
体积因子	体积因子=计算能力/目标产品体积	FLOP/cm^3,MIPS/cm^3,Byte/cm^3 和 s/cm^3	反映单位计算能力的体积利用率
功耗因子	功耗因子=计算能力/目标产品功耗	FLOP/W,MIPS/W,Byte/W 和 s/W	反映单位计算能力的能量利用率
经济因子	经济因子=计算能力/(目标产品购置和运行成本)	FLOP/元,MIPS/元,Byte/元和 s/元	反映单位计算能力的购置和运行经济性
回收因子	回收因子=计算能力/目标产品回收成本	FLOP/元,MIPS/元,Byte/元和 s/元	反映单位计算能力的回收处理经济性
排放因子	排放因子=计算能力/目标产品二氧化碳排放量	FLOP/g, MIPS/g, Byte/g 和 s/g	反映单位计算能力的二氧化碳排放量
水耗因子	水耗因子=计算能力/目标产品耗水量	FLOP/g, MIPS/g, Byte/g 和 s/g	反映单位计算能力的耗水量

同时,在上述环境系数基本因子的基础上,可设计一个更综合的指标"可比功耗因子"[60],用于全面比较不同类型计算机系统(包括服务器、台式 PC、笔记本和嵌入式计算机)的功耗情况,即

可比功耗因子=(功耗/比频率)×(功耗/面积)

其中,功耗为目标产品功耗(单位:W);质量为目标产品质量(单位:g);比频率为目标产品频率与目标产品质量的比(单位:MHz/g);面积为目标产品面积(单位:cm^2)。

另外,电能有效利用率(power usage effectiveness,PUE)作为环境系数 E 的一个附加指标,反映计算机系统中计算设施部分、制冷设施部分和供电设施部分的电能使用效率,目前在数据中心评价中得到较广泛使用。电能有效利用率的定义如下[61]:

电能有效利用率= 计算机系统总负载 / 计算设施负载
= (计算设施负载 + 制冷设施负载 + 供电设施负载) / 计算设施负载
= 计算设施负载因子(总为 1.0) + 制冷设施负载因子 + 供电设施负载因子

3) 绿色计算的改进措施

绿色计算的改进措施,是在满足功能和性能需求的前提下,改进计算机系统或计算过程,减少计算时间成本,提高能源和物质的利用效率,实现环境效益的最大化。绿色计算鼓励人们设计计算机系统软/硬件时,充分考虑计算机系统的环境友好性,预防危害的发生,而不仅是采取事后的补救措施。下面给出绿色计算改进措施的九条基本准则[62~64]:

(1) 从源头上,当系统设计时预防问题,从系统架构角度考虑系统可能带来的环保问题,而不是在末端治理问题。当开始设计PC、服务器或嵌入式系统软/硬件时,在追求功能和性能的同时,应充分考虑绿色计算特性。

(2) 系统或计算过程能耗应最低。绿色计算包含计算机系统级功耗、硬件功耗和软件功耗等技术,如DPM、DVS和软件静态低功耗设计技术,降低计算机系统或计算过程运行时产生的能耗,提高计算机系统软/硬件资源和能源的利用率,减少全球二氧化碳排放量。

(3) 应避免对人的身心健康产生伤害。设计计算机系统时应考虑使用者身心健康问题,设计符合人体工程学特性(操作方便、安全、人机界面友好等)的产品,如计算机的外观形状、布局和I/O设备设计,应避免使用者长期使用带来的计算机职业病,包括眼疾、手指关节炎、肩周炎、颈椎炎和腰椎炎等;通过设计相应的过滤和管理软件,避免使用者产生Internet癖,以及给使用者带来不良信息侵扰等。目前,由于信息技术已经充分融入到生产过程中,其继续提高生产力的作用短期内有限,而采用信息技术的娱乐业却飞速发展,电子玩具和游戏成为工作中消磨时间的重要方式。因此,信息技术一定程度上也在妨碍生产力提高。

(4) 尽量降低系统使用的复杂度,包括功能复杂度和人-机接口的复杂度。目前,计算机系统,尤其是PC机,许多软/硬件功能设计过于复杂,同时,升级频繁,这也是云计算模式近年来许多公司力求革弊除新、积极尝试推出的一个重要原因。此外,许多软件产品,如微软公司的Windows操作系统和Word字处理软件,包含的诸多功能普通用户很少、甚至根本用不上,这增加了用户的购买成本、学习成本和微软公司的设计、开发成本,造成了社会资源的浪费。由于软件产品是一种特殊的、无形的产品,这种浪费更不容易引起人们的注意。人-机接口包括I/O设备、GUI界面等,其设计风格和简易程度给产品的使用者带来很大影响,如对于老年人和儿童,电视机的遥控器通常比计算机的键盘更容易掌握,更加符合人体工程学要求。因此,这也是笔输入接口、声控接口、视控接口(如注视、手势、表情、动作等)、动作感知接口、脑机接口等新的NUI(natural user interface,用户自然接口)技术近年来蓬勃发展,尤其在游戏机等消费电子设备中蓬勃发展的原因。

(5) 尽量采用无毒无害、低污染、可再生的材料。倡导电子垃圾回收利用,促进电子废物的循环利用,这主要涉及计算机硬件设计和制造时,应选用无毒无害、可再生的材料,避免长期使用时给使用者造成身心伤害,也避免产品报废时产生电子垃圾。

(6) 尽量减少电磁辐射。计算机系统的内部电路和显示器工作时都将产生一定的电磁辐射,改进系统设计、电路设计和显示器的材料,提高电磁屏蔽能力,都能够有效地减少电磁辐射对人体的伤害以及降低电磁辐射带来的信息泄露风险。

(7) 尽量减少系统的重量和体积。降低软件/数据的存储空间需求，减少计算机系统的重量和体积，尤其对可移动的嵌入式系统更具有重要的意义，不但能够减少面积的占用，而且增强系统的“可移动性”。

(8) 尽量改善系统或计算过程的经济性。计算机系统的计算能力并不是予取予求的，它是有代价的，各种“计算服务”是要收费的，如软件服务(software as a service，SAAS)和网吧提供上网服务收费可视为计算服务收费的一种雏形，在将来有可能成为计算机行业一种主要的商业模式。另外，计算能力的提供与保障，不但要花费软/硬件资源，而且需要庞大的人力资源保障。

(9) 开发实时监控技术，避免系统运行时意外伤害的发生，提高计算机系统的安全性。计算机系统，尤其是使命关键的系统(mission critical system)，其安全性(security)、防危性(safety)、可靠性(reliability)和容错性(fault-tolerance)等可信性要求非常高，大力研究和开发相应的软/硬件实时监控技术，避免系统运行时，由于数据错误、软/硬件故障、失效、外界干扰或人员操作失误等原因，对人、环境和财产造成意外的伤害，如1990年1月美国电话系统中断事件、1992年11月伦敦救护车事件、2009年6月法航客机失事事件等事故中软件故障都难辞其咎。

1.5　本书的主要工作

本书主要从狭义定义的角度，研究绿色计算的有关原理与应用，即绿色计算中能耗问题的度量、建模、优化及应用。同时，研究内容也侧重于计算系统本身的绿色化。

绿色计算涵盖了各种类型的计算机系统，其中“云计算”数据中心的服务器系统和智能移动的嵌入式计算机系统(或智能移动终端，如智能手机)节能要求最为迫切。目前国内外一些有关绿色计算的著作主要从数据中心服务器系统节能的角度，在移动云计算环境下(见图1.5)，阐述绿色计算的相关原理、组成与应用等内容。本书力图从智能移动的嵌入式计算机系统低功耗设计的角度出发，提纲挈领，理顺绿色计算的多学科、多层次结构关系，深入地探讨绿色计算的基本概念、原理、组成、度量、优化、评价方法与应用等内容。在此过程中，根据嵌入式系统的典型软/硬件组成结构，自顶向下，对绿色计算进行了层层分解，全面介绍了目前绿色计算的理论研究和工程应用所取得的丰硕成果，包括绿色计算的基本原理与研究内容、嵌入式系统的低功耗设计、嵌入式软件的能耗优化与评价方法、高能效的可定制异构多核体系结构、低能耗的嵌入式操作系统、Internet的动态能耗优化、绿色软件工程，以及移动云计算的绿色设计、物联网的绿色设计等，给不同学科的研究、教学和工程人员提供一个关于绿色计算的全貌。

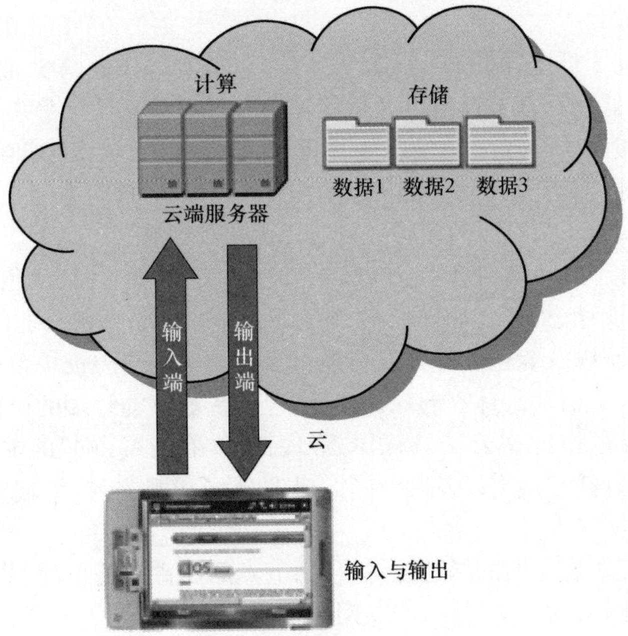

图 1.5　移动云计算的架构

1.6　本书的组织结构

本书从第 2 章开始，主要内容是根据第 1 章绿色计算的基本思路和一般性方法，研究具体条件下，绿色计算的能耗模型、度量、优化、评估方法及工具。

本书章节结构的主要内容安排如下：

第 1 章介绍了绿色计算的背景及意义、发展现状、基本概念和研究内容等内容。

第 2 章研究了嵌入式系统的低功耗设计，包括低功耗设计的软/硬件层次划分、系统层的低功耗设计技术、多层次的硬件功耗优化技术、嵌入式系统硬件低功耗设计技术的应用、嵌入式系统的电池技术以及功耗优化工具等内容。

第 3 章分析了嵌入式软件的能耗优化与评价，包括嵌入式软件能耗的测量方法与工具、源程序结构级/算法级/软件体系结构级软件能耗的建模与优化技术、软件能耗融合模型、低功耗编译优化方法、嵌入式软件能耗属性与其他质量属性的关系以及嵌入式软件能耗优化方法的评价等内容。

第 4 章论述了高能效的可定制异构多核体系结构，包括面向能耗相关软/硬件划分的层次化控制数据流图建模、基于离散 Hopfield 神经网络的 RTOS 功耗优化、NoC 目录协议能耗分析与建模以及智能移动终端的异构多核结构与软/硬件划分模型等内容。

第 5 章研究了低能耗的嵌入式操作系统，包括实时任务调度、低能耗调度算法的问题和制约、低能耗任务调度以及低能耗嵌入式操作系统的静态设计等内容。

第 6 章探讨了 Internet 的动态能耗优化，包括 Internet 的能耗特性、Internet 的低能耗技术分类、节点的动态能耗优化、节点间协同的动态能耗优化以及面向 IP over TDM over DWDM 的多层网络能耗优化等内容。

第 7 章阐述了绿色软件工程，包括绿色软件的需求工程、绿色软件的系统设计、绿色软件的设计、构造与编译技术、绿色软件的测试、评价与验证、绿色软件的部署、运行与控制以及绿色软件开发与运行保障的集成与验证平台等内容。

第 8 章分析了移动云计算的绿色设计，包括智能移动终端的协同节能设计、无线通信网络的绿色设计、"云端"资源的管理、"云端"与"终端"的虚拟化技术、"云端"的大规模并行任务调度以及"云端"的资源分配和服务与"终端"的负载平衡等内容。

第 9 章研究了物联网的绿色设计，包括节点的硬件节能设计、节点的软件节能设计、无线传感网络的节能设计、物联网系统层的节能设计等内容。

1.7 小　　结

绿色计算是在建设绿色 GDP 和节约型社会的倡导下提出的，用绿色科技创造社会价值，正在成为当今社会的一种共识，节能、环保和节约已成为整个计算机产业的重要发展趋势，消费者对健康化和节能化的理念要求也逐渐成为计算机产品更新换代的新标准。

绿色计算作为一种新的计算模式与技术，将从前以技术为中心和用户为中心的 IT 产品竞争与设计策略转变为以环境为中心的 IT 产品竞争与设计策略，是推进化计算机系统可持续发展的重要途径。

通过与绿色化学的比较研究，我们采取了一种更加明确、统一和抽象的方式定义绿色计算的概念，并探讨了其主要研究内容，从而明确了绿色计算的界限和范围，理顺了相关领域的研究任务和关系，提出了绿色计算的一些基本思路和一般性方法，为下一步研究各种条件下绿色计算的具体模型、方法与工具打下了坚实的基础。

参考文献

[1] Gartner Corporation. 2011 年全球 PC 机市场调查. http://www.gartner.com,2012.

[2] Gartner Corporation. Green IT:The new industry shock wave. Proceedings of the Symposium/Itxpo Conference,Cannes,2007.

[3] 2011 德班世界气候大会. http://money.163.com/special/cop17,2011.
[4] 孙毓忠. 自适应可循环计算. 中国计算机学会通讯,2010,6(9):53—55.
[5] CARMA. http://carma.org/region,2011.
[6] 苹果的两个面孔. http://green.sohu.com,2011.
[7] 中华人民共和国工业和信息化部. http://www.miit.gov.cn,2011.
[8] EPA Energy Star. http://www.energystar.gov,2011.
[9] ARM Coretec-A9 Core. http://www.arm.com,2011.
[10] NVIDIA Tegra3 超低功耗处理器. http://www.Nvidia.com,2011.
[11] 多核 Xeon(至强)服务器芯片架构. http://www.intel.com,2011.
[12] AMD Opterons Processor. http://www.amd.com.cn,2011.
[13] 中国科学院计算技术研究所龙芯处理器. http://www.ict.ac.cn,2011.
[14] DSView 3. http://www.avocent.com.cn,2011.
[15] APC-MGE Corporation. http://www.apcc.com.cn,2011.
[16] Seagate Corporation. http://www.seagate.com.cn,2011.
[17] 2011 年第四届中国绿色通信大会. 新浪 IT 频道. http://tech.sina.com.cn/z/greentele2011/,2011.
[18] 本书编委会. 绿色行动计划——系统科学与中国移动节能减排实践. 北京:机械工业出版社,2010.
[19] 华为技术有限公司. http://www.huawei.com,2011.
[20] GreenIT Inc. Eco-Efficiency and Eco-Innovation for IT. http://www.greenit.net,2011.
[21] Enxsuite Corp. http://www.enxsuite.com,2011.
[22] 凌华科技公司. http://www.adlinktech.com,2011.
[23] 中国国际高新技术成果交易会(China High-tech Fair/ComNet Shenzhen 2011). http://www.comnetshenzhen.com.cn/,2011.
[24] Green IT Promotion Council. http://www.greenit-pc.jp,2011.
[25] The Green Grid. http://www.thegreengrid.org,2011.
[26] Climate Savers Computing Initiative. http://www.climatesaverscomputing.org,2011.
[27] EPEAT (Electronic Product Environmental Assessment Tool). http://www.epeat.net,2011.
[28] 节能基准测试工具 EECoMark. ECMA(European Computer Manufacturer Association) International. http://www.ecma.org,2011.
[29] SPECpower_ssj2008. SPEC (Standard Performance Evaluation Corporation). http://www.spec.org/power_ssj2008,2011.
[30] 沈艳,郭兵,丁杰雄,等. 无线传感器网络节能动态任务分配. 四川大学学报(工学版),2008,40(4):76—81.
[31] Jerraya A, Yoo S, Verest D, et al. Embedded Software for SoC. Boston: Kluwer Academic Publishers,2003.
[32] Tiwari V, Malik S, Wolfe A. Power analysis of embedded software: A first step towards

software power minimization. IEEE Transactions on VLSI Systems, 1994, 2(4): 437—445.

[33] Shao Z. High Performance, Low Power and Secure Embedded Systems. Ph. D. Dissertation. Dallas: School of Engineering and Computer Science, University of Texas at Dallas, 2005.

[34] ACPI Specification Revision 3. 0b. http://www. acpi. info, 2011.

[35] Jejurikar R, Gupta R. Energy aware task scheduling with task synchronization for embedded real time systems. CASES 2002, Grenoble, 2002.

[36] Li T, John L K. Run-time modeling and estimation of operating system power consumption. Proceeding of SIGMETRICS'03, San Diego, 2003: 160—171.

[37] Tan T K, Raghunathan A, Jha N K. Energy macromodeling of embedded operating systems. ACM Transactions on Embedded Computing Systems (TECS), 2005, 4(1): 231—254.

[38] Baynes K, Collins C, Fiterman E. The performance and energy consumption of embedded real-time operating systems. IEEE Transactions on Computers, 2003, 52(11): 1454—1469.

[39] 赵荣彩,唐志敏,张兆庆,等. 低功耗多线程编译优化技术. 软件学报,2002,13(6):1123—1129.

[40] 吴琦,熊光泽. 非平稳自相似业务下动态功耗管理自适应算法. 软件学报,2005,16(8):1499—1505.

[41] 易会战,陈娟,杨学军,等. 基于语法树的实时动态电压调节低功耗算法. 软件学报,2005,16(10):1726—1734.

[42] 雷霆,李曦,周学海. 低能耗软件设计中的性能无损电压调度技术研究. 计算机研究与发展,2006,43 (6):1090—1096.

[43] 郭兵,沈艳,王殿辉,等. 一种基于离散 Hopfield 神经网络的 RTOS 功耗优化方法. 计算机学报,2007,30(9):1573—1579.

[44] 孙凝晖,包云岗. 我国如何应对国际艾级计算的竞争. 计算机学会通讯,2010,6(10):14—20.

[45] 卢凯,李旭. 艾级高性能计算机系统高可用技术. 计算机学会通讯,2010,6(10):27—32.

[46] Wang D. Meeting green computing challenges. Proceeding of HDP'07, Shanghai, 2007: 86—90.

[47] Faludi J. Green computing update. The Future of Things. http://www. tfot. info/articles/1003/green-computing. html, 2007.

[48] Xu Z, Li G. Computing for the masses. Communications of the ACM, 2011, 54(10): 133—141.

[49] Institute for Computational Sustainability. Computational methods for a sustainable environment, economy, and society. http://www. cis. cornell. edu/ics/, 2011.

[50] Francis K, Richardson P. Green maturity model for virtualization. Issue 18-Green compu-

ting, the architecture journal. http://www. architecturejournal. net, 2009.
[51] Murugesan S. Harnessing Green IT: Principles and practices. IEEE IT Professional, 2008, 12: 24—33.
[52] 单永奎. 绿色化学的评估准则. 北京: 中国石化出版社, 2006.
[53] 郭兵, 沈艳, 邵子立. 绿色计算的定义及内容分析. 中国计算机学会通讯, 2010, 3: 14—19.
[54] Microsoft Environmental Sustainability Portal. http://www. microsoft. com/environment, 2011.
[55] Resource for environmentally responsible computing. http://www. greenercomputing. com, 2011.
[56] Environment and implications of eco-friendly Green IT: Case of IT service industry. KDB Research Institute, 2008.
[57] Park J K, Cho J Y, Shim Y H, et al. A proposed framework for improving IT utilization in the energy industry. World Academy of Science, Engineering and Technology, 2009, 58: 387—392.
[58] 过敏意. 绿色计算: 内涵及趋势. 计算机工程, 2010, 36(10): 1—7.
[59] 郭兵, 沈艳, 邵子立. 绿色计算的重定义与若干探讨. 计算机学报, 2009, 32(12): 2311—2319.
[60] Lawton G. Powering down the computing infrastructure. Computer, 2007: 40(2): 16—19.
[61] 中国汽车工业协会. 汽车产品节能评价办法. 中国汽车工业协会内部资料, 2008.
[62] Malone C B. Metrics to characterize data center & IT equipment energy use. Proceedings of 2006 Digital Power Forum, Richardson, 2006.
[63] 刘光复, 刘志峰, 李钢. 绿色设计与绿色制造. 北京: 机械工业出版社, 1999.
[64] Hu W, Kaabouch N, et al. Sustainable Green Computing: Practices, Methodologies and Technologies. New York: IGI Global, 2011.

第 2 章　嵌入式系统的低功耗设计

2.1　引　　言

嵌入式系统(embedded system),全称嵌入式计算机系统(embedded computer system),是指以应用为中心、以计算机技术为基础、软/硬件可裁剪、适应应用环境(real world)对功能、实时性、可靠性、成本、体积、功耗等严格约束的专用计算机系统,作为一个部件嵌入式到一个更大的系统或设备中。由于嵌入式系统一定是实时系统(real-time system),随着应用环境不同,实时性有强、弱之分,因此,也被称为嵌入式实时系统(embedded real-time system)[1]。

嵌入式系统一般由嵌入式微处理器(主要由 4～64 位的 MPU、MCU 和 DSP 组成)、存储器、I/O 接口等硬件及其软件组成,通常以 SoC、单板机、多板式箱体结构、嵌入式 PC 等形式嵌入到各式各样的设备或大系统(如数字移动电话、路由器、导弹、信息家电等)中,作为设备或大系统的处理和控制核心。嵌入式系统的狭义定义是指主要由 16 位及 16 位以上的 MPU、MCU 和 DSP 组成,其应用程序的运行一般需要一个 RTOS 的支持,这是它不同于过去许多单片机或单板机应用的关键之处[2]。在本书中主要使用嵌入式系统的狭义定义。

随着“Post-PC”时代的来临,据称 95%的微处理器将用于嵌入式系统,嵌入式技术已经成为 21 世纪最热门的技术之一。其应用范围非常广泛,大到载人航天器、程控交换机,小到数字化时钟、无线传感器节点,遍布于我们生活的方方面面,可以说是“embedded everywhere(无处不在的嵌入)”和“ubiquitous computing(无处不在的计算)”,如消费电子产品(移动电话、可视电话、数码相机、DVR、掌上游戏机、计算器、PDA、电子玩具等)、家用电器产品(微波炉、留言机、自动调温器、家庭安全系统、洗衣机以及照明系统)、办公自动化设备(传真机、复印机、打印机、扫描仪)、商用设备(收银机、路边收费器、报警系统、读卡机、产品扫描设备及 ATM 机)、通信设备(手机基站、交换机、DSL 接入设备)、军事武器装备(导弹、坦克、军舰、飞机、无人机、智能炸弹)、医疗设备(生命保障系统、医疗检测系统、CT、B 超)及车用设备(传导控制、定速控制、燃料控制、防锁死刹车器以及主动悬吊)等,如图 2.1 所示,完整的清单可能要好几页。虽然嵌入式计算机比台式计算机便宜许多,但其数量庞大,如在 1999 年,一个典型的美国家庭可能拥有一部台式计算机,但有 35～50 部嵌入式计算机。另外,1998 年平均每部汽车有50个嵌入式微处理器单元,价值数百美元,年增长率达17%。近年来,嵌入式微处理器单元每年销售量达十亿个,而台式微处理器单元的年销售量仅数亿个。

图2.1　部分嵌入式系统实例

根据美国In-stat公司的市场调查,截至2011年年底,全世界嵌入式系统的保有量超过了60亿台,且数量继续呈快速增长的势头,预计到2015年时这个数量将达到100亿台以上。假设每台嵌入式系统的平均功率为30W左右,嵌入式系统全球每年的电力消耗将达到6570亿kW·h以上,这是一个相当惊人的数字[3]!

在计算机系统中,可移动的嵌入式系统的功耗优化最为急迫。很多嵌入式系统都有"移动"的特点,如智能手机、平板电脑等。由于移动设备依靠电池供电,降低系统功耗,可以延长电池的使用寿命,降低用户更换电池的周期。移动设备一般质量和体积较小,系统紧凑,功耗越低,电磁辐射的能量越小,系统内部模块相互间造成的干扰越小,电磁兼容性设计会变得更加容易。同时,许多移动设备在闷热气候和封闭环境中使用,高的功耗可能导致系统过热,从而降低系统的可靠性,甚至使系统完全失效。目前,随着集成电路芯片的规模不断增大,芯片的功耗也随之增长,移动设备等嵌入式系统对功耗的要求更加紧迫,功耗已成为与处理速度同等重要的设计要素。在特定领域,功耗指标甚至成为第一要素,如在以无线传感器网络为代表的很多方面的研究中,功耗问题都是一个重要的研究内容。由于无线传感器网络在战场监测、林业火灾预警、智能电网、复杂条件下的医疗远程救治、太空科学研究和可穿戴型计算机等诸多领域有着广泛的应用前景,正受到各界的广泛关注并开展了大量的相关研究。这其中,如何降低无线传感器网络的功耗是一个至关重要的研究内容[4]。

降低移动设备的功耗往往意味着增强了系统的"可移动性",甚至是系统的"寿命",无论是对系统设计者还是消费者而言,这都是一个非常具有实用价值且必须要考量的重要因素。从工业制造层面看,功耗的降低将也带来工业制造成本的降低，主要体现在以下三个方面：

1）降低芯片散热成本

高性能芯片往往带来的是高时钟频率和高集成度，这都会使芯片的工作温度随着时钟频率的增加而不断攀升。一方面是对高性能的追求，另一方面是对稳定工作的苛刻要求，为了解决这个矛盾，必须使芯片的温度保持在正常的工作范围，这需要对芯片进行有效的封装、冷却和散热设计。体现芯片封装材料散热能力的一个重要指标是热阻，即单位功耗导致该材料温度的变化量，反映出了该材料的散热能力，热阻数值越大，则更容易通过封装材料传导与空气交换热量，而材料的散热效果越好，相应的价格就越高。对于工作温度较低的芯片，可采用成本较低的塑料封装；对工作温度较高的芯片，为了防止芯片被烧毁需要采用成本更高的陶瓷封装，温度更高的芯片还需要高成本的空冷或液冷等散热装置，这些都会使芯片的制造成本大幅攀升。因此，芯片的功耗决定着芯片的封装及散热装置成本，而这些成本可能比芯片自身的成本还要高[5]。

2）降低电源成本

在嵌入式系统的设计中，由于嵌入式系统被广泛应用于便携式和移动性较强的产品中，而这些产品通常由电池供电，且都存在电源供应的问题，这些设备的使用时间很大程度上受到电池容量的限制。由于电池单位体积储能的限制，电池容量越大，相应的体积也会越大，而且增加电池电量又受到材料和工艺等方面的限制，在按要求完成相同的工作任务并使用相同的工作时间的要求下，较高的功耗意味着更高容量的电源，这意味着成本的增加，这些都是设计人员必须面对的问题。

对于某些电源补给比较困难的敏感应用领域，供电装置的成本问题显得格外重要，如通信卫星使用太阳能帆板获取全部运行的能量，若功耗较高将会使得太阳能电池的体积过于庞大，从而会造成从火箭设计、发射到太空运行的一系列问题。另外，因为电池技术的限制，电池容量的增长速度远远赶不上集成电路的发展要求，如 Li-ion 电池大约为 60kW · h/kg，其容量在 10 年内只是提高了大概 10%，但同时芯片的功耗却呈指数形式增长，已达到了数十倍，若不采用一定的手段方法降低芯片的功耗，电源必将成为移动设备的一个重要瓶颈，影响着移动设备的广泛应用和进一步发展[6]。

3）降低芯片制造成本

研究显示，芯片在测试期间所消耗的能量比正常运行时要高出数倍，为保证测试时不会烧坏芯片，一种通用的方法是通过成本较高的封装和散热装置实现，而测试及验证分析是芯片量产前的关键环节，这样便会增加芯片成本。当然可使用降低测试跳变率、降低测试频率等提高测试时间的方法降低测试功耗，但这样会在一定程度上影响可测试的故障类型和测试覆盖率，影响测试的效果，并且较大程度上延长了测试时间，这样便从另外一个方面提高了芯片的测试成本。一般认为，在其他因素不变的条件下，芯片的测试成本与测试时间成正比。在深亚微米或纳米工艺下，功耗问题将引起诸多新的故障类型，传统测试方法在一定程度上失效，若采用更为先进的测试设备将又会大幅增加测试成本。

低功耗将是未来计算机技术发展的主要方向之一，这一点已经成为业界的普遍共识。推动低功耗研究，不但能够大大降低日趋紧张的电力供应的压力，减少系统的散热成本和制造成本，而且可以减少"碳排放"对大气环境的破坏，对人类尽快形成可持续发展的发展方式具有重要的意义。

2.2　嵌入式系统的组成

从图 2.2 可以看出，嵌入式系统主要由嵌入式微处理器等硬件和 RTOS、嵌入式应用程序等软件组成。

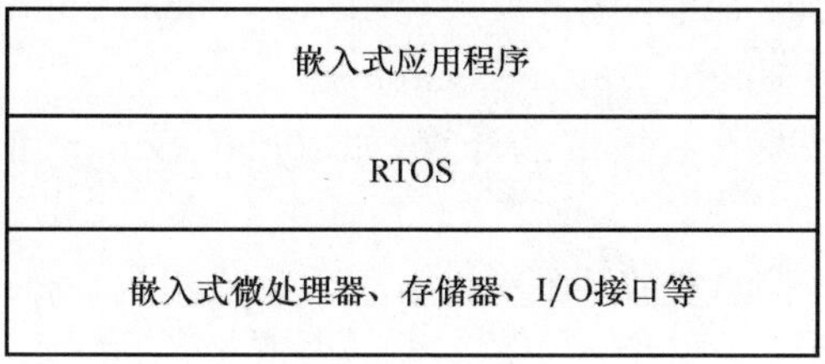

图 2.2　嵌入式系统的分层体系结构

嵌入式系统的硬件组成主要包括：

(1) 嵌入式微处理器：可分成 MCU、MPU 和 DSP 三类，目前市场上有上千种嵌入式微处理器，用得比较广泛的有 ARM 公司的 ARM 系列微处理器、Motorola 公司的 Power PC 和 MC68000 微处理器、MIPS 公司的 MIPS 系列微处理器、TI 公司的系列 DSP 等。

(2) 存储器：常用的有静态存储器(SRAM)、动态存储器(DRAM)、只读存储器(ROM)、闪存(Flash ROM)，每种存储器各有其用途和优缺点。

(3) I/O 接口：种类繁多，如 UART、并口、I2C、SPI、USB(通用串行接口)、Ethernet(以太网接口)、IEEE 1492、IEEE 802.11、IRDA(红外线接口)、BlueTooth、GSM、CDMA、JTAG 等。

(4) I/O 设备：如 LCD、LED、键盘、面板开关、各种传感器/执行器等。

(5) 其他电路：如 A/D、D/A、时钟电路、复位电路和电源模块等。

嵌入式系统的软件组成可分为以下四个层次：

(1) BSP(board support package)：即设备驱动程序，负责 RTOS 与硬件设备

的信息交换，包括硬件的初始化、读、写、查询等操作，并给操作系统提供相应的设备驱动接口。

(2) RTOS：负责整个系统的任务调度、存储分配、时钟管理和中断管理，并提供文件、GUI、网络、数据库等功能。

(3) API(application programming interface，应用编程接口)：为编制应用程序提供的各种编程接口库(Lib)。

(4) 嵌入式应用程序：为满足嵌入式系统各种应用需要实现的应用程序，如手机上的 Editor、Notebook 和游戏，路由器上的网络管理软件，数字电视上的浏览器等。

目前有许多不同类型的嵌入式系统，根据 Koopman 的分类，可以分为以下四种类型：

(1) 通用计算：应用程序与台式机类似，但在一个嵌入式软件包中，如 Video games、Set-top boxes、Wearable computers 和 Automated tellers。

(2) 控制系统：实时系统的闭环反馈控制，如 Vehicle engines、Chemical processes、Nuclear power 和 Flight control systems。

(3) 信号处理：涉及大数据流的计算，如 Radar、Sonar 和 Video compression/de-compression。

(4) 通信和网络：信息交换和传输，如电话系统和 Internet 设备。

2.3　嵌入式系统低功耗设计的软/硬件层次划分

嵌入式系统的低功耗设计是研究在一定性能(如速度、实时性、吞吐量、代码空间、可靠性、成本等)约束下嵌入式系统的功耗优化(功耗降低或功耗最小化)问题，属于数学上多目标多约束的组合优化问题，包括功耗度量与估计、功耗仿真、功耗分析与建模、功耗优化、功耗评价与验证以及相应支持工具开发等内容，如图 2.3 所示。

嵌入式系统功耗的一般模型可表示为

$$E=\int_{t_1}^{t_2} P(t)\mathrm{d}t=\bar{P}\times\Delta t=I\times V\times\Delta t=f(C_i)\times\Delta t,\quad i=1,2,\cdots,n$$

其中，E 表示系统的能耗(energy consumption，单位：J)；$P(t)$ 表示系统的瞬态功率；$\bar{P}$ 表示系统的平均功率(power，或功耗 power consumption，单位：W)；Δt 表示系统的运行时间；I 为平均电流；V 为电压；C_i 表示系统功耗的某些相关度量特征，如微处理器的周期指令数 IPC(反映 CPU 的利用率)、存储器的周期访问次数 MPC(反映 Memory 的利用率)等。功耗-特征关联模型(简称功耗模型)$\bar{P}=f(C_i)$ 表示 $\bar{P}$ 是 C_i 的函数，如何确定功耗函数 f，这是目前嵌入式系统功耗分析与建模

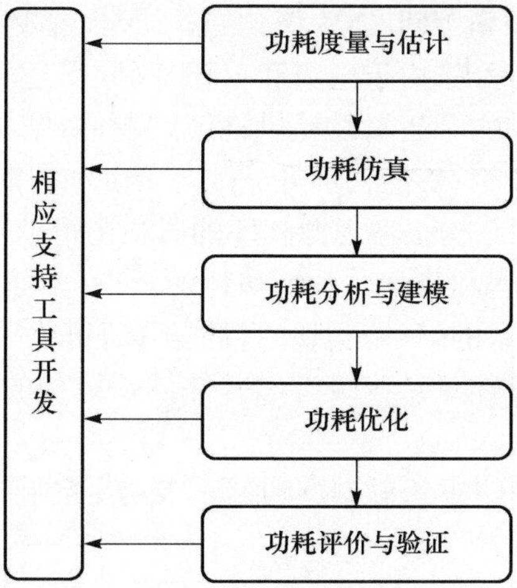

图 2.3　嵌入式系统低功耗设计的主要内容

研究的一个主要内容。由于嵌入式系统功耗函数确定后，功耗的影响因素、影响程度及因素间的相互关系已明确，如何采取一定的措施(如降低电路 FLIP-FLOP 的有效翻转率)优化这些因素，降低系统的功耗，这构成了嵌入式系统功耗优化研究的另一个主要内容。此外，一些与应用密切相关的共性技术也是构成嵌入式系统低功耗设计的重要组成部分，包括功耗仿真实验平台、功耗与其他质量属性的内在联系、功耗评价与验证以及软/硬件协同设计等[7]。

需要说明的是，功耗(power consumption)是计算机在单位时间内消耗的电力能源的数量，单位 W，与功率(power)等价。根据电路的基本原理，功率＝电流×电压。而能耗是指系统在一段时间内实际消耗或使用的电力能源数量，嵌入式系统的能耗一般由硬件设备功耗、软件任务运行效率及系统资源配置策略等因素决定，常用单位是 J、度(kW · h)或 mA · h，与能量(energy)的单位相同，即能耗＝功耗×时间。容易得知，单位时间里能耗和功耗的在数值上是相等的。在任务完成时间相等的情况下，更低的功耗必然带来更低的能耗。即使延长任务执行时间，总能耗相等，更低的功耗也在很多情况下有非常重要的意义，如在时间约束不严的条件下，更低的功耗可以带来整个系统更好的稳定性和更长的使用寿命。

尽管能耗和功耗是两个不同的概念，但是在相关研究领域中许多泛指情况下可互换使用，一些低功耗的研究工作实际上是优化系统或者应用的能耗。因此，在不会引起混淆的情况下，本书不详细区分能耗和功耗的概念。

根据嵌入式系统的组成，从硬件到软件，可将嵌入式系统的低功耗设计技术分为七个层次进行分析与研究(见图 2.4)，主要包括[8]：

(1) 硬件层：电路级通常是嵌入式系统低功耗设计的最低层次，主要解决负载电容、供电电压和时钟频率等问题，为简化层次，便于描述，将工艺级、版图级和材料级都归入电路级进行考虑；由于门级和RTL级同属逻辑范畴，可将它们都归入逻辑级，主要解决电路结构和逻辑设计风格等问题；微结构级是指嵌入式CPU的组成结构级，主要解决指令级并行、部件分配与调度和智能功率控制等问题。

（2）软件层：源程序结构级考虑源程序的语法逻辑结构对软件功耗的影响；算法级考虑算法处理的流程和步骤对系统功耗的影响，由于硬件和软件的算法级所解决的问题及方法是一致的，只是实现的载体不同，可将算法级的问题都归入软件算法级中进行分析；软件体系结构级考虑软件体系结构的选择和变换对系统功耗的影响。

（3）系统层：系统级侧重于软/硬件协同、交互、控制和管理等措施，如DPM、DVS等。

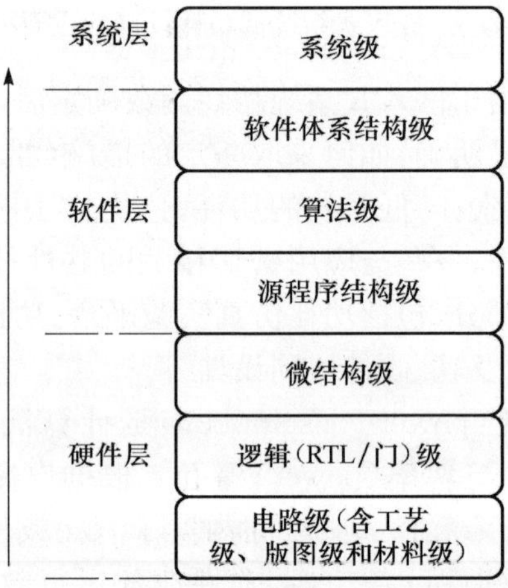

图2.4　嵌入式系统低功耗设计的主要层次

物理学家盖尔曼有一段对自然真理的比喻很贴切，即真理就像一层层洋葱，每一层代表不同层次上的真理，而在认识自然的每一个层面上既会有不同的真理，也会伴随产生不同的关键概念。与此类似，在低功耗设计技术的不同层次所考虑的问题和方法也是不一样的，如在电路级，着眼于供电电压、时钟频率和负载电容等因素；在微结构级，主要是对CPU的流水线和并行结构进行改进，降低功耗。同时，低功耗技术的不同层次并不是完全独立的，为达到同一个优化目标往往可在多个层次上进行设计，如为了降低电路的有效翻转率（或切换活动因子），可采用在系统级改变系统的软/硬件划分、在源程序结构级改变软件结构以及在逻辑级改变具体门电路的逻辑安排等措施。同时，高层次的技术通过低层次的技术发挥作用，共同达到降低系统功耗的目标。

通常,不同层次的设计能够降低的功耗比例也不一样,技术层次越高,功耗降低的效果越明显,如通过在系统级软/硬件划分可能降低电路 30%的翻转率,而通过在逻辑级重新安排逻辑结构却只能降低 5%的翻转率。但是,不同层次的措施,开发工作量也会有所不同,如软/硬件划分时,需要进行大量的分析和计算后才能确定有效的体系结构,而硬件逻辑的重新安排大部分工作可通过硬件设计综合软件实现。因此,在低功耗设计时,可根据系统的具体要求选择合适的功耗设计层次与方法。图 2.5 说明了不同设计层次对功耗的影响大小比较[9]。

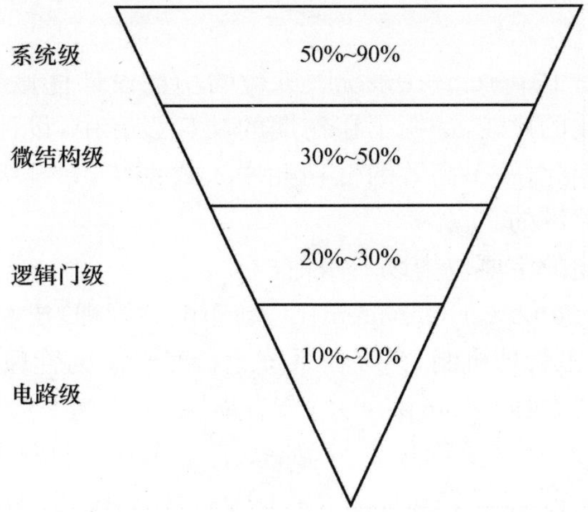

图 2.5　不同设计层次对功耗的影响

嵌入式系统是典型的软件驱动执行的系统,其中,软件部分一般包括实时操作系统和嵌入式应用软件(简称嵌入式软件)两个部分。从嵌入式系统的组成分析,微处理器、总线、存储器、Cache 和 I/O 接口等硬件的电路活动"直接"导致了系统功耗的产生,但影响功耗的因素绝不只是硬件本身,硬件依赖于运行其上的软件实现信息处理功能,因此,硬件是能量的直接而被动的使用者,仅提供了系统能耗的理论最小下界和最大上界。而软件是硬件行为的规范与指导者,嵌入式软件本身不会产生功耗,功耗只是软件执行时的"副产品",软件的指令执行和数据存取等操作驱动了底层硬件的电路活动,"间接"导致了系统功耗的产生,软件是能量的真正消费者,决定了系统能耗的实际值,因此,嵌入式软件是产生系统功耗的"主动"因素和"活跃"因素,这也是嵌入式软件功耗的本质含义。

嵌入式系统的低功耗设计先期主要集中在硬件层,包括材料级、工艺级、电路级、门级、RTL 级、算法级以及微结构级的低功耗设计和优化策略。随着微电子技术的不断发展,各种底层先进硬件功耗优化技术的逐步成熟和应用,使得高层软件方面的低功耗设计技术逐步成为控制系统功耗的重要手段。

本章主要介绍嵌入式系统系统层和硬件层的低功耗设计技术，而嵌入式软件的低功耗设计技术将在第 3 章进行讨论。

2.4　嵌入式系统的系统层低功耗设计技术

由于嵌入式系统的硬件主要包括处理器、存储器、Cache、总线控制器、I/O 接口控制器等单元，软件主要由操作系统等系统软件和应用软件组成。因此，系统层优化是从计算机系统整体的角度出发，重点考虑软/硬件协同、交互、控制和管理措施，以降低系统功耗。

通过对手持设备 Paperclip 在系统级进行的功耗设计优化和算法级对 MPEG 译码器进行设计优化的比较，证明了在初期的功耗设计中，设计级别越高，功耗优化的效果越明显。因此，一个高效的低功耗嵌入式系统，系统级的软/硬件功耗协同优化设计是极为关键的[10]。

系统层功耗优化的主要包括以下四种：

1) DPM(dynamic power management，动态电源管理)技术

DPM 是一种电源管理机制，允许在系统运行时动态的管理电源。传统的电源管理方式要求系统要么挂起(suspend)以节省能源，要么恢复(resume)运行让程序正常工作，这个过程通常需要用户参与(如按键动作)，而且这种状态切换非常缓慢。相对于传统的电源管理方式而言，在 DPM 中，系统可关闭暂时不使用的设备，如关闭 CPU 和显示器，这些都是动态完成的，不需要用户的干预，而且状态之间的切换非常快(每秒数百次)。目前很多计算机系统及其部件都采用了 DPM 技术，以提供更高的系统性能、可靠性以及更低的功耗。

DPM 通过用户请求动态配置系统，在保证性能的同时，将尽量多的设备置于低功耗状态，通过将设备置于低功耗状态以获得低功耗。

DPM 技术可在不同设备上实现，包括内存、处理器、硬盘、无线网卡、LCD 等。PM 单元根据控制策略(policy)预测的结果将相应的设备在不同的状态间切换，因此，各种设备提供给 PM 控制单元的可用状态是提供电源管理的基础。

传统计算机系统的电源管理将精力主要集中在睡眠和挂起等静态模式的电能消耗上，这些都是非激活(de-activating)状态，需要用户采取行动使系统再激活。通常在进入和离开这些状态的时候有较大的延迟和开销，而且为嵌入式系统设计的高度集成的片上系统 SoC 处理器一般都没有 BIOS，所以传统的依赖于 BIOS 的电源管理机制很难实现。

DPM 技术的使用建立在两个前提之下：系统负载(workload)的非规则性以及系统负载的可预测性。嵌入式系统的一个重要特点是工作负载具有不均匀性以及动态变化性，那么静态降低功耗的技术显然不能达到很好的效果。DPM 技

术提供一种操作系统级别的电源管理能力，当程序在运行时考虑执行电源管理的策略。

为系统运行过程中动态控制功耗提供了CPU和外设电源管理的功能及接口，包括运行、待机、休眠等多种工作模式可选择，主要规范包含Intel、Microsoft等软/硬件厂商提出的APM(advanced power management，高级电源管理)、ACPI(advanced configuration and power interface，高级配置与电源接口)等电源管理规范。

DPM机制通常由嵌入式操作系统控制执行，根据系统负载变化情况，在CPU或外设空闲以及部分部件空闲时，关闭相应部件的电源以降低功耗。DPM模型由一组相互作用的功耗可管理部件(power manageable component，PMC，通常是硬件)以及功耗管理器(PM，通常是软件)两个部分组成，其中PMC的工作模式由PM控制。目前，按照采用的控制策略不同，DPM包括：

(1) 超时策略DPM。

超时策略DPM的基本思想是根据已观察到的空闲时间数据确定一个限值，一旦持续空闲时间超过这一时限，就切换到相应休眠模式。

超时策略DPM的优点是算法简单通用，可通过控制时限值调整算法的响应性能，广泛用于硬盘、显示器等部件的功耗管理中。但其缺点是不管空闲时间长短，都得等待一段时间才进入休眠模式，造成一定的功耗浪费。

(2) 预测策略DPM。

预测策略DPM在开始时依据一定规则对本次空闲时间长度进行预测，一旦预测值超过特定切换阈值，在一开始就将PMC切换到相应休眠模式，否则保持就绪状态。

如果相邻空闲时间长度具有明显的规律性，预测保证较高准确性，这时预测算法可以获得很好的优化效果。但是实际应用中，这种规律性很难把握，错误预测带来较大的功耗和响应性损失，不能保证实际优化效果。预测策略DPM另外一个缺点是不能有效控制响应延迟，进行功耗和响应性能之间的折中控制，不适合用于具有响应性能约束的应用。

(3) 随机策略DPM。

随机策略DPM将DPM看成一个随机优化问题，利用随机决策模型求解DPM控制算法。

随机策略DPM的优点是既可以确保功耗优化结果，又可以有效控制响应延迟。其缺点是假设服务请求服从已知的某种分布，从而限制了其使用范围。

2) DVS(dynamic voltage scaling，动态电压调节，又称DVFS，dynamic voltage/frequency scaling)技术

随着电子技术革新的深化，特别是电源技术的迅速发展，如今处理器内核的工作电压能够在运行的过程中根据系统软件的控制信号动态地改变，同时高效的直流-直

流电压转换器的出现也使得处理器内核的DVS成为了可能。在许多嵌入式应用中，只对任务完成的时间做了规定，并不需要硬件始终保持在很高的工作频率，这种情况下如果能够在保证按时完成任务的前提下尽量降低工作电压，可大大降低系统功耗。鉴于此，一种新型的系统层的功耗优化机制——DVS技术应运而生。

目前的功率转换效率已超过90%，效率的进一步提升对整体的影响将很小。因此，有必要采用新技术进行系统级能量管理。如果处理器能够根据实际需要调节频率，同时结合能根据频率来降低电压的功率管理技术，可以显著降低功耗，相应延长了运行时间。DVS和AVS(adaptive voltage scaling，自适应电压调节)是两种常用的电压调节技术。

DVS是一种机制，当系统须要完成大量计算任务时，便提高处理器的电压以提高其处理速度，而当系统不须要高速处理资料或只处于待机状态时，处理器的核心电压将会降低，这样便可节省不必要的功耗。要降低处理器的功耗，在降压的同时还有降频。处理器的核心频率由时钟部件来调节，当处理器的计算任务不繁重时，时钟部件会自动降低处理器的频率。目前，多数嵌入式CPU已支持这种机制，如TI公司的OMAP系列处理器、Transmeta公司的Crusoe处理器，以及IBM公司的PowerPC 405LP处理器支持这项功能。

在降低系统频率的同时，电压也要相应降低，这项工作主要是由具有DVS降压式DC/DC转换器完成的，如Fairchild公司的FAN5355可编程电源芯片，输出电流为800mA～1A；输入电压为2.7～5.5V；输出电压的范围是0.75～1.975V，精度为6或7位，可编程调节。可支持的产品包括SmartReflexTM兼容电源，DSP和μP控制器，智能手机、PDA，以及手持设备图形芯片(NVIDIA、AMD)等。

系统执行DVS是一个复杂的流程。首先，收集系统负载的信号，并对负载状况做出判断。这个流程可以用软件实现，也可以用硬件实现。软件实现一般是通过对负载占用系统资源的程度执行判断；硬件实现则通过采集一些核心信号中断线、Cache、内存总线的运用情况等，计算当前的系统负载。其次，综合各种监测所得数据，对系统下一阶段的状况做出推断。有多种预测算法可以选择，要根据具体的使用决定。再次，将预测到的性能表现转换成需要的频率，从而调整芯片的时钟配置。最后，根据新的频率计算相应的电压。通知电源管理芯片调整处理器的核心电压。在整个流程中，电源管理芯片能够执行微小的电压调整，并且能在极短的时间内(几十微秒内)完成电压的调整。

在软件运行过程中可动态改变CPU的运行频率和工作电压，达到降低系统功耗的目的，通常结合嵌入式操作系统的调度器实现，如Intel公司的SpeedStep和AMD公司的PowerNow！等。DVS根据任务的紧迫程度动态调节处理器运行电压(或频率)，以达到任务(进程)实时响应时间和系统低功耗之间的平衡，既节省了能量又不损伤性能，可分为基于间隔方法(interval-based approach)的算法和基于任务方法(task-based approach)的算法两类。根据频率与电压对应关系产生方式的不同,DVS 技术可分为基于硬连线的电压、频率的负反馈环技术和基于查找表的软件反馈技术。由于电路级动态功耗与电压的二次方关系,因此,DVS 是目前功耗优化的一项热点技术,也可应用在频率优化方面[11]。

DVS 可实现在软件运行过程中可动态改变 CPU 的运行频率和工作电压,达到降低系统功耗的目的,通常结合操作系统的调度器实现。DVS 在保证时间限制的前提下可灵活地调节处理器的工作电压或频率,从而保证功耗保持在一个较低的水平上,并且可以按照任务的优先级别对多个任务的运行效率进行分配,使得任务及时的响应时间和系统的低功耗这两个看似矛盾的目标达到完美的统一。由于在大多数情况下,处理器都处在一个“等待”状态,此时它并不需要保持较高的工作电压水平,如果不及时地降低工作电压将会白白浪费掉宝贵的电能,因此,在系统需要的时候才将工作电压恢复到一个较高的水平,否则降低到只需要能维持随时回到工作岗位的“打盹”状态就可以了。这样的话,与程序所要求的时间内完成任务的要求并没有矛盾,虽然最终任务所要达成的结果是一样的,但是对比没有采用 DVS,功耗却得到了有效的降低。如图 2.6 所示,完成同一任务可有两种方式:一种是在一段时间内将处理器的工作电压调到最高,在没有到达截止时间前完成任务并进入了空闲状态(见图 2.6(a));另一种是按照截止时间选择合适的工作频率在规定时间内正好完成任务(见图 2.6(b))。显然,适速运行要比全速运行能节省更多的能量[12]。

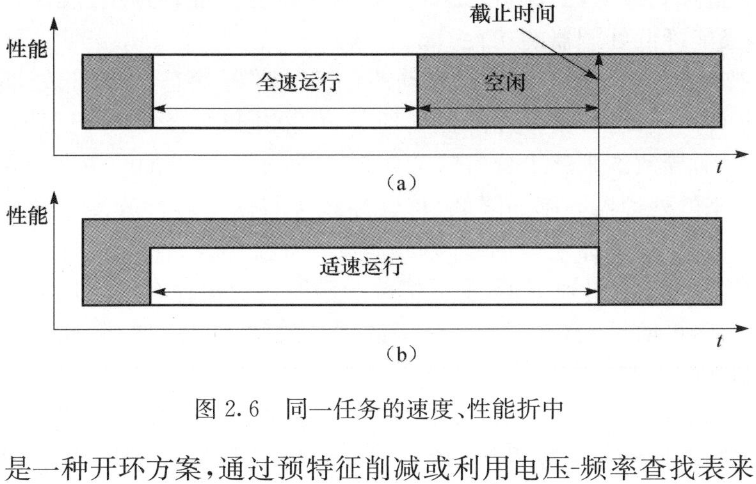

图 2.6　同一任务的速度、性能折中

DVS 是一种开环方案,通过预特征削减或利用电压-频率查找表来调节电压和频率,这些电压必须足够高以维持所有器件和温度范围内的功能性。虽然这种开环方案可以节省相当可观的能量,但无法实现所有可能的能量节约。

AVS 是一种闭环方案,在尽可能降低电源电压的同时仍能及时完成任务。DVS 把电源电压调节到固定的预特征值,而忽略了进程、温度和电源的变化。AVS 则在确定最佳电源电压时把所有这些因素都考虑在内,以确保功耗最小化。

AVS是一种系统级解决方案，可以对SoC中各个处理引擎电源电压进行独立自动控制，从而降低数字SoC解决方案功耗。AVS将可综合与先进微控制器总线架构(AMBA)兼容内核，以及先进功率控制器(APC)嵌入在SoC中。

DVS技术较好地解决了追求性能和降低功耗之间的矛盾，所以适合在掌上电脑、手机等移动设备上采用，因为移动设备只有在解决应用问题时才需要全速运行，尽量在最短的时间内完成应用任务，而绝大多数的情况下却只需要在保证随时被唤醒的“打瞌睡”状态即可，同时，这些移动设备对节约功耗的要求非常高，因为有限的体积不可能配备足够大的电池，而且即便是在被唤醒的状态也不是时时需要最高的运行速度，而应该是取决于需要完成的任务。所以，目前大多数的便携式电子产品都采用了DVS技术进行功耗管理，如苹果公司以iPhone为代表的系列产品，所采用的A4、A5、A6等处理器利用优秀的功耗管理设计，使得最耗电的智能大屏幕手机的待机时间大幅延长。

3）功耗相关任务调度模型和算法

在进程/线程级并行的基础上，通过工作负载特性的研究及任务动态分配与调度，进一步改善软件任务的动态执行行为，一般与DVS结合使用，降低系统的功耗。对于功耗相关实时任务调度算法，常用算法包括RM(rate monotonic，单调速率)、EDF(earliest deadline first，最早死线优先)、LLF(least laxity first，最短空闲时间优先)等，任务不仅要实现逻辑上和时间上的正确性，同时也希望任务执行时所消耗的能量达到最低，因此，首先需要对任务调度性进行判定，既保证任务集是可调度的，又能降低处理器的功耗[13]。

DVS技术的出现，能够在运行时动态调整处理器状态，为降低处理器能耗提供了必要条件。但DVS技术在降低处理器功耗的同时，会带来降低处理器运行时速度的副作用，导致本来就十分有限的处理器资源，变得更加的拮据。降低处理器供电电压带来的处理器频率的降低，将会导致实时任务运行放慢。对于有实时性要求的任务，由于处理器运行时速度的降低，将存在无法保证实时性的可能。但DVS技术能在调度中得到应用，主要依赖于调度过程中存在的空闲时间。由于空闲时间的存在，可通过DVS技术将任务的运行时间进行拉伸(降低处理器频率)，达到降低功耗的目的。

许多文献对DVS技术在实时调度中的应用进行了研究。这些研究都试图解决功耗相关实时任务调度模型，具体可划分为基于预测的DVS算法和基于Stochastic的DVS算法等。基于预测的DVS算法主要通过对过去的信息进行分析，并在此基础上进行预测；由于很多任务的行为在OS层面上不能通过历史信息进行预测，因此基于预测的DVS实时调度对这类系统无效。针对这类系统，研究者最早给出了基于stochastic的低功耗实时任务DVS调度。此类低功耗调度方式认为系统的负载符合某种函数分布，根据调度粒度的不同，此类方法又可划分为

Inter-Task DVS、Intra-Task DVS 和 Hybrid DVS。

4) 软/硬件功耗协同设计技术

软/硬件协同设计过程实际上就是一个系统的软件部分、硬件部分协同开发的过程。在整个设计过程中，考虑系统软/硬件部分之间的相互作用以及探索它们之间的权衡划分，实际的软/硬件协同设计覆盖设计过程中的许多问题，包括系统说明与建模、异构系统的协同仿真、软/硬件划分、系统验证、编译、软/硬件集成、界面生成、性能与花费评估、优化等，其中软/硬件划分是协同设计中最主要的挑战，它直接影响最后产品的性能与价格。

功耗相关的软/硬件划分(power-aware software-hardware partitioning)是软/硬件功耗协同设计(power-aware software-hardware co-design)方法的一个关键步骤，以系统功耗的最小化为目标，将系统的功能行为在一定条件约束下优化地分配到系统的软/硬件结构上，该问题是一个数学上的组合优化问题，其设计结果直接影响到系统未来运行的功耗。其划分结果直接影响到系统的开发效率和质量，这既是计算机系统结构的一个传统问题，也是当前嵌入式系统(尤其是可重构计算系统)设计面临的一个新问题。在许多有关 EDA 工具研究的文献中，通常将软/硬件划分作为软/硬件综合(software-hardware synthesis)的一部分。

软/硬件划分最初是设计者根据经验手工划分，而最早的自动划分方法出现在 20 世纪 90 年代中期，目前许多研究者提出多种划分算法。但是它们是在不同的协同设计环境中开发的，通常仅仅以特别的方式考虑系统的某些方面。它们的不同之处主要体现在如下几个方面：系统的初始化说明、划分过程中所基于的粒度大小、划分过程的自动化程度、耗费函数(cost function)的构造方法、划分算法的设计。有的采用自动化划分，而有的采用手工划分；有的基于比较细的粒度，有的基于比较粗的粒度，而有的划分粒度大小是在划分过程中动态变化的；有的采用模拟退火法(simulated annealing)、禁忌搜索法(tabu search)、遗传算法(genetic algorithm)等全局算法，而有的采用混合整数线性规划法。

通常所讲的系统划分方法有两类：一类是结构划分法，系统首先用好的结构对象(如门)来实现，然后这些对象被划分成通用组件，这种划分不考虑软件实现，它也不考虑相互组件间的延迟；另一类不同的划分方法是功能划分法，系统各种各样的功能被划分成功能组，每一组被分配到一个系统组件上，每个组件可用软件来实现，也可以用硬件来实现。通常所讲的软/硬件划分属于功能划分法。

在进行软/硬件划分时，通常有两个主要的任务：第一，分配(allocation)，也就是选择系统部件的过程，包括选择系统部件的类型、确定每种类型的数量；第二，划分(partitioning)，在选择的部件上分配系统的功能，也就是把系统的功能进行合理的分块，使每一块映射到相应合理的部件上。这两个设计任务必须满足设计限制集，包括花费、性能、尺寸、功能、向后兼容等。

由于嵌入式系统的工作负载具有不均匀性以及动态变化性，因此，DPM 和 DVS 可以使得在保证系统正常的运行的前提下尽可能地降低系统功耗。目前，这两种技术已经成为动态低功耗设计的主流技术。

2.5　嵌入式系统的硬件层低功耗设计技术

低功耗硬件是支持低功耗软件的实体基础，现有硬件的低功耗设计已有许多成熟的技术，包括在电路级、逻辑级和微结构级开发了许多优化方法，以减少硬件电路在工作时带来的系统功耗。

2.5.1　电路级功耗优化

电路级通常是进行功耗优化的最低层次，在本书中，为简化层次，便于描述，将工艺级、版图级和材料级的功耗优化措施都归入电路级优化进行考虑。

目前，由于 CMOS 电路具有较高的集成程度同时还具有较低的功耗，并且所需的电流也非常小的优点，因此，很长时间以来的嵌入式硬件设计中，都广泛采用了 CMOS 电路。

在 CMOS 电路中，功耗由两部分组成：动态功耗和静态功耗。动态功耗是由输入信号变化引起的，包括对负载电容的充/放电和短路电流，它们引起的功耗分别称为开关功耗和短路功耗；静态功耗由漏电电流引起，如图 2.7 所示[14]。因此，CMOS 电路的功耗可表示为

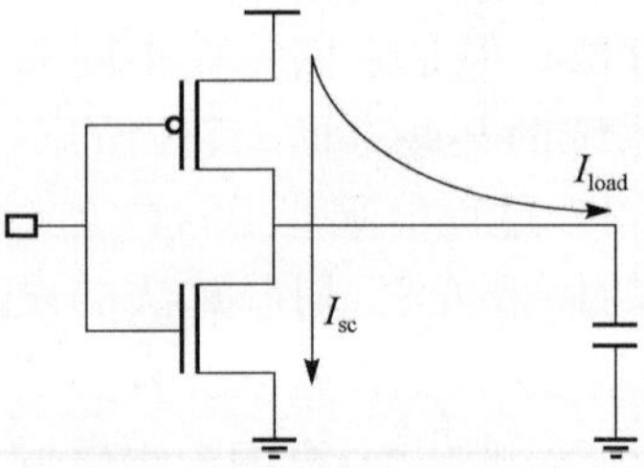

图 2.7　COMS 电路的功耗来源

$$P_{total} = P_{sw} + P_{sc} + P_{le} \tag{2.1}$$

其中，P_{total} 表示总功耗；P_{sw} 表示开关功耗；P_{sc} 表示短路功耗；P_{le} 表示静态功耗。

在 CMOS 电路中，动态功耗占了总功耗的大部分，为 85%～90%[15]。

1. *动态功耗*

1）开关功耗（switching power）

开关功耗表示当电路中的节点（或器件，通常指晶体管）电压发生 0→1 或者 1→0跳变时，节点电容进行充/放电时所产生的功耗，可表示为

$$P_{sw} = \alpha \cdot C_L \cdot V_{dd}^2 \cdot f_{clk} \tag{2.2}$$

其中，V_{dd}表示供电电压；C_L 表示负载电容，是线长和晶体管尺寸的函数；f_{clk}表示时钟频率；α 表示翻转率（或切换活动因子）[16]。

C_L 包括后继门的输入门电容、互连电容和反相器源漏区电容三种类型。工艺尺寸越小，芯片中单个器件的负载电容越低，开关功耗也随之降低。因此，在电路

实现阶段，主要采用按比例缩小工艺（technology scaling）或在版图（layout）设计时降低电路的实际电容等方法。也可以优化布局布线，尽可能缩短布线长度达到降低电容的目的。此外，采用新材料和新工艺可降低互连电容，如铜引线、SOI（silicon-on-insulator，绝缘衬底上的硅）、高绝缘栅。

2) 短路功耗（short-circuit power）

短路功耗的产生是由于输入的信号不是理想的方波，在输入信号上升沿或下降沿所产生的附加功耗。如果条件 $V_{tn} < V_{in} < V_{dd} - |V_{tp}|$（其中 V_{tn} 为 N 管的门限电压，V_{tp} 为 P 管的门限电压）成立，图 2.6 中反相器的输入为非理想阶跃波形，在波形上升或下降沿瞬间，存在 P 管和 N 管同时导通的区域，从而产生短路电流，由此引起了短路功耗。

短路功耗可表示为

$$P_{sc} = \alpha \cdot t_{sc} \cdot I_{sc} \cdot V_{dd} \cdot f_{clk} \tag{2.3}$$

其中，I_{sc} 表示最大短路电流；t_{sc} 表示 PMOS 和 NMOS 同时导通的时间；V_{dd} 表示供电电压；f_{clk} 表示时钟频率。

如果门的输入端比输出端的电压上升下降时间短时，便会出现短路电流这一现象。因此，为了减少短路电流带来的能源消耗，应该想办法尽量将输入和输出维持在同一个沿上。短路功耗的优化策略包括重组大扇出逻辑门结构和调整逻辑门尺寸，使得信号的输入/输出波形匹配，以减少 P 管和 N 管同时导通的时间。随着工艺尺寸的减小，短路功耗呈现明显下降趋势，一般研究动态功耗时都忽略短路功耗部分。

由式(2.2)和式(2.3)可看出，动态功耗与供电电压（或频率）密切相关，不改变电路的结构，仅降低供电电压就可显著减少功耗，是系统级 DVS 技术的具体底层实现。但是电荷的传输速度和电压有关，电压降低造成电路延时，所以在降低电压的同时必须采取措施提高电路的工作速度，避免电路延时。目前，最常采用的两种方法是采用数据通路的并行结构和流水线结构。

但因为 CMOS 电路特性决定了电压的降低伴随着操作时间的延长，同时也会降低嵌入式系统所能操作的最大时钟频率，电压调节带来的功耗节约是以性能降低为代价获得的，因此降低电压的技术可能会影响系统的运行效率。在某些情况下，虽然功耗降低了，但由于系统运行时间的变长，反而导致总功耗增加。

从式(2.2)和式(2.3)还可以知道，降低电路翻转率 α 也能达到降低功耗的目的，可以通过减少操作码种类或者缩短相邻操作码的海明距离等编码优化实现；或使用时钟闸技术将电路划分成多个时钟区域，且在每个周期只开启需要执行的区域，减少电路翻转频度。

一般地，内部短路电流的功耗不会超过动态功耗的 10%，并且随着工艺尺寸的减小，短路功耗呈明显下降趋势，因此一般在功耗研究中常忽略短路功耗。此外，一般受到比电路级更高层次因素应用的影响，其优化措施将在后面相应硬件层次以及第 3 章的软件层次中阐述。

2. 静态功耗

静态功耗(static power)是指在电路稳定时由电源到地的泄漏电流所形成的功耗。在 CMOS 管中,泄漏电流由衬底的注入效应和亚门限效应引起的,包括亚阈值漏电流[17]、栅极漏电流和源漏极反偏电流[18]三部分。

静态功耗可表示为

$$P_{le} = I_{le} \cdot V_{dd} \tag{2.4}$$

其中,I_{le}表示泄漏电流。

除供电电压外,静态功耗中泄漏电流主要由制造工艺决定,如采用高 k 介质+金属栅材料的组合替代传统的二氧化硅绝缘层+多晶硅栅材料的结构等下一代 CMOS 技术,将能更好地控制栅极漏电流,甚至有可能消除泄漏电流。

一般情况下,电路级各种功耗类型的比例关系如表 2.1 所示。随着 CMOS 工艺的进步,沟道宽度变小,V_{dd}会变得越来越小,阈值电压也随之降低,导致亚阈值泄漏电流成指数级增加。因此,工艺尺寸越小,静态功耗占总功耗的比例越大,在深亚微米电路中 P_{le}已成为 IC 功耗的主要来源之一(见图 2.8),如在 90nm 工艺下静态功耗占总功耗的 25%左右,在 65nm 工艺下静态功耗占总功耗的 40%左右,在 45nm 及 32nm 工艺下静态功耗所占总功耗的比例超过了 50%。

表 2.1　电路级功耗类型比例

类　型	比　例
开关功耗	70%～90%
短路功耗	10%～30%
静态功耗	<10%
总功耗	100%

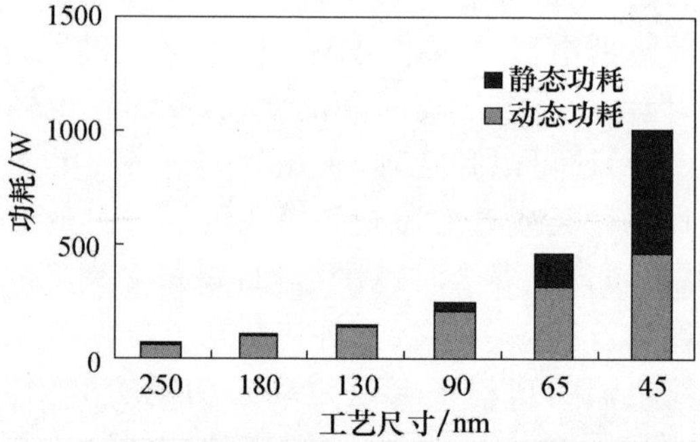

图 2.8　不同工艺下动态功耗和静态功耗的比重

2.5.2　逻辑级功耗优化

在嵌入式系统功耗优化技术中，逻辑级的低功耗设计主要目标是降低数据通路的跳变次数，对电路级翻转率、供电电压等因素产生明显影响，从而减低功耗。常用的功耗优化技术包括：

1）时钟门控(clock gating)

时钟是硬件电路中跳变次数最多的信号，同时在芯片中大量分布着时钟信号，时钟网络所带来的功耗在实际的应用中能够占到嵌入式系统总功耗的 40%以上[19]。因此，门控时钟是一种非常有效的低功耗时钟网络设计技术。

2）电源门控(power gating)

在 IC 工艺尺寸更小的技术条件下，由泄露电流引起的泄漏功耗(leakage power)是我们关注的主要因素。目前，电源门控是确保泄漏功耗受控的主要工具，与时钟门控结合使用，可以降低有效静态功耗。

3）门尺寸优化

通过缩小非关键路径的门尺寸可以减少面积和功耗[20]。

4）RTL 级代码逻辑风格

不同逻辑风格的 RTL 代码将产生不同的功耗，这是因为 RTL 代码最终以电路形式呈现，不同的电路结构和电路风格将对功耗产生相当深远的影响。

5）操作数隔离

通过降低组合电路模块的输入跳变次数，达到降低功耗的目的。该种方法的本质是在组合逻辑模块中间加入锁存器(latch)，当锁存器的使能无效时隔断组合路径的传递。

6）逻辑综合中公因子提取和共享

简化逻辑网络是减少实现电路成本的常用方法。

7）工艺映射

将布尔网络或逻辑表达式映射到目标库中门单元的过程中，尽量使翻转率大的节点隐藏于门单元的内部，从而减少对应节点的电容负载，最终降低功耗。

8）存储单元分区访问

在内存访问时，如果地址线较宽将会产生较大的译码电路，因此，可将存储器单元分割成更小的存储单元，从而减小每个单元的译码电路，另外再使用地址线的高位选择数据，这样可以有效降低嵌入式系统访问存储单元的功耗。

当进行内存访问时，存储器内部的地址译码单元会将地址线进行译码，选中访问的单元。如果地址线较宽，将会产生较大的译码电路，我们可以将存储器单元分割成较小的单元，减小每个单元的译码电路，再使用地址线的高位选择需要的数据，可以有效地降低访问存储单元的功耗。

图 2.9 所示是将一个 2KB 的 RAM 分成两个 1KB 的分区，每个分区的地址宽度由 11 位降低为 10 位，原来地址线的最高位作为数据端选择电路的使能信号。两个 RAM 分区的读写信号控制采用并联关系，如果 RAM 具有片选使能 CS，可以将地址的最高位和它的反向分别连接到两个分区的 CS 端，这样当访问的单元不在某个分区中时，该分区可以完全不工作，提高节电的效率。在图中如果 CS 低电平有效，那么上边的 1KB 分区代表原来 2KB 存储器的高端地址对应的存储单元；反之，下面的 1KB 分区代表原来 2KB 存储器的高端地址对应的存储单元。

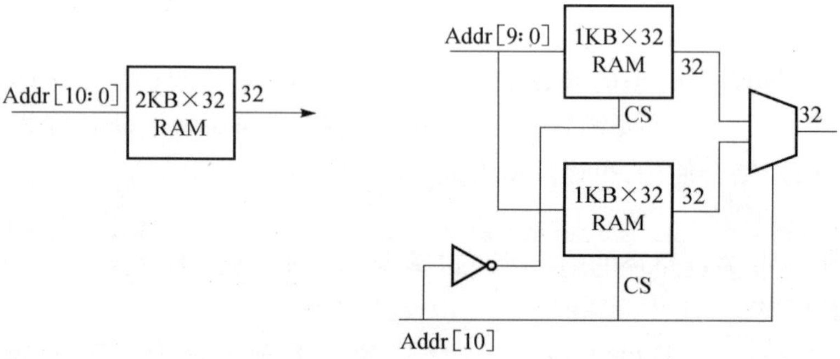

图 2.9　存储器分区访问

9) 编码技术

该种方法包括总线编码和状态机编码。总线编码通过采取相应的编码技术的方式减少数据和地址总线翻转频率[21~23]，常用的编码技术包括 T0(zero transition)编码、BI(bus invert)编码和 WZE(working zone encoding)编码等。状态机编码则可减少相邻状态间信号翻转的次数，常用的状态机编码技术包括独热(one hot)码和格雷(Gray)码。

10) 通路平衡

在组合电路中不同执行路径具有不同的时间延时，这些不平衡的路径的延时将在路径的汇聚处产生 Glitch 噪声，该噪声将带来大量的动态功耗。因此，在电路设计时需要平衡各路径的延时，使其尽量达到一致，以减少 Glitch 噪声，进而减少动态功耗。

11) 多阈值电压

通过动态改变部分硬件模块的电源电压，最大限度地降低功耗。因电压转换电路的功耗和电压转换导致的延时的存在，多电源电压技术便由此出现。如可在处理器核心中采用较低的工作电压可降低处理器功耗，而在 I/O 部分可采用较高电压，使嵌入式系统具有较强的驱动能力和抗干扰能力[24]。

12）异步逻辑

同步逻辑利用时钟脉冲使其子系统同步运作，而异步逻辑不使用时钟脉冲做同步，其子系统是使用特殊的“开始”和“完成”信号使之同步。由于异步电路具有无时钟歪斜问题、低电源消耗、平均效能而非最差效能、模块性、可组合和可复用性等优点，因此，异步逻辑电路具有更高的处理速度和较低的功耗。但是，异步逻辑电路的复杂度随着逻辑门的增加，而复杂性也快速地增加，因此，目前异步逻辑大部分仅使用在小的电路设计中。

2.5.3　微结构级功耗优化

所谓微结构级，指的是嵌入式系统处理器的组成结构级，图 2.10 展示了这一级别的功耗组成分布情况。其中，时钟部分包括系统中的由于时钟而产生的功耗；数据通路这一部分则包括所有的执行单元、寄存器组和总线索引起的功耗；存储部分功耗包括跳转预测缓冲器和缓存的功耗；控制部分的功耗则包括输入/输出和控制通路的功耗。从图 2.10 中可以看出，时钟部分所占的功耗占比是最高的，而控制部分所导致的功耗占比最低。

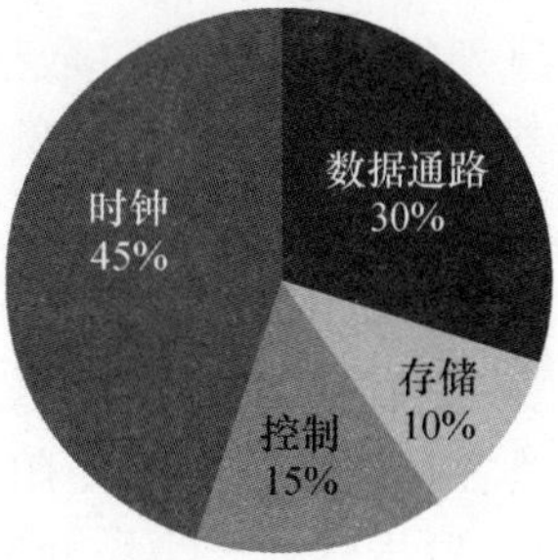

图 2.10　嵌入式 CPU 的主要功耗分布

目前，嵌入式 CPU 的技术革新取得了许多进展，如加大缓存、超线程、乱序执行、精细的逻辑控制机制、支持多媒体指令集、智能内存访问、动态总线暂停、提高总线速度、多核处理器等，主要的设计目的是提高性能（指运算速度），兼顾功耗，改善能效比（energy efficiency）。下面重点介绍四种主要的微结构级功耗优化设计方法。

1. 指令级并行

功耗问题的日益突出使得单纯通过提高处理器频率改善性能的途径变得越发困难，为了在保证低功耗的前提下使处理器性能不断提高，指令级并行处理技术是当前微结构级重要的手段之一[25~27]。指令级并行又称为细粒度并行，主要是相对程序间（主要是进程或线程间）的粗粒度并行而言的。指令级并行主要是指机器语言一级指令间的并行性，如存储器访问指令、整型指令、浮点指令之间的并行处理等，可分为空间并行（如多核技术）和时间并行（如流水线技术）。

多核技术加速串行程序主要有三种方法，包括并行编译器、推测多线程以及基于线程的预取机制等。为解决并行编译器划分线程时存在的数据依赖关系问题，人们提出推测多线程以及基于线程的预取机制等。目前，仅有个别商业化处理器应用了这种技术，并且局限于特殊的应用领域。动态优化技术和推测多线程（包括基于线程的预取机制)的结合是未来一种可能的发展趋势。

指令级并行处理技术由于结构的改善,使得 CPU 能够在较低电压和频率下保证 CPU 性能稳定提高,因此减少了 CPU 主频提高的压力。当前传统的指令级并行技术几乎达到了极限,要继续发挥并行处理技术降低功耗、改善能效比的作用,必须充分挖掘进程/线程级并行[28,29]等粗粒度并行技术的潜力。

2. 部件使用局部化

处理器中存在多种类型的处理部件。在程序执行期间,可能使用不同类型的部件。假如在执行指令期间能将使用同种类型部件的指令尽量集中在一起,可更加有效地使用处理器节能策略,如区分使用浮点部件和整数部件的指令,假设有指令序列 a1、b2、a3 和 b4,其中 a 代表整数指令;b 代表浮点指令。如直接使用上述序列的调度算法,整数指令和浮点指令相互间隔,在执行期间需要对浮点部件和整数部件各进行两次能量等级变化。若指令之间不相关,可调整指令序列为 a1、a3、b2 和 b4,此时部件只需要各切换一次,同时增大了切换间隔的时间(指令数),最终将降低 CPU 功耗。

除对部件的使用尽量集中外,还可设置程序执行需要的恰当部件数。这是因为在程序执行期间使用的各种部件数目和类型都是是不同的。如系统中保留栈队列、取指队列等结构的数量并不总是恰当的,因此可采取一定措施在程序执行期间关闭部分部件,从而降低系统功耗[30]。

3. 部件调度

1) 分支预测

复合分支预测机制是根据嵌入式处理器应用环境的特点,提出的一种特殊优化预测算法。嵌入式环境一般具有以下特点:单一性,针对于特定的应用,即程序的输入集合较为单一;稳定性,程序能稳定执行,较少采用虚存管理,即指令块在内存中的位置较少改变。基于上述特点,复合分支预测机制一方面通过定制,对稳定的循环体实现精确预测;另一方面通过基于全局模式索引的神经网络算法,对非循环逻辑构成的、较为单一的控制流实现准确的跳转判断。

2) Cache 和片上存储器分配优化

微处理器中片上存储器结构通常包含指令 Cache,数据 Cache 或者片上存储器。对于大多数的嵌入式应用,数据 Cache 与片上存储器相比存在一些缺点,如由于执行时间预测困难,将影响编译器的优化。因此,使用片上存储器比使用数据 Cache 能量平均大约节省 40%,芯片面积与时间的乘积仅为 Cache 的 46%,片上存储器可作为数据 Cache 的替代。在嵌入式微处理器设计时,尽可能使片上存储器得到有效分配使用，对于提高嵌入式应用的实时响应速度，降低功耗具有重要的意义。

4. 智能功率控制

智能功率控制包括提供 CPU 所需的所有电压；控制每个部件的上电顺序，维持系统的完整性，防止诸如闭锁、电涌或 I/O 竞争之类的问题；在不需要某些部件时关闭该部件，而在需要时顺畅地开启；在待机状态下维持最低限度功能的运行，以降低功耗，并按照一定的时间间隔或在需要时唤醒系统。目前市场上的许多可编程功率管理模块都需要与某种形式的处理器共用，获取各电源开关控制的指令，为系统级 DPM 技术提供底层实现。

Tan 等通过微结构级的研究，建立了相应系统能耗统计模型[31]，可表示如下：

$$E_{\mathrm{sys}}^{\mathrm{T}} = E_{\mathrm{proc}}^{\mathrm{T}} + E_{\mathrm{mem}}^{\mathrm{T}} + E_{\mathrm{uart}}^{\mathrm{T}} + E_{\mathrm{idle}}^{\mathrm{T}} + E_{\mathrm{peri}}^{\mathrm{T}} \tag{2.5}$$

其中，$E_{\mathrm{sys}}^{\mathrm{T}}$表示嵌入式系统总能耗；$E_{\mathrm{proc}}^{\mathrm{T}}$表示处理器核工作时能耗；$E_{\mathrm{mem}}^{\mathrm{T}}$表示存储器能耗；$E_{\mathrm{uart}}^{\mathrm{T}}$表示串口 UART 能耗；$E_{\mathrm{idle}}^{\mathrm{T}}$表示处理器核空闲时能耗；$E_{\mathrm{peri}}^{\mathrm{T}}$表示其他外围设备能耗。在特定的应用(如计算密集应用)中，嵌入式系统 $E_{\mathrm{idle}}^{\mathrm{T}}$、$E_{\mathrm{peri}}^{\mathrm{T}}$和 $E_{\mathrm{peri}}^{\mathrm{T}}$的值很小，一般可以忽略。因此，在本书中，只考虑处理器核工作时能耗 $E_{\mathrm{proc}}^{\mathrm{T}}$和存储器能耗 $E_{\mathrm{mem}}^{\mathrm{T}}$对于嵌入式系统总能耗的影响。

目前，业界在嵌入式处理器低功耗设计方面的一些进展包括：

(1) 在 2011 年 4 月举行的嵌入式系统大会上，AMD 发布了最新的低功耗嵌入式新平台，能效比指标与上代产品相比提高了最多 74%。低功耗平台的处理器采用新型 ASB2 BGA 封装，分为两类：一是 Turion II Neo，双核，主频 2.2GHz，热设计功耗 25W；二是 Athlon II Neo，单核或者双核，主频 1.0～1.5GHz 不等，热设计功耗有 8W、12W、15W 三种。

(2) 2012 年 3 月 Apple 发布的新 iPad 所使用的 A5X 处理器是一颗双核 ARM 架构 SoC 片上系统处理器，使用的是 ARM Coretex A9 内核。A5X 处理器具有两个 ARM 处理器核和 4 个 GPU 核，由三层构成，采用了层叠封装技术，以改进处理器内部的效率和速度；其中两层是内存芯片，另一层则为实际上的微处理器芯片，内部主要使用球栅阵列封装技术将芯片内核心连接起来。A5X 处理器耗电量约为 100mW 左右，因此，使新 iPad 整机的耗电量水平达到 5W 的水平，远高于 iPad2 的整机耗电量。

2.6　嵌入式系统硬件低功耗设计技术的应用

嵌入式系统硬件低功耗设计技术的一些应用包括如下方面。

1. 嵌入式系统处理器的低功耗设计

嵌入式处理器设计是目前硬件设计的最具代表性的一环，由于在第 1 章中所述的原因，在处理器设计上对降低功耗的要求已经越来越紧迫，即需要将功耗作为重要指标加入嵌入式系统处理器的原始设计思想中。低功耗设计的各种技术几乎包含在处理器设计的所有层次中，如降低供电电压、优化短路功耗、门控时钟、部件使用局部化、通路平衡以及更底层的逻辑级低功耗实现技术等。

在以移动设备为代表的嵌入式系统设计中，处理器功耗是关键的一个环节，设计者必须面对系统功耗和成本的限制，并利用已有的设计资源在考虑低功耗前提下进行设计，以满足特定的应用需求。

从 2011 年国际固态集成电路会议（ISSCC）所提供的数据，可以看出，在过去的二十几年里，芯片功耗平均以每十年增加三倍左右的速度在不断上升，常规工艺技术制造的微处理器功耗越来越大。

以前，处理器主要是将提高性能作为首要设计目标，以 Intel X86 系列为代表的 CISC（complex instruction set computer，复杂指令集计算机）体系结构会增加 CPU 结构的复杂性，而且对 CPU 工艺的要求较高。由于 CISC 体系结构的处理器因为功能丰富而包含了大量的电路单元，所以 CISC 体系结构的处理器所占用的面积越来越大，功耗增长也比较快[32]。

虽然嵌入式系统的 CPU 从通用计算机的 CPU 慢慢演化而来，但是在设计要求上与通用计算机的 CPU 有着很大的不同，只保留了与实际需求相关的功能，追求的不是 PC 机 CPU 的大而全，而是小而精，够用就好，这种可裁剪的特点使得嵌入式 CPU 的设计灵活，在最低的资源占用的同时得到了更低的能量消耗，从容面对嵌入式系统应用的特定要求。

嵌入式系统的应用面很广泛，使得嵌入式系统的设计为了更好的量体裁衣而不得不走体系结构的多样化道路，如工业控制方面一般都是选用 RISC（reduced instruction set computer，精简指令集计算机）结构的微处理器；数字信号处理方面使用的比较多的是哈佛结构的 DSP；智能游戏控制等对图形图像处理能力要求比较高的领域，可选用 VLIW＋SIMD 结构的微处理器。

然而，嵌入式 CPU 的选用，如果从性能、功耗和面积等方面进行综合考虑的话，超标量 RISC 处理器则依然是重要的选择。

2. 片上高速缓冲存储器的低功耗设计

由于 CPU 的速度远高于内存，如果 CPU 直接从内存中存取数据需要等待较长的时间，为此 CPU 的设计上出现了片上高速缓冲存储器部件，即处理器最近经常使用到的指令或者数据存放在片上高速缓存中，通过这种方式可以大幅度地缩短处理器从片外存储器取指令和数据的时间,使得存储器访问时间不会成为微处理器处理效率的一个制约因素,从而大大提高处理器的性能。由此可见,高速 Cache 的作用是至关重要的,能够使得主存储器和微处理器之间的效率差距大大减小,但同时由于它的频繁使用,又成为主要的功耗源,如 StrongARM SA110 片上 Cache 的功耗占整个芯片功耗的 43%。因此,Cache 如果能够在提高系统性能的同时采用低功耗的结构将是一举两得的好事,于是产生了可重配置的 Cache 和动态关闭 Cache 行的 Cache,这些设计的主要思路是通过减少动态切换的电容量而达到降低功耗的目的[33]。

3. 门控时钟

时钟网络功耗是电路级动态功耗的重要组成部分,对系统功耗的影响是不可忽视的,因此时钟网络的低功耗设计也是重中之重。研究表明,时钟网络所带来的功耗占到了芯片总功耗的 40%以上,这是因为时钟网络所担负的任务和结构所决定的。时钟网络是由众多时钟缓冲器组成的时钟树和大量由时钟树节点驱动的寄存器共同组成的网络。时钟在系统中无处不在,而且每个时钟周期都会发生跳变,从而产生功耗。

在运行的系统中总会存在大量的处于空闲状态的单元模块和冗余信号,这样可以利用门控时钟来切断一部分暂时用不到的时钟网络,从而达到减小功耗的目的。通常,门控时钟是通过建立在“与”门、“或”门、触发器和 latch 基础上的四种方式实现。通过门控信号与时钟的共同配合“逻辑与”,系统关闭暂时不工作的电路模块的时钟,节约了由于电路长时间不工作所带来的功耗损失。

门控时钟是非常有效的低功耗时钟网络设计技术,它的优点很多,如它的使用与采用的工艺无关,而且可以在降低功耗的同时附带地减小面积。

4. 多内核技术

多核处理器也称单芯片多核处理器(chip multi processors,CMP),此概念最早是由 Intel 公司在 2004 年提出,当时微处理器的设计正处在从频率可伸缩转向处理器内核可伸缩的转折点。所谓多内核是指在一枚处理器芯片中集成了两个或多个完整的处理器内核单元,由于多核处理器是仍旧是单枚芯片,从外形上与以前单内核的处理器并无二致,能够直接插入单一的处理器插槽中,并不多占空间,但支持多内核处理器的操作系统将包含的每个内核作为相对独立的逻辑处理器。通过在两个执行内核之间划分任务,多核处理器可在特定的时钟周期内执行更多任务。多核技术能够使服务器并行处理任务,多核系统更易于扩充,并且能够在更纤巧的外形中融入更强大的处理性能,这种外形所用的功耗更低、计算功耗产生的热量更少。AMD 的一位技术专家曾经说,“作为处理器厂商,多核是我们能够在一定的功耗范围内提高性能的唯一途径”。

5. 外围设备的低功耗设计

外围设备对于整个系统的功耗大小有着很明显的影响，如显示器、发光和发声单元等往往会消耗大量的电能，因此，如何高效而又节能的使用外围设备，设计合理使用和控制外围电路的管理模块将是降低系统功耗的重点。为了满足嵌入式系统对低功耗的特殊需求，嵌入式系统的外围设备一般都会考虑低功耗的设计要求，通常使用的比较多的是利用睡眠模式和可编程的多种掉电模式，如内部时钟工作外部设备掉电或者内部时钟停止工作的同时外部设备掉电等方式。

2.7 嵌入式系统的电池技术

移动嵌入式系统的电池是系统唯一的能量提供设备，由于电池的容量有限，不能长时间提供稳定的电流，电池使用时间已经成为嵌入式系统设计过程中的一个重要限制。电池的实现技术（包括材料、器件、工艺等）、性能与放电模型对嵌入式系统的低功耗设计有着重要的影响，电池本身特性对嵌入式软/硬件系统有哪些需求，这些已经成为亟待解决的问题。

各种降低功耗技术的出现，主要目的是能够在系统工作期间，尽量地完成足够多的任务。而移动嵌入式系统的工作时间一般等于电池的放电时间，但在电池生命期内实现系统性能最大化是一个主要的追求目标。

事实上，电池放电量是和其负载电流的变化密切相关。电池存在两个重要的特性，分别是放电率效应（rate capacity effects）和恢复效应（recovery effects），这两个特性对电池的放电时间和放电量影响很大。如果在嵌入式系统的设计过程中未考虑这两个特性带来的影响，将会在设计过程中产生一系列的误导[20]。因此从电池模型出发，充分考虑电池特性对系统使用时间带来的影响。通过对电池放电量与放电时间进行建模，通过研究电池特性引入电池模型，并在电池模型中引入DVS技术以充分利用处理器的节能硬件设计，从软件优化角度考虑延长电池使用时间。通过电池模型将电池的特性和DVS带来的变化结合，综合考虑DVS技术对电池放电量和放电时间的影响，为嵌入式系统的软硬件设计提供指导[34]。

1. 电池的基本模型

移动嵌入式系统所采用的电池一般都是通过化学反应产生电能。电池将化学反应产生的能量直接转换成电能，在充电时将电能转换为化学能，并以化学形式储存能量；放电时将化学能转换为电能，以电能形式释放能量。按照电池的工作原理，电池可划分为原电池、蓄电池、燃料电池等。原电池内的化学反应是不能逆的，只能放电不能充电；蓄电池在两极上进行的反应均为可逆反应，即可以充放电；燃料电池和蓄电池一样也是将化学能转换为电能，但燃料电池的放电反应是不可逆的，燃料电池通过添加反应物的方式提供持续供电。根据电池的基本化学反应到电池放电的随机性，电池模型可分为以下四种[35]：

1）电化学模型(electrochemical models)

电化学模型主要以化学反应过程为基础，通过分析和研究电池的化学反应，为电池建立模型。这种建模方式对电池放电过程描述十分详细，由于电化学模型建立在电池放电的基本化学反应之上，因此这类模型最为准确。由此带来的问题是这类模型十分复杂，很难控制和利用。文献[36]对锂电池进行了研究，给出了锂电池的一个电化学模型，由 6 耦合非线性微分方程组成，通过解此方程，可获得电池供电电压、负载电流随时间变换的函数，以及电池中电解浓度、电极状态、反应率等相关信息。

加州 Berkeley 大学根据此方程，采用 Fortran 编程语言开发了 Dualfoil 模拟器，对锂电池的行为进行了模拟，可在用户设定负载下，完成对电池内在属性随时间变化进行模拟。用户除提供负载变化数据外，还需要设定电池相关的 50 个参数。要设定这 50 个参数，用户必须对所模拟的电池具有深入的了解。因此，此方法大多只在电池相关公司内部，用来对电池性能进行评价和对比[37]。

2）电路模型(electrical-circuit models)

最早的电路模型出现于文献[38]，研究者采用一个简单的 PSpice 芯片分别模拟了镍镉电池、铅酸电池和碱性电池。对这三种电池的模拟，其电路模型的核心电路是一致的，只需对此电路进行小的修改就可模拟不同的电池。相比电化学模型，本模型容易实现和扩充，但在精度上相比电化学模型误差增大了 10%左右。此模型采用电容模拟电池的容量，利用一组电阻来模拟电池内阻。

3）分析模型(analytical models)

与电化学模型和电路模型不同，分析模型更加简练，从更高的层次对以上两种模型进一步进行了概括。分析模型对电池的某些特性进行了建模，通过少量的公式描述电池的特定性质。由于分析模型采用的电池模型公式参数较少，且简练，因此在应用上十分方便。由于建模方式和考虑内容的差异，分析模型主要有以下几种：Peukert 模型[39]、Rakhmatov 和 Vrudhula 方程、Kinetic 电池模型等。

Rakhmatov 和 Vrudhula 在 Peukert 模型的基础上给出了一个分析模型，用来描述电池中活性物质的扩散过程[40]。此模型用一个长度为 w 的一维空间进行描述，其中 $C(x,t)$ 用来描述距离电极距离为 x 处在时刻 t 时活性物质的浓度。为了计算电池的放电时间，此模型通过分析电极附近活性物质的浓度是否低于反应值来确定放电过程是否结束。其中，模型中的 $C(x,t)$ 用质量守恒定理表示。

4）随机模型（stochastic models）

随机模型主要以电池的恢复效应（recovery effect）为着手点，通过马尔可夫过程（Markov process）对电池行为进行建模。马尔可夫模型中状态之间的转换概率与电池的电化学性质有关[41]。

2. 嵌入式系统中电池的放电模型

移动嵌入式系统大多采用电池供电，对于电池来说，有两个受关注比较多的重要参数：供电电压（discharge voltage）和容量（capacity）。供电电压决定着能否适合系统使用，而容量决定着电池供电能力。由于电池几乎都是采用化学反应提供电能，而化学反应过程十分复杂，会受到外界（温度等）和内部（原料浓度、内部活性等）的影响很大，会导致电池存在行为上的不确定性。因此，在研究领域存在理想电池模型和实际电池模型两种。

如图 2.11(a)所示，对于理想电池模型，电池的供电电压 $V_{discharge}$ 在供电期间是恒定的，当电池的容量为 0 时，供电电压直接从 $V_{discharge}$ 瞬间降为 0，而且从图 2.11(b)可知理想电池的容量也是固定的，不管电池的放电率大小（负载）如何，理想电池的容量是固定的，不会由于每次放电负载的大小而变化。

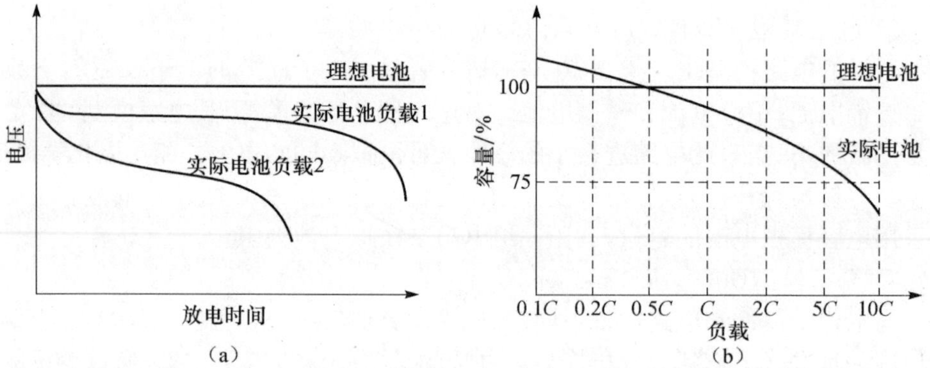

图 2.11　理想电池模型和实际电池供电电压和容量关系

对于实际电池来说，电池的供电电压是随着放电时间而变化的。如图 2.11(a)所示，很明显电池在不同负载的情况下，电池的电池供电电压随着时间变化的量也存在着差异。即使电池的负载一样，在电池放电的不同阶段，电池所提供的供电电压值也存在变化。

实际电池的容量也是如此，如图 2.11(b)所示，电池的容量和电池的负载相关，随着电池负载的增加，电池的容量呈现下降趋势，即电池的放电率下降。而对于理论电池模型来说，这种现象是不存在的，电池的容量是不会随着负载的变化而变化。通过对图 2.11 的分析，可以发现，电池的放电量以及放电时间和电池的负载有着十分紧密的关联。

对于实际电池，还存在一个十分重要的特性——电池的恢复效应。如图 2.12 所示，如果电池连续放电，那么电池的放电电压符合图 2.11(a)中所描述的走势。但是如果电池的放电时间不连续，中间存在间隔，那么就会出现如图 2.12 中间断性放电曲线所示的现象。如图 2.12 中所示的 A 点为前一次放电结束时电池的供电电压，B 点为后一次放电开始时电池的供电电压。从图中明显可以看出，A 点的电压值低于 B 点的电压值。即电池经过放电停顿后，电池的电压有所恢复，这就是所谓的电池恢复效应。一般认为，电池恢复效应的机理和电池内部的化学反应有关。

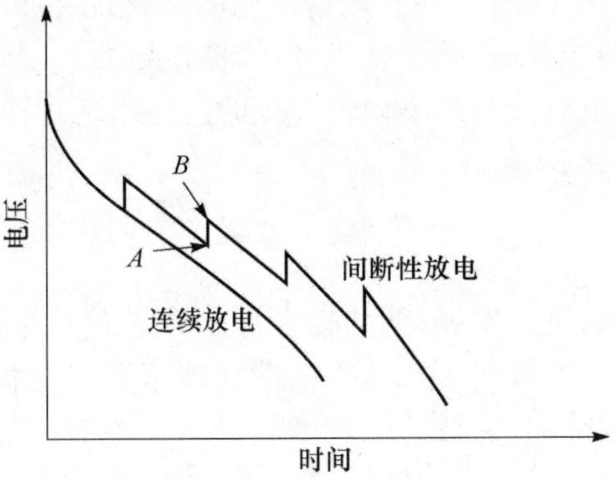

图 2.12　电池的恢复效应

2.8　功耗优化的相关工具

在嵌入式系统低功耗技术的研究与开发过程中，人们也设计了低功耗的软/硬件开发方法及各种辅助工具，包括能耗仿真器、功耗优化编译器、功耗综合器、功耗评价工具等，有力地推动了低功耗技术的研究与应用工作。

与使用电子仪器(如功率计)进行功耗测量相比，开发能耗仿真器的目的主要是为了方便、快速地度量不同级别研究对象的功耗值。目前功耗仿真与评价工具的种类很多，主要包括：

(1) 电路级功耗仿真与评价工具：可测量器件的开关功耗、短路功耗和静态功耗值，并进行统计、分析与评价，如 Astro、PowerMill、Mach PA、LSimPower 等工具。

(2) 逻辑级功耗仿真与评价工具：可测量门或者寄存器的功耗值，并进行统计、分析与评价，如 Quick Power、Power Gate 等工具。

(3) 微结构级功耗仿真与评价工具:针对特定结构的微处理器、周期精确的全功能微结构级能耗仿真器(cycle-accurate full-function power simulator),如 SimpleScalar、Sim-Panalyer、Watt、PowerTimer、Simple Power 和 Soft Watt,对微处理器各部件的功耗进行测量、统计、分析与评价。

(4) 指令级功耗仿真与评价工具:通过对微处理器的每条汇编指令以及指令对(instruction pair)进行功耗统计,实现高级语言程序功耗的测量、分析与评价,如 EMSIM、HMSIM 和 SIMBED 等。

同时,一些功耗优化技术在硬件综合器或软件编译器中也得到实现,如 Synopsys 公司的 Power Compiler 工具提供了简便的功耗优化能力,能够自动将设计的功耗最小化,提供综合前的功耗预估能力,让设计者可以更好地规划功耗分布,在短时间内完成低功耗设计;软件编译器采用的功耗优化技术包括多线程低功耗编译优化技术、编译器指导的 DVS 技术、编译器指导的 Cache 泄漏能量优化、编译器指导的适应性处理节点策略和编译器指导的内存系统管理策略等[42]。

2.9 小结

随着微电子技术的飞速发展,低功耗设计是嵌入式系统开发中必须解决的关键问题。本章在分析国内外嵌入式系统低功耗技术发展现状的基础上,根据嵌入式系统的软/硬件组成结构,将低功耗技术划分为七个层次进行分类描述,包括电路级、逻辑级、微结构级、源程序结构级、算法级、软件体系结构级和系统级,阐明了各层次上低功耗技术面临的问题、主要解决方法、应用情况及各层次间的协调关系,较完整地展现了嵌入式系统低功耗技术的全貌。

关于嵌入式系统低功耗技术的发展趋势,我们认为以下三点值得关注:

(1) 细粒度的节能技术:近几年硬件技术发展了一些细粒度的节能技术,如关闭 Cache 行、关闭多体(bank)内存系统和细化 CPU 内某些模块以利于运行时 DPM 处理等。

(2) 功耗完整性:功耗特性是嵌入式系统的全局特性,涉及系统、硬件和软件的多个层面,与系统的其他特性(包括速度、实时性、可靠性、可信性等)紧密相关,对系统的质量(如成本、环保)存在重要影响。在系统设计时,如何根据实际需要合理地确定产品的技术指标,以达到性能合理的情况下降低功耗是一个重要的问题。

(3) 新工艺和新器件的崛起:Intel 等已在研究 100GHz 以上开关频率的新工艺和电路技术,改变了动态功耗和静态功耗的分布规律,意图在减低功耗的前提下,保持摩尔定律的延续性;未来光器件、纳米器件、量子器件、石墨稀材料、DNA 计算等应用都使得计算机系统的功耗得到明显的改善,这也许是降低计算机系统功耗的根本之道。

参 考 文 献

［1］ Wolf W. 嵌入式计算系统设计原理. 孙玉芳等译. 北京：机械工业出版社，2002：1—20.

［2］ 郭兵，沈艳，林永宏，等. SoC 技术原理与应用. 北京：清华大学出版社，2006.

［3］ 郭兵，沈艳，邵子立. 绿色计算的重定义与若干探讨. 计算机学报，2009，32(12)：2311—2319.

［4］ 任丰原，黄海宁，林闯. 无线传感器网络[J]. 软件学报，2003，14(7)：1282—1290.

［5］ Weste N，Eshraghian K. Principles of CMOS VLSI Design：A Systems Perspective. 2nd Edition. New York：Addison-Wesley Press，2000.

［6］ Warwick C A. Trends and limits in the"talk time"of personal communicators. Proceedings of the IEEE Micro，1995，83(4)：681—686.

［7］ Yoo J S，Verest S，When N. Embedded Software for SoC. Boston：Kluwer Academic Publishers，2003.

［8］ 罗刚，郭兵，沈艳，等. 源程序级和算法级嵌入式软件能耗特性的分析与优化方法研究. 计算机学报，2009，32(9)：1869—1875.

［9］ Shao Z. High Performance，Low Power and Secure Embedded Systems. Ph. D. Dissertation. Dallas：School of Engineering and Computer Science，University of Texas at Dallas，2005.

［10］ Wolgfang N. System-level power optimization. Proceedings of the EUROMICRO Symposium on Digital System Design，Rennes，2004：27—34.

［11］ Tendler J，Dodson J，Fields J S，et al. POWER4 system microarchitecture. IBM Journal of Research and Development，2002，46(1)：5—25.

［12］ Qiu M，Xue C，Shao Z，et al. Energy minimization with soft real-time and DVS for uniprocessor and multiprocessor embedded system. IEEE/ACM，Design，Automation and Test in Europe(DATE)，Acropolis，2007：1641—1646.

［13］ Aydin H，Melhem R，Mosse D，et al. Power-aware scheduling for periodic real-time tasks. IEEE Transactions on Computers，2004，53(5)：584—600.

［14］ Soudris D，et al. Designing CMOS Circuits for Low Power. New York：Kluwer Academic Publisher，2002：169—201.

［15］ 王暹辉. 高级配置和电源接口 ACPI 标准介绍. 电子技术应用，1998，12：21—23.

［16］ 范东睿. 低能耗嵌入式系统处理器设计研究. 北京：中国科学院研究生院博士学位论文，2005.

［17］ Fjeldly T A，Shur M. Threshold voltage modeling and the sub-threshold regime of operation of short-channel MOS-FETs. IEEE Transactions on Electron Devices，1993，1：137—145.

［18］ Agarwal A，Kim C H，Mukhopadhyay S，et al. Leakage in nano-scale technologies：Mechanisms，impact and design considerations. Proceedings of the 41st DAC. San Diego：ACM Press，2005：6—11.

［19］ Donno M，Ivaldi A，Benini L，et al. Clock-tree power optimization based on RTL clock-gating. Proceedings of the Design Automation Conference, Anaheim, 2003: 622—627.

[20] Mark H, Thomas L, Ricardo G. Low-power digital design. IEEE Symposium on Low Power Electronics, San Diego, 1994: 8—11.

[21] Suresh D C, Agrawal B, Yang J, et al. Power efficient encoding techniques for off-chip data. Proceedings of the International Conference on Compilers, Architectures and Synthesis for Embedded Systems (CASES 2003). San Jose: ACM Press, 2003: 267—275.

[22] Zhang C, Vahid F A. Power-configurable bus for embedded systems. Proceedings of IEEE International Symposium on Circuits and Systems, Scottsdale, 2002: 809—812.

[23] Basu K, Choudhary A, Pisharath J, et al. Power protocol: Reducing power dissipation on off-chip data buses. Proceedings of the 35th Annual International Symposium on Microarchitecture, Istanbul, 2002: 345—355.

[24] Dropsho S, Kursun V, Albonesi D H, et al. Managing static leakage energy in microprocessor functional units. Proceedings of the 35th Annual International Symposium on Microarchitecture, Istanbul, 2002: 321—332.

[25] Kumar R, Farkas K I, Jouppi N P, et al. Single-ISA heterogeneous multi-core architectures: The potential for processor power reduction. Proceedings of the 36th International Symposium on Microarchitecture (MICRO-36 2003), San Diego, 2003: 81—92.

[26] Weglarz E F, Saluja K K, Lipasti M H. Minimizing energy consumption for high-performance processing. Proceedings of the 2002 Conference on Asia South Pacific Design Automation/VLSI Design, Bangalore, 2002: 199—206.

[27] Kandemir M, Zhang W, Karakoy M. Runtime code parallelization for on-chip multiprocessors. Proceedings of 2003 Design, Automation and Test in Europe Conference and Exposition (DATE 2003), Munich, 2003: 10510—10515.

[28] Sohi G S, Roth A. Speculative multithreaded processors. IEEE Computer, 2001, 34(4): 66—73.

[29] Kim H S, Vijaykrishnan N, Kandemir M, et al. Adapting instruction level parallelism for optimizing leakage in VLIW architectures. Proceedings of the Languages, Compilers, and Tools for Embedded Systems(LCTES 2003), New York, 2003: 275—283.

[30] 骆祖莹，潘月斗. CMOS 电路晶体管级能耗优化方法. 计算机研究与发展，2008，45(4)：734—740.

[31] Tan T K, Raghunathan A, Jha N K. A simulation framework for energy-consumption analysis of OS-driven embedded applications. IEEE Transactions on Computer Aided Design of Integrated Circuits and Systems, 2003, 22(9): 1284—1294.

[32] Donno M, Ivaldi A, Benini L, et al. Clock-tree power optimization based on RTL clock-gating. Proceedings of the Design Automation Conference, Anaheim, 2003: 622—627.

[33] 王志华. 数字集成系统的结构化设计与高层次综合. 北京：清华大学出版社，2000：1—3.

[34] Lahiri K, Raghuna A, Dey S, et al. Battery-driven system design: A new frontier in low power design. IEEE 3rd Proceeding of the ASP-DAC/7th Asia and South Pacific and the

15th International Conference on VLSI Design, Washington, 2002:261—267.

[35] 黄江伟. DVS 技术支持的移动嵌入式系统软件低功耗计算研究. 杭州:浙江大学计算机学院博士学位论文, 2009.

[36] Takano K, Nozakia K, Saitoa Y, et al. Simulation study of electrical dynamic characteristics of lithium-ion battery. Journal of Power Sources, 2000, 90(2):214—223.

[37] Fortran programs for the simulation of electrochemical systems. http://www.cchem.berkeley.edu/jsngrp/fortran.html, 2009.

[38] Hageman S C. Simple PSpice models let you simulate common battery types. Electronic Design News, 1993, 38(3):117—129.

[39] Martin T. Balancing Batteries, Power, and Performance: System Issues in CPU Speed-setting for Mobile Computing. Ph. D. Dissertation. Pittsburgh: University of Pittsburgh, 1999.

[40] Rakhmatov D, Vrudhula S. An analytical high-level battery model for use in energy management of portable electronic systems. Proceedings of the International Conference on Computer Aided Design (ICCAD'01), New Jersey, 2001:488—493.

[41] Rao V, Singhal G, Kumar A, et al. Battery model for embedded systems. Proceedings of the 18th International Conference on VLSI Design Held Jointly with 4th International Conference on Embedded Systems Design (VLSID'05), Washington, D. C., 2005:105—110.

[42] Yi H, Yang X. An effective method of low-power compilation optimization: Localizing the use of system units. Journal of Software, 2004, 15(10):1451—1460.

第3章 嵌入式软件的能耗优化与评价

3.1 引 言

3.1.1 嵌入式软件能耗优化研究的背景

嵌入式系统是典型的软件驱动执行的系统，其中，软件部分一般包括 RTOS 和嵌入式应用软件两个部分。从嵌入式系统的组成分析，微处理器、总线、存储器、Cache 和 I/O 接口等硬件的电路活动“直接”导致了系统功耗的产生，但影响功耗的因素绝不只是硬件本身，硬件依赖于运行其上的软件实现信息处理功能，因此，硬件是能量的直接而被动的使用者，仅提供了系统能耗的理论最小下界。而软件是硬件行为的规范与指导者，嵌入式软件本身不会产生功耗，功耗只是软件执行时的“副产品”，软件的指令执行和数据存取等操作驱动了底层硬件的电路活动，“间接”导致了系统功耗的产生，软件是能量的真正消费者，决定了系统能耗的理论最大上界，因此，嵌入式软件是产生系统功耗的“主动”因素和“活跃”因素，这也是嵌入式软件功耗的本质含义。

对于同一个问题或应用，不同的软件实现可以产生不同的硬件电路级信号翻转情况，从而产生不同的功耗。先前的一些研究表明，不同的汇编指令、源程序结构、软件算法和软件的高层体系结构（即软件体系结构）造成硬件工作方式和硬件活动单元数目的不同，从而对系统的功耗带来不同的影响。据统计，目前大约 80%以上的系统功耗是由软件驱动产生的。除 RTOS 自身的运行消耗一部分系统能源外，嵌入式软件频繁运行产生的功耗占了系统功耗的大部分比例，平均为 60%～80%。随着嵌入式系统功能的不断增强，嵌入式软件的规模和复杂度将不断增长，对系统功耗的影响也将越加明显。因此，可以说，嵌入式硬件的低功耗设计是“系统省电的基础”，而嵌入式软件的低功耗设计是“系统省电的源头”。

借鉴硬件低功耗设计的思路和方法，嵌入式软件的低功耗设计是研究在一定性能（如速度、实时性、吞吐量、代码空间、可靠性、成本等）约束下嵌入式软件的功耗优化（功耗降低或功耗最小化）问题，属于软件的静态功耗优化技术，包括功耗度量与估计、功耗仿真、功耗分析与建模、功耗优化、功耗评价与验证以及相应支持工具开发等内容(见图 3.1),是软件运行时开展 DPM、DVS 和 RTOS 功耗相关任务调度(power-aware task scheduling)的基础。简而言之,嵌入式软件的低功耗设计主要对嵌入式软件的功耗特性进行度量、分析、优化、评价与验证。

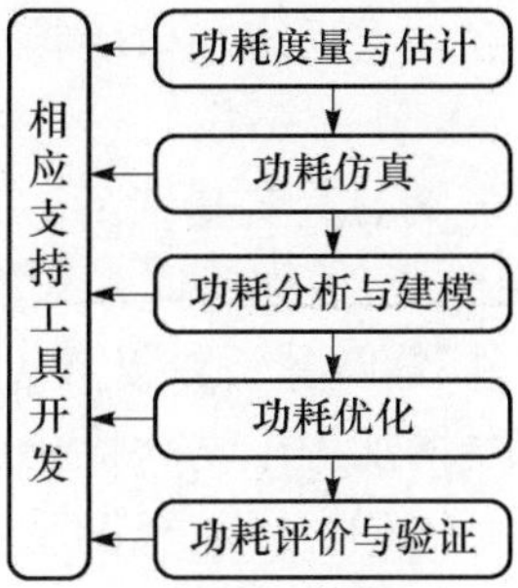

图 3.1　嵌入式软件低功耗设计的主要内容

嵌入式软件能耗的一般模型可表示为

$$E = \int_{t_1}^{t_2} P(t)\,\mathrm{d}t = \overline{P} \times \Delta t = I \times V \times \Delta t = f(C_i) \times \Delta t, \quad i = 1,2,\cdots,n$$

其中,E 表示软件的能耗(energy consumption,单位:J);$P(t)$ 表示软件的瞬态功率;$\overline{P}$ 表示软件的平均功率(power,或功耗 power consumption,单位:W,可以是通过一组基准程序测试获得的平均值,也可以通过功耗-特征关联模型获得);Δt 表示软件的运行时间;I 为平均电流;V 为电压;C_i 表示软件功耗的某些软件相关度量特征,如算法复杂度和微处理器的周期指令数 IPC(反映 CPU 的利用率)、存储器的周期访问次数 MPC(反映内存的利用率)等;功耗-特征关联模型(简称功耗模型)$\overline{P}=f(C_i)$表示 $\overline{P}$ 是 C_i 的函数,如何确定功耗函数 f,这是目前嵌入式软件功耗分析与建模研究的一个主要内容。由于嵌入式软件功耗函数确定后,功耗的影响因素、影响程度及因素间的相互关系已明确,如何采取一定的措施(如源程序结构、算法和软件体系结构的改善)优化这些因素,降低软件的功耗,这构成了嵌入式软件功耗优化研究的一个主要内容。此外,一些与应用密切相关的共性技术也是构成嵌入式软件低功耗设计关键技术的重要组成部分,包括功耗仿真实验平台、功耗与其他软件特性的内在联系、功耗评价与验证、软件体系结构质量特征评价、软件算法复杂度度量以及软/硬件协同设计等。

根据第 2 章中关于嵌入式系统低功耗设计的层次划分,软件层的低功耗设计包含下列三个层次:

(1) 源程序结构级:考虑源程序的语法逻辑结构对软件能耗的影响。

(2) 算法级:考虑算法处理的流程和步骤对系统功耗的影响,由于硬件和软件的算法级所解决的问题及方法是一致的,只是实现的载体不同,可将算法级的问题都归入软件算法级中进行分析。

(3) 软件体系结构级:考虑软件体系结构的选择和变换对系统能耗的影响。

我们针对嵌入式软件,尤其是计算密集型(computing-intensive)嵌入式软件(如 MP3 decoder 软件),开展低功耗设计相关关键技术的研究工作,因为它是众多应用的重要支撑技术:

(1) 通过嵌入式软件低功耗设计方法研究,能够优化嵌入式软件的设计,促进嵌入式系统整体功耗优化技术的进一步发展。此外,该方法也是应用相关(application-specific)嵌入式系统和嵌入式系统自动生成(automatic generation)研究与开发的重要基础。

(2) 作为嵌入式软件开发与设计的一个重要步骤,该方法可集成到嵌入式软件、嵌入式系统及 SoC(system-on-a-chip,片上系统)设计的编译器软件中,给编译器增加一个功耗优化选项,进一步推动相关 EDA 设计软件的研发工作。

(3) 目前智能手机、平板电脑、PDA、无线传感器网络、MP3、MP4 和数字照相机等移动产品的应用越来越广泛,竞争越来越激烈,产品和市场的细分程度也越来越高,而嵌入式软件的低功耗设计是这些产品设计中的重要内容,具有低功耗特点的产品具有较高的性价比和吸引用户的"卖点",在市场上具有明显的竞争优势。

(4) 针对嵌入式软件讨论了软件低功耗设计方法研究的重要性,就通用的台式机软件而言,软件低功耗设计方法也是不可缺少的关键研究内容。

综上所述,嵌入式软件低功耗设计关键技术研究具有现实的理论意义和应用价值,对于节约能源及环境保护也能起到间接的作用,但因嵌入式软件独特的技术要求和制约因素,使得这一问题的研究面临不小的挑战。

3.1.2 嵌入式软件能耗优化研究的现状

自从 1946 年 2 月第一台电子计算机 ENIAC(electronic numerical integrator and calculator,电子数字积分器与计算器)在美国宾夕法尼亚大学诞生以来,旨在降低计算机系统功耗的研究就没有停止过。1999 年,DARPA 启动 PAC/C 研究计划,研究内容非常广泛,涉及计算机系统的所有方面,包括芯片、体系结构、编译器、操作系统、网络通信、实时系统、分布式系统到应用工程等多个技术层次,开发各种相关策略、算法、协议、工具和设备,为系统提供一个完整的功耗解决方案。日本、英国、韩国、法国、俄罗斯等国家也对计算机系统的低功耗设计表现出了极大的兴趣,纷纷展开了该领域的研究工作。

国际上对于嵌入式软件功耗的研究历史并不长,1994 年 Tiwari 等在文[1,2]中首先提出了对软件功耗进行分析的基本概念,并建立了基本的指令级功耗模型,以 486DX 为例初步探讨了低功耗编译技术;Chung 等从源程序代码变换角度,分析了在一个简单的硬件体系结构上编译器对于功耗和性能的影响,并利用能量方程和执行时间方程说明了对功耗地优化有时会导致性能地降低,对性能地优化有时会导致功耗增加[3];在文献[4]中,Dalal 等利用循环展开、循环分块等优化技术对软件功耗进行了研究,并证实了利用源程序级代码优化技术能够降低软件功耗;Konstantakos 等在文献[5]中通过对基于微处理器的嵌入式系统能耗进行建模,证实了在特定嵌入式系统中,内存访问次数是决定嵌入式系统能耗的主要因素;

Mukherjee 等针对数据中心的功耗管理问题，在计算能力、利用率等条件约束下，通过设计合理的软件体系结构，有效降低了数据中心的能源消耗[6]；在文献[7]中，Xian 等提出了一种可测量计算机各组成部件功耗的工具，并利用该工具成功地提高了短 CPU 时间片程序和 I/O 操作程序的功耗测量精度分别达 40%和 90%；Aaraj 等在文献[8]中利用 ECC(椭圆曲线密码学)代替 SW-TPM(基于软件的可信赖平台模块)的 RSA 算法有效地降低了 SW-TPM 的执行时间和功耗；Brandolese 等将指令集仿真和静态源文件分析方法相结合，提出了基于统计学精度模型的估计 C 程序执行时间和功耗的全自动方法[9]；Chandra 等在文献[10]中提出了一种处理器缓存能耗的线性模型，并在 ARM11 上利用 L1 数据缓存和 L2 统一缓存验证了该模型统计结果与实际结果的误差小于 4%；Petre 利用中间件语言 MIDAS 对网络能耗进行建模，成功地识别出两种不同类型的网络，并进一步区分出网络环境中的软件能耗和硬件能耗[11]。

国内在嵌入式软件功耗分析与优化相关的研究工作起步晚于国外，但迄今已取得了一些可喜的成果。中国科学院计算技术研究所赵荣彩等提出了在多线程体系结构中通过降低处理器执行频率减小系统功耗的理论模型和方法，有效解决了多线程低功耗的编译优化问题[12]；电子科技大学吴琦等提出了当空闲时间长度服从 Pareto 分布时，基于截尾均值法小样本情况下 Pareto 分布形状参数的稳健有效估计算法和基于窗口大小自适应技术非平稳业务请求下的 DPM 控制算法，有效解决了计算机系统非平稳自相似业务条件下自适应动态功耗管理问题[13]；中国科学技术大学雷霆等将性能无损的低能耗电压调度问题形式化为一个混合整数规划模型，提出了基于剖析结果的 PGS 算法和基于分析结果的 ADS 算法，可有效降低软件运行中所需的能耗[14]；四川大学郭兵等提出了一种基于离散 Hopfield 神经网络的 RTOS 软/硬件划分方法，在一定运行时间约束下优化 RTOS 的功耗，明显地降低了可重构计算系统多任务 RTOS 的运行功耗[15]。

3.2　嵌入式软件能耗的测量方法

HMSim 作为一种高精度的指令级嵌入式软件能耗仿真器，可灵活、方便地获得嵌入式软件的能耗值[16]。在 HMSim 的能耗统计模型中，单条汇编指令以及指令对的能耗测量是构建能耗模型的基础，其精确测量结果对高级语言程序(如 C、C++)的能耗分析与优化有着重要的支撑作用[17,18]。由于 ARM 指令集的多样性，如 256 条指令、多种寻址方式、多种立即数、流水线的影响以及指令周期数的不确定性等，对 ARM 指令集的能耗进行分析与测量存在一定的难度。

本节旨在提出一种适用于 ARM 指令集的能耗测量方法，然后在 ARM7TDMI 处理器上进行实验，根据测试结果完善 HMSim，使其仿真测试环境更加接近实际硬件环境，为嵌入式软件的能耗测量提供方便、快捷的测试环境。

3.2.1 ARM 指令集寻址特征分析

ARM 指令集属于精简指令集(RISC)，可分为跳转指令、数据处理指令、乘法指令和乘加指令、程序状态寄存器访问指令、加载/存储指令、批量数据加载/存储指令、数据交换指令、协处理器指令和异常产生指令九类指令。每类指令有多种不同的寻址方式，目前，ARM 处理器支持立即寻址、寄存器寻址、寄存器间接寻址、基址变址寻址、多寄存器寻址、相对寻址、堆栈寻址七种寻址方式。本章根据指令运行时取操作数是否访问存储器，将其分为以下两类：

(1) 需要访问存储器的寻址方式(简称 A 类)：包括寄存器间接寻址、基址变址寻址、多寄存器寻址、相对寻址、堆栈寻址。在 A 类寻址方式中，指令存取操作数时需要访问内存，指令的执行时间相对较长。

(2) 不需要访问存储器的寻址方式(简称 B 类)：包括立即寻址、寄存器寻址。B 类寻址方式是各类微处理器经常采用的一种方式，也是执行效率最高的寻址方式。

为统计各类指令所采用的主要寻址方式，分析 4 个典型的 C 程序测试用例经 ARM ADS 编译器编译后的汇编代码，统计结果如表 3.1 所示。

表 3.1 ARM 指令集的各种寻址方式所占比例 (单位：%)

C 程序用例	立即寻址(B)比例	寄存器寻址(B)比例	寄存器间接寻址(A)比例	基址变址寻址(A)比例	多寄存器寻址(A)比例	相对寻址(A)比例	堆栈寻址(A)比例
矩阵乘法	26	23	0	5	15	7	10
快速排序	12	43	0	16	0	18	9
矩阵求逆	26	22	0	13	18	12	4
八皇后	38	25	0	10	0	27	5

由表 3.1 可知，B 类寻址方式所占比例最大，约占 54%，表明 ADS 编译器在编译时充分考虑到了执行效率的问题；A 类寻址方式约占 46%，堆栈寻址和多寄存器寻址主要用在函数参数入栈和返回时，而相对寻址多用在对 PC 赋值和跳转指令时，是函数调用时必不可少的三种寻址方式。进一步的分析可知，数据处理指令主要采用 A 类寻址方式；装载存储指令和数据交换指令主要采用属于 B 类的基址变址寻址方式；批量数据加载存储指令主要采用属于 B 类的多寄存器寻址方式；跳转指令主要采用属于 B 类的相对寻址方式。

3.2.2　ARM 指令周期数的计算

1. 单条指令周期数的计算方法

单条指令的寻址方式、立即数类型等因素决定了指令周期数，掌握指令周期数有利于指令能耗的测量。下面以 ARM7TDMI 处理器为例分析 ARM 处理器单条指令周期数的计算方法。ARM7TDMI 处理器的存储器周期包括内部周期(I)、非连续的周期(N)、连续的周期(S)和协处理器寄存器传输周期(C)四种不同类型的存储周期。

因此，单条指令周期数 C_{cycle} 可根据式(3.1)计算：

$$C_{\text{cycle}} = k_1 I + k_2 N + k_3 S + k_4 C \tag{3.1}$$

其中，系数 k_1、k_2、k_3、$k_4 \geqslant 0$ 为整数，分别表示一条指令中 I、N、S、C 四种存储周期的数量。

k_1、k_2、k_3、k_4 的值由指令的寻址方式、目标寄存器类型、立即数类型、传输数据所占字的数量等因素确定，如对于指令 LDR，当 R15 不是目标寄存器时，$k_1 = k_2 = k_3 = 1$，$k_4 = 0$；当 R15 是目标寄存器时，$k_1 = k_2 = 1$，$k_3 = 2$，$k_4 = 0$。对于一些典型情况，系数 k_1、k_2、k_3、k_4 的确定方式如下：

(1) 立即数类型对乘法指令 I 周期数量影响较大，即影响 k_1 的值。对于立即数类型，将其分成四类，每一类对 k_1 值的影响可根据式(3.2)计算：

$$k_1 = \begin{cases} 1, & \text{立即数的 bits}[32:8]\text{ 为全 0 或 1，即 } 0x\text{ffffff}yy \text{ 或 } 0x000000yy \\ 2, & \text{立即数的 bits}[32:16]\text{ 为全 0 或 1，即 } 0x\text{ffff}yyyy \text{ 或 } 0x0000yyyy \\ 3, & \text{立即数的 bits}[32:14]\text{ 为全 0 或 1，即 } 0x\text{ff}yyyyyy \text{ 或 } 0x00yyyyyy \\ 4, & \text{立即数为其他情况} \end{cases} \tag{3.2}$$

其中，y 表示十六进制 0 到 f 间的任意数字或字母。

可采用通用软件测试方法的等价类划分方法测量立即数对指令的影响，即在四类立即数类型中分别选取一代表值作为测量值，同时增加一些边界值，该方法可明显地减少测试用例的数量。

(2) 存储加载指令中传送数据所占字的数量对 k_3 值的影响可根据式(3.3)计算：

$$k_3 = n - 1 \tag{3.3}$$

其中，n 表示传输数据所占字的数量。

2. 单条指令周期数计算方法的简化

不同处理器的四类指令存储器周期的执行时间有所差异，对于 ARM7TDMI

处理器,四类周期的执行时间至少为处理器的 1 个时钟周期。Winbond W90P710 ARM7TDMI 处理器的内存系统采用 SDRAM 存储器,对于典型的 SDRAM 存储器,四类周期的关系如下:

(1) N 周期等于 2 个处理器时钟周期,因为在 SDRAM 存储器中的访问是非顺序的,要求更长的访问协议。

(2) S 周期通常等于 1 个处理器时钟周期,但当从某个内存行的最后一个字移动到下一行的第一个字时,S 周期将被扩展成 N 周期的长度,即为 2 个处理器时钟周期。

(3) I 周期和 C 周期均等于 1 个处理器时钟周期。

通常情况下,等式 $I=C=S=T$,$N=2T$ 成立,其中,T 表示 1 个处理器时钟周期,由 ARM7TDMI 处理器的频率决定。将该等式代入式(3.1),则式(3.1)简化为式(3.4):

$$C_{\text{cycle}} = f(k_1, 2k_2, k_3, k_4)T = (k_1 + 2k_2 + k_3 + k_4)T \tag{3.4}$$

其中,$f(k_1, 2k_2, k_3, k_4)$ 为 k_1、k_2、k_3、k_4 的线性函数。

通过式(3.4)可不用考虑四类周期的关系,简化为由时钟周期数直接计算指令周期数,可有效降低计算工作量。但是,式(3.4)仅适用于采用 SDRAM 存储器的处理器指令周期数计算。此外,在实际的应用环境中,还需考虑流水线对指令周期数的影响。

3. 流水线对指令周期数的影响

ARM7TDMI 处理器采用三级流水线,使指令在时间上可并行操作。通常,若连续执行的两条指令相互间没有数据依赖关系,流水线就能够保持顺畅运行,指令的平均指令周期数将明显减少。但当遇到流水线冲突时,平均指令周期数将增加。

当考虑三级流水线时,单条指令周期数将受到影响,此时需要计算指令的平均指令周期数(CPI)。据统计,一段应用程序平均运行 7 条指令会遇到 1 条跳转指令,即流水线正常执行 6 条指令将被打断一次,重新装载指令。在正常情况下,3 个周期将减为 1 个周期,在打断的情况下,1 个周期增加到 1.3 个周期。因此,三级流水线对指令的 CPI 影响情况为 $\frac{6}{7}\times\frac{1}{3}+\frac{1}{7}\times 1.3=0.47$,即一段程序总的指令周期数将在式(3.4)计算的基础上减少 53%。

3.2.3 ARM 指令能耗层次分类测量

1. 层次分类能耗测量方法

通过对 ARM 指令集的特征进行分析可知 ARM 指令集的多样性,如 256 条指令、多种寻址方式、多种立即数、流水线的影响以及指令周期数的不确定性等。

因此，对指令集进行能耗分析与测量存在一定的难度，但也存在一定的规律。下面根据 ARM 指令集的特征及规律结合通用软件的测试方法提出一种层次分类能耗测量方法，该方法包括如下四个步骤：

(1) 首先，将 ARM 指令集的九类指令进一步归纳为数据处理类、存储加载交换类、状态寄存器访问和跳转类、协处理器指令类四类。

(2) 其次，根据指令寻址方式对四类指令二次分类。对数据处理类指令主要采用 B 类的立即寻址和寄存器寻址，对存储加载和交换类指令主要采用 A 类的基址变址寻址和多寄存器寻址，对状态寄存器访问和跳转类指令主要采用 A 类的相对寻址。

(3) 然后，根据立即数类型对寻址方式三次分类。立即数类型将影响 B 类的立即寻址和寄存器寻址。立即数类型可分为四类，每一类对指令能耗和周期数的影响相同，因此，采用等价类划分方法进行测量。A 类的存储加载指令，一次加载或存储数据所占字的数量对测量结果的影响由式(3.3)决定。

(4) 经上述分类测量后，将每一种指令不同形式的电流值做加权平均，即为该指令的电流基准值。权值的确定由表 3.1 中各类指令的寻址方式所占比例决定，通过加权平均得到的结果比通过算术平均值得到的结果更准确。

为了更加清楚地描述该层次分类能耗测量方法，ARM 指令集层次分类如图 3.2 所示。其中，向下指的箭头表示包含关系，向上指的箭头表示四类指令主要采用的寻址方式，向左指的箭头表示立即数类型对立即寻址方式的影响分类。

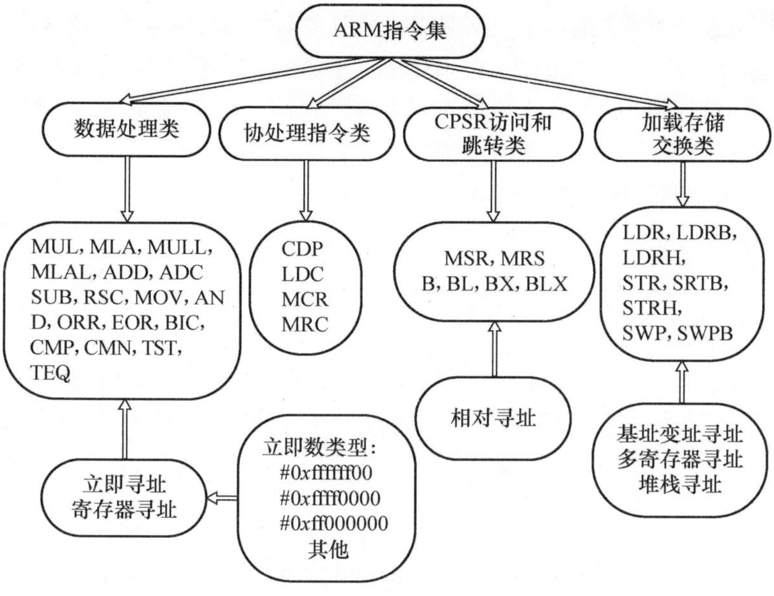

图 3.2　ARM 指令集层次分类图

2. 指令对效应对应用程序能耗的影响

根据指令级的能耗估算算法[19,20]，统计应用程序的能耗时，不仅要考虑单条指令的能耗累计，而且要考虑连续执行的指令序列的相互影响，即当处理器连续地执行不同的指令时，CPU 发生电路翻转时将产生一定的能耗，而当处理器连续执行同一条指令时电路翻转产生的能耗可以忽略。因此，加入指令对能耗值使应用程序能耗的统计更接近硬件实际运行情况，本书将指令对能耗记为 D_{ij}，可根据式(3.5)计算：

$$D_{ij} = I_{\text{mea}} - \frac{I_i \times C_i + I_j \times C_j}{C_i + C_j} \tag{3.5}$$

其中，I_{mea} 为指令对实际测量值；I_i 为指令 i 的基础电流值；I_j 为指令 j 的基础电流值；C_i 为指令 i 的指令周期数；C_j 为指令 j 的指令周期数。

不同处理器的指令间电路翻转能耗有很大的差别，如对处理器 Intel 486DX2 来说，其区间范围为[5,30]mA[21]，而对于 ARM 处理器，没有相关文献有明确的记录。因此，需要测量指令对的电路翻转产生的能耗。ARM 指令集指令数有 256 条，则所有的指令对具有 65536(2562)种。测量 65536 个指令对的能耗任务繁琐。因此，寻求一种简便的测量指令对能耗值方法成为必要。

下面采用采样测量方法测量指令对的能耗值，即从这 65536 对指令对集合中选取出具有代表性的子集合，只需测量子集合中的指令对能耗。该方法明显地减少测试案例数量，加快了测量进程。子集合的选取标准是选取出现频率最高的指令对，本书通过分析典型的 18 个 C 程序用例(如计算型、事务型等)对应的汇编指令，从中选取出现频率较高的 20 对指令对。据统计，所选取的 20 个指令对约占所有统计指令对的 58.9%，因此，具有较好的代表性。实验结果表明，ARM7TDMI 处理器指令对的电路翻转所需的电流值在[−0.5,2]mA 内波动，说明指令对的能耗效应对程序总能耗的影响在 2/43≈4.6%左右。

3.2.4 仿真实验与分析

1. HMSim 中指令集能耗计算方法

HMSim 能耗统计算法的基本思想是累加每条汇编指令的能耗，其和作为整个应用程序的能耗。考虑三级流水线对指令指令周期的影响，加入影响因子 a，HMSim 中单条指令的能耗可根据式(3.6)计算：

$$E_{\text{instr}} = \frac{I_{\text{instr}} V}{f} a C_{\text{cycle}} \tag{3.6}$$

其中，$a=0.47$ 表示三级流水线对指令周期数的影响因子；I_{instr} 表示单条指令的基准电流值，即单条指令在 1 个时钟周期内所需的电流值；V 表示 ARM7TDMI 处理器的电压；f 表示 ARM7TDMI 处理器的频率；C_{cycle} 表示执行该条指令所需的时钟周期数。

针对 Winbond W90P710 ARM7TDMI 处理器，V、f 的值分别为 1.788V 和 80MHz，本实验的主要工作是测量 I_{instr} 值以及统计单条指令的 C_{cycle} 数。

加入指令对效应 D_{ij}，应用程序的能耗可根据式(3.7)计算，从而使计算方法更为精确：

$$E_{total} = \sum_{instr} E_{instr} + \sum_{instr_{i,j}} D_{ij} \tag{3.7}$$

2. 测试环境的搭建

硬件环境为 Winbond W90P710 目标板(采用 ARM7TDMI 处理器)和 HIOKI 3334 交/直流单相电力计，该仪器可测量硬件部件的电压、电流、有效功率和能耗累计值。

软件环境为 ARM ADS1.2 开发环境，为避免编译器优化的干扰，将编译器的优化选项关闭。测试用例的编写原则是将测量的指令放入循环控制语句中，指令需重复执行，以获得稳定的数据。指令的重复次数应足够多，以减少跳转指令产生的误差，但也不能过多，以避免命中 Cache 失败，造成流水线阻塞。本实验取 120 次，可有效减少上述误差[1]。指令对和应用程序的测量方法同理可知。

在测量能耗时，将 Winbond W90P710 ARM7TDMI 处理器和存储器分开，在处理器供电电源接口处引出两根导线，导线应尽可能的短且细，以减少导线消耗额外的电流，造成较大的误差。然后，将这两条导线连接到电力计上，将编译好的目标文件下载到 Winbond W90P710 目标板上运行，同时观察电力计、读取测试用例运行期间的电压、电流、功率和运行时间等值。

3. 测试结果及分析

采用层次分类能耗测量方法测量 ARM 指令的电流基准值、根据式(3.4)计算的指令周期数以及根据式(3.6)计算的能耗值如表 3.2 所示。

表 3.2　ARM 指令集的基准电流值 I_{instr}、指令周期数 C_{cycle} 和能耗值 E_{instr}

测试用例编号	ARM7TDMI 指令	I_{instr}/mA	C_{cycle}/个	E_{instr}/nJ
1	NOP	41.94	1	0.4968
2	SWP R0,R0,[R1]	43.27	6	3.075 329
3	SWP R0,R1,[R2]	36.97	6	2.627 569
4	STR R0,[R1]	41.54	4	1.968 248
5	STR R0,[R1,R2]	47.44	4	2.247 802
6	STR R0,[R1,R2]!	40.69	4	1.927 974
7	ADC R2,R1,R0	42.30	1	0.501 065
8	ADC R2,R0,#0xff000000	43.60	1	0.516 464

由表 3.2 可知，ARM 指令的能耗与指令的寻址方式、寄存器个数、立即数类型、指令周期数密切相关，基本规律是能耗跟电流值与指令周期数的乘积成正比，电流值和指令周期数越大，指令的能耗也越大。同时，每条指令的基准电流值相差并不明显，在区间范围[0,10]mA 内，而指令周期数的大小对指令能耗的影响相对较大，增加 1 个指令周期数，指令的能耗值增加 1 倍。因此，通过指令的重新调度，减少指令周期数能够显著地降低指令的能耗。

下面通过比较三个应用程序用例在 HMSim 和 W90P710 的能耗值，说明 ARM 指令集的层次分类能耗测量方法的有效性。实验数据如表 3.3 所示。

表 3.3　应用程序在 HMSim 与目标板 W90P710 的能耗值对比

应用程序用例	不同测试平台的能耗值/nJ		HMSimW90P710 的绝对误差
	HMSim	W90P710	
八皇后(Queen)	750 595 416.480 580	828 000 000	0.093 483 797
冒泡排序(Bubble)	638 343 598.756 939	684 000 000	0.066 749 125
矩阵乘法(Matrix)	1 023 567 390.468 29	1 116 000 000	0.082 824 919

比较时，假定在 W90P710 上用电力计测量的能耗值为标准值，而在 HMSim 上测量的能耗值为测量值。由表 3.3 可知，两者的绝对误差均在 10%以内，即仿真平台 HMSim 的测量值较接近实际目标板的能耗值，且误差在可接受的范围内，可间接表明指令集的层次分类能耗测量方法的有效性。

3.3　嵌入式软件能耗的测量工具

3.3.1　嵌入式软件能耗的统计模型

嵌入式系统能耗的一般模型可表示为

$$E = \int_{t_1}^{t_2} P(t)\mathrm{d}t = P \times T = I \times V \times T \tag{3.8}$$

其中，E 表示能耗；$P(t)$表示瞬态功率；P 表示平均功率(或功耗)；I 为平均电流；V 为工作电压；T 为运行时间。时间 T 又可表示为 $T=N/f$，其中，N 为时钟周期数，f 为时钟频率。因此，能耗又可表示为

$$E = (I \times V \times N)/f \tag{3.9}$$

嵌入式软件一般采用汇编语言或高级语言(如 C、C++、Java 等)编写，经过编译器编译成目标机可执行的二进制指令序列，这些指令在执行时将对不同的硬件单元产生影响。考虑嵌入式系统的硬件组成，嵌入式软件能耗可分为处理器(MPU)能耗、存储器能耗、I/O 控制器能耗(如总线控制器、UART 控制器、LCD 控制器、网卡控制器等)和其他硬件单元产生的能耗，即

$$E_{software} = E_{mpu} + E_{mem} + E_{io} + E_{other} \tag{3.10}$$

其中，$E_{software}$表示嵌入式软件能耗；E_{mpu}表示处理器能耗；E_{mem}表示存储器能耗；E_{io}表示 I/O 控制器能耗；E_{other}表示嵌入式系统主板上其他硬件单元的能耗，如 Ethernet 控制器等部件功耗，此部分能耗在软件执行时能耗值一般较小，可忽略不计。

1. 指令及指令对能耗计算

软件执行时单条指令在 MPU 上产生的能耗，称为指令能耗(instruction energy consumption)，记作 E_{instr}；软件执行时相邻指令间相互影响在 MPU 上产生的额外能耗，称为指令对能耗(或指令间能耗，inter-instruction energy consumption)，记作 E_{inter}。指令对能耗产生的主要原因包括：①上一条指令的执行结果作为下一条指令的操作数；②不同指令执行导致电路状态的频繁翻转。因此，MPU 能耗包括指令能耗和指令对能耗，即

$$E_{mpu} = E_{instr} + E_{inter} \tag{3.11}$$

根据式(3.9)，软件总的指令能耗为

$$E_{instr} = \sum_{i=1}^{n} \frac{I_i \times N_i \times V_{mpu}}{f_{mpu}} \tag{3.12}$$

其中，I_i 表示指令 i 执行时 MPU 平均电流；N_i 为执行指令 i 所需的时钟周期数；V_{mpu}为 MPU 的工作电压；f_{mpu}为 MPU 的时钟频率；n 为软件的指令总条数。

根据式(3.9)，软件总的指令对能耗为

$$E_{inter} = \sum_{i=2}^{n} \frac{\Delta I_{i,i-1} \times N_i \times V_{mpu}}{f_{mpu}} \tag{3.13}$$

其中，$\Delta I_{i,i-1}$表示指令 i 和前一条指令 $i-1$ 形成的平均指令对电流。

N_i 的计算方法将在下一节介绍。I_i 的测量方法是，循环执行一条指令，当电流表的值恒定时，即为执行该指令时 MPU 的平均电流值[22]。

指令对电流 $\Delta I_{i,i-1}$的计算方法是，循环执行一对指令，并将循环执行该对指令测得的电流减去该对指令电流的分权平均值，即为该对指令的平均指令对电流。一对指令的电流分权平均值计算公式为

$$I_{ever} = (I_i \times N_i + I_{i-1} \times N_{i-1})/(N_i + N_{i-1}) \tag{3.14}$$

其中，I_{ever}表示一对指令的电流分权平均值；I_i 和 I_{i-1}分别是指令 i 和 $i-1$ 的电流值；N_i 和 N_{i-1}分别是指令 i 和 $i-1$ 运行所需的 MPU 时钟周期数。如果循环执行一对指令时测得的 MPU 平均电流值记为 I_{meas}，则指令对电流 ΔI 可表示为

$$\Delta I = I_{meas} - I_{ever} \tag{3.15}$$

2. 存储器和 I/O 控制器能耗计算

根据式(3.9)，存储器能耗可表示为

$$E_{\mathrm{mem}} = \frac{I_{\mathrm{mem}} \times V_{\mathrm{mem}} \times N_{\mathrm{mem}}}{f_{\mathrm{mem}}} \tag{3.16}$$

其中，I_{mem}表示存储器在有数据读/写访问时的平均电流值；V_{mem}表示存储器的工作电压；f_{mem}表示存储器的时钟频率；N_{mem}表示软件运行时 MPU 访问存储器总的时钟周期数。

I/O 控制器的能耗可分为总线控制器能耗、UART 控制器能耗、LCD 控制器能耗、网卡控制器能耗等，即

$$E_{\mathrm{io}} = E_{\mathrm{bus}} + E_{\mathrm{uart}} + E_{\mathrm{lcd}} + E_{\mathrm{net}} \tag{3.17}$$

下面以 LCD 控制器为例，说明 I/O 控制器能耗的统计方法。

LCD 控制器能耗主要包括 LCD 控制器设置寄存器的能耗、LCD 控制器访问显示内存的能耗、LCD 控制器控制和输出图像数据的能耗。

LCD 控制器设置寄存器的能耗可表示为

$$E_{\mathrm{lcd\_register}} = \frac{I_{\mathrm{lcd}} \times V_{\mathrm{lcd}} \times N_{\mathrm{lcd\_register}}}{f_{\mathrm{bclk}}} \tag{3.18}$$

其中，$E_{\mathrm{lcd_register}}$表示 LCD 控制器设置寄存器的能耗；$I_{\mathrm{lcd}}$表示软件操作 LCD 时 LCD 控制器的平均电流；V_{lcd}表示 LCD 控制器的电压；f_{bclk}表示数据总线时钟频率；$N_{\mathrm{lcd_register}}$表示软件运行时 LCD 控制器设置寄存器总的时钟周期总数。

LCD 控制器访问显示内存的能耗为

$$E_{\mathrm{lcd\_framebuffer}} = \frac{I_{\mathrm{lcd}} \times V_{\mathrm{lcd}} \times N_{\mathrm{lcd\_framebuffer}}}{f_{\mathrm{mlcd}}} \tag{3.19}$$

其中，$E_{\mathrm{lcd_framebuffer}}$表示 LCD 控制器访问显示内存的能耗；$f_{\mathrm{mlcd}}$表示存储器时钟频率；$N_{\mathrm{lcd_framebuffer}}$表示软件运行时 LCD 控制器访问显存总的时钟周期总数。

LCD 控制器控制和输出图像数据的能耗为

$$E_{\mathrm{lcd\_data}} = \frac{I_{\mathrm{lcd}} \times V_{\mathrm{lcd}} \times N_{\mathrm{lcd\_data}}}{f_{\mathrm{pclk}}} \tag{3.20}$$

其中，$E_{\mathrm{lcd_data}}$表示 LCD 控制器控制和输出图像数据的能耗；f_{pclk}表示像素时钟频率；$N_{\mathrm{lcd_data}}$表示软件运行时 LCD 控制器控制和输出图像数据总的时钟周期总数。

在式(3.16)～式(3.20)中，I_{mem}和 I_{lcd}的值可采用电流表直接测试获得。

3.3.2　指令周期数的计算方法

由式(3.12)和式(3.13)可知指令周期数是计算指令能耗和指令对能耗的必要数据，本书以 ARM 系列处理器中 ARM7TDMI 为例，设计了指令周期数的计算方法，并在高精度指令级嵌入式软件能耗仿真器 HMSim 中进行了实现(见图 3.3)，可快速获得准确的指令周期数。图 3.3 中实线方框代表具体的方法步骤，箭头代表上层功能模块调用下层功能模块。

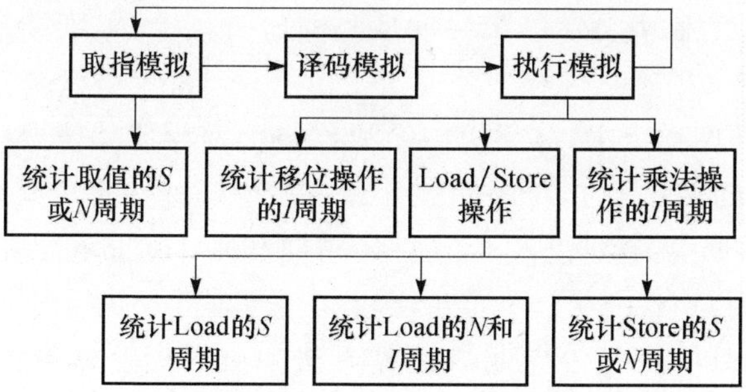

图 3.3　指令周期数的计算方法

ARM7TDMI 处理器的指令周期包括下列四种类型：N 周期(nonsequential cycle，非连续周期)、S 周期(sequential cycle，连续周期)、I 周期(internal cycle，内部周期)和 C 周期(coprocessor register transfer cycle，协处理器传输周期)。通常情况下，一个 N、S、I 或 C 周期均为 MPU 的一个时钟周期。ARM7TDMI 指令在时序上是这四种周期的组合，部分指令的指令周期数如表 3.4 所示。其中，n 表示传输字的数目。

表 3.4　ARM7TDMI 的指令周期数

指令类型	周期计数值	限制条件
数据处理指令	S	单周期
数据处理指令	$S+I$	寄存器相关移位
数据处理指令	$2S+N$	R15 为目标
数据处理指令	$2S+N+I$	R15 为目标，寄存器相关移位
B、BL	$2S+N$	—
LDR	$S+N+I$	非 R15 目标
LDR	$2S+2N+I$	R15 为目标
LDM	$(n)S+N+I$	非 R15 目标
LDM	$(n+1)S+2N+I$	R15 为目标

依据表 3.4，指令周期数的计算方法如下：

(1) 考虑 RMT7TDMI 的三级流水线(取指、译码和执行)和指令周期的关系，可发现：①大部分指令都包含了至少一个 S 周期，可认为是指令取指时消耗的一个时钟周期；②观察 B、BL 和可修改 PC 值的指令，其共同特点是可改变 MPU 的流水线。这些指令在改变流水线时，将比不改变流水线时多出一个 S 周期和一个 N 周期。可认为，当这类指令执行时，流水线上已预取的指令和已译码的指令将无效，需要重排流水线，此时 MPU 将多消耗一个 S 周期和一个 N 周期。基于以上特点，在指令周期数计算方法中，若流水线顺序执行则在 MPU 取指时统计一个

S 周期；若流水线重排，在 MPU 第一次取指时统计一个 N 周期，后续取指则统计 S 周期。

(2) 在数据处理指令中，如果第二个操作数为寄存器移位寻址方式，则该指令的执行将多一个 I 周期，在指令周期数计算方法中统计一个 I 周期。

(3) 乘法指令周期中都包含了一个 S 周期和多个 I 周期，由于在指令周期数计算方法中取指时统计了一个 S 周期，因此，在乘法指令执行时只统计 I 周期。这些 I 周期是有规律的，在指令周期数计算方法中可根据这些规律设计函数统计 I 周期数。

(4) 观察 Load/Store 指令的指令周期数，Load/Store 指令包括单寄存器操作指令 LDR/STR 和多寄存器操作指令 LDM/STM。在指令周期数上，单寄存器操作指令可视为多寄存器操作指令的一种特殊情况，即多寄存器操作指令传送一个字的数据时，其指令周期数等同于单寄存器操作指令。如 LDR 和 LDM 指令，当 LDM 指令传送一个字的数据时，其指令周期数等同于 LDR 指令；当 LDM 指令传送 n 个字的数据时，比 LDR 指令多 $n-1$ 个 S 周期。在 LDR 指令执行时或 LDM 指令传送第一个字的数据时，在指令周期数计算方法中统计一个 N 周期和一个 I 周期；在 LDM 指令传送后续 $n-1$ 个字的数据时，在指令周期数计算方法中统计 $n-1$个 S 周期。Store 指令特点与此类似。

上述分析的指令包含了 ARM7TDMI 指令集中所有的存储器访问指令、数据处理指令和跳转指令，是 ARM7TDMI 使用最频繁的指令，实验表明，依据以上分析统计的指令周期数与实际的指令周期数完全一致。而其他一些指令的指令周期数只在指令取指时统计一个 S 周期，由于这些指令出现的频率很低，因此对指令周期数的计算影响可忽略不计。

在完成了指令周期数的计算后，我们构造了一个完整的嵌入式软件能耗统计模型，综合考虑软件执行时在嵌入式系统各硬件单元产生的能耗，包括处理器、存储器和 I/O 控制器等单元。

3.3.3 软件能耗仿真器 HMSim

1. HMSim 的模块结构

指令级能耗仿真器是在指令集模拟器的基础上加入功耗统计模型，使其成为一个具有功耗统计功能的指令集模拟器，由于其重点在于功耗统计，并且是在指令级别的层次上统计功耗，因此称为指令级能耗仿真器（instruction-level energy simulator）。指令级功耗模型的概念最早是由 Tiwari 提出，他认为每条指令包含了对底层硬件多个部件的特定操作，这些电路的活动会产生电流，消耗了能量，从而产生了功耗，且不同指令的电流不同，导致的功耗也不同。Tiwari 认为指令的功耗是软件功耗的最小组成单元和测试单元。

HMSim 是四川大学先进嵌入式系统实验室实现的一种高精度的指令级嵌入式软件能耗仿真器，主要包括 ARM 内核指令集仿真器(ISS)、外设接口仿真器和功耗统计模型等部分。

HMSim 是一款嵌入式软件指令级能耗模拟器，HMSim 不仅从功能上模拟了一台典型的嵌入式系统主要的硬件单元(包括 CPU、存储器、Timer、UART、LCD 等)，使嵌入式软件能够准确的在 HMSim 上运行，并得到正确的运行结果，而且 HMSim 还能够在模拟软件运行的同时统计软件运行所消耗的能耗。HMSim 的总体框架如图 3.4 所示，左边是 HMSim 模拟的主要硬件单元，右边是能耗统计部分，下面的结果输出包括目标程序运行结果输出和能耗统计结果的输出。硬件模拟部分和能耗统计部分之间通过指令相联系，硬件模拟部分在模拟指令执行过程中调用能耗统计，能耗统计根据指令类型计算能耗。

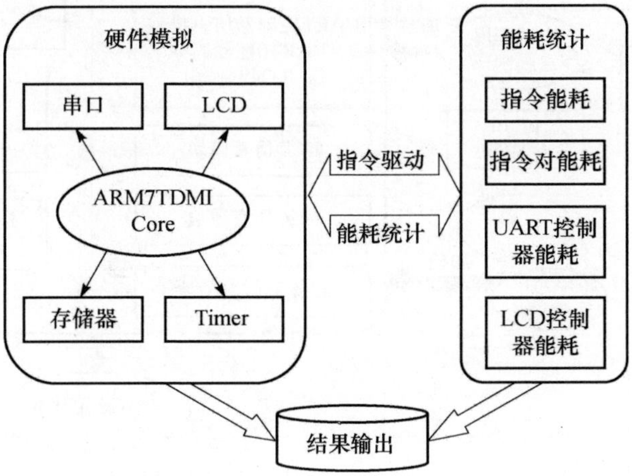

图 3.4　HMSim 的框架结构

HMSim 的主要功能是硬件模拟和功耗统计，然而作为一个完整的软件系统，除了包括这两个主要功能外还必须包括一些辅助功能，如要有一个用户接口为用户提供命令行操作来实现用户和 HMSim 的交互和一个模块需要对目标程序作相应的处理等。从功能上可将 HMSim 分为以下四个模块：

(1) 用户接口模块：包括用户命令行和图形用户界面，主要任务是：①接收用户命令；②输出运行结果，包括目标程序运行结果和功耗统计结果。

(2) 目标程序处理模块：主要是对目标程序(这里是 ELF 格式的文件)进行预处理，将 ELF 文件中的指令和数据加载到 HMSim 模拟的存储器中，并对 ELF 文件符号表进行存储和管理。该模块借用了 GDB/ARMulator[23] 中采用的方法。

(3) 目标机模拟模块：是 HMSim 的硬件模拟部分，HMSim 模拟了一个典型嵌入式系统的主要硬件单元(包括 CPU、Memory 和 UART 等)。在模拟方法上是用 C 语言变量和数据结构描述硬件的寄存器,用 C 语言函数模拟硬件的功能。

(4) 能耗统计模块:负责统计目标程序的能耗。能耗统计模块以指令为计算能耗的最小单位,目标机模拟模块每模拟执行一条 ARM 指令就会调用能耗统计模块计算当前模拟执行指令的能耗。

2. HMSim 的工作流程

HMSim 的工作流程如图 3.5 所示。

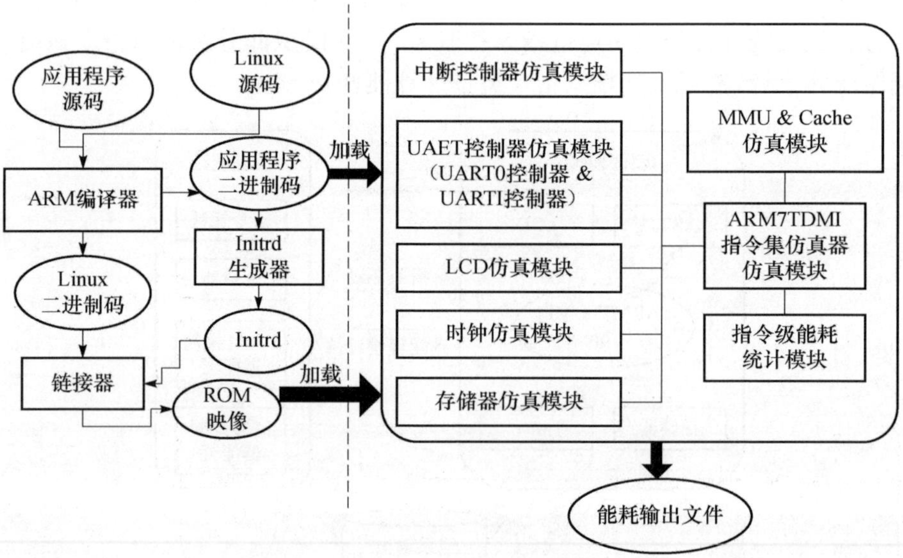

图 3.5　HMSim 的工作流程

为了使嵌入式软件能够在 HMSim 仿真器上运行,需要仿真各种系统模块(见图 3.5),主要包括:

(1) ARM7TDMI 仿真模块:包括指令集仿真器、Cache 及存储管理单元。其中,指令集仿真器主要包括仿真 CPU 取指令、执行指令、MMU 进行地址映射、中断处理等流程,其关键技术是解析目标指令,并完成目标指令的相应功能。

(2) 中断控制器仿真模块。

(3) 两个时钟计数器仿真模块。

(4) 两个 UART 控制器仿真模块,由于 Linux 将 UART0 控制器配置为控制台,UART0 控制器被重定向到主机终端,内核及用户应用程序的输出能够重定向到主机终端上显示。

(5) LCD仿真模块。

(6) 存储器仿真模块。

(7) 指令级能耗统计模块。

I/O接口的仿真主要包括CPU对I/O接口内部寄存器读/写操作的仿真,其目的是采用软件仿真I/O接口的功能,使得设备驱动程序对I/O接口仿真器的操作如同操作实际硬件的I/O接口一样。

指令集仿真器负责解析每一条软件指令,通过对指令进行翻译,用函数完成指令相应的功能;而仿真不同功能的I/O接口,关键是仿真I/O接口的控制、读写功能,而对于I/O接口的信号时序不进行仿真。通过指令集仿真器对设备驱动程序的解析,CPU可知道指令对I/O接口的读/写操作,以及将要操作的I/O接口寄存器的地址和值,然后指令集仿真器通过调用I/O接口仿真模块的读/写操作函数完成对I/O接口的功能仿真。

实现I/O接口仿真的访问主要有两种方法:基于内存空间映射和基于虚拟管脚。基于内存空间映射方法是将I/O接口所占的地址空间映射为整个地址空间的一部分,将仿真的I/O接口函数注册到该段地址空间上,当仿真CPU访问该段地址空间时,仿真器将调用注册到该段地址空间上的I/O接口函数,实现I/O接口的相应动作;基于虚拟管脚的I/O接口仿真,即仿真I/O接口的管脚,通过定义仿真I/O接口的管脚以及管脚间的连线,从而可通过设置其高低电平来实现通信目的。

HMSim采用了基于内存空间映射的方法。在执行指令过程中,如果访问地址属于I/O地址空间,则转到I/O仿真模块,由I/O读/写函数处理。

3.3.4 仿真实验与分析

实验环境包括能耗仿真器平台为HMSim、目标平台为Winbond W90P71开发板、能耗测量仪器为日置HIOKI3334功率计及交叉编译器采用的是ARM ADS v1.2开发工具。

HMSim是一种高精度指令级嵌入式软件能耗仿真器,包括指令集模拟器(instruction set simulator,ISS)、I/O接口控制器模拟器和能耗统计模型,能够模拟ARM7TDMI处理器的指令执行并进行相应能耗统计。首先,采用ARM交叉编译器将目标程序编译成ELF格式的文件,然后HMSim将文件中的指令和数据读入HMSim模拟的存储器中,逐条取出指令、模拟执行,在指令执行的同时根据能耗统计模型计算指令在执行过程中的能耗,最后以函数为单位输出能耗统计结果,包括函数名、函数的执行次数、函数运行消耗的指令周期数、指令能耗、指令对能耗以及UART控制器能耗和LCD控制器能耗。

为了验证本节提出的嵌入式软件能耗统计模型的有效性,首先在HMSim中实现了该模型，然后设计了五个典型 C 语言测试程序，进行能耗统计精度验证和能耗优化结果对比两个实验。

1. 能耗统计精度验证

本实验选取了 C 语言中的五个经典算法，包括冒泡排序(Bubble)、约瑟夫环(Josephus)、矩阵乘法(Matrix)、八皇后(Queen)和迷宫(Maze)算法，其中冒泡排序和约瑟夫环算法主要是验证循环结构体，矩阵乘法主要是验证乘法指令，八皇后算法验证了递归调用，迷宫算法采用了回溯法。测试结果如表 3.5 所示，第一列为程序名，第二列表示采用功率计实际测量在开发板上程序运行的能耗，第三列表示在 HMSim 上程序运行的能耗，其中误差的计算公式为：(E(HMSim)－E(W90P71))/E(W90P71)×100%。

表 3.5 能耗统计精度验证

程序名	E(W90P71)/nJ	E(HMSim)/nJ	误差/%
Bubble	183 600	171 645.95	－6.51
Josephus	2925	2984.01	2.02
Matrix	2934	2875.71	－1.99
Queen	140 400	145 489.04	3.63
Maze	464 400	462 662.34	－0.37

2. 能耗优化结果对比

本实验主要是为了验证程序优化前后的能耗值能否在 HMSim 上有效地体现出来。同样使用上述五个 C 语言测试程序，分别对其进行 O2 级别的优化编译，在开发板和 HMSim 上运行，得到的能耗值优化结果对比如图 3.6 所示。

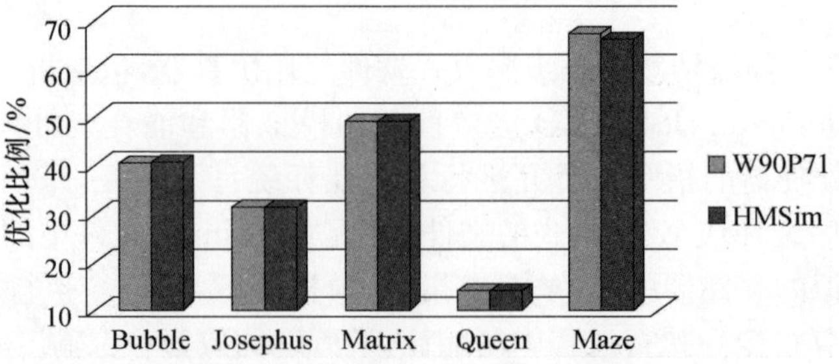

图 3.6 两种平台能耗优化结果对比

通过实验结果可以看出：

(1) 在表 3.5 中,使用能耗统计模型得出的能耗值与程序在目标板上运行得出的能耗值相比,误差在 10%以内,说明本书提出的能耗统计模型具有较高的统计精度。

(2) 在图 3.6 中,能耗仿真器 HMSim 和目标板能耗优化结果的比例基本一致,表明采用本书提出的能耗统计模型得出的软件能耗优化比例和实际效果是一致的。因此,该能耗统计模型能够用于快速地估计软件能耗,为软件能耗的分析与优化奠定重要的基础。

3.4　源程序结构级软件能耗建模与优化

3.4.1　源程序结构级软件能耗模型

1. 基于 HCDFG 的源程序级能耗模型

我们首先有关于层次化控制数据流图(HCDFG)的定义[24]:

$$\text{HCDFG} = \langle V, E \rangle \tag{3.21}$$

其中,V 表示节点集;E 表示边集。且对于任意 $v \in V$,$v = \langle v^B | v^D | v^H, \text{IP}, \text{OP} \rangle$:

(1) v^B 表示基本块节点,一个基本块节点对应一个基本块,所谓基本块是指控制流从其第一条语句进入,从最后一条语句离开,语句序列中途没有停止或分支的语句块。

(2) v^H 表示一个层次化节点,可递归包含一个层次化控制数据流图作为其功能表示。可见 HCDFG 具有递归性质。

(3) v^D 表示哑节点,哑节点不包含具体的操作,只作辅助用。

(4) IP 和 OP 分别为输入端口和输出端口。

(5) 边集 E 分为数据边 DE 和控制边 CE 两类,若存在 $\text{de}(v_i, v_j) \in \text{DE}$,表示 v_j 数据依赖于 v_i;若存在 $\text{de}(v_i, v_j) \in \text{DE}$,表示控制流可从 v_i 流向 v_j,控制边的参数为其所属的控制边类型。

将 C 语言程序转换为 HCDFG 图将在下一部分中做详细说明。

根据 HCDFG 定义,以及 HCDFG 中边到节点的转换,可定义软件程序为:以节点为基本元素的路径组合。节点包括基本块节点、数据边节点和控制边节点。

另外,在能耗分析中,我们有下面的定义:

字母表:程序 P 路径中所有的节点的集合称为程序的字母表,表示为 αP。

软件程序的路径:程序 P 到某一个时刻为止所经过节点的顺序记录称为程序的路径,程序 P 的路径集合可用函数 traces(P)表示为

$$\text{traces}(P) = \{\langle\rangle, \langle a_1 \rangle, \langle a_1, a_2 \rangle, \cdots, \langle a_1, a_2, \cdots, a_n \rangle\} \tag{3.22}$$

其中,集合中的每一个元素都是程序 P 的路径。

综上,我们有下面的模型:设软件程序 P 某个执行过程中的路径为 tr,tr 中共执行 n 个节点 $a_1,a_2,\cdots,a_n$,每个节点的能耗为 e_i,每个节点的执行次数为 c_i,其中 $i=1,2,\cdots,n$,则程序在该执行路径的能耗可表示为

$$E(\mathrm{tr}) = \sum_{i=1}^{n} e_i \cdot c_i \tag{3.23}$$

对当前实际使用和研究的系统,一般可分为有限时间内成功终止的系统和无限循环不终止的系统。在源程序级,相应地可以将程序划分为可终止程序和不可终止程序。在能耗分析中,我们通常关注可终止程序运行一次的能耗和不可终止程序运行到某一个时刻时已经消耗的能耗。

通过式(3.23),我们可以对这两类程序进行更进一步的分析。

1) 可终止程序能耗分析

这类程序可在有限时间内终止,我们可用图 3.7 表示。图 3.7 中 A 为初始节点,D 为终止节点,各类节点分别是 v^B、v^H、v^D 或者 IP、OP、边节点中的一种。为论述方便,我们这里统一将各种节点统一称为节点。

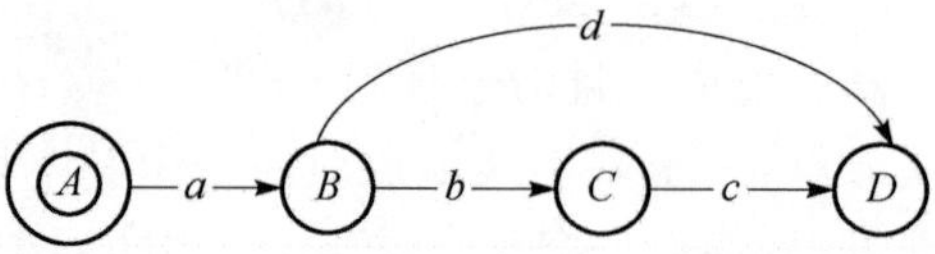

图 3.7　可终止程序

可终止程序通常是从某一个节点开始运行,到某一个节点运行结束。有些程序有多个出口,即在图 3.7 中有多个终止节点。因为我们关注的是程序的一次正常运行,因此我们这里只考虑图 3.7 中一个初始节点,一个终止节点的情况。实际上,图 3.7 表示了一个程序运行时的路径。

因为程序中有循环、分支等控制结构,因此一个程序有多个可执行的路径。基于程序路径的概念,我们有可终止系统的最大能耗、最小能耗。

可终止系统最大能耗:

$$\max E(p) = \max\ (E(\mathrm{tr}_1),E(\mathrm{tr}_2),\cdots,E(\mathrm{tr}_3)) \tag{3.24}$$

可终止系统最小能耗:

$$\min E(p) = \min\ (E(\mathrm{tr}_1),E(\mathrm{tr}_2),\cdots,E(\mathrm{tr}_3)) \tag{3.25}$$

在式(3.24)和式(3.25)中,函数 min 和 max 分别为取参数中的最小值和最大值。当程序运行时每一条路径的执行概率已知后,假设程序一共有 n 条执行路径,并且每条执行路径的执行概率是 f_i,每条执行路径的能耗是 $E(\mathrm{tr}_i)$,我们可以得到源程序级程序的平均能耗,如式(3.26)所示:

$$\mathrm{avg}E(P) = \sum_{i=1}^{n} E(\mathrm{tr}_i) f_i \tag{3.26}$$

2）不可终止程序能耗分析

这类程序又可分为两种情况，一种是程序在开始进行某些操作后再进入无限循环，另外一种是程序本身是一个无限循环不终止的。这两类系统分别可由图 3.8 和图 3.9 表示。

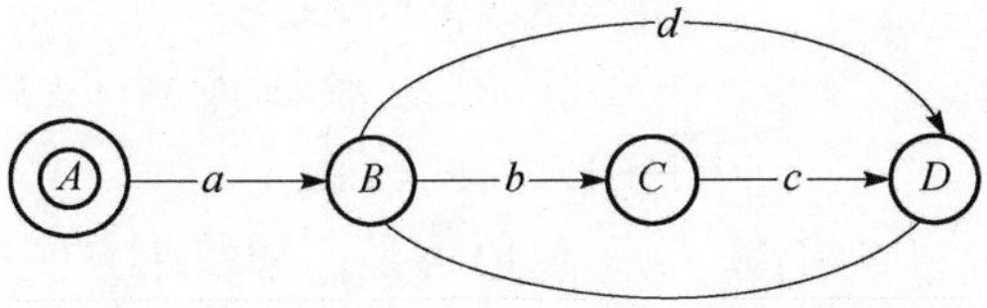

图 3.8　不可终止程序（某些操作后进入循环）

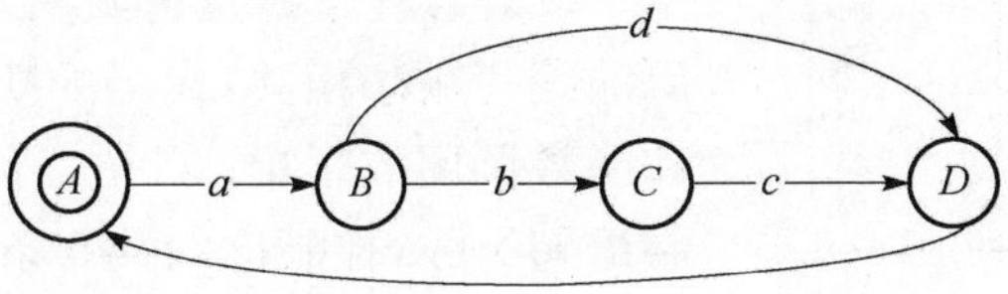

图 3.9　不可终止程序（整个程序为无限循环）

对于不可终止的程序，在能耗分析中，通常只分析程序中某个部分或者程序运行到某个时刻时所消耗的能耗。本书中也只对这两种类型的能耗进行分析。

在嵌入式系统中，一般进入循环之前的操作只有一个，通常该操作是初始化操作，如嵌入式操作系统的硬件初始化操作。

假设程序 P 有 k 个初始化路径 $\mathrm{itr}_1,\mathrm{itr}_2,\cdots,\mathrm{itr}_k$，$r$ 个循环路径 $\mathrm{ltr}_1,\mathrm{ltr}_2,\cdots,\mathrm{ltr}_r$，$\mathrm{itr}_i$ 的执行概率为 f_i，在执行 itr_i 时执行 ltr_i 的概率为 $\mathrm{avg}E(P)=\sum_{i=1}^{n}E(\mathrm{tr}_i)f_i(i=1,2,\cdots,k;j=1,2,\cdots,r)$，则程序进行 n 次循环时的平均能耗为

$$\mathrm{avg}E(P^n)=\sum_{i=1}^{k}(E(\mathrm{itr}_i)+n(\sum_{j=1}^{r}E(\mathrm{ltr}_j)p_{ij})f_i \qquad (3.27)$$

设$\{\mathrm{ltr}_{i1},\mathrm{ltr}_{i2},\cdots,\mathrm{ltr}_{im}\}$为执行 itr_i 后可能执行的路径的集合，其中 $m\leqslant r$，则当系统执行 itr_i 时的 n 次最小能耗和最大能耗分别为

$$\min E(P_i^n)=E(\mathrm{itr}_i)+\min(E(\mathrm{ltr}_{i1}),E(\mathrm{ltr}_{i2}),\cdots,E(\mathrm{ltr}_{im}))n \qquad (3.28)$$

$$\max E(P_i^n)=E(\mathrm{itr}_i)+\max(E(\mathrm{ltr}_{i1}),E(\mathrm{ltr}_{i2}),\cdots,E(\mathrm{ltr}_{im}))n \qquad (3.29)$$

则程序运行 n 次时不可终止程序的最大能耗和最小能耗分析如下：

不可终止程序最大能耗：

$$\max E(P^n)=\max(\max E(P_1^n),\max E(P_2^n),\cdots,\max E(P_k^n)) \qquad (3.30)$$

不可终止程序最小能耗：

$$\min E(P^n)=\min(\min E(P_1^n),\min E(P_2^n),\cdots,\min E(P_k^n)) \qquad (3.31)$$

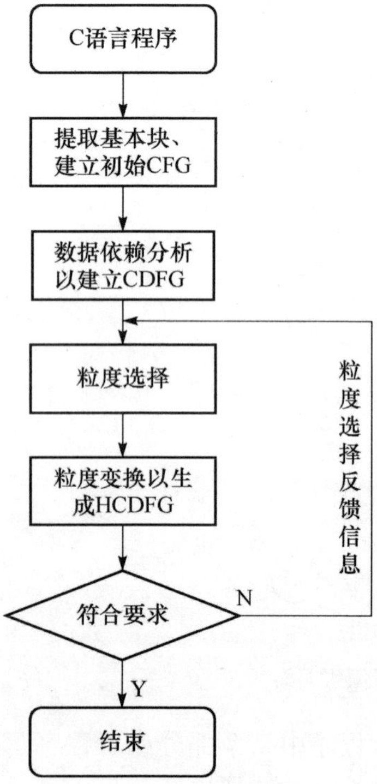

图 3.10　C 语言程序到 HCDFG 转换步骤

2. C 语言程序到 HCDFG 转换

在源程序能耗模型的基础上，下面将说明怎样将一个 C 语言程序转换为源程序级能耗模型所需要 HCDFG 图。

图 3.10 整体说明了将 C 语言程序转换为 HCDFG 的步骤。

C 语言是一种使用方便灵活、可移植性好、面向过程的程序设计语言，它同时具有高级语言和低级语言的优点，在嵌入式系统中被广泛使用。

C 语言程序的执行具有串行化的特点，与代码的编写顺序相关，代码的执行还受到控制结构和函数调用的影响。C 语言的控制结构由各种控制语句组成，控制语句共 9 条，它们分别是：

(1) 条件语句：if/else 语句；

(2) 开关语句：switch 语句；

(3) 当循环语句：while 语句；

(4) 直到循环语句：do/while 语句；

(5) 计数循环语句：for 语句；

(6) 中止本次循环语句：continue 语句；

(7) 中止整个循环语句：break 语句；

(8) 函数返回语句：return 语句；

(9) 无条件转移语句：goto 语句。

由于 goto 语句会破坏程序的结构性和可读性，一般不建议使用，本书中也不考虑该语句。除 goto 语句外的其他八种语句，我们可以将其分为表 3.6 中的四种结构。

表 3.6　C 语言八种语句的四种结构

结　构	C 语言语句
分支结构	条件语句、开关语句
循环结构	当循环语句、直到循环语句、计数循环语句
包含于循环和分支内的结构	中止本次循环语句、中止整个循环语句
结束结构	函数返回语句

1) 提取基本块，建立初始 CFG

从 C 语言源代码生成 CFG 由三步完成，即从 C 语言源代码生成三地址码、从三地址码提取基本块和建立 CFG。

初始 CFG 中的节点均为基本块节点。同时将 CFG 中的控制边细分为回环边 R_CE、普通前向边 D_CE 和 break 前向边 B_CE(表示循环中因 break 语句而跳出循环的控制边)三种。若存在 ce(v_i,v_j)∈R_CE,则 v_i 为一循环的尾节点且 v_j 为该循环的头节点;若存在 ce(v_i,v_j)∈B_CE,则 v_i 为一循环中位于 break 语句之前的节点且 v_j 为紧跟该循环之后的节点;若存在 ce(v_i,v_j)∈D_CE,则按程序次序 v_j 紧跟在 v_i 之后,且 v_i 不是无条件转移。

经过一系列地转换,图 3.11 表示了如下待建立代码的 CFG 图。图 3.11 中各方格表示一个基本块,基本块中的等式为三地址码。

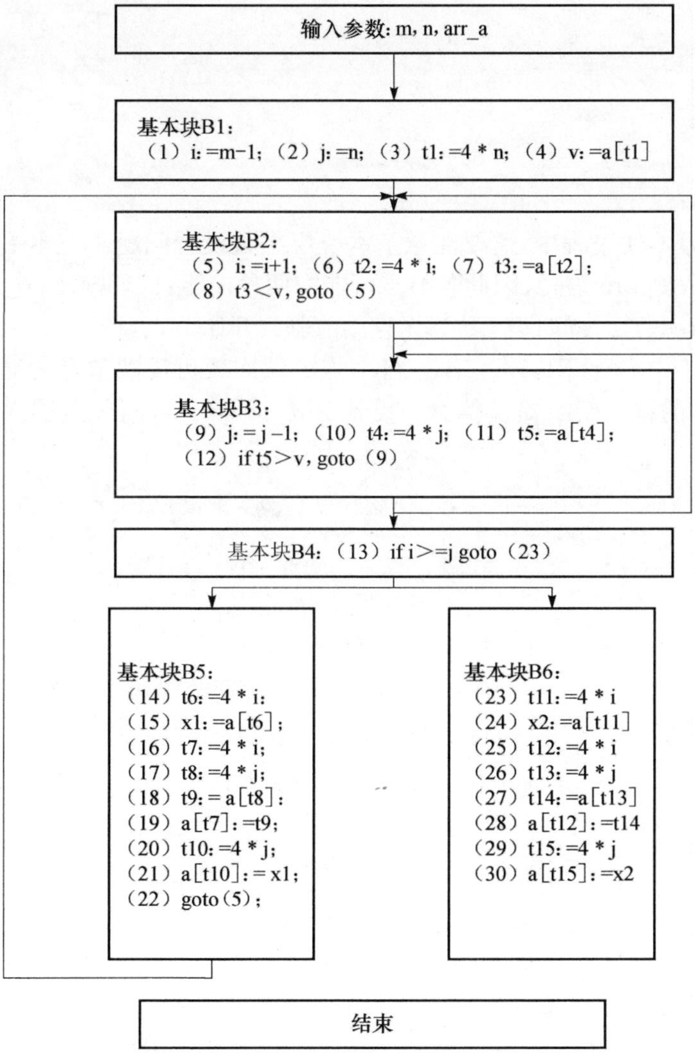

图 3.11　经过转换后的 CFG 图

```
i=m-1;
j=n;
v=a[n];
while(1)
{
      while(a[++i]<v);
      while(a[--j]>v);
      if(i>=j)  break
      x1=a[i];
      a[i]=a[j];
      a[j]=x1;
}
x2=a[i];
a[i]=a[n];
a[n]=x2:
```

在提取基本块过程中，需要注意基本块层次数设置问题。在本书的转换过程中，由于不考虑 goto 语句，因此各节点可能有两种前驱：回环前驱(r_pred())和直接前驱(d_pred())。同时记 BF 为无直接前驱的开始节点，BE 为无后继的结束节点，如图 3.11 中 BF=B1，BE=B6。各节点的层次数可反映节点的循环嵌套层情况，并为后续的粒度变换提供信息。设 $v_j = d\_\text{pred}(v_i)$，则节点层次按如下方法设置：

$$L(v_{\text{BF}}) = 0, \quad L(v_i) = L(v_j) + \alpha + \beta + r \tag{3.32}$$

其中：

$$\alpha = \begin{cases} 0, & \text{若 } v_j \text{ 无自回环边} \\ -1, & \text{若 } v_j \text{ 有自回环边} \end{cases}$$

$$\beta = \begin{cases} 0, & \text{若 } e(v_j, v_i) \text{ 为普通前向边} \\ -1, & \text{若 } e(v_j, v_i) \text{ 为 break 前向边} \end{cases}$$

r 为 v_i 的回环边条数，本例中各节点的层次数如下：

$$L(v_{\text{B1}}) = L(v_{\text{BF}}) + 0 + 0 + 0 = 0 \tag{3.33}$$

$$L(v_{\text{B2}}) = L(v_{\text{B1}}) + 0 + 0 + 2 = 2 \tag{3.34}$$

$$L(v_{\text{B3}}) = L(v_{\text{B2}}) - 1 + 0 + 1 = 2 \tag{3.35}$$

$$L(v_{\text{B4}}) = L(v_{\text{B3}}) - 1 + 0 + 0 = 1 \tag{3.36}$$

$$L(v_{\text{B5}}) = L(v_{\text{B4}}) + 0 + 0 + 0 = 1 \tag{3.37}$$

$$L(v_{\text{B6}}) = L(v_{\text{D}}) + 0 + 0 - 1 = 0 \tag{3.38}$$

2）数据依赖分析建立 CDFG

初始 CFG 建立之后需要对其节点间的数据依赖进行分析以生成 CDFG。数据依赖的分析以程序中使用的变量、基本块的输入输出集以及控制流路径为基础。变量分为全局变量和局部变量。

根据 C 语言的特点，对任一局部变量 x 可找到一个头节点 v^h 和尾节点 v^t，使得 x 在从 v^h 到 v^t 的控制流上的所有节点中有效，我们称所有这些节点组成的集合为 x 的作用域。在图 3.11 所示例子中，各节点输入输出集及输入输出端口集如表 3.7 所示。

表 3.7 节点输入输出端口集

节 点	IN	OUT
IN_PORT	m,n,arr_a	m,n,arr_a
B1	m,n,arr_a	i,j,v
B2	i,v,arr_a	i
B3	j,arr_a,v	j
B4	i,j	—
B5	i,j,arr_a	arr_a,x_1
B6	i,j,arr_a	arr_a,x_2
IN_PORT	m,n,arr_a	—
OUT_PORT	—	arr_a

控制流路径可定义为对应一个可能的节点的执行序列（对于循环结构中的节点只考虑第一次循环），因此不同路径的条数可反映程序可以实现的不同功能数。对于图 3.11 中的例子，可能的路径有{B1，B2，B3，B4，B5}和{B1，B2，B3，B4，B6}。

在各节点的输入/输出集的基础上可建立各节点间的数据边。设 CFG 的输入和输出端口节点分别为 v_s 和 v_e，并设一条路径为 $v_1, v_2, \cdots, v_n$（其中 $v_1 = v_s$ 且 $v_n = v_e$），记 de(v_i, v_j)为 v_i 到 v_j 的数据边，则数据边可按如下方法建立：

```
for i=1;i<n;i++
    SET=OUT(vi);
    j=i+1;
    while(SET≠∅&&j<=n)
        若 SET∩IN(vj)≠∅且当前不存在 de(vi,vj)，则建立 de(vi,vj);
        SET=SET－SET∩IN(vj);
        j++ ;
        若 SET 中含有全局变量或指针变量，则
```

```
若当前存在 de(vi,vOP),则
    设 p_set(de(vi,ve))∪=SET;
否则
    建立 de(vi,vOP),且设 p_set(de(vi,ve))=SET;
```

在示例中建立的数据边有

$e_{2,6}(i)$,$e_{3,6}(j)$,$e_{5,6}(\mathrm{arr\_}a)$,$e_{2,5}(i)$,$e_{3,5}(j)$,$e_{0,5}(\mathrm{arr\_}a)$,$e_{2,4}(i)$,$e_{3,4}(j)$,$e_{1,3}(j,v)$,$e_{0,3}(\mathrm{arr\_}a)$,$e_{1,2}(i,v)$,$e_{0,2}(\mathrm{arr\_}a)$,$e_{0,1}(m,n,\mathrm{arr\_}a)$

在 CFG 加入数据边后可生成 CDFG。

3) 粒度变换生成 HCDFG

对于 HCDFG 来讲,粒度的变换即是节点的合并与拆分,由于从源代码生成的 CDFG 中的节点均为基本块,属细粒度,因此我们的粒度变换主要是节点的合并。

定义 HCDFG 的粒度为其层次化节点中基本块节点的最大数,在节点合并的过程中需注意两个问题,即根据粒度选择待合并的节点以及控制流和数据流的转换。

(1) 待合并节点的选择必须遵循如下规则:

规则 1:合并不会破坏循环结构,即待合并的节点层次数必须相同;

规则 2:合并不能破坏分支结构,当本规则与规则 1 冲突时优先考虑规则 1。

(2)设待合并节点集合 NS=$\{v_1,v_2,\cdots,v_n\}$,合并后形成的层次化节点为 v_n^{H},v_n^{H} 的输入端口为 v_s,输出端口为 v_e。并设在划分对象中存在控制边 ce(v_i,v_j)和 ce(v_k,v_l)满足:$v_i \notin \mathrm{NS} \cap v_j \in \mathrm{NS}$ 且 $v_k \in \mathrm{NS} \cap v_l \notin \mathrm{NS}$,则由于源代码为 C 语言程序且不考虑 goto 语句,同时待合并节点满足前述规则 1 和规则 2,因此 v_i 和 v_l 具有唯一性,从而在合并后的 HCDFG 中,存在控制边 ce(v_i,v_n^{H})和 ce(v_n^{H},v_l)。而对于数据边则按如下方法设置:

```
for i=1; i<=n; i++
    若存在 de(vx,vi),且 vx∉S,则
        若 de(vx,vjH)不存在,则建立 de(vx,vjH)和 de(vs,vi),且 p_set(de(vx,vjH))=
        p_set(de(vx,vi));
        否则,建立 de(vs,vi),且 p_set(de(vx,vjH))∪=p_set(de(vx,vi));
    若存在 de(vi,vx),且 vx∉S,则
        若 de(vjH,vx)不存在,则建立之,且 p_set(de(vjH,vx))=p_set(de(vi,vx));
        否则,p_set(de(vjH,vx))=p_set(de(vjH,vx))∪p_set(de(vi,vx))
```

其中,p_set(de(v_i,v_j))为数据边 de(v_i,v_j)上的变量集。

通过对 CDFG 进行节点合并可得到 HCDFG。

3.4.2　源程序结构级软件能耗优化方法

目前有关嵌入式软件的能耗优化方法主要基于软件的某一方面特征开展工作，主要包括：

(1) 编译器优化：指令变换、指令重排、循环结构优化、存储器和 Cache 分配等；

(2) 源程序优化：表达式变化、优化数据表示、程序结构重排等；

(3) 算法优化：消除重复计算、改善数据结构、压缩数据存储空间、算法选择等；

(4) 软件体系结构优化：体系结构的选择和变换等。

实际上，编译器许多与机器无关的前端优化工作和源程序优化是等价的，编译器只是包含了这些优化方法的工具实现，同时，编译器的优化能力也存在一定的局限性，因此，可将此部分优化工作归入源程序级优化中。

我们主要在软件的源程序级和算法级，通过改善嵌入式软件自身的相关特征，从而降低软件功耗。现介绍一些典型的方法如下：

(1) 在源程序级，循环结构中采用减计数循环代替增计数循环、循环不变量代码外提和循环展开三种方法。在固定次数的循环中，当采用增计数循环时，经过编译后的 ARM CPU 二进制程序判断是否进行下一次循环的步骤是：首先经过一次加法(Add)操作，再经过显式地比较(Cmp)操作，最后根据比较结果判断是否进入循环(BCC)操作，一次循环该过程需要三条二进制指令。当采用减计数循环时，判断是否进入循环的步骤是：首先经过一次减法[Subs 操作，然后根据减法设置的寄存器位(以 ARM CPU 为例，该位是 R15 中的条件码标志位 Z)]判断是否进入循环(Bne)操作，一次循环该过程需要两条二进制指令。因此，通过循环结构中减计数循环代替增计数循环的方法，循环的多次执行能够减少软件运行时执行的二进制总指令数量，从而有效降低嵌入式软件功耗。在循环结构中，将循环不变量代码外提，使得程序在每次循环中减少了该类变量初始化并为其重复计算值的步骤；循环展开通常利用 CPU 内部寄存器存储临时变量，在完成相同逻辑运算时，被展开的循环能够降低循环内前后变量的相关性，尽量避免打断 CPU 流水线，从而减少软件运行的二进制总指令数和访问内存的二进制指令数量，最终达到降低软件功耗的目的。

(2) 在算法级，采用改善数据结构的方法。如在许多数字信号处理程序中，采用 C 语言数组存储处理数据，每个数据值只能为 0 或 1，可利用 C 语言 long 型变量的各个二进制位代替相应 C 语言数组值。在 long 型变量能够表示的位数范围内，使用二进制位能够充分利用位进行操作，节约了内存空间，减少了利用数组表示时数据在 CPU 和内存之间的传递次数，也减少了软件访问内存的二进制指令数量，从而降低嵌入式软件功耗。

3.4.3 仿真实验与分析

1. 实验环境及方法

本书采用典型"八皇后"问题验证源程序级、算法级和源程序级与算法级混合优化对嵌入式系统功耗的影响。"八皇后"问题描述为：在一个 8×8 的国际象棋盘上，有 8 个皇后，每个皇后占一格，要求皇后间不会出现相互"攻击"的现象，即不能有两个皇后处在同一行、同一列或同一对角线上。

我们的测试环境是，在 RedHat Linux 9.0 操作系统上，使用交叉编译器 arm-linux-gcc 编译 UCOS II 和解"八皇后"问题源程序，并将编译后可执行文件在功耗模拟平台 HMSim 上运行得到最终结果。

HMSim 是建立在 GNU GDB 之上，并进行了全面的改造和扩展，可模仿多种完整目标嵌入式计算机系统的指令模拟器。它可分为四个层次：用户接口模块、符号处理模块、目标控制模块、目标模拟模块，其中的目标模拟模块是分析软件功耗组成的重要基础[25]。我们的实验使用 HMSim 模仿 Intel SA1100 CPU 指令。

为了方便对功耗效果进行比较，我们首先设计了可读性最好的 C 语言程序(简称原始程序)求解"八皇后"问题，其中，算法采用数组表示在 8×8 的格子上是否有皇后存在，具有清晰的逻辑步骤，程序代码由 main 函数、主功能函数及其他辅助函数组成，具有简洁的语法结构；然后，分别对该原始程序进行源程序级优化、算法级优化和源程序级与算法级混合优化三种处理，成为功耗更加节省的程序，采用交叉编译器 Arm-Linux-gcc v2.95.3 对三类程序分别编译(为避免干扰，编译时不使用优化选项 O1 和 O2)；最后，采用交叉编译器 Arm-Linux-gcc v2.95.3 对原始程序进行编译和 O1 级、O2 级优化，成为运行更加高效的程序。

在源程序级优化程序中主要采用循环次数递减、循环不变量代码外提和循环展开三种方法对程序进行改进，在算法级优化程序中主要采用 C 语言中 long 型变量的二进制位表示在 8×8 的格子上皇后是否存在。

2. 实验结果分析

"八皇后"问题的原始程序(表 3.8 中编号为 L1)、源程序级优化程序(表 3.8 中编号为 L2)、编译器 O1 级优化程序(表 3.8 中编号为 L3)、编译器 O2 级优化程序(表 3.8 中编号为 L4)、算法级优化程序(表 3.8 中编号为 L5)以及源程序级与算法级混合优化程序(表 3.8 中编号为 L6)的实际运行结果如表 3.8 所示。

表 3.8　多种优化程序运行结果

程序类别	执行次数/次	CPU 周期数/tick	二进制总指令数/条	内存访问二进制指令数/条	能耗/nJ
L1	1965	9 351 911	1 938 707	930 864	24 096 802. 718 4
L2	1965	7 806 466	1 606 750	774 901	20 124 989. 563 1
L3	1965	2 471 752	574 323	71 206	6 192 166. 237 8
L4	1965	2 511 121	586 709	69 242	6 303 322. 135 9
L5	2057	433 217	83 957	45 202	2 337 489. 863 6
L6	2057	427 775	84 601	45 202	1 662 779. 387 5

在表 3. 8 中，执行次数表示为求解“八皇后”问题各程序主功能函数的递归调用次数，在完成相同功能的条件下，不同方法需要的递归调用次数不同，CPU 周期数表示主功能函数实际运行的 CPU 周期数总和，二进制总指令数表示主功能函数执行的二进制指令总条数(包括内存访问二进制指令数和其他非访存二进制指令数)，内存访问二进制指令数表示主功能函数执行内存访问的二进制指令条数，能耗表示主功能函数的能耗总和。

表 3. 9 表示对原始程序进行多种优化后，二进制总指令数、内存访问二进制指令数和功耗所取得的减少比例，可以看出，随着主功能函数二进制总指令数或内存访问二进制指令数的减少，程序能耗也随之降低。

表 3. 9　多种优化程序各构成因素和能耗变化比例　（单位：%）

程序类别	二进制总指令数减少比例	内存访问二进制指令数减少比例	能耗降低比例
原始程序	—	—	—
源程序级优化程序	70. 3	70. 2	69. 6
编译器 O1 级优化程序	70. 3	92. 3	74. 3
编译器 O2 级优化程序	69. 8	92. 6	73. 8
算法级优化程序	95. 7	95. 1	90. 3
源程序级与算法级混合优化程序	96. 0	95. 1	93. 2

图 3. 12 表示求解“八皇后”问题的多种优化程序能耗和 CPU 周期数的关系，可以看出，两者的变化几乎呈线性关系。因此，通过减少 CPU 周期数，能够有效地降低嵌入式软件功耗。

从实验结果可以看出，对嵌入式软件进行源程序级和算法级混合优化后，功耗的降低效果最明显，超过了目前交叉编译器优化的效果，这也进一步说明，关于嵌入式软件功耗分析与优化的研究是一项很有意义的工作。

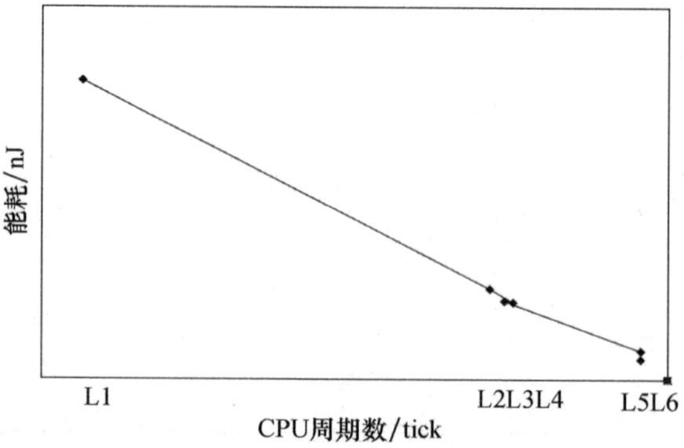

图 3.12 能耗与 CPU 周期数的关系

3.5 算法级软件能耗建模与优化

3.5.1 算法级软件能耗模型

嵌入式软件能耗的一般模型可表示为

$$E=\int_{t_1}^{t_2}P(t)\times \mathrm{d}t=\overline{P}\times \Delta t=f(C_i)\times \Delta t,\quad i=1,2,\cdots,n \tag{3.39}$$

其中，E 表示软件的能耗(energy consumption)；$P(t)$表示软件的瞬态功率；$\overline{P}$ 表示软件的平均功率(power，或功耗 power consumption，可以是通过一组基准程序测试获得的平均值，也可以通过功耗-特征关联模型获得)；Δt 表示软件的运行时间；C_i 表示软件功耗的某些相关度量特征，如算法复杂度或微处理器的周期指令数 IPC 等；$\overline{P}=f(C_i)$称为功耗-特征关联模型(简称功耗模型)，表示 $\overline{P}$ 是 C_i 的函数。如何确定功耗函数 f，以及采取何种措施影响 C_i，是目前嵌入式软件功耗分析与优化的主要研究内容。

本书模型在算法层次上考虑 $\overline{P}$ 的软件关联特征，并根据软件功耗产生的定义进一步得到

$$\overline{P}=f(C_i)=f(O_s,S_s,I_s) \tag{3.40}$$

其中，O_s 为算法的时间复杂度度量；S_s 为算法的空间复杂度度量；I_s 为算法输入规模的度量。从目前算法研究成果可知，一个算法的平均时间复杂度和空间复杂度是判定算法消耗计算机资源的直接依据，而算法的具体执行性能也会受到输入规模的影响，在算法层次上，这三个特征量将会间接地对计算机功耗产生影响。因此，我们抽取这三个特征量作为软件功耗的关联特征量。

为确定功耗函数 f，建立更精确的算法级功耗模型，主要过程如下：

(1) 准确地分析和度量算法级的软件特征，获得相应度量值，这部分将在下一

节做详细讨论。

(2) 通过功耗仿真实验平台 HMSim 测得 E 和 Δt 的值,根据式(3.39),得出

$$\overline{P} = E/\Delta t \tag{3.41}$$

从而获得软件的平均功率 $\overline{P}$ 的值。

(3) 从理论上看,以前的一些研究成果假设软件功耗与软件高层度量特征之间的关联关系是线性回归函数关系,缺乏充分的依据;从实践上看,线性函数拟合功耗函数关系,虽然模型简单,估计速度较快,但功耗估计值误差也较大,许多情况下不能满足实际工程需要。两方面综合分析,嵌入式软件功耗关联函数更可能是一个非线性函数。由于数学上 BP 神经网络能够逼近任意非线性函数,具有较高的拟合度,在许多领域中得到了广泛的应用,并取得了令人满意的效果。因此,在获得了函数 f 的输入/输出值后,我们使用 BP 神经网络拟合此关联函数 f。

3.5.2　算法特征量的度量

算法复杂性不但反映出一个具体算法的复杂程度,并直接将这种复杂程度表现在算法的软件功耗上。算法复杂性分析的研究范围是分析具体算法的执行所需的时间、空间开销和它们随某些参数增长的规律[26]。本节在算法级抽取软件的高层度量特征,为分析嵌入式软件功耗的产生原因和构成要素提供依据。

1. 时间复杂度 O_s 度量

时间复杂度是衡量算法优劣的一个重要特征,其对软件功耗也存在较大影响。因此,本书选择其作为功耗度量的第一个特征量。目前,对于算法复杂度度量的研究,仍是一个需要进一步解决的问题,很难采用一个精确的、通用的计算方法进行度量,一般针对具体算法,采用算法中基本操作的最大频度量级进行计算。

目前,关于算法时间复杂度的一些具体度量方法主要包括:

(1) 对于一些常用的算法,各类书籍和相关资料上也有比较公认的平均时间复杂度,如训练网络使用的冒泡排序 BubbleSort()和选择排序 SelectionSort() 算法,其平均时间复杂度为 $O(n^2)$。

(2) 对于一些较简单的算法,可将函数中基本语句使用频度最大的量级作为其时间复杂度,如使用两层 for 循环进行运算的算法,其时间复杂度一般为 $O(n^2)$ 。

(3) 某些算法的时间复杂度可能取决于其特定输入的细节,如在 n 个元素的列表中查找一个给定项(如查找键 K),一般可顺序查找列表中的每一个元素,直到发现了匹配查找键 K 的元素或者到达了列表的终点。很明显在最坏的情况下,表中没有匹配元素或者第一个匹配元素恰巧是列表的尾元素,该算法的键值比较次数最多为 n;对于顺序查找来说,最理想的查找应该是第一个元素等于查找键的

列表,该算法的键值比较次数为 1[27]。然而,无论是最坏情况分析还是最理想情况分析,都不能确切地表达算法试图提供给我们的信息,为此本书选择算法的平均时间复杂度作为软件功耗的一个高层度量特征。

2. 空间复杂度 S_s 度量

空间复杂度 S_s 是指程序运行时占用的内存资源的程度,包含有以符号开始的块(block started symbol,BSS)段、数据段、代码段、堆、栈。其中:

(1) BSS 段和数据段是指用来存放程序中已初始化的全局变量的一块内存区域,属于静态内存分配。

(2) 代码段通常是指用来存放程序执行代码的一块内存区域。这部分区域的大小在程序运行前就已经确定,并且内存区域通常属于只读,也属于静态内存分配。但在某些架构下也允许代码段为可写,即允许修改程序。在代码段中,也有可能包含一些只读的常数变量,如字符串常量等。

(3) 堆是用于存放进程运行中动态分配的内存段,其大小并不固定,可动态扩张或缩减。以 C 语言为例,当进程调用 malloc 等函数分配内存时,新分配的内存动态添加到堆中;当利用 free 等函数释放内存时,释放的内存从堆中被剔除。

(4) 栈又称堆栈,是用户存放程序临时创建的局部变量,但不包括 static 声明的变量,static 意味着在数据段中存放变量。除此以外,在函数调用时,其参数也会压入当前进程栈中,并且待到调用结束后,函数的返回值也会存放回栈中,可以将堆栈视为一个进程内部寄存、交换临时数据的内存区。

由于静态内存分配依赖于不同的 CPU 架构和编译器环境等而存在较大的差异,所以本书只考虑动态内存分配空间,即程序的堆和栈所占用的空间,其所占用全部的内存单元为 S_s。本书的仿真实验是在基于单 Intel CPU 架构和 GCC 编译器下进行仿真模拟,例如,在函数内部声明局部变量 int b,char * p=malloc(10),则变量 b、p 在栈里,malloc 分配的空间在堆里,由于在 GCC 编译环境下,char 变量占 1 个字节,int 变量占 4 个字节。所以,它们总共占用 $4+4+1\times10=18$ 个内存单位,其 O_s 为 18。

3. 输入规模 I_s 度量

除了时间复杂度和空间复杂度作为算法复杂度的两个量化特征,算法的运行情况还受到具体的输入规模影响。因此,算法的输入规模是软件功耗的一个重要度量特征。

输入规模的度量方法一般受算法的操作细节影响,不同的具体算法有不同的度量方法,例如:

(1) 对于一个英文字符拼写检查算法,如果算法对于输入的每一个独立字符都要进行相应检查，可使用字符的数量作为输入规模的度量；如果算法的操作是以单词为单位，可统计输入中词的数量作为输入规模的度量。

(2) 对于排序、查找列表的最小元素算法等与列表有关的算法，输入规模通常是列表的长度，如使用冒泡排序算法对一个整数数组 A[MAX_SIZE]进行排序，排序产生的功耗将根据 MAX_SIZE 大小而有所不同。因此，MAX_SIZE 是该算法的输入规模。

(3) 就一个对 n 次多项式 $p(x)=a_n x_n+\cdots+a_0$ 求值的问题来说，输入规模是多项式的次数，或者是多项式系数的个数。虽然多项式系数的个数比次数大 1，但如此细小的差别对于功耗分析来说一般是无关紧要的。

(4) 如果算法是与数字特性相关的，在度量其输入规模时，应特别引起注意，如检查给定的整数 n 是否为质数。对于这种算法，一般度量数字 n 的二进制表示中的比特数作为算法的输入规模。

3.5.3　算法级软件能耗优化方法

算法级软件能耗优化方法主要包括：

(1) 算法的选择：算法的时间复杂度、空间复杂度和输入规模[28]这三者几乎决定了算法的效率，同时也是程序的功耗的主要分析指标，实现同样的功能用尽可能高效的算法，或者针对某些功耗占较大比例的功能做选择相应的算法，将会提高程序运行时间、减少代码空间从而降低功耗。算法的选择和优化就成了影响嵌入式软件能耗的主要因素。从根本上说，选择了效率更高的算法也是对算法的一种优化。因为解决同一个问题的不同算法的效率通常相差很大，这种差距往往大过硬件和软件方面的差距。

(2) 减少无用重复计算：减少程序处理流程中的重复计算步骤，1965 年由库利和图基创新性地改进了傅里叶变换(DFT)，发明了快速傅里叶变化(FFT)，它能减少计算机处理离散傅里叶变换所要用到的乘法次数，最普通的 DFT 抽样点数 N 为 2 的幂次方，假设信号分析仪中的采样点数为 1024 点，DFT 要求一百万次以上的计算工作量，而 FFT 则只要一万多次计算，效率非常高。特别是当被变换的抽样点数 N 越大时，FFT 带来的效果就越显著[29]。

(3) 合理使用数据结构：在程序中很多时候要采用数据值为 0 或者 1 来存放处理数组的数据，C 语言 long 型变量的各个二进制位就可以被用来替换与之相对应的 C 语言数组值。在 long 型变量能够表示的位数范围内，频繁地使用二进制位就可以尽量多地利用位操作，减少了利用数组表示的数据在处理器和存储器之间的传输次数，节约了内存空间，减少了软件访问存储器的二进制指令数量，从而降低软件功耗。

(4) 压缩数据存储空间：访问存储器所占功耗比例是软件功耗的很大一部分，

因此，需要减少存储空间访问，降低数据重复率，合适的增加处理器计算量，通过一些现代先进的压缩算法压缩处理数据来达到这种效果，如音频数据能够在听觉不易察觉的质量下降情况下实现 10∶1 的压缩比，视频能够在肉眼可容忍的质量下降情况下实现如 300∶1 的压缩比，处理器从存储器中读取一帧一帧的压缩数据，在完成解码处理后，可直接输出数据到音/视频 I/O 控制中，减少指令访问存储器次数，从而降低软件功耗[30]。

3.5.4 基于 BP 神经网络的软件功耗函数拟合方法

1. BP 神经网络的结构

BP 网络也称为反向传播网络(back-propagation network)，是将 W-H 学习规则一般化，对非线性可微分函数进行权值训练的多层网络。BP 网络可用于函数逼近，使用输入矢量和相应的输出矢量训练一个网络逼近一个函数。本书采用具有 n 个隐层节点的单隐层三层 BP 网络，其结构如图 3.13 所示，主要包括：

1) 隐层数的确定

Hecht-Nielson 证明了对任何在闭区间内的连续函数，都可用单隐层的 BP 网络逼近，因而一个三层的 BP 网络可完成任意的 n 维到 m 维的映射。

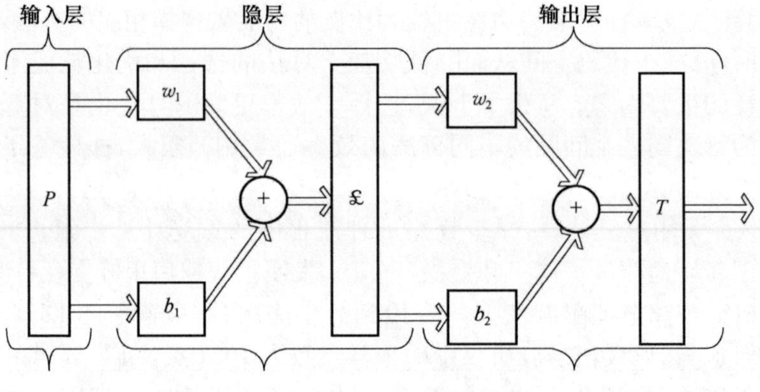

图 3.13 BP 神经网络结构图

2) 节点数的确定

在我们的 BP 网络中，输入层为 O_s、S_s 和 I_s，输出层为平均功率 P_s，因此，输入层节点数有 3 个，输出节点为 1 个。训练一个单隐层的三层 BP 网络，一般根据如下经验公式选择隐层节点数 n_1：

$$n_1 = \sqrt{n+m} + a \tag{3.42}$$

其中，$n=3$ 为输入节点个数；$m=1$ 为输出节点个数；a 为 1 到 10 之间的常数。因此，n_1 取值范围为 3～12。

3）各层函数的确定

在单隐层 BP 网络训练中隐层传递函数一般使用 tansig 函数，输出层传递函数选用 purelin 函数。

确定了网络层数、每层节点数、传递函数等内容，即确定了一个具体的、完整的 BP 网络，然后可开始进行网络的训练工作。

2. BP 神经网络的训练

通过功耗仿真实验平台 HMSim 获得实验数据，用于训练、构造 BP 神经网络，调整各层的权值和阈值，使网络的均方差 MSE 达到预期的目标，从而逼近功耗函数 f，使该神经网络能够在一定输入规模下产生相应期望的输出，即该函数的 $\overline{P}$。

借助 MATLAB6. 5 神经网络工具箱，对网络进行训练和仿真。模型选用的训练样本函数如表 3. 10 所示。

表 3. 10　训练样本函数列表

函数名称	功能描述	时间复杂度	空间复杂度	输入规模
gen_arr	生成一个随机数组	$O(n)$	12	MAX_SIZE
nn_time1	两层循环算术运算	$O(n^2)$	16	MAX_SIZE
BubbleSort	冒泡排序算法	$O(n^2)$	24	MAX_SIZE
SelectionSort	选择排序算法	$O(n^2)$	24	MAX_SIZE
nn_time2	两层循环算术运算	$O(n^2)$	16	MAX_SIZE
gen_arr2	生成一个随机的二维数组	$O(n^2)$	4×NUMBER×NUMBER+8	NUMBER
nn_time	两层循环算术运算	$O(n^2)$	16	MAX_SIZE
mult	两个矩阵相乘	$O(n^3)$	12×NUMBER×NUMBER+12	NUMBER
arr_insert	在有序数组中插入整数	$O(n)$	4×MAX_SIZE+20	MAX_SIZE
checksum	计算整数数组校验和	$O(n)$	4×MAX_SIZE+8	MAX_SIZE
prime	计算求出素数	$O(n^2)$	4×MAX_SIZE+20	MAX_SIZE

以表 3. 10 中样本函数在功耗仿真实验平台 HMSim 不同输入规模下测得的功耗数据作为样本集，对 BP 网络反复训练，网络训练误差 MSE 达到 10^{-7}，得到的 BP 神经网络权值和阈值如下：

$$w_1 = \begin{bmatrix} 0.6157 & 0.5905 & -8.0500 \\ 10.6114 & 39.1033 & -10.2720 \\ -0.5483 & 16.6181 & 14.5978 \\ -0.9468 & 16.0240 & 7.5257 \\ -5.4141 & 5.7042 & 1.3921 \\ -22.3434 & 21.6025 & 7.8046 \\ 4.4207 & 6.4670 & 0.7924 \\ -28.2331 & 5.8474 & 1.9735 \\ 4.6436 & -0.2500 & 0.7884 \\ -22.2469 & 5.9132 & 2.9127 \\ 0.2610 & -4.6990 & -15.1784 \end{bmatrix}$$

$$b_1 = \begin{bmatrix} 2.7250 \\ -11.2109 \\ 7.1159 \\ 11.6679 \\ 2.7347 \\ -5.6363 \\ 11.4869 \\ -23.5519 \\ 4.9896 \\ -19.2797 \\ 6.1130 \end{bmatrix}, \quad w_2 = \begin{bmatrix} 0.8107 \\ 0.0242 \\ 39.5886 \\ -1.3185 \\ -0.0200 \\ -42.7424 \\ 60.2471 \\ 13.9229 \\ -60.2610 \\ -7.4243 \\ 3.7802 \end{bmatrix}, \quad b_2 = -1.5508$$

3.5.5 仿真实验与分析

用训练好的网络对测试样本函数进行仿真，得到网络输出值，即该函数的 $\overline{P}$，然后由实际运行时间 Δt，根据式(3.39)，可计算出软件功耗 E，并与其实际测试的功耗值比较。测试样本函数如表 3.11 所示。

表 3.11 测试样本函数列表

函数名称	函数功能描述	时间复杂度	空间复杂度	输入规模
Max	求二维数组中的最大值	$O(n^2)$	4×NUMBER×NUMBER+12	NUMBER
Invector	矩阵的逆矩阵	$O(n^2)$	4×NUMBER×NUMBER+12	NUMBER
GetBig	求数组中的最大值	$O(n)$	4×NUMBER+8	NUMBER
Sum_diagnoal	矩阵对角线元素之和	$O(n)$	4×NUMBER×NUMBER+8	NUMBER

各测试函数 E 预测值和真实值比较如图 3.14～图 3.17 所示（“o”为预测值，“+”为实际测试的功耗值）。

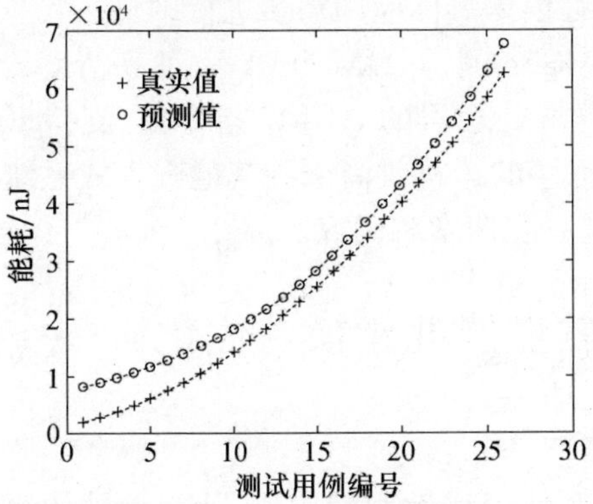

图 3.14　Max 函数预测结果

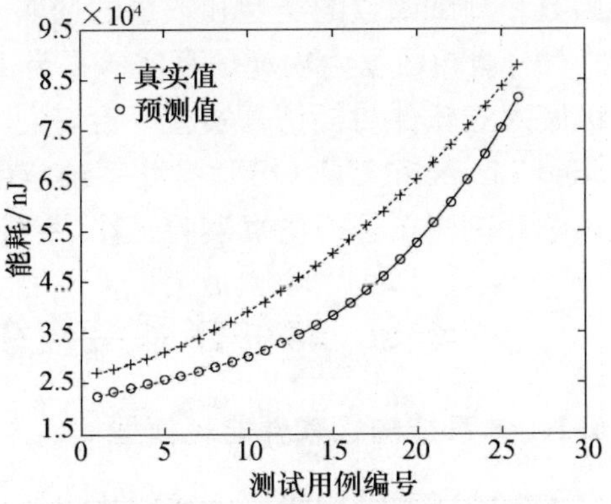

图 3.15　Invector 函数预测结果

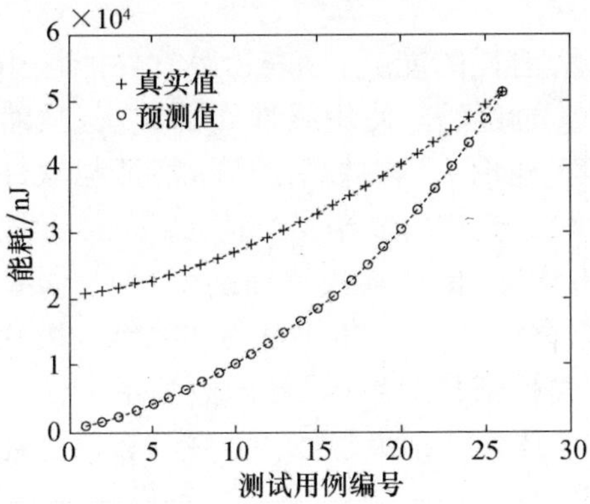

图 3.16　GetBig 函数预测结果

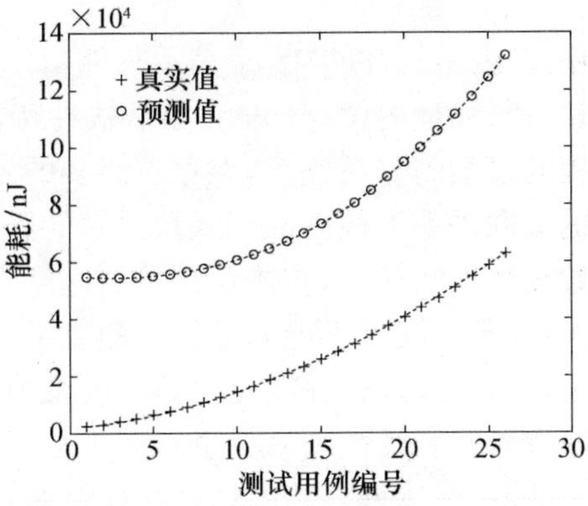

图 3.17　Sum_diagnoal 函数预测结果

实验结果分析如下：

(1) 由图 3.14～图 3.17 可以看出，BP 网络达到了很好的预测效果，预测值和真实值的误差比较小，在 10%以内，达到了预定目标，和其他的软件功耗宏模型的预算效果相比要更理想，说明了本书工作对于嵌入式功耗分析和优化研究的意义。

(2) 确定了用于算法层次软件特征和软件功耗转换的 BP 网络结构，根据测试样例得出了网络的权值和阈值，从而可以定量的估算具体算法的实际软件功耗值，而不再是主观性很强的模糊描述。

(3) 验证了算法的时间复杂度、空间复杂度和输入规模是在算法级上分析软件功耗的关键指标。

(4) 研究表明，BP 神经网络模型能有效地拟合软件功耗和软件高层度量特征之间的非线性关系，并能为估测算法的软件功耗、建立软件功耗的宏模型提供理论支持。

(5) 样本的类型和数量对 BP 网络的训练和仿真影响很大。因此，本实验在样本函数和测试函数的类型和数量的选取上可根据具体应用需要进行调整。

(6) 功耗数据由功耗仿真实验平台 HMSim 测得,HMSim 是一种高精度的指令级嵌入式软件功耗仿真实验平台,模拟单核处理器的 ARM7 指令集,支持 Embedded Linux 和 UC/OS II 操作系统应用程序的运行。尚未在其他嵌入式系统和多核芯片架构下进行仿真实验工作,有待进一步探索和研究。

3.6 软件体系结构级软件能耗建模与优化

3.6.1 体系结构级软件能耗模型

传统的体系结构级嵌入式能耗建模主要使用线性回归方法,认为软件体系结构级软件特征量与软件能耗之间存在 n 元线性函数关系,其能耗模型如下:

$$E = c_1 + c_2 s_1 + c_3 s_2 + \cdots + c_{n+1} s_n \tag{3.43}$$

其中,E 表示软件能耗,c_1 表示软件初始化所消耗的能耗;s_n 表示跟软件能耗相关的软件特征量的值;c_n 表示各个软件特征量的参数。使用线性回归方法,虽然可以提高模型的分析速度,但存在诸多的缺陷:理论上,软件高层度量特征与软件能耗的关联关系为线性回归函数关系的假设缺乏确实的依据支持;实践上,二元线性函数模型固然简单,在能耗评估的速度上有优势,但能耗模型精确度较差,误差也较大,许多情况下不能满足实际的要求。综合以上分析,本书认为体系结构级软件特征量与嵌入式软件能耗之间的关系为非线性函数关系(线性函数关系可认为是一种特殊的非线性函数关系),通过分析某些体系结构级软件特征量与软件能耗之间的关系,可以得到新的体系结构级能耗模型:

$$E_s = \overline{P} \times T_s = f(C_s) \times T_s = f(\mathrm{Loc}, \mathrm{TC}, R_C, R_P, \mathrm{CF}) \times T_s \tag{3.44}$$

其中,E_s 表示软件能耗;$\overline{P}$ 表示软件的平均功耗;T_s 表示软件运行的时间;C_s 表示某些与软件功耗相关的软件度量特征;f 表示软件功耗与软件相关度量特征的非线性函数,本书将采用 BP 神经网络进行拟合;Loc 表示软件有效代码行数;TC 表示构件数量;R_C 表示平均构件接口复杂度;R_P 表示平均路径复杂度;CF 表示平均构件耦合度。软件能耗 E_s 和软件运行时间 T_s 可以通过相应的软硬件测量工具获得,平均功耗 $\overline{P}$ 可以通过一组基准程序测试获得平均值,也可以通过功耗特征关联模型获得,Loc 等五个体系结构级软件特征量影响软件能耗的过程和具体度量方法将在 3.6.2 节进行论述。以软件特征量为基础的体系结构级能耗建模的方法分为如下五个步骤:

(1) 假设体系结构级软件特征量与软件能耗之间存在非线性函数关系。

(2) 从体系结构层面分离出与嵌入式软件能耗相关的软件特征量,具体为以下五项:有效代码行数、构件数量、平均构件接口复杂度、平均路径复杂度和平均构件耦合度。

(3) 选择合理的度量方法,对有效代码行数、构件数量、平均构件接口复杂度、平均路径复杂度和平均构件耦合度等体系结构特征量进行度量。

(4) 通过在功耗仿真实验平台 HMSim 运行多组基准程序,测得 E_s、T_s 的值,根据式(3.45),得出软件运行期间的平均功耗 $\overline{P}$ 值:

$$\overline{P} = E_s / T_s \tag{3.45}$$

(5) 训练 BP 神经网络拟合出非线性关联函数 f。函数 f 的输入值为各个体系结构级软件特征量的度量值,输出为软件平均功耗。

3.6.2　软件体系结构特征量的度量

本书从体系结构角度出发,提取了有效代码行数、构件数目、平均构件接口复杂度、平均路径复杂度和平均构件耦合度等五个体系结构级软件特征。由于嵌入式软件运行的环境一般为嵌入式 RTOS,资源受限,要求嵌入式软件必须有更高的能效比,所以嵌入式软件必须高效率地设计,去除冗余,精简构件,合理设计。因此,嵌入式软件在有效代码行数、构件数目、平均构件接口复杂度、平均路径复杂度和平均构件耦合度等方面就有更高的要求,上述五个体系结构级软件特征也就更能代表嵌入式软件的特点。本书具体分析了上述软件特征影响平均功耗 $\overline{P}$ 的过程,并说明如何对上述特征进行有效度量。

1. 有效代码行数

程序代码通过编译转换成硬件能够识别的二进制指令,嵌入式系统按照二进制指令完成各种操作,在执行过程中,微处理器完成取指、译码、取操作数和执行等操作,其中,取指令和取操作数阶段涉及内存读写访问和总线数据传输,译码阶段涉及微处理器内部算术运算和逻辑运算,执行阶段根据不同指令类型完成不同的操作,如内存读写、I/O 读写等,而整个过程中,微处理器内部某些寄存器的值也发生对应改变。上述一系列操作步骤都将触发电路活动,产生相应的电路能耗。可见,程序代码作为机器指令的来源,是嵌入式软件能耗产生的本质原因。

通过实验验证,在固定平台上,每条二进制指令都有一个固定的能耗值。指令执行的条数越多,对应产生的能耗就越大。软件代码在固定编译工具和编译优化环境中,产生的二进制代码是固定的。因此,可以认为软件代码行数决定了软件能耗的大小。

软件代码分为有效代码和无效代码两类,有效代码是指通过编译器能够转化为可执行的机器指令的代码,反之则为无效代码。而根据测量各类代码操作运行时的能耗变化,得到以下四类操作为有效代码,分别是变量计算、变量赋值、函数初始化和函数调用。为提高有效代码行数度量的精确度,在度量过程中将对具体代码做如下一些变换:

(1) 针对构件中出现选择的情况,根据实际状况设定选择的概率,与选择中的有效代码行数相乘,结果加 1,作为选择情况的有效代码行数。

(2) 针对构件中出现循环的情况,将循环展开成对应的变量赋值和变量运算语句,再计算有效代码行数。

(3) 针对类中出现继承的情况,在计算子类有效代码行数时,将父类的共有部分加入有效代码行数的统计中。

(4) 针对友元的情况,计算友元类有效代码行数时,将基类的保护部分和共有部分加入有效代码行数的统计中。

(5) 针对虚函数的情况,只单独计算子类中的有效代码函数。

根据功耗仿真平台 HMSim 对空函数初始化、空函数调用、简单变量运算和简单变量赋值等四种操作的能耗测试,简单变量运算所消耗的能耗是简单变量赋值所消耗能耗的 3 倍,函数初始化所消耗的功耗大约是简单变量赋值所消耗能耗的 7 倍,空函数调用所消耗的能耗与简单变量赋值所消耗功耗基本相等。为方便有效代码行数的度量,故将简单变量赋值操作所消耗的能耗作为基准度量单位。

2. 构件数量

构件作为对象的延伸,是对功能独立的一组模块进行封装后形成的实体。构件的交互通过连接件进行。可以认为,构件数量决定了软件所包含的模块数量。假设每个模块包含的有效代码行数相等,则构件数量越多,模块数量越多,对应的有效代码行数也越多。由上可见,构件数量能够通过影响有效代码行数对软件能耗进行间接影响。对构件数量的度量相对简单,根据软件体系结构设计图即可得到软件构件数量 TC。

3. 平均构件接口复杂度

构件通过接口与连接件通信,完成控制流和数据流的交互。构件接口越多,表明该构件被其他构件调用或者触发其他构件的概率越大,构件中的有效代码运行也越频繁。而有效代码决定软件功耗,可认为构件接口复杂度对软件功耗有间接的影响。

构件接口按照类型分为输入接口和输出接口。其中,输入接口负责接收其他构件发出的控制流和数据流,输出接口负责向其他构件发出数据流和控制流。输入接口越多,意味着构件可重用性越高,输出接口越少,意味着构件的耦合性越低。合理的构件应该是可重用性高,耦合性少,这要求软件的输入接口多和输出接口少。在文献[23]中已经证明,构件的输入接口影响构件本身的复杂度,使自身结构按 e($e\approx2.71828$)的指数增长,构件的输出接口不仅影响构件本身的复杂度,更重要的是影响其他构件的接口复杂度,并使其本身的接口复杂度按 2 的指数增长。

假设在 m 个构件组成的嵌入式软件中,构件 j 的输入接口复杂度为

$$I_j = m\sum_{i=1}^{q} \mathrm{e}^{|l_j - l_i - 1|} \tag{3.46}$$

其中，I_j 为输入接口复杂度；q 表示输入接口总数；l_j 表示 j 构件深度层号；l_i 表示与 i 号接口发生交互的构件深度层号。

构件 j 的输出接口复杂度为

$$O_j = m\sum_{i=1}^{q} 2^{|l_j - l_i + 1|} \tag{3.47}$$

其中，O_j 表示输出接口复杂度；p 表示输出接口总数。

构件 j 的接口复杂度 R_j 可以表示为

$$R_j = \sqrt[3]{I_j + O_j} \tag{3.48}$$

整个软件的平均接口复杂度 R_{C} 可以表示为

$$R_{\mathrm{C}} = \frac{1}{m}\sum_{j=1}^{m} R_j \tag{3.49}$$

4. 平均路径复杂度

软件顺序执行的过程可以视为软件执行路径，执行过程中参与运行的构件数量可以视为路径的长度，不同的执行过程可以视为软件不同的分支路径。路径长度越长，表示参与运行的构件数量越多，构件数量可以间接影响软件能耗，可以认为路径长度对软件能耗有间接的影响。不同的分支路径，路径长度不同，对应的软件能耗也不相同。由上所述，路径复杂度能通过影响实际运行的构件数量对软件能耗进行间接影响。

路径复杂度的度量根据系统执行的具体流程可以分为两种情况：单一路径复杂度度量和多分支路径复杂度度量。

单一路径指系统只存在一条运行路径，各构件按路径顺序执行。嵌入式系统分为有限运行终止和无限循环两种情况，两者的度量方法也存在差异。图 3.18 为两者示意图。

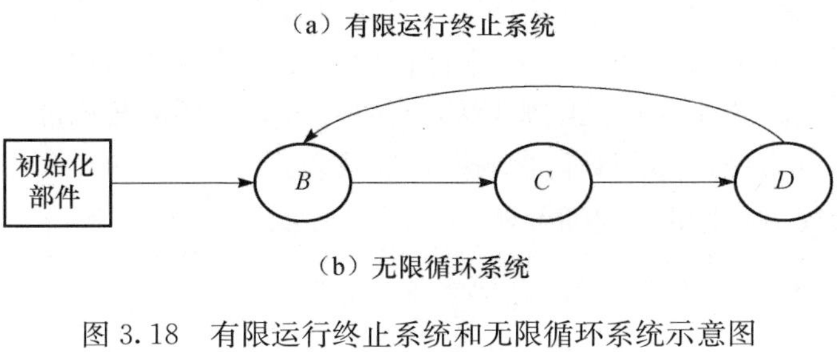

图 3.18　有限运行终止系统和无限循环系统示意图

有限运行终止系统，即系统成功执行完毕后进入终止状态阶段，其路径复杂度等于路径执行过程中执行的构件数目，如在图 3.18(a)中系统的路径复杂度为 4；无限循环系统，即系统经过一系列初始化部件后进入无限循环状态，在无限循环系统中，系统运行时间越长，初始化部件所产生的能耗在系统总能耗中所占的比例越小，在经过足够长的运行时间后，可以认为初始化部分能耗占系统总能耗的比例趋近于零，因此，无限循环系统的路径复杂度可以认为等于无限循环部分中的构件数量，如在图 3.18(b)中，系统的路径复杂度为 3。

多分支路径即系统运行过程包含多条执行路径，系统根据不同的输入集合选择不同的执行路径，不同的执行路径对应有不同的执行概率。多分支路径系统如图 3.19 所示。

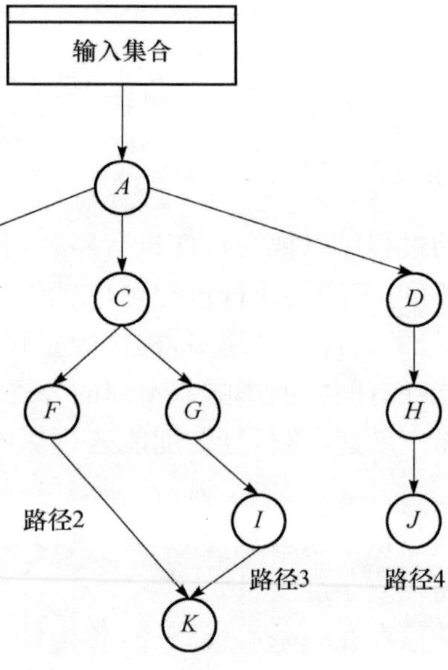

图 3.19　多分支路径系统示意图

多分支路径的路径复杂度度量情况相对复杂，有如下几种情况需要对路径进行变换：

针对多分支路径中存在回路的情况，因为回路的出现会降低软件可靠性，故将回路部分分解成多条路径，每条路径中保证回路部分的构件只执行一次。

针对多分支路径中存在无限循环部分的情况，为循环部分添加强制结束节点，分支路径的长度为循环部分所包含的构件数目。

路径复杂度 R_P 度量公式如下所示：

$$R_P = \sum_{i=1}^{m} p_i l_i \tag{3.50}$$

其中，m 为系统中存在的运行路径数目；p_i 为第 i 条路径执行概率，l_i 为第 i 路径的路径长度。

根据式(3.50)，假设图 3.19 中每条路径执行概率相等，都为 1/4，则图 3.19 所示的系统，四条路径的长度依次为 3、4、5、4，那么由式(3.50)得到该系统平均路径复杂度为 3×1/4+4×1/4+5×1/4+4×1/4=4。

5. 平均构件耦合度

耦合度的概念最早使用在软件工程领域，主要用于衡量一个模块与另一个模块的紧密程度。耦合度表达了软件结构中模块之间相互关联程度，模块间耦合度越高，系统越复杂，对模块的理解、维护和调试的难度也越高。合理的软件应该追求系统的低耦合。

体系结构由软件工程衍生出来，耦合度的概念仍然可以作为构件重要的质量属性，衡量构件间的复杂程度。构件间耦合程度的高低决定了构件接口的复杂度的大小，构件间耦合程度越高，构件的接口复杂度越高。可见，构件间耦合程度能够通过影响构件接口复杂度来间接影响软件功耗。

目前在软件工程领域，针对模块耦合度的度量已经存在许多成熟的度量方法，其中 MOOD 度量方法得到普遍认同。MOOD 度量是一种面向对象的度量方法，这套方法由 Abrito 等提出，用来度量软件的封装性、继承性、耦合性和多态性。将 MOOD 度量方法运用在构件耦合度的度量上，得到如下构件平均耦合度(CF)的度量公式：

$$\mathrm{CF}=\frac{\sum_{i=1}^{\mathrm{TC}}\left[\sum_{j=1}^{\mathrm{TC}}\mathrm{is\_client}(C_i,C_j)\right]}{\mathrm{TC}^2-\mathrm{TC}} \tag{3.51}$$

其中，TC 表示构件总数，且

$$\mathrm{is\_client}(C_i,C_j)=\begin{cases}1, & C_i \text{ 与 } C_j \text{ 存在耦合关系}\\ 0, & C_i \text{ 与 } C_j \text{ 不存在耦合关系}\end{cases}$$

判断两个构件是否存在耦合关系，即是判断两个构件是否存在控制交互或者数据交互，如果存在控制交互或数据交互，则两个构件存在耦合关系，反之，则不存在耦合关系。模块间的耦合度是指模块之间的依赖关系，包括控制关系、调用关系、数据传递关系。也可以通过判断两个构件是否存在上述依赖关系来确定它们之间是否存在耦合关系。

3.6.3　体系结构级软件能耗优化方法

1. 构件合并

构件合并主要通过减少嵌入式软件有效代码行数和构件数量，减少平均路径复杂度和平均构件耦合度，从而达到降低软件能耗的目的。具体方法如图 3.20 所示。

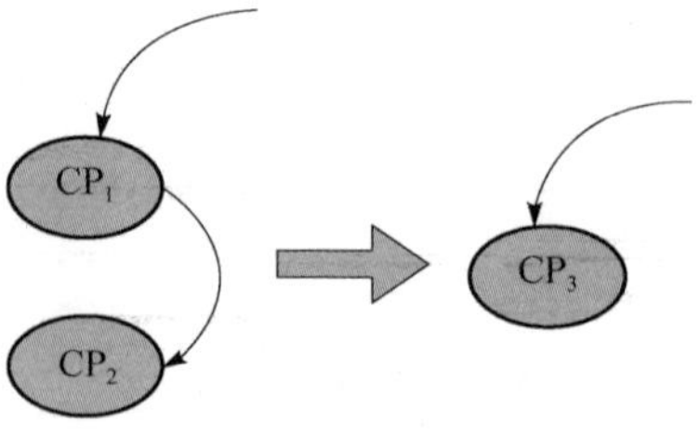

图 3.20　构件合并

图 3.20 中圆形表示构件，实线表示构件实现通信的连接件，图 3.21 中四边形表示构件中特定功能模块，图 3.21、图 3.22 均采用相同的表示方式。

软件运行过程中，构件与构件间通信通过连接件进行，执行过程中构件与连接件都将产生能耗。通过合并构件，能够消除掉构件之间的连接件，消除掉连接件产生能耗，从而降低软件能耗。如图 3.20 所示，单一路径下顺序执行的两个构件 CP_1 和 CP_2，其能耗分别为 E_{CP1} 和 E_{CP2}，两个构件之间通过连接件 CN 进行通信，连接件功耗为 E_{CN}。构件合并前，软件能耗 E 为

$$E = E_{CP1} + E_{CP2} + E_{CN} \tag{3.52}$$

合并后，新的构件 CP_3 能耗 E 为

$$E = E_{CP1} + E_{CP2} \tag{3.53}$$

通过构件合并，实际能耗降低了 E_{CN}。

2. 构件拆分

构件拆分主要从降低软件平均接口复杂度上入手，达到降低软件能耗的目的，具体方法如图 3.21 所示。

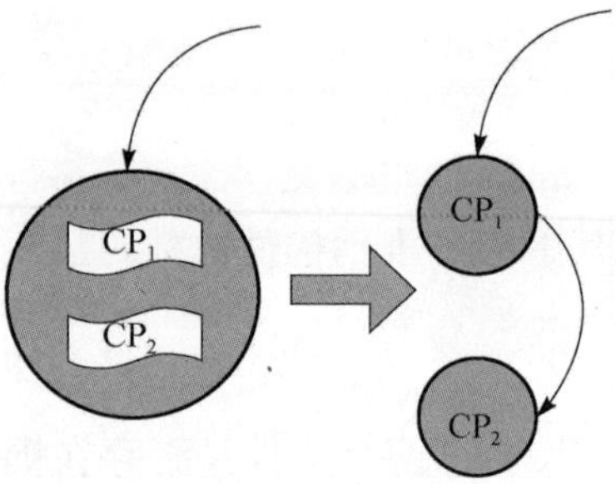

图 3.21　构件拆分

构件设计过程中不可避免地会产生冗余，导致构件运行时产生多余能耗。通过构件拆分，将构件中的冗余部分剥离出去，形成单独的件，能够提高能耗效率，降低能耗。如图 3.21 所示，在进行构件拆分前，初始构件包括必须部分 CP_1 和冗余部分 CP_2，CP_1 运行时所产生的能耗为 E_{CP1}，冗余部分 CP_2 运行时产生的能耗为 E_{CP2}。构件运行 n 次，其中，需要调用必须部分 CP_1 的次数为 n_1，调用冗余部分 CP_2 的次数为 n_2，则拆分前 n 次调用构件所产生的能耗 E 为

$$E = (n_1 + n_2)(E_{CP1} + E_{CP2}) \tag{3.54}$$

通过构件拆分，将初始构件的冗余部分独立出来形成新的构件，初始构件能耗变为 CP_1，新构件能耗为 CP_2，则完成拆分前相同的执行情况时，软件功耗 E 为

$$E = n_1 E_{CP1} + n_2 E_{CP2} \tag{3.55}$$

通过构件拆分，实际功耗降低了 $n_1E_{CP2}+n_2E_{CP1}$。

3. 构件替换

构件替换主要通过降低软件有效代码行数，降低平均接口复杂度，达到降低嵌入式软件能耗的目的，具体方法如图 3.22 所示。

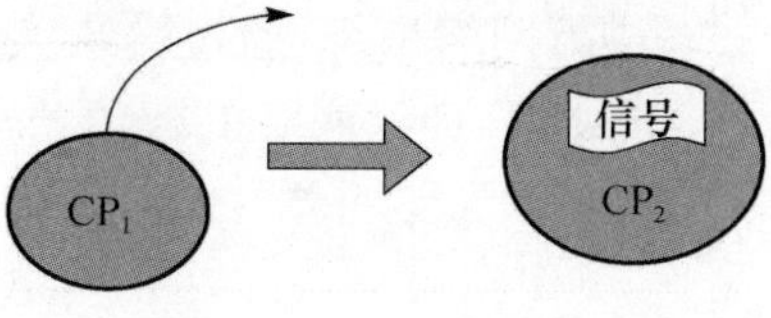

图 3.22　构件替换

实现相同功能可以采用不同的构件来实现，各个构件执行过程中所产生的能耗也不相同。在保证功能不变的前提条件下，使用执行时产生能耗小的构件替换产生能耗大的构件，可以有效降低软件能耗。如图 3.22 所示，构件 CP_1 使用消息传递机制，构件本身能耗为 E_{CP1}，完成复杂消息传递功能的连接件能耗为 E_{CN}，在构件执行时产生的总能耗 E 为

$$E = E_{CP1} + E_{CN} \tag{3.56}$$

将构件 CP_1 替换为使用信号量机制的构件 CP_2 后，由于 CP_2 构件不使用连接件，在执行时产生的总能耗 E 为

$$E = E_{CP2} + E_{signal} \tag{3.57}$$

其中，E_{signal} 为构件测试和操作信号量所带来的能耗，而这种能耗非常小，可以认为总能耗为 E_{CP2}，从而使总能耗降低了 $E_{CP1}+E_{CN}-E_{CP2}$。

4. 体系结构风格变换

体系结构风格变换从整体角度对五个体系结构级软件特征量进行改变。针对不同的软件设计需求，对体系结构风格进行合理地变换，使体系结构风格符合软件设计需求，能够有效地提高软件执行效率，降低软件执行过程中产生的冗余，从而达到降低能耗的目标。

如在 8 位单片机系统中，由于系统功能单一，循环/中断的软件体系结构风格执行效率更高。在 32 位 ARM 微处理器系统中，由于系统面向更多更复杂的应用，循环/中断风格执行效率低下，且容易发生死锁，而调用/返回的软件体系结构风格执行效率更高。

在面向手机、PDA 等智能设备中，虚拟机体系结构风格能够有效分隔上层应用与底层驱动，降低模块复杂度，提高模块复用率，从而提高系统执行效率，降低功耗。在面向大型网络的嵌入式应用环境中，C/S 体系结构风格能够有效降低客户端和服务器端的整体代码空间，提高资源利用率，减少冗余计算和代码的重复执行，从而降低能耗。

3.6.4　BP 神经网络非线性拟合方法

体系结构软件特征量与嵌入式能耗存在非线性关系，为了更加精确地描述这

种非线性关系，选择一种合理有效的数值逼近方法是十分必要的。BP 神经网络作为一种数值逼近方法，在数学上能够逼近任意非线性函数，具有较高的拟合度，因此，本章采用 BP 神经网络对体系结构特征与软件能耗进行拟合。

进行网络训练，通过输入大量样本数据，在最小均方误差精度为 10^{-7} 的情况下，得到 BP 神经网络的权值，w_1、w_2 和阈值 b_1、b_2，如下所示：

$$w_1 = \begin{bmatrix} -0.4165 & -0.1696 & -1.4500 & -0.0442 & 0.4560 \\ 1.5794 & -1.1164 & -3.6486 & -0.1652 & 3.1644 \\ -9.8318 & 1.4446 & 1.7938 & 1.2356 & -3.6989 \\ 2.3582 & 2.2668 & 1.4666 & 1.5912 & 1.0127 \\ -5.7847 & 3.0148 & 1.1429 & -1.8104 & -0.0461 \\ -0.5514 & -2.2003 & 1.3560 & 1.0117 & -1.2311 \\ 2.0483 & -0.6820 & 2.9545 & 1.5495 & -0.6761 \\ 2.3434 & -1.3524 & 2.1790 & -1.5782 & -1.5216 \\ 5.0697 & -2.8251 & 0.6950 & -1.2708 & -2.5102 \\ -10.4356 & 3.6496 & -0.1175 & 2.3541 & 2.7753 \\ -0.8329 & -0.3859 & -3.5933 & 2.2392 & -0.6455 \end{bmatrix}$$

$$b_1 = \begin{bmatrix} 1.0532 \\ -3.0581 \\ -0.2066 \\ -2.4258 \\ -3.6183 \\ -0.6104 \\ 0.0659 \\ -0.0099 \\ 3.8499 \\ -7.1203 \\ 0.1079 \end{bmatrix}, \quad w_2 \begin{bmatrix} -1.5049 \\ -2.8917 \\ -2.0691 \\ -2.1976 \\ -0.1864 \\ -0.2584 \\ -0.4635 \\ 0.0916 \\ -5.8476 \\ -2.1607 \\ 0.0501 \end{bmatrix}, \quad b_2 = 0.9315$$

3.6.5　仿真实验与分析

为验证基于软件特征量的嵌入式软件能耗模型的有效性，本书采用三组总共 27 个目标程序对模型进行验证，这些程序中包含了较为常用的和较复杂的 MP3 文件解码程序。27 个目标程序的有效代码行数、构件数量、平均构件接口复杂度、平均路径复杂度和平均构件耦合度等五个软件特征量的具体数值如表 3.12 所示。

表 3.12(a)　第一组目标程序软件特征量值

Loc	82	91	284	225	172	149	330	197	421	467
TC	3	3	4	4	4	4	5	5	7	7
R_C	2.043 85	2.043 85	2.965 98	2.965 98	2.719 82	2.719 82	3.191 56	2.276 48	2.899 5	2.662 01
R_P	4	4	11	8	6	6	11	6	13	9
CF	0.5	0.5	0.5	0.5	0.416 67	0.416 67	0.35	0.25	0.214 29	0.190 48

表 3.12(b)　第二组目标程序软件特征量值

Loc	452	710	319	510	526	641	1437	1902	355	2027
TC	7	8	4	8	8	9	11	14	4	22
R_C	2.662 01	2.783 12	2.965 98	2.897 15	2.983 12	3.096 51	3.102 21	2.719 82	2.719 82	4.009 93
R_P	9	10	8	13	10	12	18	21	6	31
CF	0.190 48	0.156 25	0.5	0.2	0.25	0.148 15	0.248 25	0.202 17	0.416 67	0.104 51

表 3.12(c)　第三组目标程序软件特征量值

Loc	99	212	301	230	468	152	1072
TC	3	5	6	4	6	3	10
R_C	2.043 85	3.191 56	2.276 48	2.880 31	2.719 82	2.043 85	2.710 44
R_P	4	8	13	9	12	3	21
CF	0.5	0.32	0.361 11	0.5625	0.340 12	0.333 33	0.248 25

本书搭建了一个使用 ARM7TDMI 处理器和 μCOS-Ⅱ系统的实验环境进行仿真验证。验证结果如图 3.23 所示。

其中，第一组目标数据的模型预测的能耗值与实际能耗值的最大误差为 33.4%，最小误差为 3.1%，其平均误差为 17.6%；第二组目标数据的模型预测值和实际能耗值的最大误差为 17%，最小误差为 1.2%，平均误差为 7.4%；第三组目标数据的模型预测值与实际能耗值最大误差为 31.7%，最小误差为 4.9%，平均误差为 13.4%。

结合表 3.12 中数据和图 3.23 不难看出，能耗值与每个特征量之间存在一定相关性，最为明显的为特征量 Loc，即有效代码行数。表 3.12 中 Loc 较大的目标程序，一般能耗值也较大，也就是图 3.23 中对应点走势较高，但也有例外。当然，能耗值并不只与 Loc 相关，还要受到其他特征量的影响，这也就是上述例外情况出现的原因。除 Loc 外的其余特征量与能耗值的关系并不能从图 3.23 中轻易看出，可见每个特征量对能耗值的影响程度存在较大差异。

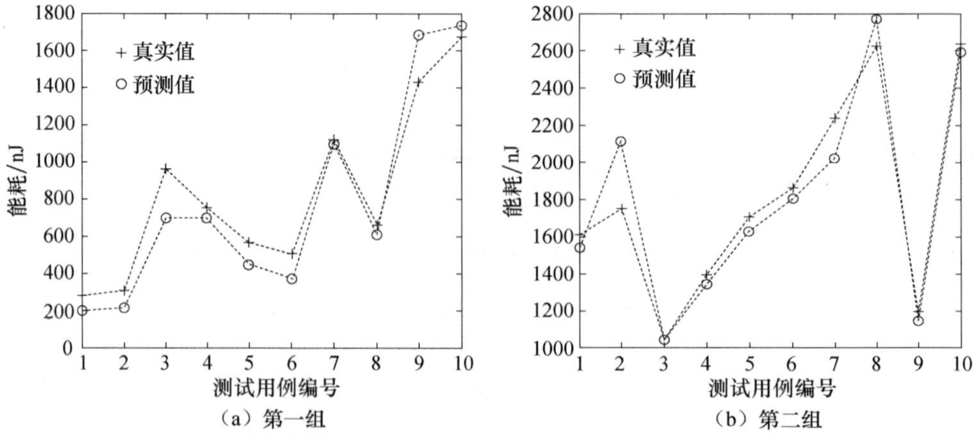

图 3.23　三组目标数据与模型预测值对比

通过对实验数据进行分析，可以得出以下几点结论：

(1) 以软件特征量为基础的体系结构级能耗建模方法是有效的。通过三组实验数据的对比可以发现，模型的平均误差保持在 20％的范围内，对于处于软件体系中最高层次的软件体系结构来说，误差属于可以接受的范畴之内。

(2) 证明了五个体系结构级软件特征量（有效代码行数、构件数、构件平均接口复杂度、平均路径复杂度和构件平均耦合度）与嵌入式软件能耗之间存在非线性关系假设的合理性。

(3) 验证了五个体系结构级软件特征量的度量方法是有效的。说明有效代码行数、构件数、构件平均接口复杂度、平均路径复杂度和构件平均耦合度可以作为体系结构级分析软件能耗的性能指标。

(4) BP 神经网络实作为函数逼近工具，在软件特征量为基础的体系结构能耗建模过程中，能够有效地反映软件特征量与软件能耗的非线性关系。

(5) 能耗值与每个特征量之间存在一定相关性，每个特征量都会对能耗产生一定影响，但影响程度存在较大差异。

3.7　软件能耗融合模型

3.7.1　融合模型的建立

软件功耗融合模型可以结合不同级别的特点来准确预测软件运行时的功耗。本节我们将介绍一个融合了算法级、RTL 级和微体系结构级特征量的功耗模型。

考虑到软件算法级与微体系结构级特征量，软件能耗融合模型被定义为

$$\overline{P} = f(C_i) = f(O_s, S_s, \text{CPI}) \tag{3.58}$$

其中，O_s 表示时间复杂度；S_s 表示空间复杂度；CPI 等于(被软件消耗的)CPU 周期总数除以(在特定平台编译所得的)指令总数。据目前算法方面的研究成果，时间复杂度与空间复杂度直接反映了计算机资源的使用率。CPI 反映了计算机、指令集、组织结构与特征方面的实现技术，并且在一定程度上 CPI 反映了软件运行时的管线延迟与缓存缺失(管线延迟与缓存缺失会拖延指令执行时间，因此增加运行所需的 CPU 周期，从而导致 CPI 增大)。此外，根据 CPI 的定义，我们可以知道 CPI 与 CPU 使用率直接相关。当 CPI 增大时，CPU 使用率减小。

关于时间复杂度 O_s 与空间复杂度 S_s 的度量方法请参考前面章节的介绍，接下来介绍 CPI 的度量方法。

3.7.2　CPI 的度量

既然 CPI 等于 CPU 周期数除以指令数，我们就可以通过 CPU 周期数和指令数确定 CPI 的值。可以使用描述执行过程的软件工具或者体系结构的仿真工具来度量指令数，或者可以使用很多处理器上都有的硬件计数器来记录各种各样的度量指标，包括执行指令数、平均 CPI 等。既然指令数依赖于体系结构，而不是具体的实现，所以可以抛开实现细节去度量指令数。CPI 依赖于计算机中各种各样的设计细节，包括内存系统和处理器结构，还有一个应用中的指令类型。因此，不同的应用 CPI 也会不一样，即使它们使用相同的指令集[31]。

当 CPU 可以被操作时，设计者经常通过一个精细的仿真器或者使用硬件计数器来获得 CPI。有时可以通过观察不同类型的指令并使用它们独特的时钟周期

数来计算 CPU 时钟周期。在这些情况中,下面的公式非常有用:

$$\mathrm{CPI} = \sum_{i=1}^{n}\mathrm{CPU\_CYCLE}_i / \sum_{i=1}^{n}\mathrm{instr}_i \tag{3.59}$$

其中,instr_i 表示 i 类指令被执行的次数;$\mathrm{CPU\_CYCLE}_i$ 表示执行 i 类指令所需 CPU 周期数。因此,一个程序整体的 CPI 由每种指令运行所需周期数与程序执行过程中每种指令的执行频率共同决定。

3.7.3 融合模型的线性拟合方法

相比于 BP 神经网络拟合方法,线性回归模型的拟合速度更快,但拟合精度降低。线性回归模型可以得到功耗模型的完整解析式,可以清楚地看出模型中各个特征量对功耗的影响方向和影响程度。本节使用线性回归模型对上述融合模型进行拟合。

在仿真环境中,我们使用 HMSim 来度量基准测试程序。然后根据功耗和 CPI 数据来拟合功耗模型。

1. 基准测试程序

我们选择了一些常用的算法如表 3.13 所示。

表 3.13 融合模型基准测试程序

程序名	程序描述	度量规模	时间复杂度	空间复杂度/int
Queen	八皇后问题(递归算法)	皇后数	$O(n!)$	227275
Dijiestrla	最短路径算法(20 个节点)	节点数	$O(n^2)$	1444
MyMaze	迷宫问题(回溯法、非递归算法)	迷宫维度矩阵	$O(n^2)$	1304
HuiWenChuan	回文(指顺读和倒读一样的词语)字符串判定(递归算法)	字符串长度	$O(n)$	120
Matrix_mul	矩阵链乘优化算法(动态规划算法)	矩阵数	$O(n^3)$	118
Bucket	桶排序(500 个元素)	排序元素	$O(n)$	5010
Spread_coin	列出能够实现给定面值的硬币方案(三种硬币:1、2 和 5)	总面值	$O(n^3)$	5
Hanoi_no_recursive	汉诺塔问题(非递归算法)	盘子数	$O(2^n)$	507
Add_20	20 个加法操作的简单程序	加法操作数	$O(1)$	3
Jiecheng	计算阶乘算法	要计算的数	$O(n^2)$	205
BubbleSort	冒泡排序算法	排序元素数	$O(n^2)$	206

2. 仿真结果

在 HMSim 上运行基准测试程序之后，我们取得功耗数据如表 3.14 所示。

这里我们将时间复杂度 $O(1)$、$O(n)$、$O(n^2)$、$O(n^3)$、$O(2^n)$、$O(n!)$分别量化为 1,2,3,4,5,6。HMSim 仿真器的时钟频率为 80MHz，所以一个 CPU_CYCLE 为 1/80MHz=12.5ns。

表 3.14　基准测试程序功耗数据

程序名	CPU 周期数	指令条数	能耗/nJ	CPI	功耗/mW
Queen	8 030 734	2 968 861	7 239 619	2.704 988 2	72.119 126
Dijiestrla	40 393	19 964	37 967.83	2.023 291 9	75.196 851
MyMaze	438 282	277 400	410 790.6	1.579 964	74.981 971
HuiWenChuan	2495	916	2 284.631 1	2.723 799 1	73.254 704
Matrix_mul	8072	4242	7 572.930 3	1.902 876	75.053 819
Bucket	1 322 471	778 295	1 243 020.5	1.699 189 9	75.193 817
Spread_coin	4 303 872	2 001 298	4 066 039.5	2.150 540 3	75.579 191
Hanoi_no_recrusive	264 672	148 165	248 465.42	1.786 332 8	75.101 384
Add_20	258	91	240.407 33	2.835 164 8	74.544 908
Jiecheng	608 704	286 959	574 938.93	2.121 222 9	75.562 366
BubbleSort	559 004	264 245	528 671.48	2.115 476 2	75.659 062

3. 线性回归与模型分析

我们从式(3.58)得出其线性回归模型：

$$P = f(O_s, S_s, \mathrm{CPI}) = k_1 \times O_s + k_2 \times S_s + k_3 \times \mathrm{CPI} + k_0 \tag{3.60}$$

其中，k 表示功耗函数系数，通过使用 MATLAB 的 regress 函数拟合功耗函数，得到回归参数向量$[k_1, k_2, k_3, k_0]$为[0.0949,0.0000,0.8592,76.5379]，消除无效的参数 S_s，我们得到融合功耗函数如下：

$$P = 76.5379 - 0.8592 \times \mathrm{CPI} + 0.0949 \times O_s \tag{3.61}$$

3.7.4　仿真实验与分析

从上述模型我们可以看出 CPI 对系统功耗有负相关的影响，当 CPI 降低时，功耗增加。时间复杂度对系统功耗有正相关的影响，CPI 对功耗的影响程度远远大于时间复杂度，而空间复杂度对系统功耗几乎没有影响。表 3.15 显示了模型评价结果。

表 3.15 融合模型评估

程序名	O_s	CPI	测量功耗	估计功耗/mW
Queen	6	2.704 988 2	72.119 126	74.783 174
Dijiestrla	3	2.023 291 9	75.196 851	75.084 188
MyMaze	3	1.579 964	74.981 971	75.465 095
HuiWenChuan	2	2.723 799 1	73.254 704	74.387 412
Matrix_mul	4	1.902 876	75.053 819	75.282 549
Bucket	2	1.699 189 9	75.193 817	75.267 756
Spread_coin	4	2.150 540 3	75.579 191	75.069 756
Hanoi_no_recrusive	5	1.786 332 8	75.101 384	75.477 583
Add_20	1	2.835 164 8	74.544 908	74.196 826
Jiecheng	3	2.121 222 9	75.562 366	75.000 045
BubbleSort	3	2.115 476 2	75.659 062	75.004 983

图 3.24 显示了模型估算的相对误差。对于模型评价中使用的数据集，功耗估算的相对误差小于 4%。与参考文献[32]中的 10%～20%的相对误差相比，我们的融合模型更精确。

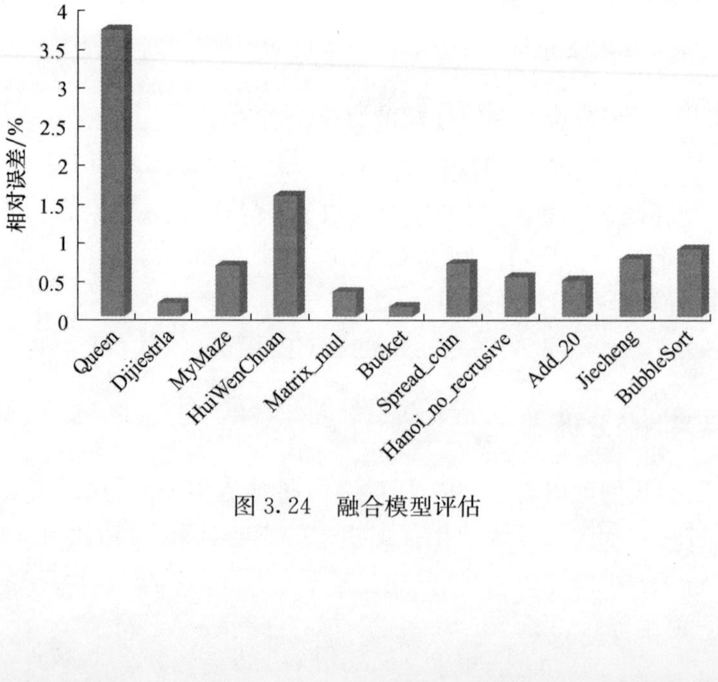

图 3.24 融合模型评估

3.8　低功耗编译技术

3.8.1　运算型功耗优化技术

从前面的分析可知，在特定嵌入式硬件电路中，CPU 执行特定的指令的功耗是固定的；但可以减少高层软件经过编译后产生的二进制指令数，来减少高层软件运行时的功耗；也可以通过指令变换将功耗较高的指令用功能相同但功耗较低指令来替换。

1. 常量折叠

常量折叠指的是在编译时计算其操作数已知是常量的表达式[33]；其过程可以简单地描述为：表达式的所有操作数是否为常量的判断，如果是则在编译的过程中计算其结果，并用该结果替换原来的表达式。对于布尔值，这种优化总是可行的；但对于浮点数，必须要保证编译时的浮点运算与目标机是一致的。常量折叠这种优化对于低功耗编译的意义，其实就在于将本应在运行时的计算放在了编译时进行，有效地减少了软件运行时的二进制指令条数。对于二元操作和一元操作一个执行常量折叠的简单优化算法如下：

```
int Const_Compute(expr)
{
  Switch(expr.kind)
  {
    Case 二元操作
      if(expr.opd1 是常量 && expr.opd2 是常量)
      {
        Result=Compute_Bin(expr.opr,expr.opdl,expr.opd2);
        Retum expr,
      }
    Case 二元操作
      if(expr.opd 是常量)
      {
        Result=Compute_Un(expr.opr,expr.opdl,expr.opd2);
        Retum expr,
      }
  }
```

但值得注意的是对于常量折叠这种优化，需依赖语义检查，以便避免一些异常的状况，如零做除数，并且要求计算的环境与目标机的环境完全相同。只有这样才能保证编译时计算的结果与运行时计算的结果完全一致。

2. 冗余代码删除

冗余代码是指在程序中，无效的多余的或者按照程序的流程永远不会执行到的代码。这种优化方法可以减少高层软件在编译后的二进制指令代码，从而降低了 CPU 执行二进制指令集的功耗。

1) 公共子表达式删除

公共子表达式是指程序中的一个表达式一次出现，如果存在着该表达式的另一次出现，并在执行顺序上它的顺序总是先于这个表达式的计算，并且在这两个计算之间该表达式的操作数没有发生改变[33]。如图 3.25 所示的例子。

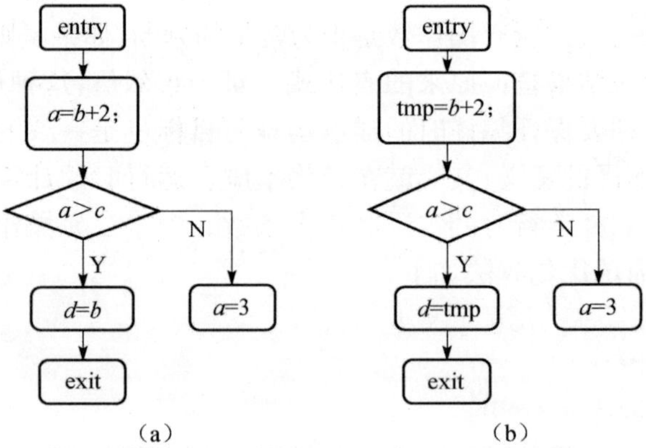

图 3.25　公共子表达式

在这个例子中 $b+2$ 就是一个公共子表达式，该表达式就可以在编译时计算其值，并用该值来替代表达式。如上面 3.25(b)图中，就用 tmp 替换了 $b+2$ 表达式。

公共子表达式删除分为局部公共子表达式删除和全部公共子表达式删除，而且都是针对于中间代码进行的，在这里只讨论局部公共子表达式删除，全局公共子表达式删除是在建立局部公共子表达式删除的基础上，需要捕获局部公共子表达式。

局部公共子表达式删除是作用于一个基本块，并随着中间代码的生成而进行。对于二元公共子表达式的删除过程可以这样描述[33]：设五元组集合为 AEB⟨pos, opd1, opr, opd2, tmp⟩，其中 pos 为表达式在基本块中被计算的位置；opd1、opr 和 opd2 组成一个二元表达式；tmp 为初始值 nil 或者一个临时变量。

为了删除局部公共表达式，需依次扫描基本块中的指令，往 AEB 添加或者删除适当的登记项，插入保存表达式的值到临时变量的指令，并将指令中表达式用临时变量替换。对于每一条 instr，判断它是否为二元表达式，要经过以下的步骤[33]：

(1) instr 将的操作数和操作符与 AEB 中的五元式进行比较。如果找到匹配的，如〈pos，opd1，opr，opd2，tmp〉，则检查 tmp 是否为 nil。如果是，则：

① 生成一个新的临时变量 tmp_i，并用它替代所标识的五元组中的 nil；

② 紧靠位置 pos 的指令之前插入指令"tmp_i＝opd1 opr opd2"，并且用 tmp_i 替代位置 pos 的和 i 两处指令中的这个表达式。

如果找到了一个与 tmp＝tmp_i 的匹配，其中 tmp_i≠nil，我们用 tmp_i 替代 instr 中的表达式。如果在 AEB 中没有找到与 instr 的表达式相匹配的，则插入一个关于该表达式的五元组到 AEB，其中 tmp＝nil。

(2) 如果当前指令有结果变量，检查它的结果变量是否在 AEB 的五元组中作为操作数出现。如果是，从 AEB 删除所有这种五元组。

伪代码描述如下：

```
初始化:AEB 集合为∅,tmp 为二元操作的五元组;
    i,pos 为整型,初始值为块的开始位置;found 为 boolean 型
    While(i≤块的末端位置)
        instr 赋值为块中第 i 条指令;
        found 为 false
        如果是 instr 指令为二元操作
        tmp 赋值为 AEB
        While(Tmp≠∅)
            AEB=*Tmp;AEB 为 tmp 中当前表达式的那些可以交换指令,将 instr
            的操作数和操作符与 AEB 进行比较;
            如果匹配成功,设置为 pos 为当前 AEB 指令的位置,found 为 ture;
            如果没有临时变量在五元组中,新建一个临时变量,插入并计算表达式
            的值 tmp_i=opd1 opr opd2;
            用临时变量 tmp_i 的一个拷贝的值替换匹配的 pos 和 i 的表达式;
            if(found)为 false
            插入五元组〈i,instr.opd1,instr opr,instr.opd2,nil〉;
        删除当前指令在五元组里使用的所以临时变量;
结束
```

举一个例子，如表 3.16 所示的未进行公共子表达式删除前的代码，刚开始，AEB 为∅且 i＝1，因为第 1 条指令有一个二元表达式，且 AEB 为空，因此将五元组〈1，a，＋，b，nil〉加入 AEB，并置 i＝2，第 2 条指令也包含一个二元表达式，且

AEB没有相同的五元组，因此将五元组⟨2,e,+,f,nil⟩加入AEB，并置$i=3$，这时AEB集合为

$$\text{AEB}=\{\langle 1,a,+,b,\text{nil}\rangle,\langle 2,e,+,f,\text{nil}\rangle\}$$

表3.16　删除前的代码

位　置	指　令
1	$c=a+b$
2	$d=e+f$
3	$m=b+d$
4	$n=a+b$
5	$l=f$
6	$h=b+a$

同样地，第3条指令和第2条指令处理方式一样，这时有

$$\text{AEB}=\{\langle 1,a,+,b,\text{nil}\rangle,\langle 2,e,+,f,\text{nil}\rangle,\langle 3,b,+,d,\text{nil}\rangle\}$$

且置$i=4$，这时遇到指令$n=a+b$，并且此表达式与AEB中第1个五元组匹配。于是插入tmp_i到那个五元组，替代其中nil，在位置1之前生成指令tmp_$i=a+b$，对AEB中五元组位置重新编号，用$c=$tmp_i替换原来位置1而现在位于位置2的指令$i=5$，设置，并用$n=$tmp_i替换位置5的指令。这时AEB集合如下所示，代码状态如表3.17所示：

$$\text{AEB}=\{\langle 1,a,+,b,\text{nil}\rangle,\langle 3,e,+,f,\text{nil}\rangle,\langle 4,b,+,d,\text{nil}\rangle\}$$

表3.17　替换后的代码

位　置	指　令
1	tmp_$i=a+b$
2	$c=$tmp_i
3	$d=e+f$
4	$m=b+d$
5	$n=$tmp_i
6	$l=f$
7	$h=b+a$

同理，第7条指令也可以用tmp_i，替换后的最终代码如表3.18所示。

表 3.18　最终的代码

位　置	指　令
1	$tmp\_i=a+b$
2	$c=tmp\_i$
3	$d=e+f$
4	$m=b+d$
5	$n=tmp\_i$
6	$l=f$
7	$h=tmp\_i$

在实际的过程中公共子表达式删除可以多次扫描重复进行，能取得良好的优化效果，但对处理器的超标量流水线功能有所影响。

2）无效代码删除

无效代码是指程序中一些冗余代码，它们是否存在对软件的运行没有任何作用和意义。例如，下面一个代码片段（$x=1$；$x=4$；$y=x$）中，$x=4$ 这条语句就是无效冗余代码，这可能是程序员写程序一不小心没注意到的，可以通过编译来告警或者在编译过程中直接优化，这样就可以减少无效代码执行带来的功耗，从而达到低功耗优化。

无效代码的删除要借助于数据流的分析和全局的变量编号，目前最为流行的算法是 SSA(single stack assignment)，即静态单一赋值，简单地说就是每个变量都分配一个唯一的标识符，即每个变量只能被赋值一次。还是以上面的例子来说明，左边是非 SSA 形式，右边是为 SSA 形式。

$$x=1 \qquad x_1=1$$
$$x=4 \qquad x_2=4$$
$$y=x \qquad y=x_2$$

在 SSA 形式下，就很容易识别 $x_1=1$；是一条冗余无效代码。这只是 SSA 形式一个优点，利用这种 SSA 还可以进行很多其他的优化算法，本书对其他优化方法将不做讨论。虽然 SSA 有这么多的优点，但 SSA 其实是很复杂的，如图 3.26(a)所示。

在转化为 SSA 的时候如图 3.26(b)所示，遇到一个问题，由于之前的对 x 条件判断，造成 y 的值在后面的表达式里面无法确定，这是就需要加上一个决策函数 $\theta()$，并生成一个新的变量 y_3 用于 $\theta()$函数判断后结果如图 3.26(c)所示。这里就引出另一个问题，就是当变量为拆分成 n 个不同的版本的变量，最后需要在一个点进行融合，这就需要结合数据流和控制流分析。

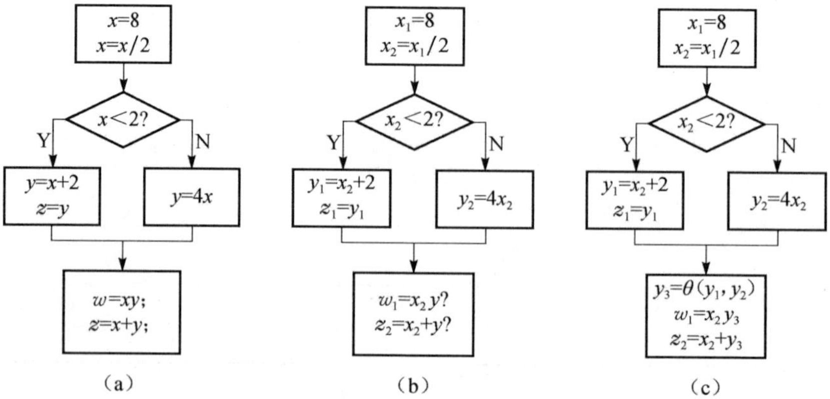

图 3.26　SSA 过程

3. 表达式变换

不同表达式在处理器上运算的时候，所产生的功耗也是不一样的。例如，加法移位操作比乘法操作的功耗低些，这是因为加法移位指令的指令周期数要少一些，所以编译器一般会把源程序中的乘法操作变换为加法移位操作。

表达式变换分为两种情况：一个是上面所述的表达式替换；二是表达式化简。表达式变换这种优化方式和指令调度中的指令变换有异曲同工之妙，只是表达式变换是针对源程序级的，而指令变换是针对汇编级或者更为低级的语言。后面将继续讨论指令调度。

4. 循环优化

循环作为高层软件中的基本控制结构，对它的优化可以带来明显的功耗优化效果。循环优化包括：循环不变代码外提、循环展开以及循环结构的优化等方法。

(1) 循环不变代码外提是指将那些在循环的每一次迭代都产生相同值的代码移到循环外面去。这样就在保证程序正常运行的情况下，降低处理器执行无谓的代码带来的开销和功耗。识别循环不变代码要建立在控制流分析上，首先必须识别出循环，然后进行一下判断[33]：

① 该操作数是常数；

② 到达该操作数的这个使用的所以定值都在循环外面；

③ 该操作数只存在一个到达这条指令的定值，并且这个定值它的指令本身是该循环的一个循环不变量。

(2) 循环展开可以降低循环开销，但会增加代码量和降低 Cache 性能，所以并不一定会减少处理器的功耗。这里就不再讨论了。

(3) 循环结构的优化是将循环结构做一个调整使其在编译后生成的二进制指令更少,从而达到功耗优化的目的。通常来说有如下方法:

① 循环条件使用减法运算并且循环的计数值使用无符号数,这样就不需要分配一个寄存器来保存终止值,同时也可省掉一条与 0 比较的指令。

② 多层循环嵌套时应将大的循环放在最里层,这样可以减少打断处理器的流水线次数,从而降低功耗。

5. 优化数据表示

优化数据表示之所以能达到功耗优化的效果,是由于在嵌入式系统对于特定硬件体系结构,它的数据宽度是一定的,例如,ARMv4 体系结构的数据宽度是 32 位;通常来说对于程序中数据刚好和体系结构的数据宽度是一致的情况下,其访问存储的次数要少一些。下面将列举三种方法:

(1) 在寄存器中存放的局部变量,应尽量使用有符号或无符号 int 类型。

(2) 结合 ARM 体系结构特点,在对于内存中的数组和全局变量,如果其数据宽度小于体系结构的数据宽度,则可以有效地装载和存储数据,并且对于数组来说,可以直接递增数组指针来访问数组。

(3) 尽量避免数据类型的转换,这是因为隐式或者显式的数据类型转换通常有额外的指令开销。

6. 代码调度

在现代处理器中,流水线技术得到广泛的应用,因此能够更好地利用目标体系结构的流水线特点,减少指令执行打断的流水线的次数,可以降低处理器的功耗。代码调度一般是针对汇编或者更为低级的语言而进行的,代码调度包括基本快调度、分支调度、跨基本块调度和指令重排等。在这里只简单介绍指令重排和与之相关的指令变换。

(1) 指令重排:通过重排指令的顺序来发挥现代处理器的流水线的最佳指令。

(2) 指令变换:在保证功能不变的情况下,用能耗更少的指令或者指令数更少的指令集来替换现有的指令和指令集。

3.8.2　存储型功耗优化技术

1. 寄存器分配和指派

对于多数的体系结构而言,寄存器的分配和指派对于高层软件的优化是最重要的;我们知道处理器中的寄存器数量是有限的,且访问速度很快,包括高速缓存和主存等一级或多级存储器,它们的访问速度都比访问寄存器要慢。而且它对于功耗优化的意义在于合理使用寄存器可以减少访问存储的指令和访问所占的总线，从而降低功耗。

寄存器分配(registration allocation)是在程序运行的每一个点上，确定哪些值(变量、临时变量和常数)应该放在机器的寄存器中。寄存器指派(registration assignment)是确定每一个已分配的、可用的寄存器应该用来放哪个值。寄存器分配和指派有很多种方法和算法，如局部分配方法，图着色类方法等，其中图着色方法中又有诸如图着色全局寄存器分配方法、基于优先级的图着色等方法，这里我们不介绍这类方法，我们主要讨论一种在编译器运用较为广泛且相当有效的启发式局部方法。

启发式局部方法是根据大多数程序的多数执行时间都在循环这一原理，它给予最内层的循环赋予最高的权重，高于外层和不在循环体内的代码。其主要思想[34]是启发式地或者根据局部的信息确定各种可分配对象的分配效益，如果没有局部信息可以用，则通过将变量由于分配了寄存器而得到的节省值乘以一个与循环嵌套深度有关的因子来估计分配的效益，这个因子一般是 10^{depth}，其中 depth 是第 depth 层的循环，同时也要考虑基本块入口或出口的活跃性。下面将定义一些变量来描述这个估算的效益[33]：

(1) ld_cost 是指目标机取数指令的执行代价；

(2) st_cost 是指存储指令的执行代价；

(3) mv_cost 是指寄存器到寄存器的传送指令的代价；

(4) use_save 是指每使用一次寄存器而不使用存储器而节约的代价；

(5) def_save 是指每一次对存放在寄存器中而不是存储在存储器中的变量赋值所节约的代价。

于是有，对于一个特定的变量 v，每次基本块 i 被执行时，它所节约的代价 cost_save(v,i)可表示为

$$\text{cost\_save}(v,i) = u \times \text{use\_save} + d \times \text{def\_save} - l \times \text{ld\_cost} - s \times \text{st\_cost}$$

其中，u 和 d 分别是变量 v 在基本块 i 中的使用和赋值次数；l 和 s 为 0 或者 1，分别表示在基本块的入口是否要取变量 v 和在基本块的出口是否要保存变量 v。

因此，对于一个循环 L 且 i 的取值范围是在此循环内的基本块，通过寄存器分配后的估计获益值为

$$10^{\text{depth}} \times \sum_{i \in \text{blocks}(L)} \text{cost\_save}(v,i)$$

实际过程中，对于有 N 个可分配的寄存器，N 总是小于目标机总共的寄存器数，这是因为必须要保留一些用于连接和一些短期的临时变量等。对于循环外的代码，可以在循环嵌套进行分配之后，进行相同的估算。

2. 存储层次

在现代存储体系中，大多数都是由外存、主存以及高速缓存组成的三级存储结构。外存是程序静态存放的存储介质；主存是程序载入和运行的存储介质；高速缓存是存在于寄存器和主存之间，为了减少主存和处理器之间的速度差别的存储介质，一个系统可以单独设计有数据高速缓存（data Cache）和指令高速缓（instruction Cache），也可以将两种高速缓存合并成一种高速缓存。存储层次上的优化主要考虑从外存、高速缓存以及各级存储之间来进行。

高层软件在存储介质上的主要有静态存储和动态运行两个阶段。静态存储是程序的设计者设计程序时已经存在于外存中了。动态运行阶段则是在程序在执行时，对存储介质的访问。通过考虑存储的特性，可以在编译阶段对程序的代码在保证功能不变的情况进行循环优化、指令流水等优化方法，来减少访问的存储的次数，从而降低系统的功耗，如下列程序所示：

```
whlie(ture)
{
    for(i=0;i<n;i++ )
    {
        Access-one(Array[i]);
        Other_oper;
    }
    for(i=0;i<n;i++ )
    {
        Access_two(Array[i]);
        Other_oper;
    }
}
```

由于每次访问数组 Array 的时候，都会载入 Cache，然后进行操作；而且每载入一次，都会将相邻的数据也载入（这种方式叫做预取），如上述程序，第一个 for 循环先是访问 Array[0]，会把 Array[0]载入 Cache，但同时也会把相邻的 Array[1]，…，Array[cache_len－1]载入 Cache，其中 cache_len 是 cache line，cache line 是 Cache 载入和置换的单位量。而在第二个 for 循环中也要访问数组 Array，又要把数组 Array 载入一次，那么可以通过循环展开和融合，来减少 Cache 的操作，从而降低程序的功耗，如下列程序所示：

```
whlie(ture)
{
    for(i=1;i<n;)
```

```
    {
        Access_one(Array[i]);
        Access_one(Array[i+1]);
        ⋮
        Access_one(Array[i+ cache_len-1]);
        Access_two(Array[i]);
        Access_two(Array[i+1]);
        ⋮
        Access_two(Array[i+cache_len-1]);
        Other_oper;
        i=i+cache_len
    }
}
```

对于外存也存在同样的情况，在这里就不再讨论了。综上，可以得出一个结论，在源程序设计和编译器优化阶段，通过展开合并等手段，可以减少访问存储带来的功耗，从而降低系统的功耗。

3.9　软件能耗属性与其他质量属性的关系

多数情况下，嵌入式软件的能耗与执行时间成正相关关系，即程序的执行时间减少，能耗也随之降低。但是存在一种例外情况，即嵌入式软件的能耗与执行时间成负相关关系，程序的执行时间减少，能耗却随之升高，如下列汇编程序：

(1) 原始程序	(2) 改进后程序
MOV R_0,0x1111	MOV R_0,0x1111
MOV R_1,0x1112	MOV R_1,0x1112
MOV R_2,0x1113	MOV R_2,0x1113
LDR R_4,[R_0]	LDR R_4,[R_0]
SWP R_4,R_4,[R_2]	LDR R_5,[R_1]
SWP R_4,R_4,[R_1]	LDR R_6,[R_2]
SWP R_4,R_4,[R_2]	STR R_4,[R_2]
MOV R_1,#0	STR R_5,[R_1]
MOV R_0,#1	STR R_6,[R_0]
ADD R_0,R_0,R_0	MOV R_1,#0
ADD R_0,R_0,R_0	MOV R_2,#7
ADD R_0,R_0,R_0	MUL R_0,R_1,R_2
ADD R_0,R_0,R_0	
ADD R_0,R_0,R_0	

```
ADD R0,R0,R0
ADD R0,R0,R0
ADD R0,R0,R0
```

在 W90P710 开发板上运行时，程序(1)的运行时间为 152.8ms，能耗为 39.6J，程序(2)的运行时间为 145.1ms，能耗为 46.8J，通过改变数据存取和处理方式，出现运行时间减少 5.31%、能耗增加 15.39%的情况。

下面从理论角度进一步分析上述例外情况，将软件能耗分成两部分、一部分为处理器部分的能耗；另一部分为存储器和外设等部分的能耗。相关参数含义如表 3.19 所示。

表 3.19　相关参数含义

参　数	含　义
T_p	一条非访存指令消耗的平均时间，本实验值为 1/80MHz
T_m	一条访存指令消耗的平均时间，本实验值为 1/80MHz
P_{ap}	CPU 处于 active 状态的平均功耗，本实验值为 57mW
P_{ip}	CPU 处于 idle 状态平均功耗，本实验值为 34.1mW
P_{am}	存储器与外设处于 active 状态平均功耗，本实验值为 994mW
P_{im}	存储器与外设处于 idle 状态平均功耗，本实验值为 407mW
N_p	非访存指令条数，程序(1)值为 2323452 条(程序运行 1 万次结果)
N_m	访存指令条数，程序(1)值为 1290809 条(程序运行 1 万次结果)
x、y	分别是程序变化后与原始程序的 N_p、N_m 比值

程序的运行时间定义为

$$T_{exe} = N_p T_p + N_m T_m \tag{3.62}$$

程序的能耗定义为

$$E = (P_{ap} + P_{im})N_p T_p + (P_{ip} + P_{am})N_m T_m \tag{3.63}$$

第 i 种优化方法优化后程序的运行时间定义为

$$T_{exe}(i) = xN_p T_p + yN_m T_m \tag{3.64}$$

其中，x、y 分别表示两种指令数目的变化比值。

第 i 种优化方法优化后程序的能耗定义为

$$E(i) = x(P_{ap} + P_{im})N_p T_p + y(P_{ip} + P_{am})N_m T_m \tag{3.65}$$

要使优化后的程序所用时间比优化前减小，需满足关系 $T_{exe} > T_{exe}(i)$；要使优化后的程序所用能耗比优化前能耗增大，需满足关系 $E < E(i)$，进一步得到下列不等式：

$$y-1\leqslant(1-x)\frac{N_{\mathrm{p}}T_{\mathrm{p}}}{N_{\mathrm{m}}T_{\mathrm{m}}} \tag{3.66}$$

$$y-1>(1-x)\frac{N_{\mathrm{p}}T_{\mathrm{p}}}{N_{\mathrm{m}}T_{\mathrm{m}}}\frac{P_{\mathrm{ap}}+P_{\mathrm{im}}}{P_{\mathrm{am}}+P_{\mathrm{ip}}} \tag{3.67}$$

由式(3.66)和式(3.67),根据实验值画出具体的能量函数和执行时间函数(见图 3.27),其中执行时间不等式关系函数为 $y\leqslant-1.8x+2.8$,表示 x、y 取值范围在执行时间函数直线和坐标轴所夹的直角三角形区域内,程序变化后执行时间比原程序的少;能量不等式关系函数为 $y>-0.8x+1.8$,表示 x、y 取值在能量函数直线和坐标轴所夹的直角三角形区域外,程序变化后的能耗比原程序的大。

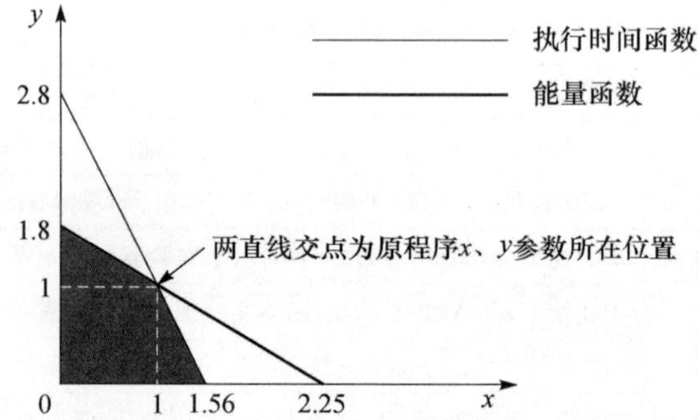

图 3.27 能量函数和执行时间函数关系图

同时满足上述两个不等式函数的上方非阴影部分三角形区域,在该区域内,表明改进后的程序执行时间减少,能耗增大。

在程序(1)中,经过改进后,$x=68\%$,$y=150\%$,x 值表明程序改进后总指令条数减少了 32%,y 值表明程序改进后访存指令增加了 50%,使运行时间减少,能耗增加,验证了能量函数和执行时间函数关系模型的合理性。

3.10 软件能耗优化方法的评价

综合评价算法级优化方法的效果优劣就要通过对嵌入式软件各项指标的数据变化进行分析,而目前能通过实验所获得的影响嵌入式软件能耗关键评价指标对整个软件能耗信息来说是不完全、不确切的,还有其他诸多影响因素很难全部纳入评价系统,存在评价信息不完备的问题。此外,评价方法一般受到评价者的实验水平和认识能力的制约,很难排除人为因素带来的偏差。我们结合指标体系不完备,实验数据小样本情况,恰好符合灰色理论中的"贫信息"、"小样本"特点,选取了目前在各个领域应用较为广泛的灰色评价理论模型对嵌入式软件功耗优化方法进行评价,并用 AHP 法来设置各指标间的权重,即将评价对象的各个组成要素,两两比较确定各要素的相对重要性,可根据嵌入式系统需要的侧重点设置权重[35]。根据评价的结果,反过来可进一步完善相应的嵌入式软件功耗优化方法,同时可以为嵌入式整个系统的优化方法的科学性评价提供有益的参考。

3.10.1　层次灰色评价模型

1. 构造判断矩阵

首先,根据 AHP 方法中的 1～9 标度法构造判断矩阵,尽量客观地获得指标的权重。人们对事物特性的重要性比较分成 5 挡,对比较结论通常取 1、3、5、7、9 及其倒数进行度量,2、4、6、8 表示上述相邻判断的中间值。根据评价指标间重要性的相互比较建立判断矩阵:

$$A=\begin{bmatrix} a_{11} & a_{12} & \cdots & a_{1j} \\ a_{21} & a_{22} & \cdots & a_{2j} \\ \vdots & \vdots & & \vdots \\ a_{i1} & a_{i2} & \cdots & a_{im} \end{bmatrix} \tag{3.68}$$

其中,a_{ij} 表示元素 i 和元素 j 的比较重要性之比。如果矩阵 A 是正矩阵,此时矩阵 A 一定存在唯一的不为零的最大特征值 $\lambda_{\max}$,这时称 A 矩阵满足一致性。可以通过一般线性代数的方根法计算出 n 阶 A 矩阵的特征向量,首先计算:① $\overline{\omega_i}=\sqrt[n]{\prod_{j=1}^{n} a_{ij}}$,② $\omega_i=\dfrac{\overline{\omega_i}}{\sum_{j=1}^{n}\omega_j}$,$\omega_i$ 是特征向量 ω 的第 i 个分量,然后计算最大特征根 $\lambda_{\max}=\sum_{i=1}^{n}\dfrac{(A\omega)_i}{n\omega_i}$,构成一个权重向量 $\omega=(\omega_1,\omega_2,\cdots,\omega_n)$。但是在实际问题中,由于事务复杂性和人们判断的局限性,我们在比较事务时,不可能做到判断的完全一致性而存在误差,这将导致特征值和特征向量的偏差,此时求得的权重是带有偏差的向量。为了避免误差过大,我们引入了矩阵的一致性检验[36],当矩阵越接近一致性矩阵时,特征值也越接近于正矩阵的特征值。只有通过检验,才能说明判断矩阵在逻辑上是合理的,才能继续对结果进行分析。检验矩阵一致性的步骤如下:

第一步,计算一致性指标 CI(consistency index):

$$\mathrm{CI}=\frac{\lambda_{\max}-n}{n-1} \tag{3.69}$$

第二步,查表(见表 3.20)确定不同阶数的平均随机一致性指标 RI(random index)。

表 3.20　平均随机一致性表

矩阵阶数	1	2	3	4	5	6	7	8
RI	0	0	0.52	0.89	1.12	1.26	1.36	1.41

第三步，计算一致性比例 CR(consistency ratio)并进行判断。其中，$CR=\frac{CI}{RI}$，当 CR<0.1 时，认为判断矩阵的一致性是可以接受的；当 CR≥0.1 时，认为判断矩阵不符合一致性要求，需要进行调整达到满意的一致性为止。

2. 构造评价样本矩阵和确定评价灰类

为构造 m 个评价者对 n 个指标的评价集样本矩阵，在我们的评判系统中，m 个不同的源程序代表 m 个评价者，同样的优化方法改变不同源程序后带来的变化效果可用评价分数量化。本书通过采用实验数据代替专家打分法给出评价分数，可尽量避免过多的主观性判断，从而构造出评价样本矩阵：

$$D=\begin{bmatrix} d_{11} & d_{12} & \cdots & d_{1m} \\ d_{21} & d_{22} & \cdots & d_{2m} \\ \vdots & \vdots & & \vdots \\ d_{n1} & d_{n2} & \cdots & d_{nm} \end{bmatrix}=(d_{ik})_{n\times m} \tag{3.70}$$

其中，评价值 d_{ik} 代表评价分数。我国 2004 年相继颁发《卓越绩效评价准则》和《卓越绩效评价准则实施指南》两个国家标准，为卓越绩效模式提供了评价标准和实施指南。借鉴其方法，结合实验环境的具体情况，在表 3.21 中给出本评价方法的评分标准，分为四个评价灰类，数据处在其范围内，可在区间内取值。

表 3.21　每个等级的评价标准

赋值分数	是否节能	指令数	性　能	评价灰类
3.5～4	节能 35%以上	减少 30%以上	执行时间减少 30%以上	一
2.5～3.4	节能 20%～35%	减少 20%～30%	执行时间减少 20%～30%	二
1.5～2.4	节能 10%～20%	减少 10%～20%	执行时间减少 10%～20%	三
0～1.4	节能 5%～10%或者能耗反而增加	减少 5%～10%或者反而增加	执行时间减少 5%～10%或者执行时间反而增大	四

为了反映评价对象属于某类的程度，需要根据具体的评价问题确定评价灰类的等级数和灰类的白化函数。设评价灰类序号为 $e=1,2,\cdots,g$，即为 g 个灰类，如 $g=3$，可认为评价灰类分为“上”、“中”、“下”三类；又如 $g=4$，可将评价灰类分为“优”、“良”、“中”、“差”四类，描述灰类需要确定评价灰类的白化权函数。下面给出常用的三种形式白化权函数。

第一灰类，灰数 $\otimes_1\in[d_1,\infty)$，白化权函数 f_1 如下：

$$f_1(d_{ik})=\begin{cases} \dfrac{d_{ik}}{d_1}, & d_{ik}\in[0,d_1) \\ 1, & d_{ik}\in[d_1,\infty) \\ 0, & d_{ik}\in(-\infty,0) \end{cases} \tag{3.71}$$

第二灰类，灰数$\otimes_2 \in [0, d_2, 2d_2]$，其白化权函数为 f_2 如下：

$$f_2(d_{ik}) = \begin{cases} \dfrac{d_{ik}}{d_2}, & d_{ik} \in [0, d_2) \\ \dfrac{2d_2 - d_{ik}}{d_2}, & d_{ik} \in [d_2, 2d_2] \\ 0, & d_{ik} \notin [0, 2d_2] \end{cases} \tag{3.72}$$

第三灰类，灰数$\otimes_3 \in [0, d_3, 2d_3]$，其白化权函数 f_3 如下：

$$f_3(d_{ik}) = \begin{cases} 1, & d_{ik} \in [0, d_3) \\ \dfrac{2d_3 - d_{ik}}{d_3}, & d_{ik} \in [d_3, 2d_3] \\ 0, & d_{ik} \notin [0, 2d_3] \end{cases} \tag{3.73}$$

3. 计算灰色评价权向量和矩阵

对于受评对象的各项评价指标的评价值，评价灰类 e 对评价指标的灰色评价系数记为

$$x_{i,e} = \sum_{k=1}^{m} f_e(d_{ik}) \tag{3.74}$$

各项评价指标对于受评指标属于各个评价灰类的总灰色评价系数记为

$$x_i = \sum_{e=1}^{g} x_{i,e} \tag{3.75}$$

受评对象的各项评价指标主张评价灰类 e 的灰色评价权记为

$$r_{i,e} = \frac{x_{i,e}}{x_i} \tag{3.76}$$

考虑到灰类有 g 个，故评价灰类 e 的灰色评价权向量为

$$r_i = (r_{i,1}, r_{i,2}, \cdots, r_{i,g}) \tag{3.77}$$

将每个评价指标对于各评价灰类的灰色评价权向量综合后，可构造出一个受评对象的所属指标对于各评价灰类的灰色评价权矩阵为

$$R = \begin{bmatrix} r_{1,1} & r_{1,2} & \cdots & r_{1,g} \\ r_{2,1} & r_{2,2} & \cdots & r_{2,g} \\ \vdots & \vdots & & \vdots \\ r_{n,1} & r_{n,2} & \cdots & r_{n,g} \end{bmatrix} \tag{3.78}$$

4. 计算综合评价值

在评价系统中，评价指标的权重向量 $\omega = (\omega_1, \omega_2, \cdots, \omega_n)$，计算 $\omega \times R$，表示评价对象在各个综合状况灰类程度的描述，可按最大值原则确定其所属灰类等级。但是由于这种判断原则有时丢失信息太多而失效，而且不能直接用于评价对象间

的优劣排序，因此，我们还需要进一步处理使其单值化，计算出综合评价值$\partial=\omega R(\partial_1,\partial_2,\cdots,\partial_n)^{\mathrm{T}}$。根据$\partial$值参照各灰类评价等级的量化值，确定被评对象的等级，或者通过多个评价对象综合评价值的比较进行排序选优。

3.10.2 仿真实验与分析

1. 实验结果

实验环境包括 RedHat Linux9.0 操作系统、Arm-Linux-gcc v2.95.3 交叉编译器和高精度指令级嵌入式软件能耗模拟器 HMSim。实验中选取了五个典型的C语言源程序，分别是冒泡排序(Bubble)、矩阵乘法(Matrix)、约瑟夫环算法(Josephus)、斐波拉契数列(Fibonacci)和八皇后算法(Queen)，分别使用循环展开和循环不变量外提方法对源程序进行优化，通过 HMSim 得出优化后的有关数据，如表 3.22 和表 3.23 所示。

表 3.22　循环展开优化方法对源程序的优化比例　　(单位:%)

编　号	能耗减少比例	指令条数降低比例	运行时间降低比例
Bubble	32.3	15.2	32.6
Matrix	30.3	15.3	29.3
Josephus	35.8	22.6	30.8
Fibonacci	22.7	12.1	26.3
Queen	33.0	12.1	30.2

表 3.23　循环不变量外提方法对源程序的优化比例　　(单位:%)

编　号	能耗减少比例	指令条数降低比例	运行时间降低比例
Bubble	14.1	9.4	13.6
Matrix	10.2	5.3	10.3
Josephus	9.8	5.6	10.8
Fibonacci	11.7	6.9	13.3
Queen	15.0	10.1	17.2

2. 基于层次灰色模型的计算结果评价

在实验环境中，能耗、指令数目、运行时间分别用a_1、a_2、a_3表示，将它们两两比重。由于我们关注的重点是能耗和运行时间，能耗比指令数目稍微重要，于是取$a_{12}=3$；一般情况下，嵌入式软件的能耗和执行时间成线性正相关关系，两者同等重要，于是取$a_{13}=1$。根据层次分析法中的1～9标度法，能耗、指令数目、执行时间指标的关系的一致判断矩阵[37]如表 3.24 所示。

表 3.24　判断矩阵

元　素	a_1	a_2	a_3
a_1	1	3	1
a_2	1/3	1	1/3
a_3	1	3	1

计算得到，$\bar{\omega}_1=1.4422$，$\bar{\omega}_2=0.4807$，$\bar{\omega}_3=1.4422$，经过归一化处理得出 a_1、a_2、a_3 权向量分别为 $\omega=(\omega_1,\omega_2,\omega_3)=(0.4286,0.1429,0.4286)$，$\lambda_{\max}=3.0001$，CI=0.0001，查表得 RI=0.58。由于 CR<0.1，矩阵满足一致性要求，因此，a_1、a_2、a_3 权向量可以确定为我们系统中三个指标的权向量。

根据表 3.24 和表 3.25 实验结果及其评分标准，可得出上述两种方法所对应的评价样本矩阵：

$$D_1=\begin{bmatrix}3 & 3 & 3.5 & 2.5 & 3\\ 1.5 & 1.5 & 2.5 & 1.5 & 1.5\\ 3 & 3 & 3 & 2.5 & 3\end{bmatrix}$$

$$D_2=\begin{bmatrix}2 & 1.5 & 1.4 & 1.5 & 2\\ 1 & 0.5 & 0.5 & 1.5 & 1\\ 2 & 1.5 & 1.5 & 2 & 2\end{bmatrix}$$

在系统中，我们设四个灰类等级，分别为“优”、“良”、“中”、“差”，灰类等级值化向量为$\partial=(4,3,2,1)$。由上文中式(3.71)～式(3.73)，可扩展得到这四个评价灰类的白化权函数如下：

第一灰类($e=1$)，灰数$\otimes\in[0,4,\infty]$，其白化权函数为

$$f_1(d_{ik})=\begin{cases}\dfrac{d_{ik}}{4}, & d_{ik}\in[0,4)\\ 1, & d_{ik}\in[4,\infty)\\ 0, & d_{ik}\in(-\infty,0)\end{cases}$$

第二灰类($e=2$)，灰数$\otimes\in[0,3,6]$，其白化权函数为

$$f_2(d_{ik})=\begin{cases}\dfrac{d_{ik}}{3}, & d_{ik}\in[0,3)\\ \dfrac{6-d_{ik}}{3}, & d_{ik}\in[3,6]\\ 0, & d_{ik}\notin[0,6]\end{cases}$$

第三灰类($e=3$)，灰数$\otimes\in[0,2,4]$，其白化权函数为

$$f_3(d_{ik})=\begin{cases}\dfrac{d_{ik}}{2}, & d_{ik}\in[0,2)\\ \dfrac{4-x}{2}, & d_{ik}\in[2,4]\\ 0, & d_{ik}\notin[0,4]\end{cases}$$

第四灰类($e=4$)，灰数$\otimes\in[0,1,2]$，其白化权函数为

$$f_4(d_{ik})=\begin{cases}1, & d_{ik}\in[0,1)\\ 2-d_{ik}, & d_{ik}\in[1,2]\\ 0, & d_{ik}\notin[0,2]\end{cases}$$

将评价样本矩阵和白化函数带入式(3.78)～式(3.80)式计算，分别得到灰色评价权矩阵如下：

$$R_1=\begin{bmatrix}0.3473 & 0.4212 & 0.2315 & 0\\ 0.1984 & 0.2646 & 0.3502 & 0.1868\\ 0.3234 & 0.4312 & 0.2454 & 0\end{bmatrix}$$

$$R_2=\begin{bmatrix}0.1963 & 0.2617 & 0.3925 & 0.1495\\ 0.0995 & 0.1327 & 0.1991 & 0.5687\\ 0.2093 & 0.2791 & 0.4186 & 0.0930\end{bmatrix}$$

计算灰色综合评价权向量分别为

$$\omega R_1=(0.3158,0.4031,0.2544,0.02669)$$

$$\omega R_2=(0.188,0.2507,0.3761,0.1852)$$

计算综合值分别为

$$\partial_1=\omega R_1(\partial_1,\partial_2,\partial_3,\partial_4)^{\mathrm{T}}=3.008$$

$$\partial_2=\omega R_2(\partial_1,\partial_2,\partial_3,\partial_4)^{\mathrm{T}}=2.442$$

根据计算综合值，可看出：循环展开优化方法的评价灰类等级为 2，该种优化方法在嵌入式软件优化中的能达到良好效果；循环不变量外提方法的评价灰类等级为 3，属于中等效果。$\partial_1>\partial_2$，循环展开优化方法的效果好于循环不变量外提方法，能使系统有较大的节能和更高的运行速度。进一步地，可用此种方法评价其他优化方法或者多种组合优化方法达到的效果。

3.11　小　　结

根据嵌入式系统的组织构成特点，嵌入式系统的能耗优化可以在硬件和软件的多个层次上进行。随着电子技术的日新月异，各种新的基于底层硬件的能耗优化技术不断被开发出来。软件的每一次执行都驱动了底层硬件电路的“活动”，间接导致了系统能耗的产生，因此，如何减少软件方面对能耗的影响成为控制和优化嵌入式系统能耗的主要方面。

本章基于嵌入式软件的组成结构，将软件能耗技术划分为三个层次进行分类描述，包括源程序结构级、算法级和软件体系结构级，分析各层次上嵌入式软件能耗的产生原因、构成因素和关联特征，提出各层次嵌入式软件能耗模型和能耗优化方法。同时，分析编译器的功耗优化实现技术，以及建立软件能耗优化方法的评价模型。

参考文献

[1] Tiwari V, Malik S, Wolfe A. Power analysis of embedded software: A first step towards software power minimization. IEEE Transactions on VLSI Systems, 1994, 2(4): 437—445.

[2] Tiwari V, Malik S, Wolfe A. Compilation techniques for low energy: An overview. Proceedings of the IEEE Symposiumon Low Power Electronics, San Diego, 1994: 38—39.

[3] Chung E, Benini L, Micheli G D. Source code transformation based on software cost analysis. Proceeding of ISSS'01, Montreal, 2001: 153—158.

[4] Dalal V, Ravikumar C P. Software power optimization in an embedded system. Proceedings of the 14th International Conference on VLSI Design (VLSID'01), Bangalore, 2001: 254—259.

[5] Konstantakos V, Chatzigeorgiou A, Nikolaidis S, et al. Energy consumption estimation in embedded systems. IEEE Transactions on Instrumentation and Measurement, 2008, 57(4): 797—804.

[6] Mukherjee T, Tang Q, Ziesman C, et al. Software architecture for dynamic thermal management in datacenters. Proceedings of the 2nd International Conference on Communication Systems Software and Middleware (COMSWARE'07), Bangalore, 2007: 1—11.

[7] Xian C, Cai L, Lu Y. Power measurement of software programs on computers with multiple I/O components. IEEE Transactions on Instrumentation and Measurement, 2007, 56(5): 2079—2086.

[8] Aaraj N, Raghunathan A, Ravi S, et al. Energy and execution time analysis of a software-based trusted platform module. Proceedings of Design, Automation and Test in Europe Conference and Exhibition (DATE'07), Nice, 2007: 1—6.

[9] Brandolese C. Source-level estimation of energy consumption and execution time of embedded software. Proceedings of the 11th EUROMICRO Conference on Digital System Design Architectures, Methods and Tools (DSD'08), Parama, 2008: 115—123.

[10] Chandra L, Roy S. Estimation of energy consumed by software in processor caches. Proceedings of the IEEE International Symposium on VLSI Design, Automation and Test (VLSI-DAT'08), Taiwan, 2008: 21—24.

[11] Petre L. Energy-aware middleware. Proceedings of the 15th Annual IEEE International Conference and Workshop on the Engineering of Computer Based Systems (ECBS'08), Belfast, 2008: 326—334.

[12] 赵荣彩,唐志敏,张兆庆,等. 低功耗多线程编译优化技术. 软件学报,2002,13(6):1123—1129.

[13] 吴琦,熊光泽. 非平稳自相似业务下动态功耗管理自适应算法. 软件学报,2005,16(8):1499—1505.

[14] 雷霆,李曦,周学海. 低能耗软件设计中的性能无损电压调度技术研究. 计算机研究与发展,2006,43 (6):1090—1096.

[15] 郭兵，沈艳，王殿辉，李志蜀，等. 一种基于离散 Hopfield 神经网络的 RTOS 功耗优化方法. 计算机学报，2007，30(9)：1573—1579.

[16] Li Y，Malik S，Wolfe A. Performance estimation of embedded software with instruction cache modeling. ACM Transactions on Design Automation Electronic Systems，1999，4(3)：257—279.

[17] 罗刚，郭兵，沈艳，等. 源程序级和算法级嵌入式软件能耗特性的分析与优化方法研究. 计算机学报，2009，32(9)：1869—1875.

[18] 蔡虹，沈雷，李永红. 基于覆盖测试地嵌入式软件自动裁剪. 计算机工程，2010，36(1)：73—75.

[19] Tiwari V，Malik S，Wolfe A，et al. Instruction level power analysis and optimization of software. Journal of VLSI Signal Processing，1996，3：1—18.

[20] 方祥圣，梁华国，曹先霞. 一种低能耗 SoC 芯片的综合 BIST 方案. 计算机工程，2006，32(15)：245—246.

[21] Tiwari V，Malik S，Wolfe A. Power analysis of the Intel 486DX2. Technical Report CE-M94-5，Princeton University，Dept. of Elect. Eng. ，1994.

[22] 雷霆，胡潇，周学海. 系统级能耗优化的实时电压调度方法研究. 系统工程与电子技术，2006，28(1)：153—158.

[23] 王小明. 一种软件结构复杂度度量模型及其自动实现. 计算机应用，1999，19(6)：16—19.

[24] 吴强，王云峰，边计年，等. 软硬件划分中基于一种新的层次化控制数据流图的粒度变换. 计算机辅助设计与图形学学报，2005，3(17)：387—393.

[25] Tan T K，Raghunathan A，Jha N K. A simulation framework for energy-consumption analysis of OS-driven embedded applications. IEEE Transactions on Computer Aided Design of Integrated Circuits and Systems，2003，22(9)：1284—1294.

[26] Wen K，Chang T，You M. The grey entropy and its application in weighting analysis. Proceedings of the IEEE International Conference on Systems，Man and Cybernetics，San Diego，1998：1842—1844.

[27] Levitin A. 算法设计与分析基础(第 2 版). 潘彦译. 北京：清华大学出版社，2007：32—73.

[28] 王爱峰，李曦，雷霆，等. 算法级能耗分析方法研究. 计算机工程与应用，2006，6(29)：100—106.

[29] 陈奎孚，焦群英，高小榕. 提高 FFT 谱质量的一种新方法. 振动、测试与诊断，1998，9(18)：216—232.

[30] 李曦，张来勇，熊悦，等. 基于代码压缩方法的低功耗嵌入式系统设计技术研究. 小型微型计算机系统，2003，5：887—890.

[31] Patterson A，Hennessy L. Computer Organization and Design，the Hardware/Software Interface. New York：Morgan Kaufmann Publications，2005.

[32] Tan T K，Raghunathan A，Jha N K. Energy macromodeling of embedded operating systems. ACM Transactions on Embedded Computing Systems (TECS)，2005，4(1)：231—254.

[33] Muchnick S S. 高级编译器设计与实现. 赵克佳,沈志宇译. 北京:机械工业出版社, 2005.

[34] 周湘. 嵌入式软件功耗仿真实验平台 EMSIM 的改造. 成都:四川大学硕士学位论文, 2009.

[35] 胡容,黄南京. 基于多层次灰色理论的综合评价模型及应用. 四川大学学报(自然科学版),2005,42(5):890—895.

[36] Zhu J, Liu S, Wang M. A new algorithm to improve the inconsistent comparison matrix. Systems Engineering -Theory & Practice, 2003, 23(11):95—98.

[37] 李梅霞. AHP 中判断矩阵一致性改进的一种方法. 系统工程理论与实践,2000,2(2):122—125.

第 4 章　高能效的可定制异构多核体系结构

4.1 引　　言

在过去的几十年里，计算机处理器的发展一直遵循摩尔定律，即半导体厂商能够集成在芯片中的晶体管的数量每 18～24 个月翻一倍；处理器的时钟频率每 18～24 个月增加一倍。然而，单方面追求高主频一方面提高了设计复杂度，另一方面造成的高发热问题严重影响系统计算性能。与此同时，存储器的访存速度严重滞后于处理器的计算速度，也造成高主频单核处理器无法促进计算机系统整体性能的提高。

在单核发展遇到瓶颈后，如何继续提高 CPU 的性能？目前芯片厂商倾向多核 CPU 的开发，通过多核 CPU 进行并行计算提高计算性能。这种计算模式将传统的串行任务分为串行部分和并行部分，若将并行部分放在多核上运行，那么系统的整体性能会有所提升。阿姆达尔定理（Amdahl Law）揭示了并行计算对系统加速比的影响，如对于固定负载情况下描述并行处理效果的加速比 s 为

$$s=\frac{1}{1-f+\dfrac{f}{n}} \tag{4.1}$$

其中，f 为程序的可并行部分的比例；n 为并行处理节点个数[1]。当考虑多核系统中同构核和异构核的差异之后，情况就复杂得多了，具体的内容我们将在 4.2.1 节中详细介绍。

本章重点介绍异构多核系统的设计思想和能效提升方法，并将重点放在系统静态设计和评价等问题。

4.2 高能效的可定制异构多核体系结构的研究现状

4.2.1 多核计算加速比及其能耗

传统上，根据不同类型的指令流和数据流可将计算机系统分为单指令流单数据流（SISD）、单指令流多数据流（SIMD）、多指令流多数据流（MISD）和多指令流多数据流（MIMD）。多核 CPU 是将多个 CPU 核集成到单个芯片中，每个 CPU 核都是一个相对独立的处理单元。每个 CPU 核可以有独立的 Cache，也可以多个

CPU 共享同一个 Cache,如图 4.1 所示的就是一种典型独立 Cache 的双核 CPU 硬件体系结构。

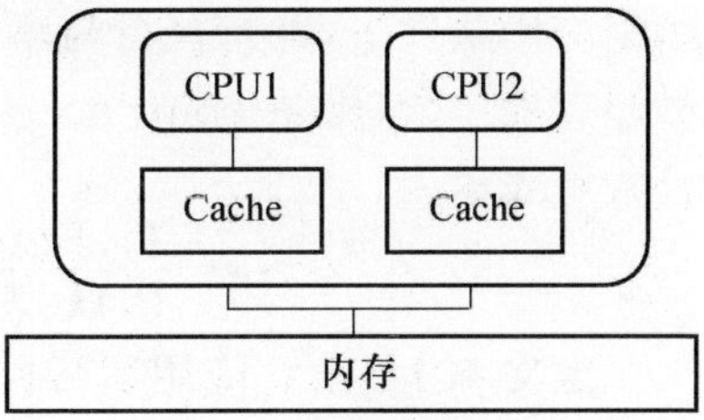

图 4.1　多核系统构架

在现代的多核 CPU 硬件结构中,内存由多个 CPU 核共享。若 CPU 是对称的,则此多核属于共享存储的同构多核处理器;否则,称为异构多核处理器。下面我们分别讨论同构多核与异构多核的加速比。

1. 同构多核的加速比

在一片对称多核芯片中,所有内核的代价是相同的[2]。根据阿姆达尔定律,对称多核芯片的加速比取决于可并行软件部分 f,以 BCE(base core equivalent,等价基本核)个数为单位的芯片总资源 n 和用于提高每个内核性能的以 BCE 个数为单位的资源数量 r。该芯片使用一个内核进行串行计算的性能是 prof(r)。总共使用 n/r 个内核进行并行计算,从而达到的性能为 prof(r)×n/r,可得

$$\text{Speedup}_{\text{symmetric}}(f,n,r)=\frac{1}{\dfrac{1-f}{\text{pref}(r)}+\dfrac{fr}{\text{prof}(r)n}} \tag{4.2}$$

2. 异构多核的加速比

一种替代对称多核芯片的结构是非对称(异构)多核芯片。在这种结构中,一个或者多个内核比其他的内核功能要强大一些。这也就意味着在运行不同强度任务的时候会有更多适应性选择,从而让不工作的核休眠以达到低功耗运行的目的。通常,一个较大的内核需要资源数 r,剩下的资源数量 $n-r$ 可全部配置成单 BCE 内核,所以可在该芯片中配置数量为 $1+n-r$ 的内核。阿姆达尔定律对非对称多核芯片有着不同的影响。在该芯片中,一个较大内核的性能为 prof(r),但并行的部分性能来源于较大内核的 prof(r)加上 $n-r$ 个基本内核。整体上可得

$$\text{Speedup}_{\text{asymmetric}}(f,n,r)=\frac{1}{\dfrac{1-f}{\text{pref}(r)}+\dfrac{f}{\text{prof}(r)+n-r}} \tag{4.3}$$

3. 能耗并行加速比模型

传统 N 个节点的并行加速比公式可以写成 $S(W)=T_1(W)/T_N(W)$,其中 $T_j(W)(j=1,2,\cdots,N)$为在 j 个节点上完成 W 工作量的时间。工作量 W 可以由浮点操作数(float-point operations,FLOP)或指令数(instruction counts,IC)等表示[3],本书中均以 FLOP 表示系统工作量 W。事实上,并行加速比可以理解为,在

给定应用条件下，并行执行与串行执行时的计算性能的比值。其中，计算性能由每秒浮点操作数(float-point operations per second，FLOPS)度量，于是并行加速比公式可表示为

$$S=\frac{T_1(\mathrm{FLOP})}{T_N(\mathrm{FLOP})}=\frac{\mathrm{FLOPS}_N}{\mathrm{FLOPS}_1}=\frac{\mathrm{FLOP}_N/T_N}{\mathrm{FLOP}_1/T_1} \tag{4.4}$$

定义 4.1 给定应用运行在 N 个节点的并行系统上的计算能量效率 V_N 的定义是消耗单位能量获得的计算性能，即

$$V_N=\frac{\mathrm{FLOPS}_N}{\mathrm{Energy}_N}=\frac{\mathrm{FLOP}_N/T_N}{\mathrm{Energy}_1}=\frac{\mathrm{FLOP}_N}{\mathrm{Energy}_N\cdot T_N} \tag{4.5}$$

定义 4.2 给定应用运行在 N 个节点的并行系统上的能耗并行加速比 S^{E} 的定义是并行执行与串行执行时的计算能量效率的比值，即

$$S^{\mathrm{E}}=\frac{V_N}{V_1}=\frac{\mathrm{FLOP}_N}{\mathrm{FLOP}_1}\cdot\frac{\mathrm{Energy}_1\cdot T_1}{\mathrm{Energy}_N\cdot T_N} \tag{4.6}$$

由于串行执行与并行执行时的浮点操作数相等，即 $\mathrm{FLOP}_1=\mathrm{FLOP}_N$，则能耗并行加速比为

$$S^{\mathrm{E}}=\frac{\mathrm{FLOP}_N}{\mathrm{FLOP}_1}\cdot\frac{\mathrm{Energy}_1\cdot T_1}{\mathrm{Energy}_N\cdot T_N}=\frac{\mathrm{Energy}_1}{\mathrm{Energy}_N}\cdot S \tag{4.7}$$

4. 多核通信

以上所述的能耗并行加速比模型只关注了多个相互独立运行的计算核的加速效应，然而实际情况中我们不能不考虑多核之间的通信对效率和能耗的影响。

一般来说，多核编程与单核相比的一个显著特征是更为复杂的数据一致性机制，也就是需要更小心地处理多个处理单元之间对数据的依赖和资源的竞争。核间通信主要包括总线监听、交叉开关和 NoC(片上网络)三种方式。其中，总线监听一般适用于规模较小的多核网络，如 ARM Cotex-A9 处理器中采用侦听控制单元(snoop control unit)控制多核在 AMBA 总线上的通信；使用交叉开关的典型例子是 AMD Athlon64 X2 处理器，利用交叉互联网络和系统请求接口对各个 CPU 核的请求进行仲裁。由于上述两种通信方式都不适合高端的多核和众核互联，所以包交换网络互连的思想被引入到核间通信设计中，NoC 将成为未来主流通信方式[4]。目前 NoC 的能耗一般占芯片总能耗的 50%以上[5]，其中静态能耗主要由器件的漏电电流造成，动态能耗由器件的 0/1 翻转和短路电流造成。由于 NoC 的动态能耗主要由 Cache 一致性协议活动产生，因此，开展 NoC 协议能耗问题的分析与建模是十分必要的，这部分内容将会在 4.5 节详细讨论。

4.2.2 异构多核系统概述

要将一般的嵌入式应用程序合理地分配到异构多核上运行，首先需要建立从软件模块到硬件处理单元的映射机制。在该机制运行过程中，需要考虑任务分配

的调度、负载、核间通信以及能耗等多方面的原因,从而使其设计域较为复杂。因此,我们给出一种分层的设计模型,力图将各个影响因素都包含其中。

(1) 应用层(application):运行在操作系统之上的应用程序,一般由 C 或 C++ 编写。甚至在硬件计算能力较强的系统上,可以运行高性能计算的应用程序,从而大幅提高系统对图形图像、海量数据处理等应用的处理能力。当然,这需要硬件加速单元(如 GPU、DSP 和 FPGA 等)的支持。

(2) 构件层(components):不同的硬件加速单元有相同的体系结构和编程模式,因此需要针对不同的应用模块调用由不同厂商所提供的硬件编程接口,如利用 GPU 单元为一个图形应用加速,那么就需要事先了解该 GPU 是否支持 CUDA 或 OpenCL 的编程模式,然后将想要运行的算法代码以机器能够理解的方式交给 GPU,而由 GPU 中的任务调度单元负责任务自动调度。

(3) 转换整合层(transformation and composition):利用编译技术对任务进行抽象描述,以方便对它们进行分析和优化,最重要的两个工具是数据依赖图(data dependence graphic,DDG)和任务调度图(task scheduling figure,TSF)。其中,DDG 保证程序执行的正确性;而 TSF 能够综合资源的能耗、运行周期等特性,为程序的优化调度建立基础。

(4) 动态调度层(dynamic scheduling):利用上层对任务特性的抽象,将一个或多个任务分配到不同的异构核上去,如图 4.2 中是一个被称作 PEPPHER 的运

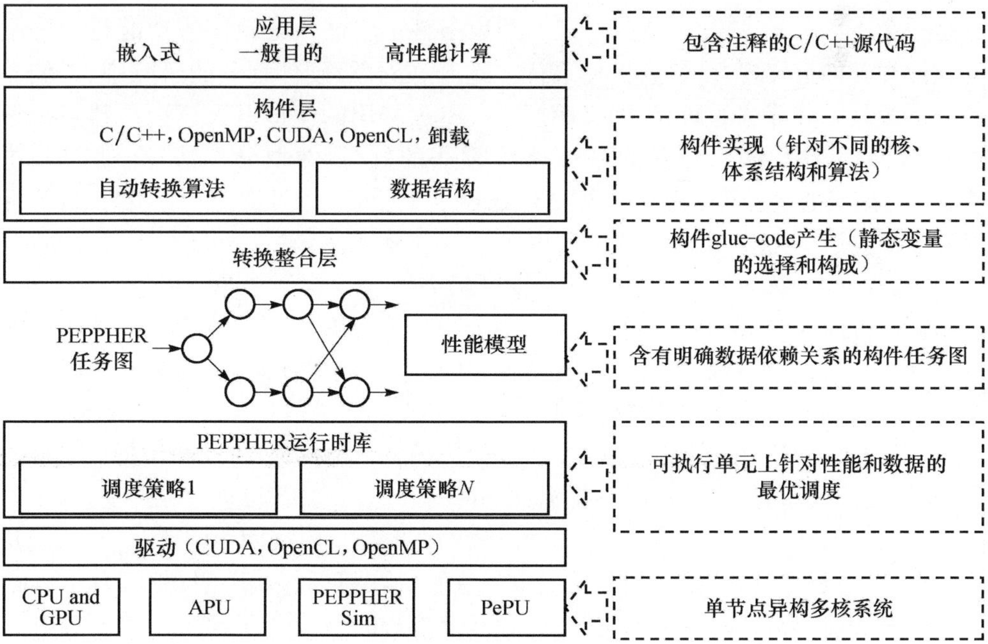

图 4.2　一种异构多核层次设计模型

行时库，它负责选择一个当前最合适的调度策略，以实现硬件资源的合理高效利用，同时保证负载均衡[6]。

(5) 驱动层(driver)：该层接受适合硬件运行的任务，是相对独立的模块。

由上面的介绍可以看出，异构多核体系设计的核心是任务的调度、分配算法和分布式任务的通信设计，我们将在本章的剩余篇幅中着重介绍这些内容。4.3节介绍能耗相关软/硬件划分的层次化控制数据流图建模；4.4节是介绍基于离散Hopfield神经网络的RTOS功耗优化；4.5节介绍NoC协议的能耗模型；4.6节介绍智能移动终端的异构多核和软/硬件划分方法。

4.3 面向能耗相关软/硬件划分的层次化控制数据流图建模

4.3.1 背景介绍

在目前全球大力倡导"低碳经济"的背景下，随着嵌入式计算机系统(简称嵌入式系统)大量而广泛的使用，嵌入式系统消耗的电力能源也是一个不容忽视的问题，而嵌入式系统是典型的软件驱动执行的系统，由于嵌入式软件运行引起的能耗约占系统能耗80%以上。

在嵌入式软件设计中，为了满足实际应用对时间、成本、能耗等需求，可将一个现有的嵌入式软件重新划分为软件和硬件两部分实现。嵌入式软件的软/硬件划分是一个NP完全问题[7]，是在一定的约束条件下将嵌入式软件的功能行为分配到软件和硬件上实现，以达到目标最优。迄今在对软/硬件划分的研究中，人们关注较多的是划分算法的研究，如文献[8]中Eles采用的模拟退火算法和禁忌搜索算法、文献[9]中Saha开发的基于遗传算法的软/硬件划分算法、文献[10]中Xiong等提出的遗传算法和蚂蚁算法动态融合的算法，以及文献[11]中郭兵等提出的基于离散Hopfield神经网络的嵌入式操作系统软/硬件划分方法。然而，对于划分算法的输入，即划分建模方法的研究却比较有限，主要采用任务图(task graph)进行建模。实际上，一种有效的划分模型能够提供划分算法所需的精确信息，同时可进行划分算法所需的粒度变换，从而更好地保证划分结果的合理性，因此，对软/硬件划分建模方法的研究具有重要意义。

一种有效的软/硬件划分建模方法至少应具备三项特征：①从系统描述转换为软/硬件划分模型时，应保留原系统描述的所有有用信息；②可进行粒度变换；③可进行开销参数设置。进一步地，对建模方法的研究需要明确两个问题：一是系统功能的描述方式；二是软/硬件划分的约束条件和优化目标。对于问题一，由于C语言是一种功能丰富、使用灵活方便并在国际上流行的编程语言，兼具高级语言和低级语言的优点，在嵌入式软件设计中被广泛使用，因此，可采用C语言描述系统功能，对系统进行建模；对于问题二，目前有关软件低能耗设计的研究已成为一个热点，因此，以时间和成本为约束条件、软件能耗为目标的软/硬件划分是一种重要的优化方法。

因此，本节从 C 语言描述的嵌入式软件功能模型出发，在研究现有控制数据流图的基础上，针对能耗相关的软/硬件划分提出一种新的建模方法——面向划分的层次化控制数据流图(partition-oriented hierarchical control and data flow graph，PO-HCDFG)，并分析了 C 语言程序向 PO-HCDFG 的转换算法、粒度变换规则以及开销参数设置等关键问题。

4.3.2　PO-HCDFG 的形式化描述

一个 PO-HCDFG 可表示为 $G=(V,E)$，其中，V 表示节点集，E 表示边集。对于任意的节点 $v\in V$，$v=(v^{B}|v^{C}|v^{D}|v^{SC}|v^{H},\mathrm{IP},\mathrm{OP})$，$E=\{\mathrm{CE},\mathrm{DE}\}$，其中：

v^{B}：表示基本块节点，一个基本块节点对应一个基本块。所谓基本块是指 C 语言程序中不包含控制结构、停止语句和函数调用语句的语句块。

v^{C}：表示控制节点，一个控制节点对应一个分支或循环语句，用于表示分支和循环结构中的固有操作；

v^{D}：表示为哑节点，不包含具体操作，为保证控制结构的完整性而作占位处理。

v^{SC}：表示系统调用节点，一个系统调用节点对应一个系统调用，可根据需要和以往工程经验，直接指定为软件或硬件实现，从而不参与后续的划分算法处理，在一定程度上可减小搜索空间。

v^{H}：表示层次化节点。一个层次化节点可递归地包含一个层次化控制数据流子图，可见 PO-HCDFG 具有递归性质。相比而言，层次化节点 v^{H}作为一种复杂节点，v^{B}、v^{S}、v^{E}和 v^{SC}四种节点都属于简单节点。

IP 和 OP：分别为节点的输入端口和输出端口，对于节点 v_i，有 $\mathrm{IP}(v_i)=\{x|x$ 是在 v_i中被引用且在引用之前未被赋值的变量$\}$，$\mathrm{OP}(v_i)=\{x|x$ 是在 v_i中被赋予新值的变量$\}$。

CE：表示控制边，用于反映 C 语言程序的控制结构。设 v_i和 v_j为一个 PO-HCDFG 中的任意两个节点，若存在 $\mathrm{ce}(v_i,v_j)\in\mathrm{CE}$，则节点 v_i和 v_j满足：控制流可能从 v_i流向 v_j。可将控制边分为回环边和普通前向边两类，针对两种类型，我们分别称 v_i为 v_j的回环前驱(表示为 $v_i=\mathrm{RET\_PRE}(v_j)$)和普通前驱(表示为 $v_i=\mathrm{NOR\_PRE}(v_j)$)，$v_j$为 v_i的回环后继(表示为 $v_i=\mathrm{RET\_SUC}(v_j)$)和普通后继(表示为 $v_i=\mathrm{NOR\_SUC}(v_j)$)，对于任一 PO-HCDFG，一定存在一个无普通前驱的节点和一个无普通后继的节点，分别将它们称为开始节点 v^{S}和结束节点 v^{E}。

DE：表示数据边，用于反映节点间的数据依赖关系。对于数据边 $\mathrm{de}(v_i,v_j)\in$

DE，VS(de(v_i,v_j))表示该边上的变量组成的集合，则至少存在一个变量 $x\in$ VS(de(v_i,v_j))，满足：条件 1，$x\in$ IP(v_i)且 $x\in$ OP(v_j)；条件 2，沿 v_i 到 v_j 的控制流上不存在节点 v_k，满足 $x\in$ OP(v_k)。数据边通过数据依赖分析建立，详见 4.3.3 节。

此外，任一 G 有两个特殊节点：开始节点 v_{start} 和结束节点 v_{end}，G 的执行流程开始于 v_{start}，并结束于 v_{end}。

4.3.3　PO-HCDFG 的主要内容

以 PO-HCDFG 为基础的软/硬件划分流程(见图 4.3 所示)包括：

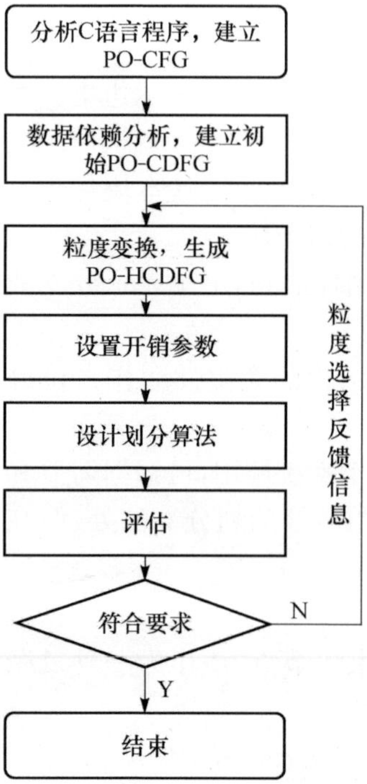

图 4.3　以 PO-HCDFG 为基础的软/硬件划分流程图

(1) 分析 C 语言程序的控制结构，提取基本块节点和系统调用节点，将 C 语言程序转换为 PO-CFG。

(2) 对 PO-CFG 进行数据依赖分析，建立 PO-CDFG。

(3) 根据不同的划分粒度，对 PO-CDFG 进行粒度变换，建立 PO-HCDFG 划分模型。

(4) 设计后续的划分算法。

(5) 对划分结果进行评估，确定结果是否满足要求。若满足要求，则划分结束；否则根据评估结果生成粒度选择信息，以指导下一轮的划分。

下面将重点讨论 C 语言程序向 PO-CDFG 的转换算法、粒度变换方法以及开销参数设置三个问题。

1. C 语言程序向 PO-CDFG 的转换算法

在 PO-CDFG 中，数据边的建立以节点和控制边为基础。因此，我们首先讨论控制结构的形式化表示，以建立不包含数据边的 PO-CFG。

1) 控制结构的形式化表示

PO-CFG 中只包含简单节点，其中，哑节点只做辅助用，不与任何实际的代码对应，其 IP 和 OP 均为空集；控制节点与 C 语言的控制语句一一对应，其 IP 为控制语句操作执行时所需要的变量集，OP 为在控制语句中改变的变量集；而基本块节点与基本块对应，承载了程序的主要计算代码，由于基本块节点只包含一些 C 语言中的基本操作，因此可通过扫描代码建立其 IP 和 OP；由于 C 语言程序中，对嵌入式操作系统的系统调用类型是有限的，其 IP 和 OP 可根据其参数和返回值分析获得。

控制结构反映了节点间的控制关系，C 语言的控制结构分为分支结构和循环结构两种,分支结构包括 switch 和 if 两种,其抽象表示分别如图 4.4 中(a)和(b)所示;循环结构包括 for 循环和 while 循环两种,由于 while 循环结构可转化为 for 循环结构,其抽象表示如图 4.4 中(c)所示。

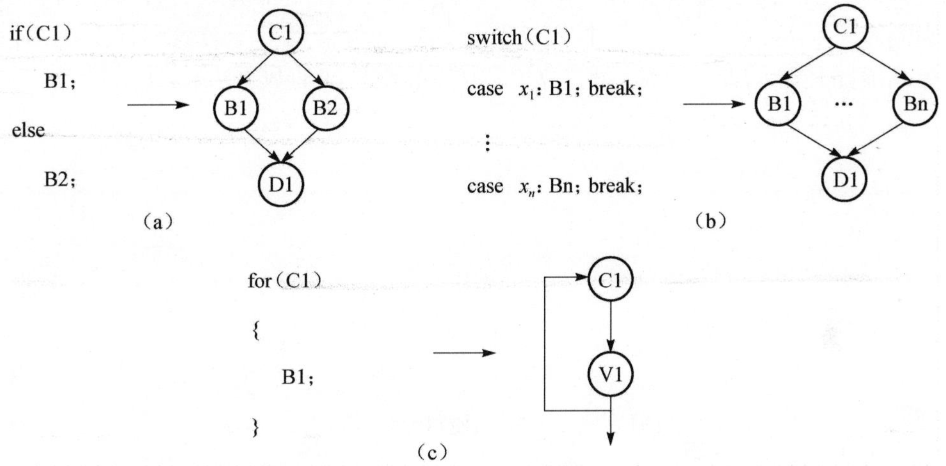

图 4.4　控制结构的抽象表示(D1 为哑节点)

2) 节点层次数的设置

节点和控制边提取后,还需对节点设置层次数。节点的层次数可反映循环结构的嵌套情况,为后续的粒度变换提供必要的信息。对于一个 PO-CFG,定义其开始节点 v_{start} 的层次数 $L(v_{\text{start}})=1$,由于从 v_{start} 到 PO-CFG 中的任何一个节点沿控制流可达[12],因此,任一非哑节点有且仅有一个普通前驱,而哑节点则可能有多个普通前驱,在设置层次数的过程中只需考虑一个普通前驱即可。不妨记 v_j 为 v_i 的普通前驱,则各节点的层次数可按如下方法设置:

$$L(v_i) = L(v_j) + \alpha + \beta \tag{4.8}$$

其中:

$$\alpha = \begin{cases} 1, & \text{若 } v_i \text{ 为一回环边的尾节点} \\ 0, & \text{否则} \end{cases}$$

$$\beta = \begin{cases} -1, & \text{若 } v_j \text{ 为一回环边的头节点} \\ 0, & \text{否则} \end{cases}$$

可见,对于一个 PO-CFG,$L(v_{\text{start}})=1$,当控制流进入一个循环结构时相应内部节点的层次数加 1,当退出一个循环结构时相应后续节点的层次数减 1。

3) 数据依赖分析

在 PO-CFG 基础上,通过分析其数据依赖关系,可有效建立初始 PO-CDFG。PO-CDFG 中存在一条数据边 $\text{de}(v_i, v_j)$ 的必要条件是 $\text{VS}(\text{de}(v_i, v_j)) = \text{OP}(v_i) \cap$

$IP(v_j)$。在建立数据边之前,需要先分析控制流路径集。

任一 PO-CDFG 都有一控制流路径集,集合中任一元素为一条控制流路径,一条控制流路径与程序的一种可能的执行路径对应(对于循环结构只考虑其第一次执行)。因此,一条控制流路径可由该执行路径上所有非哑节点的有序序列表示,记为 cpath$=\{v_1,v_2,\cdots,v_n\}$。控制流路径的建立可借助一个链表和栈实现,对每条控制流路径采用如下算法,可建立 G_0 中各节点之间的数据边:

```
for(i=n;i> 1;i-)
{
    S1=IP(vi);
    j=i-1;
    while(S1≠∅&&j>=1)
    {
        S2=S1∩OP(vj);
        if(S2!=∅)
            建立数据边 de(vj,vi),使得 VS(de(vj,vi))=S2;
        置 S1=S1-S2;
        置 j=j-1;
    }
}
```

该算法的核心为输入/输出变量集的比较,时间复杂度为 $O(n^2)$,算法执行中需要的辅助空间为变量集 S_1,其变量数量的上限为一个常数,因此,算法的空间复杂度为 $O(1)$。

2. 划分对象的建立与粒度变换

划分对象是划分的基本单元,一个划分对象可由软件或者硬件实现。粒度变换用于对节点进行合并和拆分操作,从而建立合适粒度的层次化 PO-HCDFG,一个划分对象与一个基本块节点或层次化节点对应。

软/硬件划分中的划分粒度越大,划分速度越快,但划分质量可能不高;相反,划分粒度越小,可产生较高质量的划分结果,但划分速度也越慢并可能产生较大的接口通信代价。因此,一种合理的粒度选择方法是:先采用大粒度进行划分,若不能得到合适的划分结果再逐步进行粒度细化,且一个划分对象最小为一个基本块。

划分对象之间的依赖关系是划分算法执行划分的重要依据之一,我们在选择划分对象时以循环结构作为主要研究对象,主要原因包括:

(1) 在已有划分算法的研究中,人们一般将系统功能的抽象表示假定为一个有向无环图(DAG),对于非循环结构的合并于拆分存在较为成熟的方法,而循环结构的存在导致其内部节点之间可能存在环状依赖关系，因此在建立划分对象时趋向于将一个循环整体合并为一个层次化节点，这种方法可能导致过大的划分粒度。

(2) Li 等通过研究发现，在很多典型的嵌入式应用程序中，循环的执行时间在总执行时间中占据了较大的比例(一般为 80%～90%)，且这些循环通常紧凑而易于在一定的硬件上实现[13]，同时，通过流水线技术对循环内的电路进行合理的流水级划分可有效提高程序执行效率。

由于划分对象的建立遵循粒度从大到小的原则，因此，在执行划分算法之前将初始 PO-CDFG 中所有最外层循环结构合并为一个层次化节点。不妨将循环对应的子 PO-CDFG 表示为 $G_1=\langle V_1,E_1\rangle$，其开始和结束节点分别为 v_{start1} 和 v_{end1}，输入端口和输出端口分别为 IP_1 和 OP_1，并将合并后的层次化节点表示为 v_k，则有 $L(v_k)=L(v_{\text{start}})-1$。合并包括控制流和数据流两部分的操作，控制流上的操作为：若 G 中存在节点 v_x，满足 $v_x=\text{NOR\_PRE}(v_{\text{start1}})$，则建立控制边 $\text{ce}(v_x,v_k)$，删除控制边 $\text{ce}(v_x,v_{\text{start1}})$；若 G 中存在 $v_y=\text{NOR\_SUC}(v_{\text{end1}})$，则建立控制边 $\text{ce}(v_k,v_y)$，删除控制边 $\text{ce}(v_{\text{end1}},v_y)$。而数据流上的合并操作如下：

```
置 vi 为 V1 中任一节点;
while(V1≠∅)
{
    若 G 中存在数据边 de(vx,vi),满足 vx∉V1,则
        置 VS(de(vx,IP1))∪=VS(de(vx,vi)),VS(de(IP1,vi))∪=VS(de(vx,vi));
    若 G 中存在数据边 de(vi,vy),满足 vy∉S,则
        置 VS(de(vi,OP1))∪=VS(de(vi,vy)),VS(de(OP1,vy))∪=VS(de(vi,vy));
    置 V1=V1-vi;
    置 vi 为 V1 中任一节点;
}
```

在上述过程中针对待合并节点集 V_1 进行遍历，并对每一节点的数据边进行判断，若数据边的头节点或尾节点不属于待合并节点集，则对该数据边进行转换。判断操作的时间复杂度为 $O(n)$，其中，n 为待合并的节点数；转换操作的时间复杂度为 $O(m)$，其中，m 表示待合并节点集中的节点与该集合之外各节点间的数据边条数。因此，总时间复杂度为 $O(n+m)$。而算法执行过程中需要的辅助空间为待合并节点集，因此空间复杂度为 $O(n)$。

在对 PO-HCDFG 进行初始划分中一个层次化节点对应一个外层循环，因此，若划分不能得到合适的结果则需进行进一步粒度细化的拆分操作。我们以阈值 ∂ 为参考选取需要进行细化的层次化节点。阈值 ∂ 为一个百分比，对于选中的层次化节点，表示该节点对应的循环结构的运行时间占总运行时间的百分比大于 ∂，因此可根据 ∂ 灵活地控制划分粒度。对于选中的循环 v_k，将其拆分为两个功能相同，循

环次数不同的循环 v_{k1} 和 v_{k2}，拆分后节点的循环次数可由划分人员指定。将 v_{k1} 和 v_{k2} 的输入/输出端口分别表示为 IP_{k1}/OP_{k1} 和 IP_{k2}/OP_{k2}。拆分操作包括控制流和数据流两部分的操作，控制流上的操作为：若 G 中存在节点 v_x，满足 $v_x=$ NOR_PRE(v_k)，则以控制边 ce(v_x，v_{k1})替换 ce(v_x，v_k)；若 G 中存在 $v_y=$NOR_SUC(v_k)，则以控制边 ce(v_{k2}，v_y)替换 ce(v_k，v_y)；建立控制边 ce(v_{k1}，v_{k2})，而数据流上的拆分操作如下：

```
置 S=OPk1∩IPk2，若 S≠∅，则
    建立数据边 de(vk1,vk2)，使得 VS(de(vk1,vk2))=S；
对∀de(vx,vk)，置 S1=VS(de(vx,vk))∩IPk1，S2=VS(de(vx,vk))∩IPk2，则
    若 S1≠∅，则建立数据边 de(vx,vk1)，使得 VS(de(vx,vk1))=S1；
    若 S2≠∅，则建立数据边 de(vx,vk2)，使得 VS(de(vx,vk2))=S2；
    删除数据边 de(vx,vk)；
对∀de(vk,vy)，置 S1=VS(de(vk,vy))∩OPk1，S2=VS(de(vk,vy))∩OPk2，则
    若 S1≠∅，则建立数据边 de(vk1,vy)，使得 VS(de(vk1,vy))=S1；
    若 S2≠∅，则建立数据边 de(vk2,vy)，使得 VS(de(vk2,vy))=S2；
    删除数据边 de(vk,vy)；
```

上述算法的时间复杂度为 $O(m_k)$，最坏情况下的空间复杂度为 $O(d_k)$，其中 m_k 为 G 中与节点 v_k 相连的数据边的条数，d_k 为 v_k 内部操作变量的个数。

3. 开销参数的设置

为了得到较优的划分方案，需要对多种划分方案进行评估比较，对划分结果的评估以划分对象的开销参数为基础。在嵌入式系统设计中，主要考虑的开销参数包括执行时间、成本和能耗。执行时间和能耗分别指划分对象从开始运行到结束的执行时间和消耗的能耗总和。成本一般包括软件成本、硬件成本以及开发成本，但由于开发成本的不确定性，本书只考虑软件成本和硬件成本。软件成本包括目标微处理器的成本以及软件代码和数据占用的存储器成本两部分，但随着微处理器成本的下降，存储器成本成为软件成本的主要来源，采用占用的存储器字节数表示，也称为软件面积。而硬件成本则来自于占用的硬件资源，本书中以硬件面积表示硬件成本，可用占用的逻辑单元数表示(以 ALTERA 公司的 FPGA 为例，为占用的 LE 数)。系统成本和能耗都具有累加性质，即可分别由划分对象的成本和能耗求和得到，而执行时间则需要在考虑各单元各自执行时间的同时充分考虑各单元的并行性。在 PO-HCDFG 中，一个划分对象对应一个基本块或一个层次化节点，可由软件或硬件实现，因此需要设置基本块节点和层次化节点分别由软件和硬件实现时的执行时间、能耗和成本。根据处理器与可重构器件的特性，在缺省情况下，当控制节点不属于任一划分对象时则由软件实现，因此只需设置控制节点的软件参数。

对于硬件时间、能耗和成本的评估，目前已有研究者从高级语言出发进行了研究，如沈英哲等提出了一种在编译时估算一个基本块在可重构硬件上运行时间的方法[14]；Kato 等研究了一种从 C 程序转换为用于上层综合的 CDFG 的方法[15]；而 Dwivedi 等以 CDFG 为基础对硬件执行时间、面积和能耗进行了研究，并应用到了硬件评估工具 HwEstSaid 中[16]。另外，硬件参数的估算也可通过集成开发工具(如 Altera 公司的 Quartusii 和 Xilinx 公司的 ISE)获得。而软件参数的估算一般需在目标机层次上进行，为此，我们开发了一个针对 ARM7TDMI 的指令集能耗模拟器——HMSim，该模拟器能较准确地统计出一段代码执行的时间和能耗。而划分对象的软件面积可通过编译后的汇编指令条数与每条指令占用的字节数获得，以 ARM7TDMI 为例，共有两类指令，即 ARMMv4 和 Thumb 指令集，前者每条指令占 4Byte，后者每条指令占 2Byte。

4.3.4　仿真实验与分析

本实验针对一个典型的 C 语言程序，采用 PO-HCDFG 方法进行能耗相关软/硬件划分建模，图 4.5(a)中所示为 C 程序，(b)所示为对应的初始 PO-HCDFG。为清晰起见，图中只标出了控制边，初始 PO-CDFG 中的数据边包括：

$$e_{C2,B4}(j)e_{B3,B4}(p,r)e_{B2,B4}(t)e_{C2,C3}(j)e_{C2,B3}(j)e_{B2,B3}(s)e_{C1,B2}(i)e_{B1,B2}(s,t)$$

$$e_{B3,B5}(p,r)e_{C2,B5}(j)e_{IP,B3}(x,y)e_{B4,OP}(x,y)e_{B5,OP}(x)$$

初始 PO-CDFG 建立之后，在进行划分之前，我们将所有外层循环合并为层次化节点，合并后产生的 PO-HCDFG 如图 4.6(a)所示，其中虚线所示为控制边，实线所示为数据边。图中各节点的执行时间以及占总执行时间的比例如表 4.1 所示。若在此粒度下的划分不能得到合适的划分结果，则根据划分人员制定的阈值∂选择循环结构对应的层次化节点进行细化，这里不妨设∂为 50%，则表 4.1 中 H2 节点需进行细化。根据表 4.2 中所述方法可将 H2 拆分为 H3 和 H4，拆分后的 PO-HCDFG 如图 4.6(b)所示。

表 4.1　节点执行时间表

节　点	以软件实现的执行时间/ns	占总执行时间的比例/%
B1	200	0.64
H1	10 875	34.95
H2	20 037.5	64.40
H3	10 450	33.25
H4	9 900	31.50

```
void model(int*x,int*y)
{
  int p,r,i,j,s,t,
  //B1
  s=0;t=1;
  //C1
  for(i=1;i<=10;i++)
  {
    //B2
    s=s+i;t=t*i;t=t&0xFF;
  }
  //C2
  for(j=0;j<10;j++)
  {
    //B3
    p=x[j]+y[j];r=x[j]*s;
    //C3
    if(j%2==0)
    {
      //B4
      x[j]=(p+r)&0xFF+t,
      y[j]=(p*r)&0xFF+t;
    }
    else
    {
      //B5
      x[j]=(p+r)&0xFF;
    }
  }
}
```

(a)

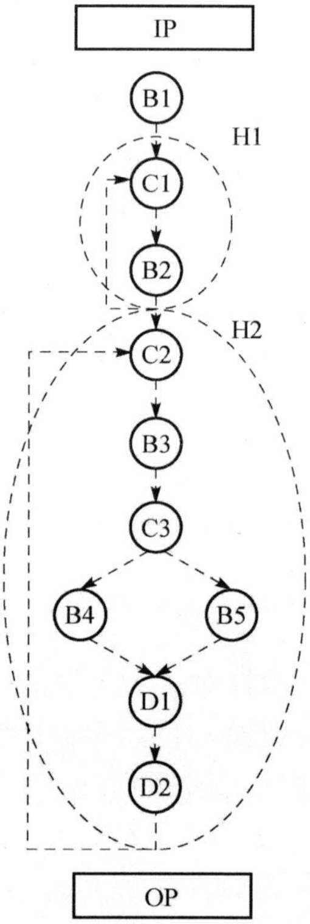

(b)

图 4.5　一个 PO-HCDFG 示例

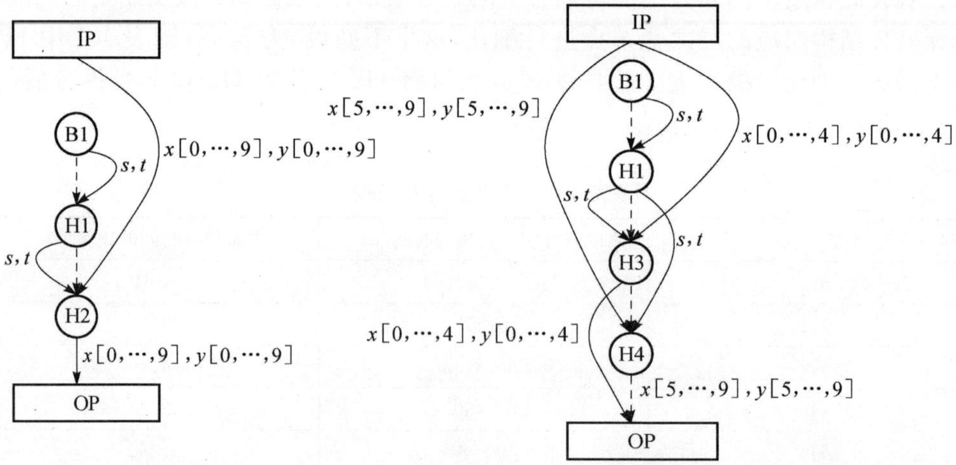

(a)　　　　(b)

图 4.6　划分算法操作的 PO-HCDFG

划分对象确立后，在划分之前还需设置划分对象分别由软/硬件实现时的各项参数，各划分对象参数如表 4.2 所示。

表 4.2　划分对象参数表

节　点	实现方式	时间/ns	能耗/nJ	面积/(Bytes/LEs)
B1	software	200	15.285 612	6
	hardware	175	20.573	0
H1	software	10 875	843.874 761	34
	hardware	2625	332.176 25	835
H2	software	20 037.5	1555.748 41	97
	hardware	2312.5	327.415	1518
H3	software	10 450	810.990 088	97
	hardware	1162.5	163.7075	1518
H4	software	9900	767.700 15	97
	hardware	1162.5	163.7075	1518

注：LE 表示逻辑单元。

通过实验结果可以看出：

(1) 对于 C 语言描述的嵌入式系统，首先建立初始 PO-HCDFG，根据一定的规则提取划分对象，并对划分对象设置相应的软/硬件参数，从而建立一个由节点、控制边和数据边组成的数学上的 DAG，其中节点表示实现一定功能的模块，控制边表示节点间的控制逻辑关系，而数据边表示节点间的数据依赖关系，有效实现能耗相关软/硬件划分建模，从而说明 PO-HCDFG 方法的可行性。

(2) 任务图在目前关于软/硬件划分建模研究中被广泛使用。与一般的任务图相比，针对 C 语言程序，通过 PO-HCDFG 建立的 DAG 可根据需要进行一定的粒度变换，合理处理循环结构，有利于划分算法求得更优的划分结果，从而说明 PO-HCDFG 方法的优越性。

(3) 本节针对 C 语言描述的嵌入式软件，提出了 PO-HCDFG 的形式化定义，设计了 C 语言程序向 PO-HCDFG 的转换方法，分析了粒度变换规则以及划分对象的开销参数设置问题，并通过理论分析与实验验证了 PO-HCDFG 方法在能耗相关软/硬件划分中的可行性和优越性。下一步的研究包括考虑一套适合 PO-HCDFG 的自动化数据依赖分析方法和划分对象软/硬件能耗参数的更准确获取方法。

4.4　基于离散 Hopfield 神经网络的 RTOS 功耗优化

4.4.1　背景介绍

随着全球能源危机的不断发展，数量庞大的嵌入式系统的功耗问题日益引起人们的关注。作为嵌入式系统的一种新形式，SoC 在单个 IC(integrated chip，集成电路芯片)里基本上实现了一个完整计算机系统的软/硬件功能。同传统的嵌入式系统相比，SoC 具有许多明显的优点，如体积小、功耗低、可靠性高以及更高的性价比等，缺点是复杂性上升、设计成本高、开发周期长，完全改变了先前整机系统的总体设计架构。SoC 通常是一个定制的 IC，一般由通用的微处理器核、可逻辑编程的硬件单元、应用相关的硬件加速电路和相应的嵌入式软件组成。SoC 设计结合了传统的 IC(包括数字、模拟和射频集成电路)设计和嵌入式软件开发两方面的内容，不但是国家“鼓励软件产业和集成电路产业发展的若干政策”(即 18 号文件)支持的重点，而且是学术界的研究热点和工业界大力推广应用的一项新技术。

在 SoC 中，嵌入式软件一般由 RTOS 和嵌入式应用程序组成，其中 SoC 中的 RTOS 简称 SoC-RTOS。嵌入式软件的执行驱动了低层微处理器、存储器和 I/O 接口等硬件的电路活动，导致了系统功耗的产生。先前的许多研究表明，软件的使用方式对系统功耗有着直接而重要的影响，不同的汇编指令、软件算法以及软件的高层体系结构对系统功耗能够产生不同的作用，并且能够采用各种测量工具对影响程度进行量化。可见，嵌入式硬件电路的低功耗设计是“系统省电的基础”，而嵌入式软件的低功耗设计是“系统省电的源头”[17,18]。

SoC-RTOS 是嵌入式软件的核心组成部件，为上层应用程序提供了硬件抽象和资源管理等功能，是满足嵌入式系统并发需求、提高嵌入式应用程序开发效率和可移植性的重要手段，也是嵌入式应用程序必不可少的运行平台。SoC-RTOS 一般采用微内核结构，基于优先权抢占的调度策略，具有任务管理、任务间同步和通信(如信号量、消息队列、异步信号、共享内存、管道)、内存管理和中断管理等功能，其运行方式有两种：嵌入式应用程序通过 API 显式地调用其服务例程，或者硬件产生的中断隐式地引起其服务例程的执行。RTOS 频繁执行不但占用了微处理器机器运行周期相当大的部分，而且消耗了 30%～40%的系统功耗。因此，为了进一步推动嵌入式系统和 SoC 功耗优化技术的发展，大力开展 SoC-RTOS 功耗优化方法研究是十分必要的[19,20]。

软/硬件自动划分(hardware-software automated partitioning)是嵌入式系统软/硬件协同设计(hardware-software co-design)方法的一个重要步骤，即在一定成本约束下提高系统的性能。针对嵌入式实时系统，Gupta 等提出了在协处理器和通用处理器上进行软/硬件划分的迭代算法[21]；Eles 等采用模拟退火算法(simulated annealing algorithm)和禁忌搜索算法(tabu search algorithm)实现软/硬件划分[22]；Saha 等开发了一种基于遗传算法(genetic algorithm)的软/硬件划分算法[23]；Filho 等采用 petri nets 进行软/硬件划分[24]；熊志辉等实现了一种遗传算法和蚂蚁算法动态融合的混合算法进行嵌入式系统的软/硬件划分[25]；Arató 等采用整数线性规划解决软/硬件划分问题，适合于相对较为复杂的系统[26]；Stitt 等考虑了一种软/硬件动态划分的方案[27]；Stitt 和 Vahid 提出了软件二进制程序的软/硬件划分方法[28]；在文献[29]中，我们提出了一种基于 Hopfield 神经网络的 SoC-RTOS 软/硬件划分方法，在硬件面积约束条件下优化 SoC-RTOS 的运行时间，明显地提高了多任务 SoC-RTOS 的运行性能。但是，目前大多数软/硬件划分方法是在保持系统成本(如硬件面积)尽可能小的条件下，使系统满足性能目标要求(如速度)，几乎没有提供相关的功耗优化与估计策略。

在文献[30]中，针对基于微处理器结构的嵌入式系统，Henkel 提出了一种系统级的功耗优化方法，在细粒度(指令/操作级)的功耗估计与分析基础上，采用软/硬件划分方法对嵌入式系统的功耗进行优化。同文献[17]和文献[18]中一些局部功耗优化技术相比，这种基于软/硬件划分的系统级功耗优化方法能够产生更高的功耗节省，大约为 35%～95%。但是，该文只从硬件角度考虑了处理器核和 ASIC 核的功耗问题，由于在指令级或操作级进行精确的功耗估计是非常困难的，实际上无法保证软/硬件划分结果能够达到规定的功耗目标要求。同时，采用简单的列表法将划分对象与目标模块进行对比、排序，完成对软/硬件的划分，也难以保证划分结果是功耗最优的，或功耗次优的。

因此，SoC-RTOS 的功耗相关软/硬件划分(简称 RTOS-Power 划分)对于 SoC 设计是至关重要的，它决定了 SoC-RTOS 的哪些功能应该由硬件实现，哪些功能应该由软件实现，其划分结果直接影响到 SoC 的系统功耗。和一般的 RTOS 相比，由于 SoC-RTOS 具有不同的特点和应用需求，使得其具有不同的功能集合和软/硬件实现要求，从而造成了 RTOS-Power 划分与一般的嵌入式系统和 SoC 划分存在较大的区别，过去的软/硬件划分方法在许多方面对于 RTOS-Power 划分是不充分的，如 RTOS-Power 功耗建模与估计、功耗约束条件和目标参数的提炼、功耗优化求解算法的设计、划分结果的评价以及系统结构问题等。在本节中，我们将主要进行 RTOS-Power 划分优化算法的开发与设计[17]。

4.4.2　RTOS-Power 划分问题的描述

RTOS-Power 划分是一个 NP 完全问题，其主要目标是将 RTOS 的功能行为在一定约束条件下优化地分配到 SoC 的软/硬件系统结构上，以实现系统功耗的最小化。在有些研究中，将 RTOS-Power 划分作为 SoC-RTOS 软/硬件综合的一部分。SoC-RTOS 的功能行为一般采用任务图建模，每个任务具有相应的功耗属性，我们采用基于任务级的系统功耗建模与估计策略。对软件而言，一个任务是具有明确接口的、粗粒度的一系列运算操作的集合，通常表现为一个功能模块、函数、算法过程、对象或构件；对硬件而言，一个任务是一个特定的 IP(intellectual property，知识产权)模块，具有清晰的功能、接口和约束[27,29]。

为形式化地描述 SoC-RTOS 划分问题，在本节中将使用下列符号：

G：一个有向无环图，亦即一个 SoC-RTOS 功能行为的任务图，$G=(V,E)$；

V：将要划分的任务节点集合，$V=\{v_1,v_2,\cdots,v_n\}$；

E：表示两个节点间控制或数据依赖/通信关系的有向边，$E=\{e_{ij}\mid v_i,v_j\in V, i\neq j\}$；

N：G 的任务节点的数量，$N=|V|$；

P：G 的一个功耗相关软/硬件划分；

V_{H}：划分为硬件的节点子集，$V_{\mathrm{H}}\subseteq V$；

V_{S}：划分为软件的节点子集，$V_{\mathrm{S}}\subseteq V$；

$s(v_i)$（或 s_i）：v_i软件实现的成本；

$h(v_i)$（或 h_i）：v_i硬件实现的成本；

$c(v_i,v_j)$（或 c_{ij}）：v_i和 v_j的通信成本，假如它们在不同的子集内（硬件子集或软件子集），而同一个节点子集内节点间的通信成本忽略不计；

c_i：c_{ji}之和，$c_i=\sum_{j=1,j\neq i}^{N} c_{ji}$；

H_P：划分 P 的硬件成本之和，$H_P=\sum_{v_i\in V_{\mathrm{H}}} h_i$；

S_P：划分 P 的软件成本之和，$S_P=\sum_{v_i\in V_{\mathrm{S}}} s_i$；

C_P：划分 P 的通信成本之和，$C_P=\sum_{v_i\in V_{\mathrm{S}},v_j\in V_{\mathrm{H}}\text{或}v_i\in V_{\mathrm{H}},v_j\in V_{\mathrm{S}}} c_{ij}$；

$g_P(V_{\mathrm{H}},V_{\mathrm{S}})$：划分 P 的系统整体成本；

$f_P(V_{\mathrm{H}},V_{\mathrm{S}})$：划分 P 的系统整体功耗。

定义 4.3（k 路划分） 对于给定的 $G=(V,E)$，k 路划分就是寻找簇的集合 $P=\{p_1,p_2,\cdots,p_k\}$，满足

$$\begin{cases} p_i\subseteq V, & 1\leqslant i\leqslant k \\ \bigcup_{i=1}^{k} p_i = V \\ p_i\cap p_j=\varnothing, & 1\leqslant i,j\leqslant k, i\neq j \end{cases} \tag{4.9}$$

当 $k=2$ 时，P 被称为双路划分，它意味着在目标系统中，考虑只有一个软件子集（如一个通用的微处理器）和一个硬件子集（如一个 ASIC 或 FPGA）的情况；当 $k>2$时，P 被称为多路划分，它意味着在目标系统中，考虑多个软件子集（如多个通用的微处理器）和多个硬件子集（如多个 ASIC 或 FPGA）的情况。因此，根据目标系统的结构，RTOS-Power 划分可以分为双路划分和多路划分。由于双路划分是多路划分的基础，并广泛应用于相关的研究与开发中，因此，本节中，在没有特别声明的情况下，划分一般指的是双路划分。

定义 4.4(RTOS-Power 划分)　对于给定的 $P=(V_H,V_S)$,$V_H\cup V_S=V$ 和 $V_H\cap V_S=\varnothing$,RTOS-Power 划分可以表示为下列组合优化问题的数学模型:

$$\begin{cases}\min f_P(V_H,V_S) \\ \text{s. t.}\quad C_{\min}\leqslant g_P(V_H,V_S)=H_P+S_P+C_P\leqslant C_{\max} \\ \qquad v_i\in V,e_{ij}\in E,1\leqslant i,j\leqslant n,i\neq j\end{cases}\tag{4.10}$$

其中,$C_{\min}>0$ 和 $C_{\max}>0$ 分别是 SoC-RTOS 给定成本的最小值与最大值。

4.4.3　一种离散 Hopfield 神经网络方法

离散 Hopfield 神经网络方法(discrete hopfield neural network approach, DHNNA)已经成功地应用于信号与图像处理、模式识别和组合优化等问题,本节将尝试采用该神经网络方法求解 RTOS-Power 划分组合优化问题。

1. 神经元的表示

一个具有 N 个神经元的神经网络对应于任务图 G 的 N 个节点(见图 4.7),第 i 个神经元与节点 i 存在一种一一对应关系,具有一个输入 U_i 和输出 V_i 间的函数关系。神经元的激励函数由下式确定:

$$V_i=f\Big(\sum_{j=1,j\neq i}^{N}W_{ji}V_j-\theta_i\Big)=f(U_i)=\begin{cases}0, & U_i>0\\ 1, & U_i\leqslant 0\end{cases}\tag{4.11}$$

其中,$W_{ji}V_j=h_j(1-V_j)+s_jV_j+c_{ji}((1-V_j)+V_j)$;$\theta_i=\alpha_i(1-V_j)+\beta_iV_j+\varphi_{ij}((1-V_j)+V_j)$;权重 W_{ji} 是 v_j 的成本(即 s_j 或 h_j)和通信成本 c_{ji} 的和;θ_i 是第 i 个神经元的阈值(α_i、β_i 和 φ_{ij} 将在下一小节中做进一步的解释)。同时,神经元输出值 $V_i=0$,表示 $v_i\in V_H$;$V_i=1$,表示 $v_i\in V_S$。

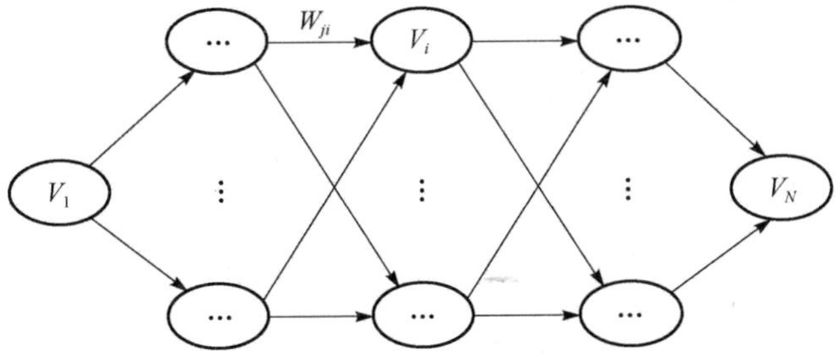

图 4.7　离散 Hopfield 神经网络的结构

为避免初始条件引起的局部优化问题,神经元的输入值应当限制在某一范围内。c_{ij} 的平均值 U_{avg} 采用所有相连的任务节点进行计算,因此,神经元输入的上限 U_{max} 和下限 U_{min} 按以下公式设置:

$$U_{\text{avg}} = \frac{2}{N} C_P, \quad U_{\min} = -\frac{U_{\text{avg}}}{2}, \quad U_{\max} = \frac{U_{\text{avg}}}{2} \tag{4.12}$$

$$U_i = \begin{cases} U_{\min}, & U_i < U_{\min} \\ U_{\max}, & U_i > U_{\max} \end{cases} \tag{4.13}$$

2. 能量函数

对应于 RTOS-Power 划分的约束条件和目标函数，Hopfield 神经网络的能量函数包括下列两部分：

$$E = \frac{A}{2} E_1 + \frac{B}{2} E_2 \tag{4.14}$$

$$\begin{aligned} E_1 = & \sum_{i=1}^{N} \sigma_i^2 \Big(\sum_{j=1}^{N} (h_j V_i (1 - V_j) \\ & + s_j (1 - V_i) V_j + c_{ij} (V_i (1 - V_j) + (1 - V_i) V_j)) - C_{\min} \Big) \end{aligned} \tag{4.15}$$

$$\begin{aligned} E_2 = & f_P(V_{\mathrm{H}}, V_{\mathrm{S}}) \\ = & \sum_{i=1}^{N} \Big(\sum_{j=1, j \neq i}^{N} (\alpha_i V_i (1 - V_j) + \beta_i (1 - V_i) V_j + \varphi_{ij} (V_i (1 - V_j) + (1 - V_i) V_j)) \Big) \end{aligned} \tag{4.16}$$

其中，A 和 B 是两个正系数，在第 4 小节将进一步确定它们的值；α_i 表示一个任务节点硬件实现的功耗，不同的任务节点具有不同的值；β_i 表示一个任务节点软件实现的功耗，不同的任务节点具有不同的值；φ_{ij} 表示一个相应的任务节点间通信的功耗，不同的通信具有不同的值[29~31]。

在方程(4.15)中函数 $\sigma_i(x)$ 由下式确定：

$$\sigma_i(x) = \begin{cases} x + C_{\min} - (h_i + s_i + c_i), & x < -C_{\min} + (h_i + s_i + c_i) \\ 0, & 0 \leqslant x \leqslant C_{\max} - C_{\min} \\ x - C_{\max} + (h_i + s_i + c_i), & x > C_{\max} - (h_i + s_i + c_i) \end{cases} \tag{4.17}$$

E_1 是能量函数的一个约束条件，同 $g_P(V_{\mathrm{H}}, V_{\mathrm{S}}) = \sum_{i=1}^{N} \Big(\sum_{j=1, j \neq i}^{N} (h_j V_i (1 - V_j) + s_j (1 - V_i) V_j + c_{ij} (V_i (1 - V_j) + (1 - V_i) V_j)) \Big)$ 相关；E_2 是能量函数的一个目标函数 $f_P(V_{\mathrm{H}}, V_{\mathrm{S}})$，表示 SoC-RTOS 的功耗值[20,29]。

3. 运行方程

第 i 个神经元的运行方程为

$$\frac{\mathrm{d}U_i}{\mathrm{d}t} = -\frac{\partial E}{\partial V_i} = -A \sigma_i \Big(\sum_{j=1}^{N} (h_j V_i (1 - V_j) + s_j (1 - V_i) V_j$$

$$+c_{ij}(V_i+V_j-2V_iV_j))-C_{\min}\Big)\times\Big(\sum_{j=1}^{N}(h_j(1-V_j)-s_jV_j+c_{ij}(1-2V_j))\Big)$$

$$-\frac{B}{2}\sum_{j=1,j\neq i}^{N}((\alpha_i+\varphi_{ij})-(\alpha_i+\beta_i+2\varphi_{ij})V_j) \tag{4.18}$$

为进一步避免出现局部优化现象和在有限的时间内获得一个高质量的解，一个“噪声”条件 D 将加到运行方程(4.18)上，即

$$D=\eta(1-2V_j)=\begin{cases}+\eta, & V_j=0\\ -\eta, & V_j=1\end{cases} \tag{4.19}$$

但是，如果“噪声”条件 D 一直加在状态更新规则中，神经网络的状态可能会变化过度，以至于连一个局部最优解都无法获得。因此，当条件 $[t/T_0]\geqslant\lambda$ 满足时，在运行方程中条件 D 将被丢弃，其中 $[\cdot]$ 是一个取整操作符，$\lambda=T_0-tT_0/T_{\max}-1$，$T_0$ 是一个正系数，$T_{\max}$ 是迭代的最大步数。

4. 运行方程系数的确定

系数 A 由任务节点成本的平均值 $\bar{\omega}$ 确定，即

$$\bar{\omega}=\frac{H_P+S_P}{N} \tag{4.20}$$

系数 B 由 U_{avg} 确定，设定 $A\bar{\omega}=KBU_{\text{avg}}$，其中 K 是一个调节常数。实验中，取 $K=1/3, B=1, T_0=20, T_{\max}=300, \eta=U_{\text{avg}}/(3+10\rho)$。这里，$\rho=M/(N(N-1)/2)$，表示图形 G 的边产生率($0<\rho\leqslant1$)[31]。

α_i、β_i 和 φ_{ij} 的值可通过一个低层的功耗仿真器 EMSIm 获得，该仿真器模拟了一个包含 Intel StrongARM 处理器和 RTOSμC/OS 的 SoC 平台。另外，不同软/硬件实现条件下任务节点的执行时间也可以通过该仿真器获得[20,29]。

当 SoC-RTOS 完全由软件实现时，$C_{\min}=\sum_{i=1}^{N}s_i$ 是最小成本；当 SoC-RTOS 完全由硬件实现时，$C_{\max}=\sum_{i=1}^{N}h_i$ 是最大成本。为使方案更加实用、合理，将最大成本修订为 $C_{\max}=\frac{1}{2}\sum_{i=1}^{N}h_i$[32,33]。

4.4.4 仿真实验与分析

为验证本节提出的 DHNNA 的可行性和有效性，采用与文献[20]、文献[25]和文献[29]相似的仿真模型和方法，同时，与采用遗传算法(genetic algorithm, GA)和蚂蚁算法(ant algorithm, AA)的 SoC-RTOS 划分结果进行比较。其中，遗传算法和蚂蚁算法的参数设置参见文献[25]。

1. 目标系统结构

由于本节面向双路划分问题，因此，在目标系统中只有 1 个处理器和 1 个 FPGA 模块(见图 4.8)。使用 Xilinx 公司的 Spartan-3S1000 芯片作为 FPGA 模型，它最多可包含 4 个处理器核和 17280 个可编程逻辑块(programming logic blocks, PLB)。实验中，只使用了 1 个处理器核和最多 3284 个可编程逻辑块。由于软件保存在存储器中，由 StrongARM 处理器执行，因此，实验中 StrongARM 处理器和存储器代表软件，FPGA 模块代表硬件。

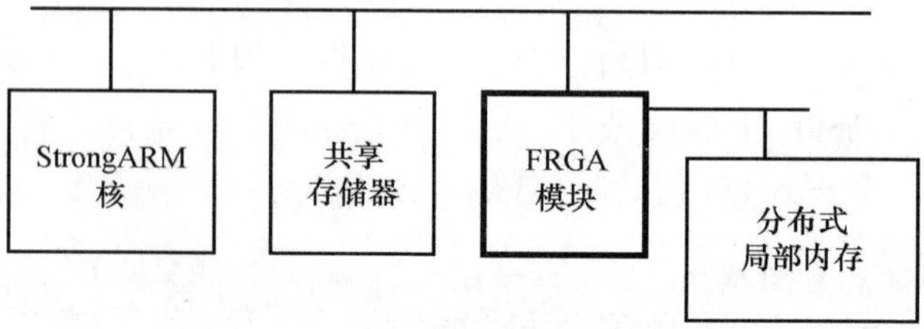

图 4.8　目标系统结构的抽象模型

2. 实验条件

目前，在 SoC-RTOS 及嵌入式系统软/硬件划分领域，国际上还没有公认的测试基准和测试集。常用方法是随机产生有向无环图，并对节点和边赋以相关属性。

为简化实验，做出如下合理的假设：

(1) 任务在处理器和 FPGA 可编程逻辑块上实现所需的成本(如运行时间和占用的硬件面积)是静态的，可预先计算出来。

(2) 不同软/硬件划分节点间的通信成本在运行时间内固定不变。

(3) 为在相同条件下与软件实现进行比较，不考虑硬件实现的并行性。

在实验中，实验条件设置如下：

(1) 用 GVF(graph visualization framework)软件包随机生成五组有向无环图作为任务图，每组的节点数 N 分别为 50、100、300、800 和 1200。每组有 30 个样本图形，每个图形有不同的边生成率 ρ，以 30 个样本图形的平均值作为该组的最终功耗值。

(2) 任务节点的成本和边的通信成本：每个任务节点有两个成本关联函数，一个是硬件成本函数，另一个是软件成本函数，每个边有一个成本关联函数。成本函数的开销(如运行时间、硬件面积、通信代价等)作为任务节点和边的成本，从 MediaBench 基准程序包中选择与任务节点和边相关联的成本函数[25]。

(3) 作为 RTOS-Power 划分的一个初始条件，软件子集和硬件子集各分配

$N/2$ 个任务节点。

仿真环境为：Intel Celeron 2.6GHz 处理器，512MB 内存，Linux 9.0 操作系统，KDevelop 3.2 集成开发环境。

3. 实验结果与分析

表 4.3 给出了 DHNNA、GA 和 AA 三种算法进行 RTOS-Power 划分得到的 $f_P(V_H,V_S)$（单位：mJ）和与纯软件实现的 SoC-RTOS 相比的功耗节省比例的实验数据，表 4.4 给出了 DHNNA、GA 和 AA 三种算法进行 RTOS-Power 划分得到的测试程序执行时间和与纯软件实现的 SoC-RTOS 执行时间相比的降低比率的实验数据，图 4.9 给出了三种算法的 $f_P(V_H,V_S)$ 与任务节点数的关系，图 4.10 给出了三种算法的执行时间与任务节点数的关系。

表 4.3　DHNNA、GA 和 AA 的 $f_P(V_H,V_S)$ 与功耗节省比例的结果

总节点数	DHNNA		GA		AA	
	$f_P(V_H,V_S)$	功耗节省比例/%	$f_P(V_H,V_S)$	功耗节省比例/%	$f_P(V_H,V_S)$	功耗节省比例/%
50	221.73	−42.41	281.29	−26.94	234.26	−39.22
200	538.86	−48.87	686.21	−34.89	564.55	−46.45
500	985.04	−51.24	1276.87	−36.79	1033.67	−48.84
1000	4308.65	−57.80	6236.32	−38.92	4879.74	−52.21
1500	6412.37	−60.08	9605.82	−40.20	7216.95	−55.07

表 4.4　DHNNA、GA 和 AA 的执行时间与降低比率的结果

总节点数	DHNNA		GA		AA	
	执行时间/周期	降低比率/%	执行时间/周期	降低比率%	执行时间/周期	降低比率/%
50	1 134 028	−11.35	1 212 060	−5.25	1 079 532	−15.61
200	2 854 267	−15.46	3 080 811	−8.75	2 715 503	−19.57
500	4 062 782	−22.55	4 580 005	−12.69	3 958 916	−24.53
1000	7 324 856	−26.93	8 438 570	−15.82	7 289 769	−27.28
1500	8 642 516	−28.75	10 064 134	−17.03	8 458 142	−30.27

在图 4.8 所示的目标系统结构下，本实验的目标是在芯片面积约束条件下优化 SoC-RTOS 的功耗，并在相同条件下验证 SoC-RTOS 的运行时间等其他性能。可以看出，DHNNA 获得的功耗值明显小于 GA 的获得值，略微小于 AA 的获得值。同时，DHNNA 获得的执行时间小于 GA 的获得值，略微大于 AA 的获得值。由于 SoC-RTOS 的一部分功能采用硬件实现，使得其不但消耗了较少的能量，而且运行速度更快，这是本节提出的 DHNNA 方法非常重要的一个优点。实际上，

经过适当的修改,DHNNA 能够用于一般嵌入式系统和 SoC 的软/硬件划分,同时,在考虑其他约束条件和优化目标的情况下(如硬实时和多处理器等)也是适用的。

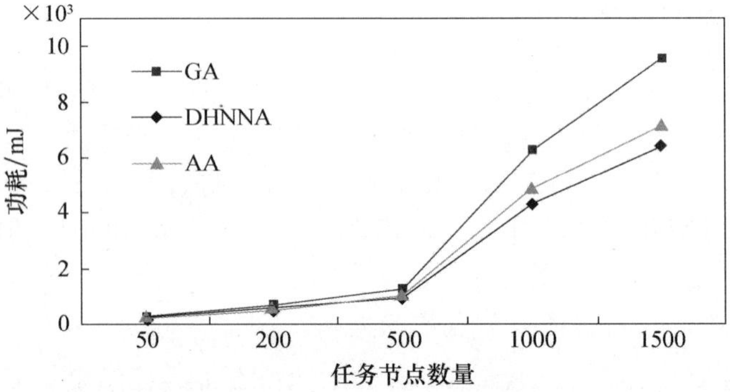

图 4.9 功耗与任务节点数的关系

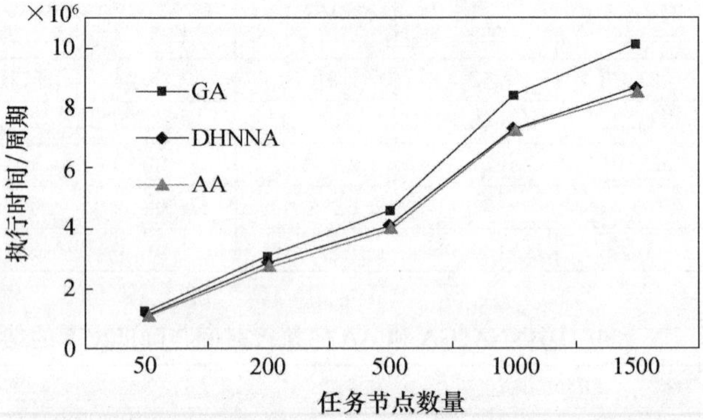

图 4.10 执行时间与任务节点数的关系

随着任务节点数的增加,$f_P(V_H, V_S)$的值也在不断地增长,这是 DHNNA 的一个主要缺点。在工程实践中,期望 $f_P(V_H, V_S)$是一个更加精确和稳定的值,导致出现这种情况的一个原因是初始条件和神经网络参数的设置,另一个原因是 SoC-RTOS 的功耗建模和估计不够精确。因此,SoC-RTOS 的功耗宏建模(energy macromodeling)是下一步值得研究的问题,它是一种基于操作系统服务例程级的更加精确的功耗建模方法,能够有效地改善 RTOS-Power 划分的结果。

4. 结论

为解决 RTOS-Power 划分的优化求解问题,本节提出了一种离散 Hopfield 神经网络方法。根据 SoC-RTOS 划分的特点,重新定义了 Hopfield 神经网络的能量函数、状态更新规则和参数设置。仿真实验结果表明,本节提出的 DHNNA 优于一些其他传统的优化算法，如遗传算法和蚂蚁算法，能够以相对较小的代价（FPGA 开销小于 4000 个可编程逻辑块）取得高达 60％的功耗节省，同时，与纯软件实现的 SoC-RTOS 相比，系统性能也得到了相应的提高。下一步需要研究的主要问题是基于 SoC-RTOS 功耗宏建模的 RTOS-Power 划分。

4.5　NoC 协议能耗分析

4.5.1　背景介绍

目前处理器的发展趋势倾向于采用多核集成的策略，随着芯片的集成度越来越高，设计复杂性不断上升，对计算机系统的能耗也带来严重挑战。因此，在 MPSoC（multi-processor SoC，多核 SoC）芯片设计中，能耗问题始终是一个关键因素[34]。

在 MPSoC 中，核间通信主要包括总线监听、交叉开关和 NoC 三种方式。其中，总线监听一般适用于规模较小的多核网络，如 ARM Cotex-A9 处理器中采用侦听控制单元（snoop control unit）控制多核在 AMBA 总线上的通信；使用交叉开关的典型例子是 AMD Athlon64 X2 处理器，利用交叉互联网络和系统请求接口对各个 CPU 核的请求进行仲裁。由于上述两种通信方式都不适合高端的多核和众核互联，所以包交换网络互连的思想被引入到 MPSoC 核间通信设计中，NoC 将成为未来 MPSoC 的主流通信方式[35]。目前 NoC 的能耗一般占芯片总能耗的 50％以上[36]，其中静态能耗主要由器件的漏电电流造成，动态能耗由器件的 0/1 翻转和短路电流造成。由于 NoC 的动态能耗主要由协议活动产生，因此，开展 NoC 协议能耗问题的分析与建模是十分必要的。

关于 NoC 协议能耗问题的一些代表性工作主要包括：文献[37]于 2001 年首次完整描述了 NoC 系统的能耗，从能耗产生的角度将 NoC 划分成多个层次；文献[38]给出了 NoC 包交换中各片上传输部件的能耗模型，并得到了各部件单次执行的能耗值；文献[36]将 DVS（动态电压调整）用于 NoC 节点间互联，通过动态调整电压和频率降低 NoC 通信能耗；文献[39]采用了分组 Cache 的方法将分布式存储组织成多个自治域，从而降低了 Cache 一致性协议的能耗。但是，上述工作都没有给出明确的协议能耗模型，导致 NoC 协议能耗优化缺乏理论支撑。因此，本书将重点研究 Cache 一致性协议的能耗模型及其能耗影响因素，为能量有效的 NoC 协议设计和优化奠定基础。

尽管能耗和功耗是两个不同的概念，但是在相关研究领域中许多泛指情况下可互换使用，一些低功耗的研究工作实际上是优化系统的能量消耗。因此，在不会引起混淆的情况下，本节不详细区分能耗和功耗的概念。

4.5.2 节介绍 NoC 协议的基本组成及应用层协议能耗的统一描述；4.5.3 节描述 NoC 物理层协议的能耗，分析 NoC 中能耗是如何在连线和路由单元(路由节点)中产生的；4.5.4 节对目录协议能耗进行建模，得出单个数据包(message)传输的能耗模型；4.5.5 节对提出的能耗模型进行实验验证；4.5.6 节对未来的工作进行展望。

4.5.2 NoC 协议栈及协议能耗的描述

1. NoC 协议栈

在文献[38]中，Bhat 试图将 NoC 纳入到一般网络的体系结构中，希望完全按照 ISO/OSI(open system interconnection，开放系统互连)的分层结构设计现有的 NoC，但是 NoC 与 OSI 之间在设计目标和工作环境方面存在一些差异：

(1) NoC 的设计目标与 OSI 不同。OSI 是满足各种应用需求的通用网络，而 NoC 是面向 Cache 一致性的专用网络，二者在低层设计上有相似之处，但在上层的实现上存在较大的差别。

(2) OSI 与 NoC 的工作环境不同。OSI 的应用环境往往不可预知，其设计十分强调服务质量(quality of service，QoS)，但是 NoC 一般工作在 MPSoC 中，对信息传输环境的适应性不是设计者考虑的主要问题，而令设计者头痛的是片上资源的局限性和能耗难以控制。换言之，NoC 的设计更加强调不同层次之间的统一描述和软-硬件的协同设计，而不像 OSI 追求各层协议之间相互独立。因此，NoC 更应遵循整体设计的思路。

进一步地，可将 NoC 和 OSI 的协议模型进行层次对比(见图 4.11)：

(1) 在下层(传输层以下)协议中，NoC 与 OSI 协议栈几乎对等，NoC 依然需要物理层和链路层对信号进行编码和传输。由于一个设计好的 NoC 拓扑结构相对简单且固定，因此片上通信中的路由协议也相对简化，如一种简单有效的路由协议是 *X*-*Y* 路由，将一个数据微片(flit，flow control unit)先按照 *X* 轴方向传输，到达目标列之后再按照 *Y* 轴方向传输，最终到达目的节点。

(2) 在上层协议中，NoC 和 OSI 协议栈的差异较大，功能上也不完全对等。这是因为对于 NoC 来说，OSI 中提供服务质量保证的传输层复杂度较高，难以利用片上较低的软-硬件成本实现。如何在增强传输可靠性和降低设计复杂度之间取得平衡，已成为当今 NoC 研究的一个热点问题，如文献[40]中提出的一种增强传输可靠性的反馈控制方法，依然难以摆脱实现成本过高的问题，并且严重制约了传输效率。

对于 NoC 应用层协议，可细分为以下三个子层：

(1) CPU&L1 Cache 读写层：当 CPU 发生读-写操作时，若目标地址所指向的

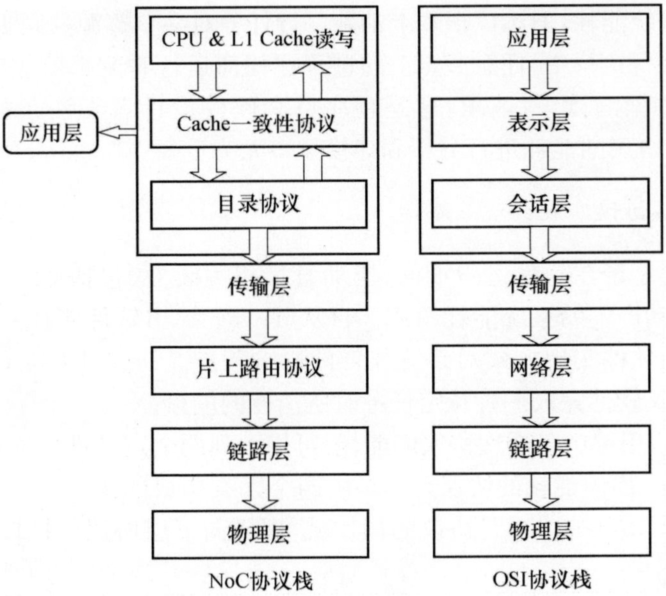

图 4.11　NoC 与 OSI 协议模型对比

内存块不在本地 L1 Cache 中，将向 NoC 接口发出读-写请求，并保存在接口请求队列中，由下层协议响应这些请求，并保证以适当的操作权限将所请求的内存块返回给 CPU 使用。值得一提的是，在一种具有 XBar 结构的网络中，每个路由单元可能同时连接多个 CPU 核，这些 CPU 拥有各自独立的 L1 Cache，因此当这些核的读-写操作请求在本地 L1 Cache 中失效，也将依次进入 NoC 接口的请求队列，由下层协议无差别地依次处理[41]。

(2) 竞争管理协议层：将 CPU 对 Cache 的读-写操作封装成独立的原子事务。一个有效的竞争管理机制应该保证，在任何时刻，网络中都存在一些不能被其他读-写请求中断的原子事务，协议确保这些事务能够完整地得到执行。在文献[42]中，Zhang 对 Greedy 竞争管理机制与 Cache 一致性协议的关系做了较为详细的讨论。

(3) Cache 一致性协议层：一种面向 CPU 读-写操作的同步通信机制，应该保证，在任何时刻，执行事务的节点可在最短的时间内在网络上定位自己所需要的 Cache 块。目录协议是一种主流的 Cache 一致性协议实现方式，对共享存储器中的数据块设置目录项，用以跟踪、记录每个数据块的状态信息，从而判断哪些节点应对请求做出响应。这些目录项按照固定的排列方式分布在各个路由节点中，使得需要这些信息的节点知道所需信息在网络中的位置[43]。

在多任务 MPSoC 环境中，设计人员为减少片上长距离通信提出了各种映射策略，试图降低数据远程传输对系统造成的影响。这种映射优化虽然可以在一定程度上降低系统能耗，但难以根本上消除并行任务对共享资源的同步、竞争这一重要特性。在并行执行中，任意节点上的进程在任何运行时刻都可能产生对系统中的某一共享数据的读/写请求，这是程序员和硬件设计者无法预料的。因此对 Cache 一致性协议的能耗进行分析和建模显得尤为重要。

2. 应用层协议能耗的统一描述

软件能耗是指在软件运行期间，驱动直接相关硬件（包括 CPU、存储器、I/O 控制器等）活动产生的系统能耗总和。自从 Tiwari 提出软件能耗的概念之后，人们越来越关注软件实现方式对系统能耗的影响程度。协议能耗是软件能耗的一种，表征了协议软件完成一种特定任务时所消耗的能量。

对 NoC 应用层中各层次协议的能耗，可用下列两个定义进行统一的描述。

定义 4.5　面向能耗的协议是一个由四个元素构成的集合 Protocol(O,S,P,E)，其中，$O(o_1,o_2,\cdots,o_m)$是协议的操作域，即面向下层协议的接口，为协议操作的最小粒度；$S=\{s\mid s=(o_{n1},o_{n2},\cdots,o_{nk});o_{ni}\in O,k<\infty\}$是协议的事务集，每个 s 由一个操作序列组成，代表协议所能够完成的功能；$P(p_1,p_2,\cdots,p_n)$是协议的各个事务 s 发生的概率向量，是由高层协议调用决定的；$E(e_1,e_2,\cdots,e_m)$是操作域 O 内的各个操作 o 所对应的能耗向量。

定义 4.6　协议能耗是一个 Protocol(O,S,P,E)在完成单个任务的过程中所产生的平均能耗，可表示为 $\sum\limits_{s_j\in S}p_j\left(\sum\limits_{o_i\in s_j}e_i\right)$。

从定义 4.6 可以看出，可将协议中各种事务的能耗视为一个基本的能耗单元，协议能耗与协议负载无关，只与事务发生的概率分布和单元能耗有关。

4.5.3　NoC 物理层协议的能耗分析

为了建立 NoC 目录协议能耗模型，需要首先对物理层协议的能耗进行分析，以明确 NoC 产生的能耗在硬件单元上的分布情况。

与通用的互联网络类似，NoC 的核心是路由单元，处理单元通过路由单元的消息转发机制在片上实现数据的通信，路由单元通过金属连线实现网络相互连接，这种片上通信对于能量的消耗是十分可观的，如 Alpha21364 处理器的功耗为 23W，其中 NoC 占整个处理器功耗的 58%，而 MIT Raw 处理器的 NoC 占整个处理器功耗的 40%[36]。

NoC 产生的能耗主要由连线能耗和路由单元能耗组成。连线能耗是数据从一个路由单元发出，通过金属连线传播到相邻下一个路由单元的过程中所产生的能耗；路由单元能耗则是指数据在路由单元内部存储转发所产生的能耗。Li 等通过对 NoC 的仿真发现[36]，其功耗分布如图 4.12 所示，其中连线功耗占 82.4%，路由单元功耗占 17.6%，而在路由单元中，缓冲功耗占 10.07%，交叉开关(crossbar)功耗占 6.49%。

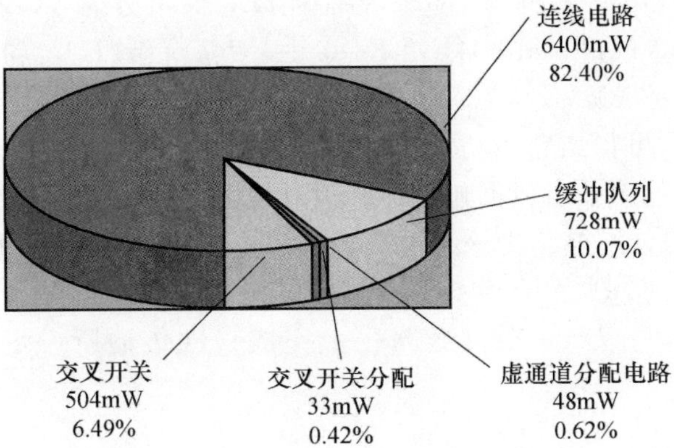

图 4.12　NoC 的功耗分布

下面分别对连线能耗和路由单元能耗模型进行分析介绍。

1. 连线能耗模型

大规模集成电路的片上通信连线几乎都采用并行通信，由于并行连线的集成度很高，所以必须考虑并行高频传输的线间电容(interline capacitance)效应，并且随着连线尺寸的减小，线间电容对与传输能耗的影响也逐渐增大。在适当考虑线间电容的影响后，单个 flit 在连线上一次传出能耗 E_{line} 可表示为下列向量形式：

$$E_{\text{line}} = d(V^{\text{f}})^{\text{T}}C^{\text{t}}(V^{\text{f}} - V^{\text{i}}) \tag{4.21}$$

其中，d 是一个数据传输块中含有 flit 的数量；V^{f} 是 n 条并行连线在数据一次变化后的电平向量；$(V^{\text{f}})^{\text{T}}$ 是其转置向量；V^{i} 是 n 条并行连线在数据一次变化前的电平向量；C^{t} 是 $n \times n$ 的连线间电容对称矩阵，其中对角线上元素是对应位置连线到地的电容，其他位置元素是连线间的电容。

2. 路由单元能耗模型

目前片上路由单元的结构还没有摆脱通用路由器的基本框架。在输入端，当数据从 E、W、N、S 和 Local 五个方向到达路由单元后，由输入 VC(input virtual channel)完成输入数据的接收和缓存，向路由仲裁器(switch allocator)请求并得到需要的输出端口后，数据包以 flit 为单位通过 crossbar 发射到下一跳(hop)的路由单元输入 VC 中。如果该 flit 已到达目的节点，那么 crossbar 将其发送到本地 L2 Cache 接口队列(sink)中。一个 flit 通过一个路由单元所产生的能耗 E_{router} 可表示为

$$E_{\text{router}} = E_{\text{VC}} + E_{\text{SA}} + E_{\text{crossbar}} = E_{\text{buffer}} + E_{\text{VCA}} + E_{\text{SA}} + E_{\text{crossbar}} \quad (4.22)$$

其中,E_{VC}为数据包在 VC 队列中等待的能耗;E_{SA}和 E_{crossbar}分别为路由仲裁器分配交叉连接的能耗和 flit 通过 crossbar 的能耗;E_{VC}又可分为 VC 缓冲器能耗 E_{buffer}和 VC 分配电路(VC allocator)能耗 E_{VCA}。一般情况下,E_{buffer}和 E_{crossbar}是整个路由单元能耗的主要来源。

在此基础上,可得出路由协议的能耗模型。由于发送端将一个数据包分割成一组大小相等的 flit,当数据包的第一个 flit 通过路由到达一个新的路由节点后,由 VC 内部的分配电路为该组 flit 分配一个数据缓冲对列,随后的 flit 会自动地进入该缓冲对列,等待由 crossbar 转发到下一跳。因此,用 n 表示单个 flit 传输所经过的跳数,一个 flit 在传送路径上完成一次传输所产生的能耗 E_{flit}可表示为

$$E_{\text{flit}} = nE_{\text{router}} + (n-1)E_{\text{line}} \quad (4.23)$$

4.5.4 基于位置概率分布的目录协议能耗模型

可用一个有向图 NoC$\langle S_N, L\rangle$表示具有 N 个路由节点的 NoC 网络,$s_i \in S_N$ 为第 i 个路由节点,i 是节点的位置编号,$0 \leqslant i \leqslant N-1$,$l_{i,j} \in L$ 是节点 s_i 到 s_j 之间的有向边。一个一维的连续内存 $M(n,b)$,n 为内存块的数量,将 M 平均分成的 b 个区域,一个区域的大小为$\lceil n/b \rceil$块。每一个块对应一个块目录项,同一个区域中的块目录项集中存放在 NoC 的一个节点中,不同区域的目录项分布存放在不同的节点中。假设区域的数量等于路由节点的数量,即 $b=N$,得到块地址 block_addr 到路由节点位置 i 之间的映射关系为

$$i = \left\lceil \frac{\text{block\_addr} \cdot b}{n} \right\rceil \quad (4.24)$$

路由节点上 PE(processing element,处理单元)发出的块读-写请求会沿着 NoC 协议栈自上而下到达 Cache 一致性协议层,协议对请求的块地址按照式(4.24)进行计算,得到块的目录项所在路由节点的位置 i,目录协议根据目标节点的位置 i 完成 3-way 取数据操作,如图 4.13 所示。从路由节点 s_0请求一次取数据块的完整过程包括:

(1) 查询过程:通过式(4.4)计算,请求者 s_0发现目标块的目录项信息静态存放在 s_{11}的 SRAM 中,向 s_{11}发送请求消息;

(2) 响应过程:s_{11}收到请求消息后,在自己的目录项中查找发现该块的一个共享副本存储在 s_{13}的二级缓存中,于是向响应者 s_{13}发送一个数据请求消息,该消息包含了所要请求的块地址和请求节点(s_0)信息;

(3) 传输过程:当响应者 s_{13}得到请求消息后,向 s_0发送一份该块的副本并告知 s_{11},s_{11}对该块目录项的状态做出相应的更新。

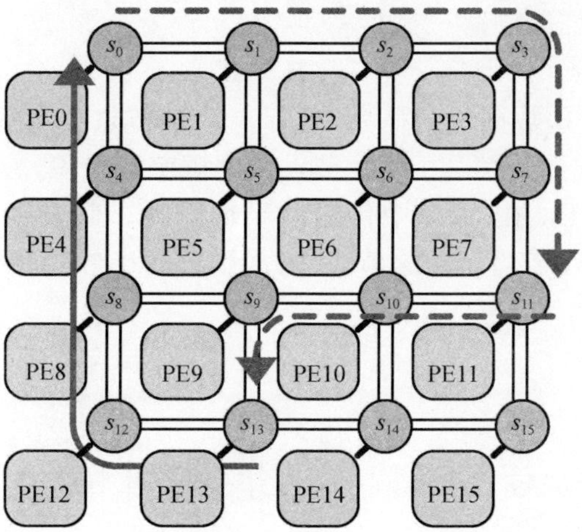

图 4.13　目录协议数据 3-way 传送过程

由于整个内存的块信息均匀分布存储在所有的路由节点中，因此这种协议的网络负载较为均衡[44]。

为建立上述过程的能耗模型，首先采用概率统计模型刻画一个 3-way 取数据的过程。将网络中的 PE 对内存的块请求视为随机事件，用 $q_{i,j}$ 表示 PE_i 的 L2 Cache 对内存中第 j 个区域中数据块请求的概率(或速率)。矩阵 Q 表示整个 NoC 中各节点对 Cache 块的请求概率，由于 $b=N$，该矩阵为一个方阵：

$$Q=\begin{bmatrix} q_{0,0} & q_{0,1} & \cdots & q_{0,N-1} \\ q_{1,0} & q_{1,1} & \cdots & q_{1,N-1} \\ \vdots & \vdots & & \vdots \\ q_{N-1,0} & q_{N-1,1} & \cdots & q_{N-1,N-1} \end{bmatrix} \tag{4.25}$$

矩阵对角元素 $q_{i,j}$ 不为 0，这是因为如果一个 PE 所请求数据块的目录项恰好在本地，不需要进行远程查询目录项的操作，而直接向目标节点发送数据请求。通过分析可知，$\sum\limits_{i=0}^{N-1} q_{k,i}<1$，这是因为一个 PE 首先在自己的 L2 Cache 中查找所需的数据块，如果命中，则不向 NoC 接口发送数据请求。

一个请求信息到达目录项所在的节点后，通过查询数据块的目录项可获得该块目前所在节点位置，可用矩阵 P 表示响应过程的概率分布，元素 $P_{j,k}$ 表示在节点 j 的目录项查询某一个数据块时，该块在节点 k 的 L2 Cache 中的概率，即在目录协议中 3-way 传输的第二步发生的概率分布。响应过程的概率模型与查询过程类似，这里不再赘述。

假设经过查询，某一个数据块在节点 k 的 L2 Cache 中存在一个副本，那么节点 k 将此块发送给需要它的源节点 i，该传输过程的概率分布用方阵 T 表示，可表

示为

$$T = (P \times Q)^{\mathrm{T}} \tag{4.26}$$

即节点 k 向节点 i 发送数据块的概率，实际上等于节点 i 向所有节点发送请求查询概率和任何节点查询到某一个块在节点 k 中概率的乘积。

然后，计算单个 flit 在 NoC 中传输的平均能耗。假设在 $c \times c$ 的 Mesh 网络中，一个 flit 从节点 i 产生，目的节点为 j，则该 flit 经过的总跳数 $n = |j-i| \bmod(c) + \left\| \left\lceil \frac{j}{c} \right\rceil \right\| - \left\| \left\lceil \frac{i}{c} \right\rceil \right\| + 1$。进一步地，用 $e_{i,j}$ 表示一个 flit 从节点 i 到 j 传输的能耗，则根据式(4.23)有

$$E_{\text{flit}} = e_{i,j} = \left[|j-i| \bmod(c) + \left\| \left\lceil \frac{j}{c} \right\rceil \right\| - \left\| \left\lceil \frac{i}{c} \right\rceil \right\| \right] (E_{\text{router}} + E_{\text{line}}) + E_{\text{router}} \tag{4.27}$$

其中，$e_{i,j}$ 包含了硬件电路、网络拓扑结构和网络层协议的所有能耗信息，不仅是单个 flit 对硬件资源利用程度的函数，而且是源和目的节点之间传输跳数的函数。

引入式(4.27)可得到整个网络任意节点间一次数据块传输产生的能耗为

$$E_{\text{data}} = d \times \begin{bmatrix} e_{0,0}t_{0,0} & e_{0,1}t_{0,1} & \cdots & e_{0,N-1}t_{0,N-1} \\ e_{1,0}t_{1,0} & e_{1,1}t_{1,1} & \cdots & e_{1,N-1}t_{1,N-1} \\ \vdots & \vdots & & \vdots \\ e_{N-1,0}t_{N-1,0} & e_{15,1}t_{N-1,1} & \cdots & e_{N-1,N-1}t_{N-1,N-1} \end{bmatrix} \tag{4.28}$$

其中，d 是一个数据块中含有 flit 的数量。

因此，一次取数据块的过程平均能耗是任意两个节点之间传输数据能耗的期望，可表示为

$$e_{\text{data}} = d \sum_{i=0}^{N-1} \sum_{j=0}^{N-1} e_{i,j} t_{i,j} \tag{4.29}$$

以上通过对目录协议请求数据块的过程进行抽象，得到在 NoC 中数据传输的能耗模型。从式(4.28)可以看出，影响一个数据块传输能耗受到两方面因素影响，一方面是单个 flit 的传输能耗，代表单个 flit 对片上资源利用程度，对硬件传输电路和网络拓扑结构进行改进，是目前降低 $e_{i,j}$ 对 NoC 能耗影响的主要方法[45]；另一方面是面向能耗的目录协议本身的运行情况，这控制数据块的存储策略和传送过程，是对分布式存储及目录协议能耗的抽象描述，面向能耗的协议优化也是 NoC 研究领域的焦点。

4.5.5 仿真实验与分析

1. 实验环境

仿真实验在 NS-2 平台上进行[46]，对目录协议能耗模型在不同网络发包概率

的情况下进行比较和分析。相关参数设置如下：

(1) NoC 参数。在 NS-2 中建立了一个 4×4 的 Mesh 网络，相邻路由节点之间的链路传输速率为 10Mbit/s，每个数据包的大小设为 512Bytes，与一个数据块的大小相适应。在源节点上，一个 512Bytes 的数据块被分割成 4 个大小相同的 flit。传送路径上的每个路由节点都只为第一个 flit 做一次路由处理，其实质是在输入/输出端口间分配一个软连接，后继 flit 通过此连接直接发送到输出端口。

(2) 发包参数。为了模拟不同负载环境下的 NoC 发包情况，为 NoC 中的每一个 PE 设置一个“发包向量”数据结构以控制目的地址范围，从而控制发包概率矩阵 T。PE 发包的过程分为两个相互独立的阶段：发包持续时间(bursting time)和空闲持续时间(idling time)。设定任意两个 PE 之间的发包持续时间期望值和空闲持续时间期望值，以控制节点的发包概率。如果将一个轮转周期的期望设为 1s，发包持续时间的期望 $E(\mathrm{BT})$ 和空闲持续时间的期望 $E(\mathrm{IT})$ 满足 $E(\mathrm{BT})+E(\mathrm{IT})=1\mathrm{s}$，节点发包概率由 $E(\mathrm{BT})/[E(\mathrm{BT})+E(\mathrm{IT})]=E(\mathrm{BT})$ 决定。

(3) 节点距离的影响。一般来说，在一个经过优化的任务映射中，任意两节点间的通信概率会呈现如下特征：两节点 i 与 j 之间的“曼哈顿”距离越大，对应的传输概率 $t_{i,j}$ 越小。本实验通过调整矩阵 T 中的概率分布，体现不同优化深度对系统能耗的影响。具体来说，4×4 类型模拟没有经过任务映射优化的随机发包；3×3 类型和 2×2 类型模拟了经过一般优化和深度优化后的随机发包。

2. 实验结果及分析

实验模拟一个 4×4 Mesh 网络在三种不同发包类型情况下 60s 的发包情况：

(1) 4×4：在 4×4 Mesh 网络中随机自由发包，即 T 中元素 $t_{i,j}=\dfrac{1}{15}, i\neq j$；

(2) 3×3：发包节点只向水平距离和垂直距离都小于 3 的节点随机自由发包；

(3) 2×2：发包节点只向水平距离和垂直距离都小于 2 的节点随机自由发包。

通过统计一次实验中总路由次数和产生数据包数量，得到 NoC 中单个包的平均路由次数：

$$\text{包平均路由次数}=\frac{\text{总路由次数}}{\text{数据包数量}} \tag{4.30}$$

同理，采用式(4.30)也可得到包的平均链路传输次数。根据平均路由次数和平均连路传输次数，获得 NS-2 平台与目录协议能耗模型估算的包平均能耗数据如表 4.5 所示。

可以看出，NS-2 平台的包平均能耗与模型估算的包平均能耗最大误差小于 2%，说明本节提出的目录协议能耗模型是有效的。

表 4.5　包平均能耗和误差

类　型	NS-2 平台的包平均能耗/nJ	模型估算的包平均能耗/nJ	平均误差/%	最大误差/%
4×4	0.956 327	0.958 100	0.185	1.767
3×3	0.783 050	0.782 476	0.073	0.696
2×2	0.512 538	0.513 286	0.146	1.35

进一步地，可得到上述三种情况下目录协议能耗模型的包平均能耗精度与概率的变化关系，如图 4.14～图 4.17 所示。

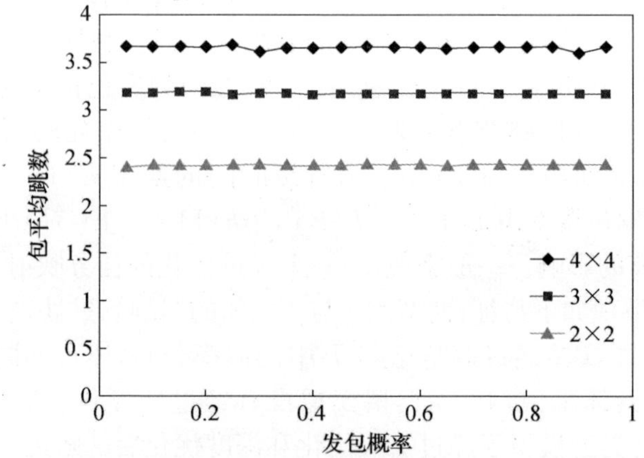

图 4.14　三种情况下包平均路由次数

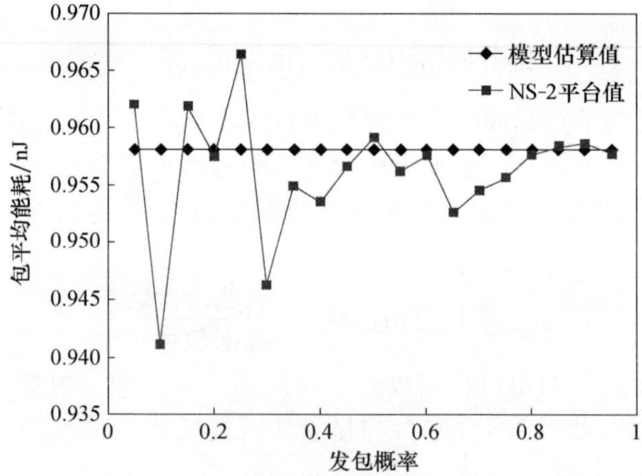

图 4.15　4×4 类型的包平均能耗

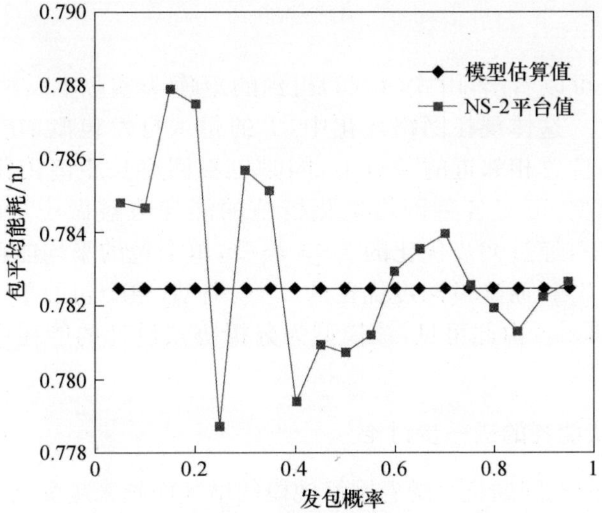

图 4.16　3×3 类型的包平均能耗

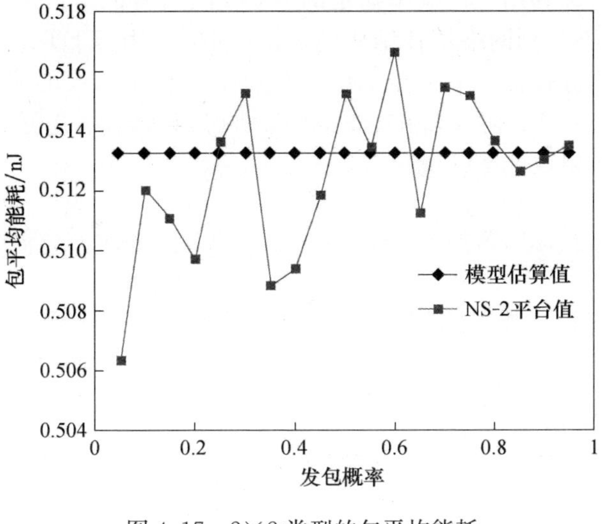

图 4.17　2×2 类型的包平均能耗

从图 4.14 可以看出，虽然收到发包向量矩阵的影响，三种情况下包平均路由次数有所不同，但是无论发包概率如何变化，NoC 中的包平均路由次数维持在理论值附近变化，从而保证了网络中数据包平均能耗是稳定的。

三种情况下当发包概率接近 1 时，单个包的 NS-2 平台平均能耗值接近于目录协议能耗模型估算的平均能耗值，并且稳定性也更高(见图 4.15～图 4.17)。随着发包概率的增大，目录协议能耗模型估算的包平均能耗值精度也不断提高。

3. 实验结论

从实验部分可以看出，由式(4.26)得到的矩阵 T 实际上反映了 NoC 数据传输概率的集中度。这体现在网络优化中，T 的每一行发包概率应尽可能集中在与该行号的网络位置相邻近的节点上，同时也不回避长距离传输对网络能耗的影响。利用该模型，可对各种网络优化措施的能耗收益做定量的分析和比较。例如，在本实验中，经过初步优化的 3×3 类型，单个包的平均能耗为未经优化的 4×4 类型的 81.7%；而经过深度优化的 2×2 类型，单个包的平均能耗仅为未经优化情况的 53.6%。由此可见，该模型为分析协议设计的能耗优化深度提供量化评判依据。

4.5.6 NoC 协议能耗的进一步讨论

在 NoC 中，能耗问题将会随着网络规模的增大而越来越受到人们的重视。本节对 NoC 协议栈中应用层协议的能耗行为进行统一的数学描述，重点对目录协议的取数据过程所产生的能耗进行了分析与建模，提出一种基于位置概率分布的目录协议能耗模型，并利用发包概率稳定的 Mesh 网络验证了目录协议能耗模型的有效性。该模型不受到网络拓扑结构的影响，同样适用于 DTorus、3-D 等其他网络拓扑结构，通用性较强。下一步工作主要包括将目录协议的能耗模型与 Cache 一致性协议的三态 MSI 协议和五态 MOESI 协议相结合，构建更为广泛的 NoC 能耗模型，以及目录协议的能耗优化。

4.6 智能移动终端的异构多核结构与软/硬件划分方法

当价格不变时，大概每间隔 18 个月在集成电路上可容纳的晶体管数目便会增加一倍，性能也将提升一倍。每一美元所能买到的电脑性能，每间隔 18 个月将翻两倍以上，这就是摩尔定律，由大名鼎鼎的芯片制造厂商 Intel 公司的创始人之一戈登·摩尔创立，该定律揭示了芯片制造技术和信息技术进步的速度。根据摩尔定律，从 1965 年提出到现在，在单个芯片上集成的晶体管越来越多，在目前最先进的集成电路已含有 17 亿个晶体管，芯片的制造工艺已经达到了 32nm。在 32nm 的芯片中静态功耗远远大于动态功耗，而且 32nm 以下的芯片制造困难重重，同时由于在单个芯片中集成了大量的晶体管，在芯片的使用过程中同一时刻没有足够的能量启动芯片中所有的晶体管，这就产生了所谓暗硅(dark or dim silicon)问题。

为了有效地应对效用墙(utilization wall)和解决芯片中出现的暗硅问题，同时在功耗的约束下提高计算机和嵌入式设备的性能与能效比，于是产生了多核技术，出现使用多个 CPU 核的计算机和嵌入式设备。国外的研究人员在这方面的研究，比较出名的有加州大学圣地亚哥分校暗硅中心（Center for Dark Silicon）的 Michael Taylor 教授和加州大学洛杉矶分校的特定域计算中心（Center for Domain-Specific Computing）的 Jason Cong 教授。Michael Taylor 教授为降低智能嵌入式设备中的功耗和提高芯片的使用效率，提出了一种 C-Core（conservation Core，保护核）技术，该技术是为了减少计算密集型应用的功耗而设计的一种面对特定应用的硬件电路。Michael Taylor 教授进一步将 C-Core 技术应用到智能手机操作系统 Andriod 中，产生了 GreenDroid 技术，一般在 GreenDroid 核中存在多个 C-Core。基于某些特定应用的研究发现，与 MIPS 处理器相比，C-Core 技术可以提高高达 18 倍的能效比。Jason Cong 教授提出了一种可定制的思想，并开发了一个可定制异构平台（customizable heterogeneous platform，CHP），在 CHP 中存在多个固核、可定制核和可编程核（FPGA）等。

随着 2011 年通信技术的高速发展，在智能移动嵌入式系统中已经出现了多核技术的应用，如流行的 iPhone 4S 智能手机拥有 A5 双核处理器，国内非常出名的小米手机使用了高通双核 1.5GHz 的处理器。众多的智能手机厂商已经开始推出拥有四核处理器的智能手机，例如，在 2012 年 HTC 公司推出了 NVIDIA Tegra3 1.5GHz 的四核处理器的智能手机 One X；华为公司推出了智能手机 Ascend D quad，使用了采用 35nm 工艺的主频 1.5GHz 的海思 K3V2 四核处理器；中兴公司推出了拥有 NVIDIA Tegra3 1.5GHz 的四核处理器的超薄智能手机 Era。

4.6.1　C-Core 技术

效用墙是指在连续的数据处理时代之间，在功耗的约束下一个芯片的有效使用率呈指数级下降，这是 CMOS 缩放理论和当前的技术约束下的产物。现有的缩放理论已经不能满足晶体管和功耗预算之间的平衡，在表 4.6 中详细列出了效用墙中的设计参数，包括每个参数的描述、参数之间的关系、CMOS 经典缩放理论的缩放比例及有限泄露。

表 4.6　效用墙

参　数	描　述	关　系	经典缩放	有限泄漏
B	功耗预算	—	1	1
A	芯片尺寸	—	1	1
V_t	阈值电压	—	$1/S$	1
V_{dd}	电源电压	$\sim V_t \times 3$	$1/S$	1
t_{ox}	氧化膜厚度	—	$1/S$	$1/S$
W、L	晶体管尺寸	—	$1/S$	$1/S$
I_{sat}	饱和电流	WV_{dd}/t_{ox}	$1/S$	1

续表

参　数	描　述	关　系	经典缩放	有限泄漏
p	满频率时设备的功耗	$I_{sat}V_{dd}$	$1/S^2$	1
C_{gate}	电容	WL/t_{ox}	$1/S$	$1/S$
F	设备频率	$I_{sat}/(C_{gate}V_{dd})$	S	S
D	片上设备的数量	$A/(WL)$	S^2	S^2
P	满频率功耗	DP	1	S^2
U	固定功耗下的利用率	B/P	1	$1/S^2$

假设经典缩放列中阈值电压 V_t 可以任意地降低，在阈值电压 V_t 的约束下，有限泄露的情况必须避免难以管理的泄露电流，因为这阻碍了缩放，从而产生了效用墙。经典缩放中的方程式可以在 130nm 的芯片上进行调节，有限泄漏列中的方程式可以在 90nm 甚至在 90nm 以下的芯片上进行调节。CMOS 缩放理论通过一个因子 S 降低晶体管电容(开关功耗)实现对功耗的调节。

使用 Synopsys CAD 工具和 TSMC 标准单元库评估一个具有 64 位加法器、$300mm^2$ 寄存器的芯片功耗和利用率，分别以最大的频率在 90nm TSMC、45nm TSMC 和 32nm ITRS 三种工艺条件下运行，实验结果如表 4.7 所示。

表 4.7　三种工艺条件下运行结果

任　务	90nm TSMC	45nm TSMC	32nm ITRS
频率/GHz	2.1	5.2	7.3
每平方毫米的操作数	0.007 24	0.001 64	0.000 82
操作数	4.1×10^4	1.8×10^5	3.6×10^5
满频率功耗/W	455	1225	2401
在 80W 时的利用率/%	17.6	6.5	3.3

从表 4.7 中可以看出，在 90nm TSMC 中 80W 的预算占满频率操作 455W 的 17.6%；在 45nm TSMC 中占 6.5%，与 90nm TSMC 相比，利用率降低了 2.6 倍；在 32nm ITRS 中占 3.3%，与 90nm TSMC 相比，利用率降低了 4 倍。现在主流的处理器中效用墙的影响已间接出现，如在 Intel 的 Nehalem 中提供加速模式。加速模式是关闭一些 CPU 核，使另外的 CPU 核运行在更高的频率上。在每个连续的处理器时代之间，晶体管的转换速度增长了 2 倍，然而最近 5 年处理器的频率确没有实质上的增长。三维 CMOS 集成技术的出现使同一个芯片上晶体管的数量增加，却没有改进晶体管能效比，这使得效用墙问题继续恶化。效用墙的出现使晶体管的速度和密度远远超过有效的功耗预算。C-Core 技术是解决该问题的一种机制，即使用专用的芯片用面积换能效，确保系统有比较高的性能[47]。

1. C-Core 技术的原理和体系结构

C-Core 技术是为了降低计算密集型应用的功耗而设计的专用硬件电路(application-specific hardware circuit)。由于目前使整个芯片满频率运行的情况很少,因此可定制部分芯片有效地运行应用程序是非常有意义的。C-Core 技术和普通加速器(common accelerator)的区别包括以下两点:

(1) 加速器关注的是提高性能,可能会存在好的或者差的能效;而 C-Core 技术关注的降低功耗,C-Core 技术可能仍然是加速器,但是其目标是在相近性能水平的基础上,降低功耗和功耗时延,特别是那些使用 DVFS 无法有效节省功耗的地方。

(2) 加速器的最大好处是将大量并行和可预测通信量的代码自然地映射到硬件上,代码中并行密集的区域是用加速器实现最好的候选者;C-Core 技术是并行不可知的(parallelism-agnostic),C-Core 技术能够通过降低代码的需求减少晶体管开关的数量,因此具有紧密的关键路径、少许并行和存储器存储过程很少的热代码(hot code)非常适合用 C-Core 技术实现。

C-Core 技术的基本单元包括数据路径、控制单元、高速缓存接口和面向 CPU 的扫描链(scan chain)接口等,各个单位之间的关系如图 4.18 所示。

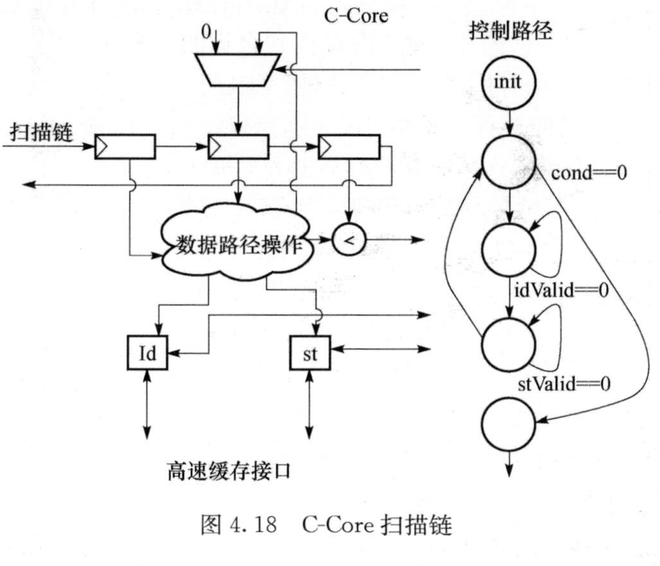

图 4.18　C-Core 扫描链

除了高速缓存以外,唯一能连接 CPU 和 C-Core 的是扫描链集,扫描链集允许 CPU 操作所有 C-Core 的内置状态,CPU 端的接口被所有 C-Core 公用;在某一时刻,CPU 只允许通过扫描链和一个 C-Core 进行通信;CPU 使用扫描链安装补丁,为每个单独的调用传送初始化参数;扫描链允许 CPU 读取和修改内置的 C-Core

状态实现异常处理。

扫描链可分为两类:一类是少数用来控制、传送参数和安装补丁的短的、固定功能的扫描链,另一类是访问数据路径状态的 32 个扫描链。传送参数的扫描链很短,只有 64 位,这使得系统的调用更快;安装补丁的扫描链更长(在最大的 C-Core 中为 13000 位),不过安装补丁的扫描链的使用频率很低,访问这类扫描链的成本很小;还有一种只有 1 位的主控制扫描链可以按需要开启和关闭 C-Core 的执行。数据路径扫描链允许 CPU 在一个异常中操作任意的执行状态,数据路径的长度范围从 32 位到 448 位。

为了访问接口,CPU 提供了三种新的指令:MFSC(move-from-scanchain),MTSC(move-to-scanchain)和 SCRL(scanchain-rotate-left),其中,MFSC 传送扫描链的头 32 位到通用处理器寄存器,MTSC 刚好相反;SCRL 左移扫描链 n 位,并异步执行。MFSC 和 MTSC 有阻塞语义,它们必须等前面的 SCRL 在扫描链上执行完毕后返回一个参数给扫描链。

当编译一个包含函数的应用程序或函数库时,编译器会插入一个存根(stub),使代码能够在运行时选择支持 C-Core 的版本还支持 CPU 的版本。当应用程序运行和调用函数时,存根会检查是否存在有效的 C-Core。如果找到一个 C-Core,使用扫描链接口传送参数给 C-Core,然后 C-Core 开始运行,直到执行结束。执行结束后,C-Core 会产生一个异常,该异常将传递给存根,然后提取返回值传回调用者。C-Core 嵌入在现有代码中,如果没有找到合适的 C-Core,程序也不会被阻塞。原始的 CPU 实现仍然是有用的,程序可以用 CPU 代替 C-Core 执行。

C-Core 提供了三种工具支持补丁,分别是可配置的常量、通用的单循环数据路径操作符和改变控制流。补丁系统在工具链中的位置如图 4.19 所示。

补丁程序的目标是使原始硬件产生一个补丁,使原始硬件能够运行目标软件新的版本。该过程可以分为四步:基本块映射、控制流映射、寄存器映射和补丁产生。图 4.20 是如何对系统进行补丁操作的一个例子。

2. C-Core 中的设计方法

C-Core 中的工具链是基于 OpenIMPACT[48]、CodeSurfer[49]、LLVM 编译器体系结构[50]和包含大量子集的 C 语言库。在 C-Core 的确定阶段,基本属性信息函数或子函数将被标记,然后转换成 C-Core。工具链首先分隔区域,然后在被标记的函数区域嵌入详尽的代码,最后移除该函数。C-to-Verilog 阶段以 SSA 形式产生函数的控制和数据流图,在这个阶段中为每个存储器操作和多循环指令加入基本块和控制状态,最后,将标记为 C-Core 的函数生成综合的 Verilog。

C-Core 中使用基于 BTL 的 RAW 模拟器[51],能够精确到循环结构,改进后的 BTL 可以模拟多处理器中 Cache 一致的存储器,可以在 CPU 和全部本地 C-Core

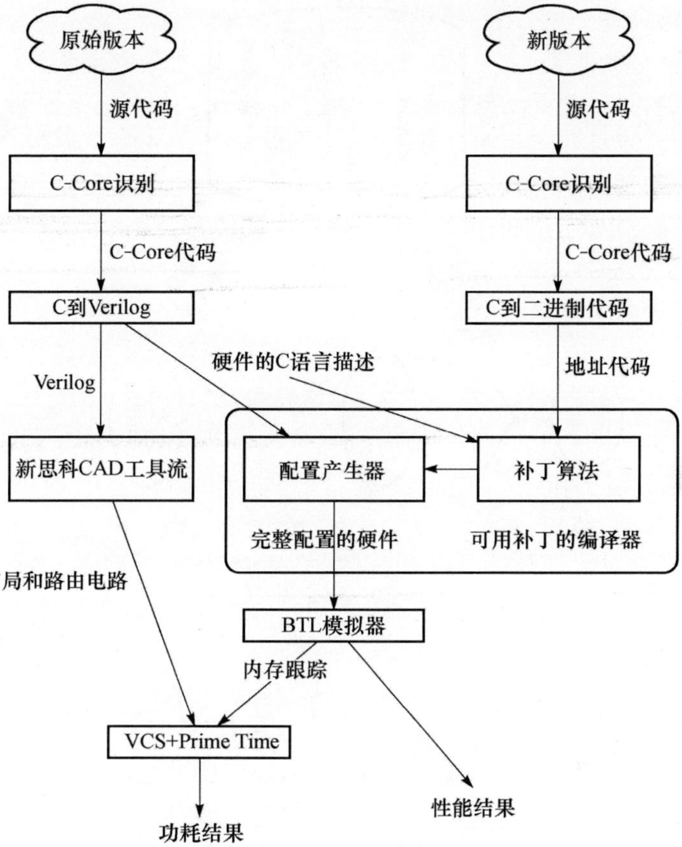

图 4.19　补丁系统

之间增加扫描链接口和模拟 C-Core 本身。

使用 Synopsys Design Compiler(C-2009.06-SP2)和 IC Compiler(C-2009.06-SP2)对目标 TSMC45nmGS 过程进行综合，工具链可以生成可综合的 Verilog 和自动处理 Synopsys CAD 工具流中的设计。在布线优化之前，使用上述两个工具产生网表，然后布局、时钟树综合和路由选择。此处，特别地优化了速度和功耗。

为了测量 C-Core 的功耗，模拟器定期地通过所有输入和输出到 C-Core 的存储路径进行采样执行。每个样本通过记录整个 C-Core 寄存器状态的快照开始执行，然后执行 10 000 次，每 50 000 个周期取样 10 000 个样本，对应用的初始化阶段不进行采样。

使用 Synopsys VCS(C-2009.06)逻辑模拟器对每个样本进行处理。同时，工具链自动为每个 C-Core 产生一个 Verilog 实验平台模块，该模块通过扫描每个路径快照中的寄存器值启动每个模块的模拟。VCS 模拟产生一个 VCD 活动文件，作为 Synopsys PrimeTime(C-2009.06-SP2)的输入。PrimeTime 为每个样本周期

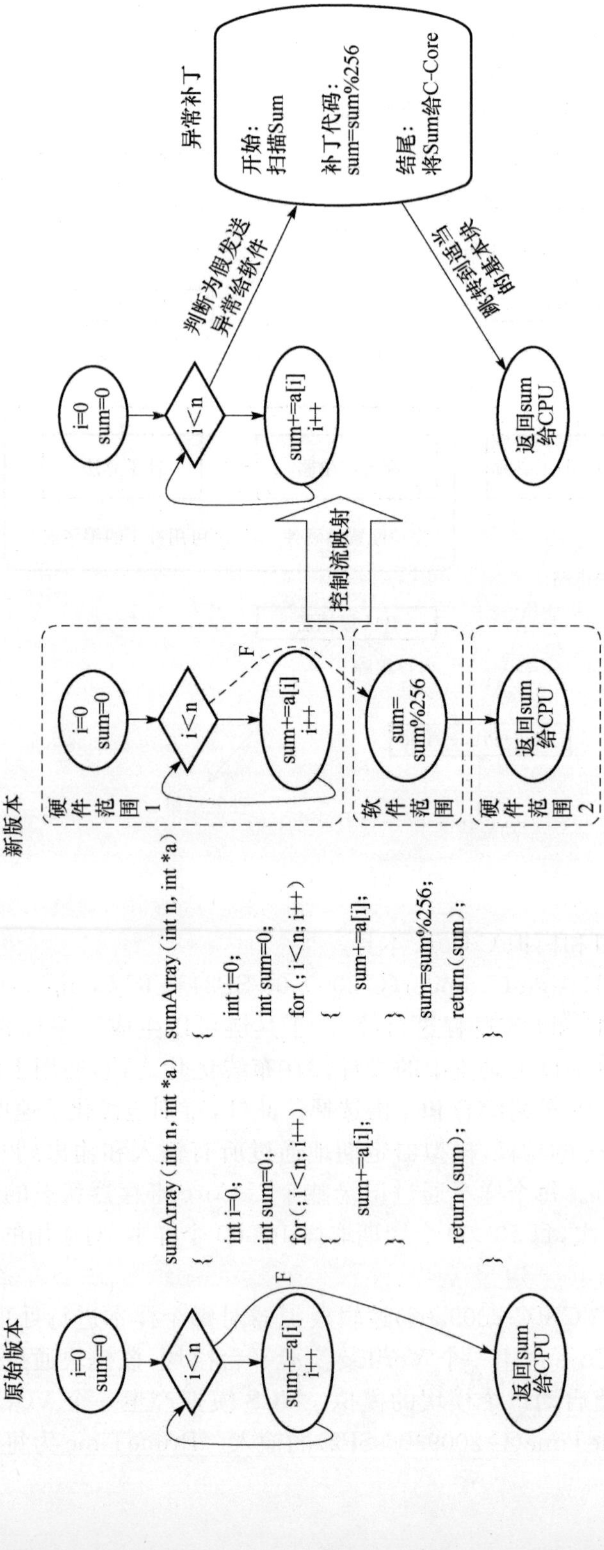
原始版本
i=0
sum=0
i<n
sum+=a[i]
i++
F
返回sum
给CPU
sumArray（int n, int *a）
{
int i=0;
int sum=0;
for（; i<n; i++）
{
sum+=a[i];
}
return（sum）;
}
sumArray（int n, int *a）
{
int i=0;
int sum=0;
for（; i<n; i++）
{
sum+=a[i];
}
sum=sum%256;
return（sum）;
}
新版本
硬件范围1
i=0
sum=0
i<n
sum+=a[i]
i++
F
软件范围
sum=
sum%256
硬件范围2
返回sum
给CPU
控制流映射
i=0
sum=0
i<n
sum+=a[i]
i++
判断为假发送
异常给软件
异常补丁
开始：
扫描Sum
补丁代码：
sum=sum%256
结尾：
将Sum给C-Core
跳转到适当
的基本块
返回sum
给CPU

图 4.20　补丁系统举例

计算静态和动态功耗，通过后置处理为不活跃的 C-Core 状态模拟细粒度的门控时钟。

为了在 Raw 模拟器中模拟其他系统组件的功耗，在 90nm TSMC 和 65nm TSMC 的运行规格说明书中得到 MIPS24KE 处理器的功耗值，还有时钟和组件的比例。按规格说明书调整 45nm 处理器的各组件的比例值，同时假设 MIPS 核的频率为 1.5GHz，CPU 的平均操作为 0.077mW/MHz。最后，使用 CACTI 模拟 I-Cache 和 D-Cache 的功耗。

3. ECOCores 技术

ECOCores(efficient complex operation cores)是 C-Core 的一个重要扩展[52]。C-Core 的数据路径至多能控制一个 memory 操作，不过 ECOCores 能控制任意基本块的大操作数，甚至包括一些有依赖关系的 memory 操作。ECOCores 和 C-Core 的基本点都是减少功耗，不同的关注点是，ECOCores 的目标是加速不规则代码(irregular code)，而 C-Core 只能提供最低的加速(minimal speedup)。

ECOCores 通过利用两种结构技术执行不规则代码改善能效和性能。第一种技术是 selective depipelining[52]，是一种新的流水线机制，通过消除复杂运算符产生过程中的两种重要的资源浪费改善性能和减少能耗，该技术减少不必要的时钟功耗和时间浪费，可以将许多运算(多路复用、依赖的 memory 操作)打包成一个单一的、有效的逻辑时钟周期，此技术处理那些有潜在依赖运算和高性能的、没有异步逻辑的块；第二种技术是 cachelets[52]，是一种小的、分布式的、一致的新型 L0 Data Cache，专门用于单独的加载和存储去减少公用事例的存储器延迟。

4.6.2　GreenDroid 技术

GreenDroid 是为 Android 智能手机软件栈而设计的一个 45nm 多核硬件原型系统，在相似或更好的性能水平下，执行通用的手机程序能够节省 11 倍的功耗[53]，实现 Android 的“绿色化”。GreenDroid 是将 Android 系统在 C-Core 的系统上实现，Android 系统的结构如图 4.21 所示。

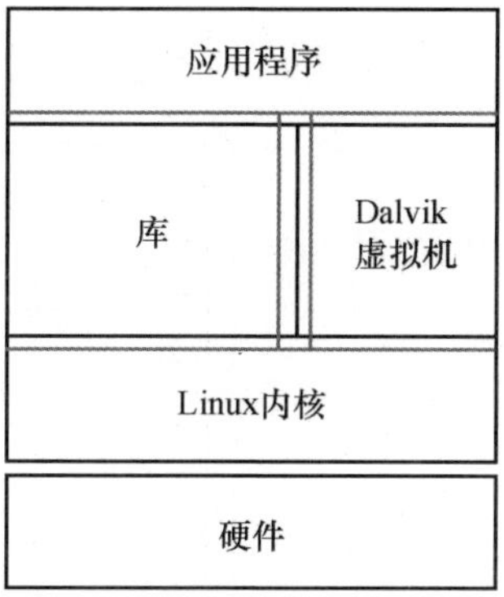

图 4.21　Android 系统结构

Android 系统非常适合采用 C-Core 技术，因为 Android 系统中常用的应用程序集、各种程序库和虚拟机都是热代码。Android 系统中的热点应用程序在广基 C-Core(broad-based C-Core，指可被多个软件应用程序共享配置使用的 C-Core 核)中共享了 72%的代码(见图 4.22)，在目标 C-Core 中覆盖了

43000 静态指令中的 95%，这些热点应用程序包括 Browser、Gallery、Mail、Maps、Music、Video Pandora、Photoshop Mobile 和 Robo Defense Game 等。

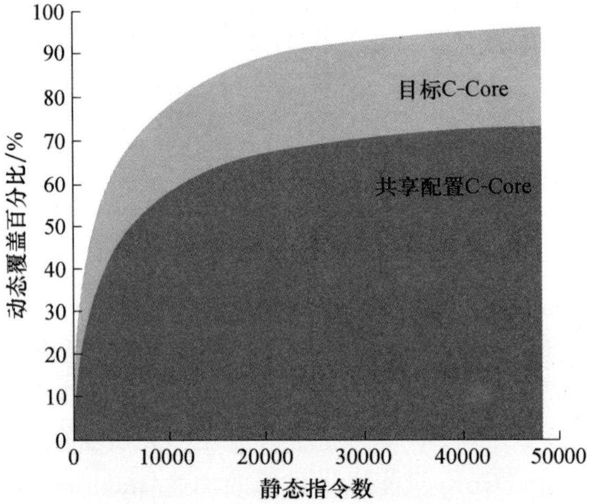

图 4.22　Android 指令功耗覆盖图

16 核的 GreenDroid 的平面结构如图 4.23 所示，其中每个核包括 6～10 个

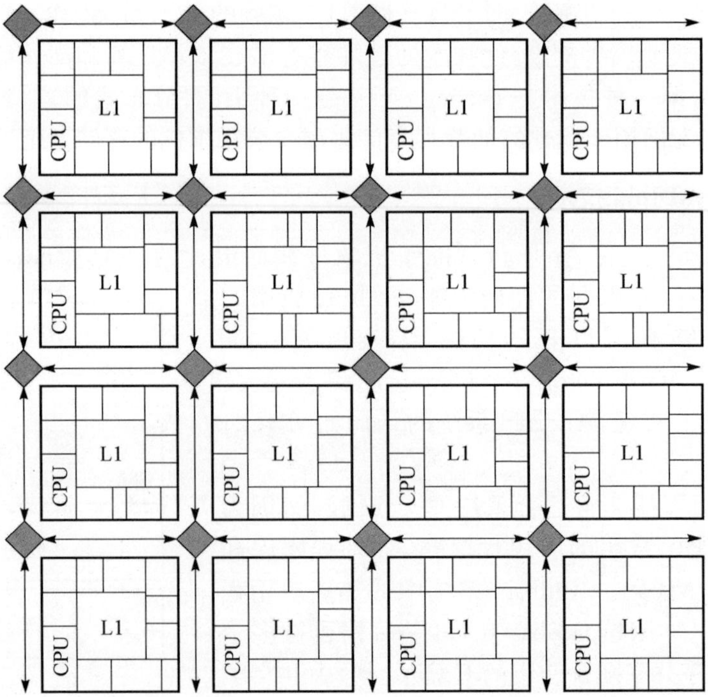

图 4.23　16 核 GreenDroid 结构图

Android 的 C-Core(共 125 个),与 CPU 共享的 32KB D-Cache、MIPS 处理器(32 bit、in-order 的 7 层流水线、16KB I-Cache 和单精度 FPU)及片上网络路由。

GreenDroid 平面图如图 4.24 所示,其中 C-Core 占 50%面积,D-Cache 占 25%面积,MIPS Core 占 25%面积,其余为 I-Cache 和 NoC 的面积。

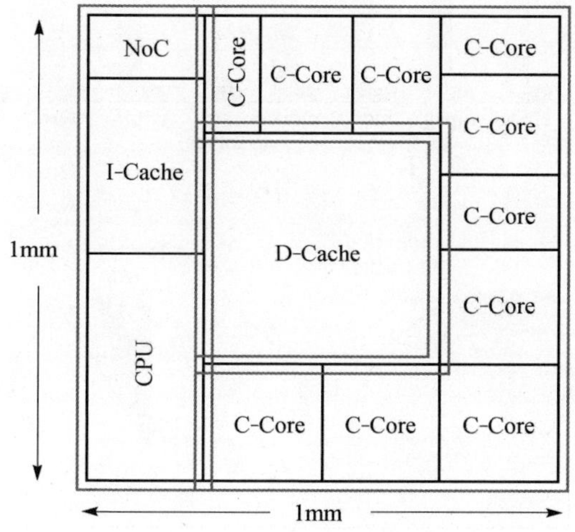

图 4.24　GreenDroid 平面图

表 4.8 为 C-Core 的实验数据,其中自动为 9 个硬应用程序产生 21 个 C-Core 的面积和频率[54]。

表 4.8　自动产生的 C-Core 应用

应用程序	C-Core 数	面积/mm^2	频率/MHz
bzip2	1	0.18	1235
cjpeg	3	0.18	1451
djpeg	3	0.21	1460
mcf	3	0.17	1407
radix	1	0.10	1364
sat solver	2	0.20	1275
twolf	6	0.25	1426
viterbi	1	0.12	1264
vpr	1	0.24	1074

在没有 Cache 运行的情况下,C-Core 运行结果与在 MIPS 处理器上软件运行结果进行对比,最高有 18 倍的能效(平均 13.7 倍),具体如图 4.25 所示。

能耗节省的来源如图 4.26 所示。

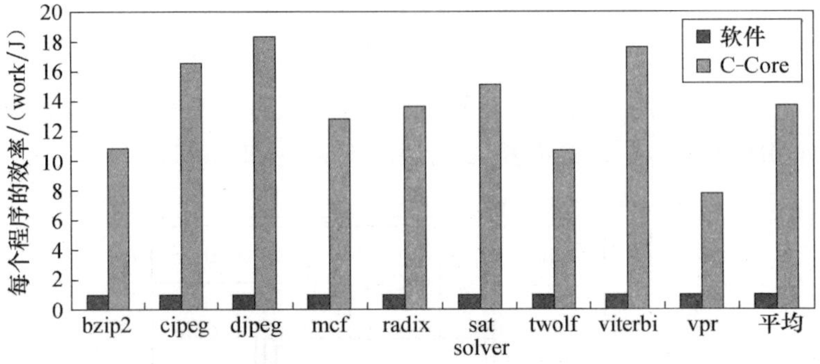

图 4.25　应用程序能效比

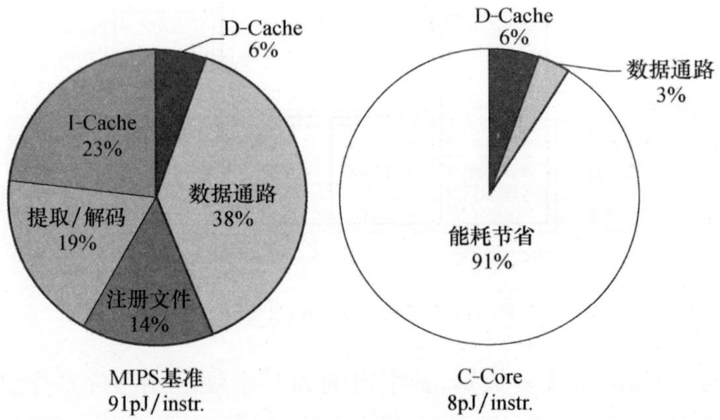

图 4.26　功耗节省的来源

C-Core 执行覆盖越多的面积，每条指令的能耗越低(energy per instruction, EPI)，7mm² 的 C-Core 提供 95%的执行覆盖与比 MIPS 核节省 8 倍的能耗，如图 4.27 所示。

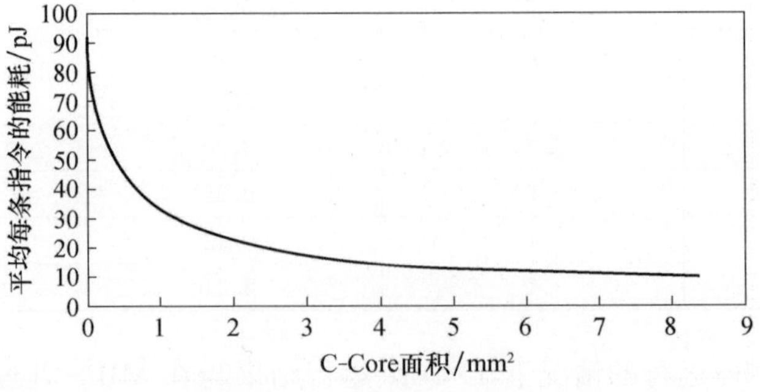

图 4.27　面积与能耗关系

转换成 GreenDroid 的 C-Core 程序热点如表 4.9 所示。

表 4.9　程序热点

C-Core 程序	函数库	应用数	覆盖率	面积/mm^2	广基
dvmInterpretStd	libdvm	8	10.8	0.414	Y
scanObject	libdvm	8	3.6	0.061	Y
S32A_D585_Opaque_Dither	libskia	8	2.8	0.014	Y
src_aligned	libc	8	2.3	0.005	Y
S32_opaque_D32_filter_DXDY	libskia	1	2.2	0.013	N
less_than_32_left	libc	7	1.7	0.013	Y
cached_aligned32	libc	9	1.5	0.004	Y
. plt	〈many〉	8	1.4	0.043	Y
mencpy	libc	8	1.2	0.003	Y
S32A_Opaque_BlitRow32	libskia	7	1.2	0.005	Y
ClampX_ClampY_filter_affine	libskia	4	1.1	0.015	Y
DiagonalInterpMC	libomx	1	1.1	0.054	N
blitRect	libskia	1	1.1	0.008	N
calc_sbr_synfilterbank_LC	libomx	1	1.1	0.034	N
inflate	libz	4	0.9	0.055	Y

GreenDroid 能够有效地节省能量，在 45nm 下 1.5GHz 的抢占式移动应用处理器上执行，每条指令需要 91pJ，GreenDroid 中的 C-Core 每条指令只需要 8pJ。GreenDroid 中的 C-Core 处理冷代码时每条指令需要 12pJ，与抢占式处理器相比，GreenDroid 中的 C-Core 每条指令减少了 11 倍的能耗，加上冷代码 GreenDroid 仍然可节省 7.5 倍的能耗。

4.7　小　　结

本章我们重点探讨了可定制异构多核设计中的高能效关键技术和在嵌入式移动终端上的具体应用。从设计的角度看，系统需要将代码合理地映射到各处理单元上，以便发挥各个处理单元的性能和能耗优势。在这个过程中需要考虑数据竞争、线程间通信等诸多问题，最终呈现给用户一个执行正确、通信代价最小、执行速度较快的解决方案。目前的智能移动终端普遍使用锂电池供电，因此，引入 FPGA 等可定制结构将常用的共享软件代码“硬件化”执行，能够得到良好的执行能效比，这应该是未来智能移动嵌入式系统体系结构方面的一个重要发展趋势。

参 考 文 献

[1]　周伟明. 多核计算与程序设计. 武汉：华中科技大学出版社，2009.
[2]　Hill M D，Marty M R. Amdahl's Law in the multicore era. Computer，2008，41(7)：33—38.
[3]　王之元，胡庆丰，陈娟. 能耗并行加速比：高性能计算系统综合性能的有效度量. 计算机工

程与科学,2009,31(11):113—116.

[4] 张戈.片上多核处理器的结构级功耗建模与优化技术研究.自然科学进展,2009,19(12):1398—1409.

[5] Li S. Dynamic voltage scaling with links for power optimization of interconnection networks. High-Performance Computer Architecture,2003,2: 91—102.

[6] Benkner S,Pllana S,Traff J L. PEPPHER: Efficient and productive usage of hybrid computing systems. IEEE Micro,2011,31(5): 28—41.

[7] Kalavade A,Lee E A. The extended partitioning problem: Hardware/software mapping and implementation-bin selection. Sixth IEEE International Workshop on Rapid System Prototyping,Chapel Hill,1995: 12—18.

[8] Eles P,Peng Z,Kuchcinski K,et al. System level hardware/software partitioning based on simulated annealing and tabu search. Design Automation for Embedded Systems,1997,2(5):5—32.

[9] Saha D,Mitra R S,Basu A. Hardware/software partitioning using genetic algorithm. Proceedings of International Conference on VLSI Design,Hgderabad,1998:155—159.

[10] Xiong Z H,Li S K,Chen J H. Hardware/software partitioning based on dynamic combination of genetic algorithm and ant algorithm. Journal of Software,2005,16(4): 503—512.

[11] 郭兵,沈艳,王殿辉,等.一种基于离散Hopfield神经网络的SoC嵌入式操作系统软/硬件划分方法.四川大学学报(工程科学版),2006,38(5):122—127.

[12] Camposano R. Path-based scheduling for synthesis. IEEE Transactions on Computer-Aided Design of Integrated Circuits and Systems,1991,10(1): 85—93.

[13] Li Y,Callahan T,Darnell E,et al. Hardware-software co-design of embedded reconfigurable architectures. The Proceedings of the 37th Annual Design Automation Conference,New York,2000: 507—512.

[14] 沈英哲,周学海.一种编译时估计基本块在可重构器件上运行时间的方法.小型微型计算机系统,2007,28(8): 1496—1501.

[15] Kato T,Miyauchi T,et al. A CDFG generating method from C program for LSI design. IEEE Asia Pacific Conference on Circuits and Systems,Macao,2008: 936—939.

[16] Dwivedi B K,Kejariwal A,et al. Rapid resource-constrained hardware performance estimation. Seventeenth IEEE International Workshop on Rapid System Prototyping,Chania,2006:40—46.

[17] Jerraya A A,Yoo S,Verest D,et al. Embedded Software for SoC. Netherlands:Kluwer Academic Publishers,2003.

[18] Dick R P. Multi-objective Synthesis of Low-Power Real-time Distributed Embedded Systems. Ph. D. Dissertation. Princeton:The Department of Electrical Engineering,Princeton University,2002.

[19] Li T,John L K. Run-time modeling and estimation of operating system energy consumption. Proceeding of SIGMETRICS'03,San Diego,2003:160—171.

[20] Tan T K, Raghunathan A, Jha N K. Energy macromodeling of embedded operating systems. ACM Transactions on Embedded Computing Systems (TECS), 2005, 4(1): 231—254.
[21] Gupta R K, De M G. Hardware-software co-synthesis for digital systems. IEEE Design and Test of Computers, 1993, 10 (3): 29—41.
[22] Eles P, Peng Z, Kuchcinski K, et al. System level hardware/software partitioning based on simulated annealing and tabu search. Design Automation for Embedded Systems, 1997, 2(1): 5—32.
[23] Saha D, Mitra R S, Basu A. Hardware/software partitioning using genetic algorithm. Proceedings. of International. Conference. on VLSI Design, Hyderabad, 1998, 155—159.
[24] Filho F C, Maciel P, Barros E. A petri nets based approach for hardware/software partitioning. Integrated Circuits and System Design, 2001, 8(6): 72—77.
[25] 熊志辉，李思昆，陈吉华. 遗传算法与蚂蚁算法动态融合的软/硬件划分. 软件学报，2005，16(4)：503—512.
[26] Arató P, Juhász S, Mann Z Á, et al. Hardware-software partitioning in embedded system design. Proceedings of the IEEE International Symposium on Intelligent Signal Processing. Budapest, 2003: 63—69.
[27] Stitt G, Lysecky R, Vahid F. Dynamic hardware/software partitioning: A first approach. Design Automation Conference (DAC), Anaheim, 2003: 74—81.
[28] Stitt G, Vahid F. Hardware/software partitioning of software binaries. IEEE/ACM International Conference on Computer Aided Design (ICCAD), San Jose, 2002: 164—170.
[29] Guo B, Wang D H, Shen Y, et al. Hardware-software partitioning of real-time operating systems using hopfield neural networks. Neuro Computing, 2006, 69(16): 2379—2384.
[30] Henkel J. A low power hardware/software partitioning approach for core-based embedded systems. Design Automation Conference (DAC), New Orleans, 2002: 122—127.
[31] Tamaki Y, Funabiki N, Nishikawa S. A binary neural network algorithm for the graph parti-tioning problem. Electronics and Communications in Japan, Part 3, 1999, 82(12): 34—42.
[32] Pereira C, Raghunathan V, Gupta S, et al. A software architecture power aware real time operating systems. CECS Technical Report 02-02, University of California, Irvine, 2002.
[33] He Z T, Mok A, Peng C. Timed RTOS modeling for embedded system design. Proceedings of the IEEE Real-time and Embedded Technology and Applications Symposium (RTAS'05), San Francisco, 2005: 54—63.
[34] 郭兵，绿色计算的重定义与若干探讨. 计算机学报，2009，12：2311—2319.
[35] 张戈. 片上多核处理器的结构级功耗建模与优化技术研究. 自然科学进展，2009，19(12)：1398—1409.
[36] Li S. Dynamic voltage scaling with links for power optimization of interconnection networks. High-Performance Computer Architecture, 2003, 12: 91—102.

[37] Benini L. Powering networks on chips. System synthesis. Proceedings of the 14th International Symposium, Montreal, 2001: 33—38.

[38] Bhat S. Energy Models for Network-on-chip Components. Technische Universiteit Eindhoven, Department of Mathematics and Computer Science, Eindhoven, 2005.

[39] Wang Z. Group-caching for NoC based multicore cache coherent systems, Design, Automation & Test in Europe Conference & Exhibition, Nice, 2009: 755—760.

[40] Sharifi A. Feedback control for providing QoS in NoC based multicores. Design, Automation & Test in Europe Conference & Exhibition, Dresden, 2010: 1384—1389.

[41] Gao X, Chen Y, Wang H, et al. System architecture of godson-3 multi-core processors. Computer. Science. Technology, 2010, 25(2): 181—191.

[42] Zhang B. Location-aware cache-coherence protocols for distributed transactional contention management in metric-space networks. Reliable Distributed Systems, 2009, 9: 268—277.

[43] Zeng H. An interconnect-aware power efficient cache coherence protocol for CMPs . Parallel and Distributed Processing, 2008, 4: 1—11.

[44] Zhang M. Latency Reduction Techniques in Chip Multiprocessor Cache Systems. Ph. D. Dissertation. Massachusetts: Massachusetts Institute of Technology, 2006.

[45] 吴俊杰. 面向非一致 Cache 的智能多跳提升技术. 计算机学报, 2009, 10: 1887—1895.

[46] Kourdy R. Using the NS-2 network simulator for evaluating multi protocol label switching in network-on-chip. Computer Research and Development, 2010, 5: 795—799.

[47] Ganesh V, Jack S, Nathan G, et al. Conservation cores: Reducing the energy of mature computations. International Conference on Architectural Support for Programming Languages and Operating Systems, 2010: 205—218.

[48] OpenImpact Website. http://gelato. uiuc. edu, 2011.

[49] CodeSurfer by GrammaTech, Inc. http://www. grammatech. com/products/codesurfer, 2011.

[50] Lattner C, Adve V. LLVM: A compilation framework for lifelong program analysis & transformation. Proceedings of the International Symposium on Code Generation and Optimization, IEEE Computer Society, Palo Alto, 2004: 75—81.

[51] Taylor M B, Lee W, Miller J, et al. Evaluation of the raw microprocessor: An exposed-wire-delay architecture for ILP and streams. Proceedings of the 31st Annual International Symposium on Computer Architecture, IEEE Computer Society, Müchen, 2004: 21—28.

[52] Sampson J, Venkatesh G, Goulding N, et al. Efficient complex operators for irregular codes. Proceedings of the 17th IEEE International Symposium on High Performance Computer Architecture (HPCA 2011), San Antonio, 2011: 491—502.

[53] Swanson S, Taylor M B. GreenDroid: Exploring the next evolution in smartphone application processors. IEEE Communications Magazine, 2011, 49 (4): 112—119.

[54] Goulding N, et al. GreenDroid: A mobile application processor for a future of dark silicon. HotChips, 2010, 22: 1—39.

第5章　低能耗的嵌入式操作系统

5.1 引　　言

操作系统(operating system,OS)的出现、使用和发展是近几十年来计算机软件的一个重大进展。尽管操作系统尚未有一个严格的定义,但一般认为:操作系统是管理系统资源、控制程序执行、改善人机界面、提供各种服务、合理组织计算机工作流程和为用户使用计算机提供良好运行环境的一种系统软件。

操作系统是计算机系统的资源管理者。在计算机系统中,能分配给用户使用的各种硬件和软件设施总称为资源。资源包括两大类:硬件资源和信息资源。其中,硬件资源分为处理器、存储器、I/O设备等;I/O设备又分为输入型设备、输出型设备和存储型设备;信息资源则分为程序和数据等。操作系统的重要任务之一是对资源进行抽象研究,找出各种资源的共性和个性,有序地管理计算机中的硬件、软件资源,跟踪资源使用情况,监视资源的状态,满足用户对资源的需求,协调各程序对资源的使用冲突;研究使用资源的统一方法,为用户提供简单、有效的资源使用手段,最大限度地实现各类资源的共享,提高资源利用率,从而,使得计算机系统的效率有很大提高。

资源管理是操作系统的一项主要任务,而控制程序执行、扩充机器功能、提供各种服务、方便用户使用、组织工作流程、改善人机界面等都可以从资源管理的角度去理解。下面就从资源管理的观点来看操作系统具有的几个主要功能。

1. 处理器管理

处理器管理的第一项工作是处理中断事件。硬件只能发现中断事件,捕捉它并产生中断信号,但不能进行处理,配置了操作系统,就能对中断事件进行处理。

处理器管理的第二项工作是处理器调度。处理器是计算机系统中一种稀有和宝贵的资源,应该最大限度地提高处理器的利用率。在单用户单任务的情况下,处理器仅为一个用户的一个任务所独占,处理器管理的工作十分简单。为了提高处理器的利用率,操作系统采用了多道程序设计技术。在多道程序或多用户的情况下,组织多个作业或任务执行时,就要解决处理器的调度、分配和回收等问题。近年来设计出各种各样的多处理器系统,处理器管理就更加复杂。为了实现处理器管理的功能,描述多道程序的并发执行,操作系统引入了进程

(process)的概念,处理器的分配和执行都是以进程为基本单位;随着并行处理技术的发展,为了进一步提高系统并行性,使并发执行单位的粒度变细,并发执行的代价降低,操作系统又引入了线程(thread)的概念。对处理器的管理和调度最终归结为对进程和线程的管理和调度,包括:①进程控制和管理;②进程同步和互斥;③进程通信;④进程死锁;⑤线程控制和管理;⑥处理器调度,又分高级调度、中级调度和低级调度。

正是由于操作系统对处理器的管理策略不同,其提供的作业处理方式也就不同,例如,批处理方式、分时处理方式、实时处理方式等。从而,呈现在用户面前,成为具有不同处理方式和不同特点的操作系统。

2. 存储管理

存储管理的主要任务是管理存储器资源,为多道程序运行提供有力的支撑,便于用户使用存储资源,提高存储空间的利用率。存储管理的主要功能包括:①存储分配。存储管理将根据用户程序的需要分配给它存储器资源,这是多道程序能并发执行的首要条件。②存储共享。存储管理能让内存储器(又叫主存储器,本书中有时用内存,有时用主存,没有区别)中的多个用户程序实现存储资源的共享,以提高存储器的利用率。③地址转换与存储保护。存储管理负责把用户的逻辑地址转换成物理地址,同时要保证各个用户程序相互隔离起来互不干扰,更不允许用户程序访问操作系统的程序和数据,从而,保护系统和用户程序存放在存储器中的信息不被破坏。④存储扩充。由于受到处理器寻址能力的限制,一台计算机的物理内存容量总是有限的,难以满足用户大型程序的需求,而外存储器容量大且价格便宜。存储管理还应该能从逻辑上来扩充内存储器,把内存和外存混合起来使用,为用户提供一个比内存实际容量大得多的逻辑编程空间,方便用户的编程和使用。

操作系统的这一部分功能与硬件存储器的组织结构和支撑设施密切相关,操作系统设计者应根据硬件情况和用户使用需要,采用各种相应的有效存储资源分配策略和保护措施。

3. 设备管理

设备管理的主要任务是管理各类外围设备,完成用户提出的 I/O 请求,加快 I/O 信息的传送速度,发挥 I/O 设备的并行性,提高 I/O 设备的利用率,以及提供每种设备的设备驱动程序和中断处理程序,为用户隐蔽硬件细节,提供方便简单的设备使用方法。为实现这些任务,设备管理应该具有以下功能:①提供外围设备的控制与处理;②提供缓冲区的管理;③提供设备独立性;④外围设备的分配和去配;⑤实现共享型外围设备的驱动调度;⑥实现虚拟设备。

4. 文件管理

上述三种管理是针对计算机硬件资源的管理。文件管理则是针对系统中的信息资源的管理。在现代计算机中,通常把程序和数据以文件形式存储在外存储器(又叫辅存储器)上,供用户使用,这样,外存储器上保存了大量文件,对这些文件如不能采取良好的管理方式,就会导致混乱或破坏,造成严重后果。为此,在操作系统中配置了文件管理,它的主要任务是对用户文件和系统文件进行有效管理,实现按名存取;实现文件的共享、保护和保密,保证文件的安全性;并提供给用户一整套能方便使用文件的操作和命令。具体来说,文件管理要完成以下任务:①提供文件逻辑组织方法;②提供文件物理组织方法;③提供文件存取方法;④提供文件使用方法;⑤实现文件的目录管理;⑥实现文件的共享和存取控制;⑦实现文件的存储空间管理。

5. 网络与通信管理

计算机网络源于计算机与通信技术的结合,近二十年来,从单机与终端之间的远程通信,到今天全世界成千上万台计算机联网工作,计算机网络的应用已十分广泛。联网操作系统至少应具有以下管理功能:①网上资源管理功能。计算机网络的主要目的之一是共享资源,网络操作系统应实现网上资源的共享,管理用户应用程序对资源的访问,保证信息资源的安全性和完整性。②数据通信管理功能。计算机联网后,节点之间可以互相传送数据,进行通信,通过通信软件,按照通信协议的规定,完成网络上计算机之间的信息传送。③网络管理功能。包括故障管理、安全管理、性能管理、记账管理和配置管理等。

6. 用户接口

为了使用户能灵活、方便地使用计算机和系统功能,操作系统还提供了一组友好的使用其功能的手段称用户接口,它包括两大类:程序接口和操作接口。用户通过这些接口能方便地调用操作系统功能,有效地组织作业及其工作和处理流程,并使整个系统能高效地运行。

在嵌入式操作系统中,线程或进程通常被称为任务,因而嵌入式操作系统完成的处理器调度功能主要是完成任务的调度功能。依据任务的实时性来分,任务可以分为实时任务与非实时任务两类。当前低能耗的嵌入式操作系统研究主要集中在实时任务调度部分。

5.2　实时任务调度

实时系统与非实时系统相比较,最明显的特点在于:实时系统在实现计算时结果产生的逻辑上和时间上的正确性[1]。也就是说,计算的正确性不仅取决于计算的逻辑结果,而且取决于结果产生的时间,这又称之为“实时性”。因此实时任务的调度除了强调资源的分配外,更强调时间的约束性。所以评价实时系统性能的最根本的标准之一就是是否满足实时性;而能耗降低与实时性又是彼此矛盾的。因为,如果要降低能耗,必定要牺牲系统性能,从而很有可能违反实时任务的实时性要求,反之亦然。所以,对实时任务的低能耗调度算法的研究,就是为了解决如何在保证实时性的前提下尽可能地降低能耗。研究实时任务的低能耗调度算法,主要从两个方面着手:

(1) 软件层面:软件层面的分析,主要通过基于源程序结构级和算法级的分析,以优化调度算法,从而达到降低能耗的目的。换句话说,对于实时任务调度基于软件层面上的优化可以定义算法实施复杂度的优化,这是由于源程序级优化(包含表达式变化、优化数据表示、程序结构重排等)和算法级优化(包括消除重复计算、改善数据结构、压缩数据存储空间、算法选择等)都是为了最大限度增加算法本身的效率,降低算法的时间复杂度和空间复杂度,以能耗小的操作替换能耗大的操作。所以,通常将基于软件层面的调度算法的能耗优化又称之为基于操作的低能耗调度算法。

(2) 系统层面:系统层面的分析,主要是分析软硬件的结合、协同工作,即是否具有相应的硬件技术支持,使得该硬件技术能有效地与调度算法结合从而达到能耗降低的目的。低能耗的调度,仅仅从软件层面考虑,其降低能耗的效果并不是明显的;同时,在第 2 章中曾提到,降低系统能耗最直接的方式就是降低系统电压,由此可以确定,对于低能耗的任务调度模型的实现与应用,最直接的方式,就是将实时任务调度算法与 DVS 技术相结合。这种软硬件的结合方式,能够从系统的实际需求出发,尽可能使系统的能耗最低。

图 5.1 非常直观地给出了 DVS 与任务调度结合后的电压和任务执行时间的变化。同时值得注意的是,对于采用抢占式的任务调度算法的实时系统而言,任务在被抢占后的任务切换时间随着任务的增多,将会逐渐增大,使得处理器的负载也会越来越大,也会带来不小的能耗。因此,任务集总的切换次数,也是衡量如何选

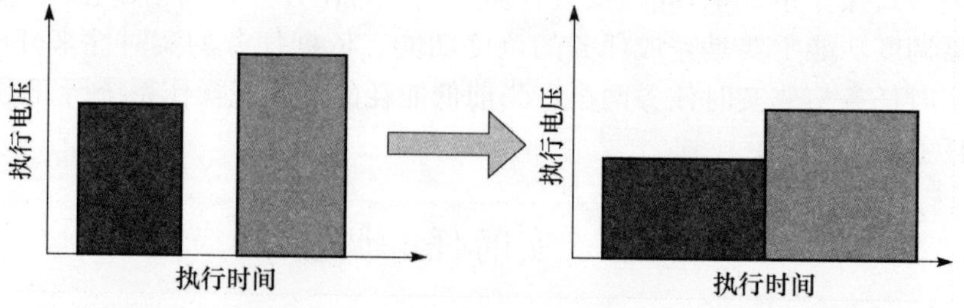

图 5.1　DVS 与任务调度的结合

取适当的任务调度算法关键标准之一。

5.2.1　实时任务调度算法

实时系统中的任务以周期分类可分为周期性任务和非周期性任务(通常为偶发任务)两类[2]。而用于调度这些实时任务的算法(基于优先级的抢占式调度算法)一般分为两种:静态(固定优先级)调度算法和动态(动态优先级)调度算法。静态优先级调度算法是一种可预测的方法,要求对任务集和任务的约束或者任务的属性(如任务的截止时间、任务在最坏情况下的执行时间、任务的周期、任务间的时序等)有确定的了解。本节讨论和采用的是 Liu 和 Layland 提出的最为经典的任务调度模型[3],其对应任务调度算法单调速率(rate monotonic,RM)算法和最早截止时间优先(earliest deadline first,EDF)算法也是目前最为经典的算法。其经典之处在于,目前使用大部分其他的实时任务调度算法都是根据这两种算法演变而来的,同时,在特定的前提下,这两种算法都是最优的实时周期任务调度算法。

1. 静态优先级调度——RM(单调速率)

所谓的 RM 调度就是指为每一个周期任务指定一个根据任务周期长短而定的优先级,即任务周期越短,其优先级越高。而调度总是试图最先运行周期最短的任务。RM 调度算法被公认为最优的静态调度算法,其最优性体现在一切可以用其他静态调度算法调度的任务集均可以被 RM 调度算法调度。

1) 任务模型

假设一任务集 $S=\{\tau_1,\tau_2,\cdots,\tau_n\}$ 是一个含有 n 个周期任务的集合,该任务集中都是相互独立的任务,任务的周期分别是 $T_1,T_2,\cdots,T_n$,且 $T_n>T_{n-1}>\cdots>T_1$,任务对应的截止时间分别是 $D_1,D_2,\cdots,D_n$,最坏执行时间[4](WCET)分别为 C_1,$C_2,\cdots,C_n$,$U=C/T$ 表示任务 τ 的 CPU 利用率,理想的 RM 调度模型中假设了任务 τ 的周期 T 与任务的截止时间 D 是相等的。同时有 $0\leqslant C_i\leqslant T_i\,(i=1,\cdots,n)$。并且假设任务到达的时间为 $t=0$。

2) 基于 RM 的可调度性分析

根据以上模型及假设,Liu 和 Layland 提出了满足 RM 调度的充分条件:

(1) 当 $T=D$(即该任务集中所有周期任务的周期与其对应的截止时间相等)时:

定理 5.1　n 个独立的周期性任务可以被 RM 调度,如果其总的处理器利用率 $U\leqslant n(2^{1/n}-1)$。

该定理可用图 5.2 解释:

图 5.2 中不同灰度对应着三种不同的情况(其中 bound 值约为 $\lim\limits_{n\to\infty} n(2^{1/n}-1)=\ln 2\approx 0.69$):

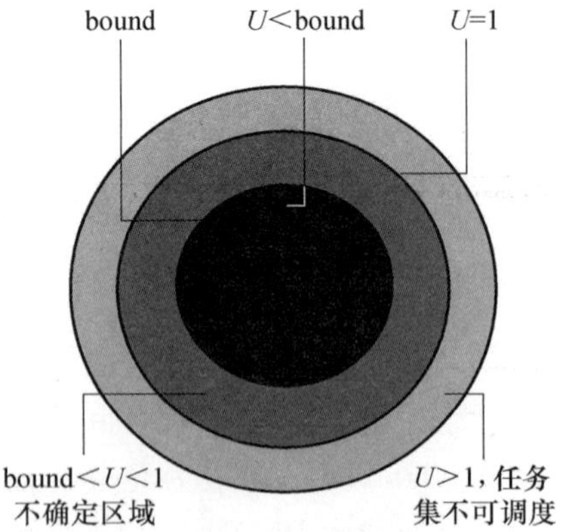

图 5.2　任务集的 CPU 利用率

① 中间黑色区域表示整个处理器利用率小于 bound，任务集是 RM 可调度的；

② 深灰色区域表示整个处理器利用率介于 bound 和 1 之间，无法仅仅通过充分条件确定任务集是否可调度。

③ 灰色区域表示整个处理器利用率大于 1，此时表示处理器过载，实时调度不可行。

由于$\lim_{n\to\infty} n(2^{1/n}-1)=\ln 2\approx 0.69$，表示对于所有 $U<\ln 2$ 的任务集，都能被 RM 所调度，而对于 $0.69\leqslant U\leqslant 1$，不是所有的任务都能被 RM 调度。因此，Lehoczky 等又提出了基于上述模型和假设的满足 RM 调度的充要条件[5]：

定理 5.2　对于含有 n 个独立的周期性任务的任务集 S，当且仅当

$$\max_{1\leqslant i\leqslant n}\left\{\min_{0\leqslant t\leqslant T_i}\sum_{j=1}^{i}\lfloor t/T_j\rceil C_j\right\}\leqslant t \tag{5.1}$$

其中，$t\in S_i$，$S_i=\{kT_j\mid j=1,\cdots,i;k=1,\cdots,\lfloor T_i/T_j\rceil\}$。

(2) 当 $T>D$ 时：

定理 5.3　任务集 S 可被 RM 调度，当且仅当对每个任务 r_i 满足

$$D_i+\sum_{j=1}^{i-1}(\lceil T_i/T_j\rceil-\lceil D_i/T_j\rceil)C_j\geqslant T_i,\ \sum_{j=1}^{i}\lceil D_i/T_j\rceil C_j\leqslant D_i \tag{5.2}$$

2. *动态优先级调度——EDF(最早截止时间优先)*

EDF 算法也称为死线驱动调度算法，是一种最典型的动态调度算法。EDF 指任务在被调度过程中，任务的优先级是根据任务的截止时间动态的分配。截止时间越早，优先级越高。同样，EDF 也有抢占式 EDF 和不可抢占式 EDF 之分。对于不可抢占式 EDF 而言，虽然它消除了抢占的调度开销，但是不能保证高优先级的任务优先执行，而这恰恰违背了硬实时要求，因此对于一些实时要求非常高的硬实时系统不可抢占式 EDF 是不可取的。

1) 抢占式 EDF 下周期任务的可调度性分析

根据 5.2.1 节的任务模型，以及如下四个假设：

(1) 处理器在执行某一任务的过程中可以随时被更高优先级的任务抢占，且抢占开销可以忽略；

(2) 仅仅考虑处理器执行过程(即任务在执行过程中不存在 I/O 操作，或读写内存操作等)；

(3) 所有的任务是不存在依赖关系的，是完全独立的；

(4) 任务的相对截止时间与任务的周期是相等的。

抢占式 EDF 调度算法对周期性任务级的可调度性的充分必要条件为

$$U = \sum_{i=1}^{n} C_i / T_i \leqslant 1 \tag{5.3}$$

由上可知，EDF 可调度性的判定比 RM 更简单。

如果抢占式 EDF 调度算法不能在单处理器上调度一个实时任务集，其他的调度算法也不可能。也就是说，任务集在抢占式 EDF 调度下能满足实时性，不一定能在 RM 下满足实时性。下面给出一个例子用于说明抢占式 EDF 算法的最优性。如图 5.3 和图 5.4 所示，假设一个任务集存在两个任务其对应的（周期 T、执行时间 C、截止时间 D）分别为

任务 1：$T=5, C=2, D=5$

任务 2：$T=7, C=4, D=7$

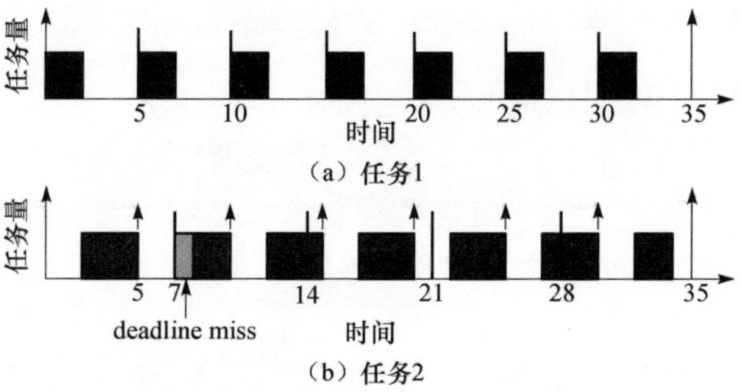

图 5.3　在 RM 下任务集中任务 2 在 7 时刻之前没有完成

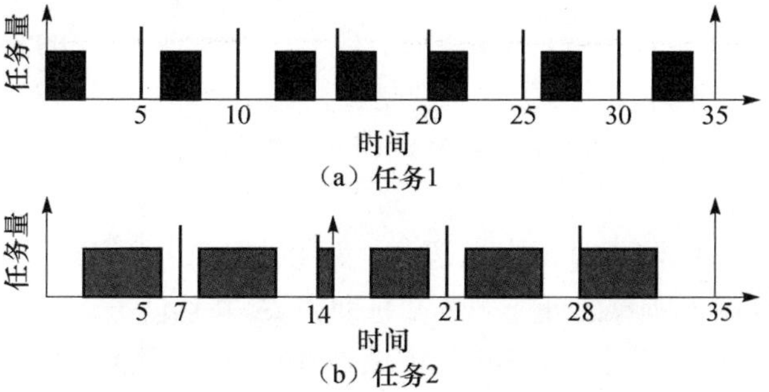

图 5.4　在抢占式 EDF 下任务集中的所有任务都在截止期之前完成

2) 抢占式 EDF 中处理器空闲时间的计算

对于计算抢占式 EDF 中处理器的空闲时间[6]，我们依然需要介绍其中的四个假设以及 5.2.1 节中的任务模型。在这些前提下，我们通过递推法来计算空闲时

间。同时通过计算空闲时间，文献[7]在考虑周期任务和偶发任务的前提下，给出了一种统一判定 EDF 可调度性的方法。

EDF 算法的特点是在处理器空闲时只要有任务到来就立即运行，所以如果有空闲时间，那么每一段空闲时间肯定都在周期任务到来的时刻结束，这样根据在一个超周期中所有任务的每一次到达时间的先后顺序构造一个到达时间的向量 $E=\{e_0,e_1,\cdots,e_i,e_{i+1},\cdots,e_p\}$，其中 $e_0=0,e_p=H,e_i<e_{i+1}(i=0,\cdots,p),p<N-n+1$，$H$ 为任务集的超周期，即任务集周期的最小公倍数，$N=\sum_{i=1}^{n}H/T_i$ 表示在一个超周期内所有任务到达次数的总和。同时我们再构造一个空闲时间的向量 $F=\{f_0,f_1,\cdots,f_i,f_{i+1},\cdots,f_p\}$，$f_i$ 表示在 e_i 时刻前的总的空闲时间，因此有

$$f_i = e_i - \sum_{j=1}^{n}\left[\frac{e_i}{T_j}\right]C_j \tag{5.4}$$

对于更一般的情况，即计算$[e_i,e_{i+1}]$时刻的空闲时间：

$$f_{i,i+1} = e_{i+1} - \sum_{j=1}^{n}\left[\frac{e_{i+1}}{T_j}\right]C_j - f_i \tag{5.5}$$

所以总结以上结论，可以得出计算空闲时间的公式为

$$f_0 = 0 \quad \text{且} \quad f_{i,i+1} = \sup\{0, e_{i+1} - \sum_{j=1}^{n}\left[\frac{e_{i+1}}{T_j}\right]C_j - f_i\} \tag{5.6}$$

5.2.2 低能耗调度算法的问题难度和硬件制约

1. 问题难度

前面曾提到过，低能耗的调度算法除了优化算法本身的执行效率外，更重要的就是将调度算法与 DVS 结合，形成真正意义上的低能耗调度算法。假设有如下任务模型：任务集 $S=\{\tau_1,\tau_2,\cdots,\tau_n\}$，是一个含有 n 个周期任务的集合，该任务集中都是相互独立的任务，任务的周期分别是 $T_1,T_2,\cdots,T_n$，任务对应的截止时间分别是 $D_1,D_2,\cdots,D_n$ ，最坏执行时间(WCET)分别为 $C_1,C_2,\cdots,C_n$，模型中还有包括如下的一个集合 $F=\{f_1,f_2,\cdots,f_n\}$，F 中的每个元素表示一个"可选频率"。处理器只能在集合 F 中的可选频率上运行。所以如果说方案 i 是最优的低能耗方案，必须满足当且仅当所有的任务都在截止期完成，并且任务集的总能耗最低。文献[8]指出：即使在上述的模型下，寻找最优低能耗调度方案也是 NP 完全问题。换句话说，目前始终找不到一个算法可以在指数时间内，找到最优低能耗调度方案。

然而在实际应用中，却没有上述模型那么简单；首先，任务集中的任务数是不确定的，这是由于任务可能随时被创建、也可能随时被删除。其次，任务间不可能总是独立的，任务之间往往会存在许多依赖关系。最后，任务可能还需要很多数据输入或输出。这些不确定的因素会导致找到接近最优低能耗调度方案更加困难，

同时处理器调频调频本身也需要一定开销，这就最终导致实时系统的最优低能耗方案是不可能实际做到的，只能尽可能地接近理想值。

2. 硬件制约

对于通过 DVS 技术来实现低能耗的系统而言，如果说处理器提供的最高频率为 $f_{\max}$，而在理想状况下，根据 DVS 算法可能会产生$[0, f_{\max}]$之间的任何一个值，然而现实生活中，现有的可调节的处理器都不能连续地调节频率或者电压，仅仅提供了有限个调节选项，如表 5.1 所示。

表 5.1　处理器的频率对比

品　牌	处理器	说明
Intel	Mobile Pentium Ⅲ等	根据电源控制处理器电压：外接电源用高电压，用电池时为低电压
AMD	Athlon 等	使用电池时，提供 6 个电压设置点 32 组频率调节

然而很多时候，理论上计算出来的频率值与可选择的频率值是不能刚好吻合的，所以，此时只有选择高于理论计算值的最小可选频率，这就使得采用 DVS 技术获得降低能耗的效果大打折扣。

举例说明上述问题：假设存在两个处理器，处理器 1 对应的可选频率集 $F_1=\{100,200,300\}$MHz，处理器 2 对应的可选频率集 $F_2=\{100,150,200,250,300\}$MHz；此时对于一个任务求出的理论频率值为 230MHz，执行时间为 T。则根据上述给出的处理器，其对应的执行时间也将发生变化，分别为$(230/300)T$和$(230/250)T$。

如果该任务在处理器 1 上执行，只能使用 300MHz，其能耗为

$$E_1 = C_L k^2 \times 300^3 \times \frac{230}{300} T \tag{5.7}$$

如果该任务在处理器 2 上执行，只能使用 250MHz，其能耗为

$$E_2 = C_L k^2 \times 250^3 \times \frac{230}{250} T \tag{5.8}$$

两种能耗相比较：

$$\frac{E_1}{E_2} = \frac{300^2}{250^2} = 144\% \tag{5.9}$$

根据上式，处理器 1 的能耗远远大于处理器 2 的能耗；同时假设存在一个处理器的频率为 230MHz，则该处理器与处理器 2 的能耗比值为

$$\frac{E_1}{E_2} = \frac{230^2}{250^2} = 84.64\% \tag{5.10}$$

因此，我们可以知道，处理器的可选频率越多，越能充分发挥 DVS 的效果，最理想的状态就是处理器可以连续调节频率。然而，目前的处理器都不支持连续调频或调压。

5.2.3　最优低能耗调度定理及其证明

最优低能耗调度定理是指当系统中有且只有一个任务时，其能耗达到最小值的充要条件是：任务刚好是在截止期执行完毕，同时在整个任务执行过程中，处理器的频率保持不变，处理器电压则在不影响频率的前提下始终保持最低。

根据上述描述，得出如下数学模型：

假设系统中有且仅有一个任务 P，任务 P 从 0 时刻开始执行，且其截止时间为 D，任务 P 需要执行的时钟周期数为 W，定义 $f(t)$ 为区间 $[0,D]$ 内频率的变化函数并且有 $f(t)>0$，那么有 $W=\int_0^D f(t)\mathrm{d}t$；同时假设处理器的电压和频率处于理想状态下的正比关系，即 $v=kf$，则此时的能耗就可以表示为

$$E=\int_0^D \alpha C_{\mathrm{L}}k^2 f^3(t)\mathrm{d}t \tag{5.11}$$

证明

(1) 充分性证明。

问题描述：如果任务刚好在截止期执行完毕，表示任务的执行时间为 D，同时在整个任务的执行过程中，处理器的频率保持不变，即 $f(t)$ 等于一个常数且 $f(t)=W/D$，并且电压在不影响频率的前提下保持最低，能耗达到最低。

将上述条件带入式(5.11)中，可得

$$E_{\min}=\alpha C_{\mathrm{L}}k^2(W/D)^3 D \tag{5.12}$$

这里仅需证明 $E_{\min}$ 是 $E=\int_0^D \alpha C_{\mathrm{L}}k^2 f^3(t)\mathrm{d}t$ 上的最小值，即对于任意的 E 都有

$$E/E_{\min}=D^2\int_0^D f^3(t)\mathrm{d}t/W^3\geqslant 1 \tag{5.13}$$

又因为 $W=\int_0^D f(t)\mathrm{d}t$，则上式可表示为

$$D^2\int_0^D f^3(t)\mathrm{d}t\geqslant\left(\int_0^D f(t)\mathrm{d}t\right)^3 \tag{5.14}$$

将式(5.14)不等式两边同时开 3 次方得

$$\int_0^D f(t)\mathrm{d}t\leqslant\left(\int_0^D f^3(\mathrm{d}t)\right)^{1/3}(D)^{2/3} \tag{5.15}$$

所以只需证明式(5.15)成立。

记 $\| f(t)\|_p=\left(\int_0^D f^p(t)\mathrm{d}t\right)^{1/p}$ 为 L_p 空间上的范数，$p>1$，根据赫尔德不等式，有

$$\| f(t)g(t)\|_1\leqslant\| f(t)\|_p\| g(t)\|_p \tag{5.16}$$

且 $1/p+1/q=1$，当且仅当 $c_1 f^p(t)=c_2 g^q(t)$ 时等号才成立，即 $f^p(t)/g^q(t)=$

c_2/c_1，为一个常数。

令 $p=3,q=3/2,g(t)=1$，代入上式得

$$\int_0^D f(t)\mathrm{d}t \leqslant \left(\int_0^D f^3(\mathrm{d}t)\right)^{1/3}(D)^{2/3} \tag{5.17}$$

即式(5.15)。由此证明了最优低能耗定理的充分性：如果任务刚好在截止期执行完毕，同时在整个任务的执行过程中，处理器的频率保持不变，即 $f(t)$ 等于一个常数且 $f(t)=W/D$，并且电压在不影响频率的前提下保持最低，就能耗达到能耗最低。

(2) 必要性证明。

问题描述：如果系统的能耗最低，则系统在执行该任务时的频率是一个常数，同时任务刚好在截止时间完成，并且任务在执行过程中的电压保持最低。

记 $\| f(t) \|_p=\left(\int_0^D f^p(t)\mathrm{d}t\right)^{1/p}$ 为 L_p 空间上的范数，$p>1$，根据赫尔德不等式，有

$$\int_0^D f(t)g(t)\mathrm{d}t/\left(\int_0^D g^q(t)\mathrm{d}t\right)^{1/q} \leqslant \left(\int_0^D f^p(t)\mathrm{d}t\right)^{1/p} \tag{5.18}$$

且 $1/p+1/q=1$，当且仅当 $c_1 f^p(t)=c_2 g^q(t)$ 时等号才成立。令 $p=3,q=3/2,g(t)=1$，则有

$$W/D^{2/3} \leqslant \left(\int_0^D f^3(t)\mathrm{d}t\right)^{1/3} \tag{5.19}$$

已知等号成立，则有 $f^2(t)/g^{3/2}(t)$ 为一个常数，又因为 $g(t)=1$，则有 $f(t)\equiv k$，k 为常数。

由已知条件可知，$W=\int_0^D f(t)\mathrm{d}t$，则有

$$f(t)\equiv W/D,\quad t\in[0,D] \tag{5.20}$$

由此，证得如果系统的能耗最低，则系统在执行该任务时的频率是一个常数，即 $f(t)\equiv W/D,t\in[0,D]$，同时任务刚好在截止时间 D 完成，并且任务在执行过程中的电压保持最低。

在此我们举例说明最优低能耗定理的正确性。假设处理器采用(200MHz 和 300MHz)的可选频率，系统中有且只有一个任务 P，它的工作量为 600M 个时钟周期，其截止期为 3s，由此就产生两种调度方案。同时这里假设处理器的频率和电压是出于理想状态下的正比关系。尽管事实并非如此，但频率越低，电压越低这是事实。下面是给出的两种方案：

(1) 采用 200MHz 的频率，执行 3s。

(2) 采用 300MHz 的频率，执行 2s；在该方案中，任务 P 提前 1s 执行完毕，假设这 1s CPU 处于休眠状态，不产生能耗。

由上两种方案，可以分别求出其对应的能耗，然后做如下计算，得出

$$\frac{E_{200}}{E_{300}}=\frac{C_{\mathrm{L}}k^2\ 200^3\times 3}{C_{\mathrm{L}}k^2\ 300^3\times 2}\approx 44.44\%$$

即方案 1 的能耗是低于方案 2 的能耗，同时方案 1 刚好在截止期完成。这正好印证了最优低能耗调度定理的正确性。

5.2.4　影响实时调度算法产生能耗的因素

实时调度算法导致的系统开销主要体现在调度开销和运行开销：运行开销主要是指在算法执行过程中产生的系统开销，运行开销主要通过算法的复杂度及算法的输入规模来进行分析；而调度开销除了针对任务集本身所需的执行时间，还体现在由于不同的调度算法导致相同任务集中各个任务的优先级不同而引起的任务集总的上下文切换次数（这里的上下文切换次数不包括任务正常的执行完毕，只针对低优先级任务被高优先级任务所抢占的次数）的不同，由于嵌入式系统其资源严重受限，使得任务抢占的代价远远大于采用桌面系统的计算机，抢占次数（上下文切换次数）的多少直接影响着系统的性能，抢占次数越多，系统的能耗也就越大。文献[9]就给出了在一个使用 RM 调度的任务集超周期中，计算任务被抢占次数方法。因此，基于软件层面的实时调度算法的分析，主要就是分析算法的复杂度、算法的输入规模及任务上下文切换的次数。本节对 RM 和 EDF 调度算法进行对比，从算法的时间复杂度和任务上下文切换次数等方面讨论这两种算法的能耗问题。

1. 复杂度分析

1）时间复杂度

算法的时间复杂度直接体现了该算法的时间性能，而时间复杂度的高低主要体现在算法耗费的时间和语句频度以及算法的问题规模上。一个算法所耗费的时间等于算法中每条语句的执行时间之和，而每条语句的执行时间又等于语句的执行次数（即频度）去乘以语句执行一次所需时间。当算法转换为程序以后，每条语句执行一次所需的时间取决于机器的指令性能、速度、编译所产生的代码质量等一些难以确定的因素。因此，若要独立于机器的软/硬件系统来分析算法的时间性能，则只能设每条语句执行一次所需的时间均是单位时间，所以，一个算法的时间耗费就是该算法中所有语句的频度之和 $T(n)$。对于采用不同调度算法的实时系统而言，任务的调度是由操作系统的调度器来完成，它们唯一的区别在于优先级的分配方式不同，因此对于给定的任务集，算法的时间复杂度主要体现在实现优先级分配的不同方式上。

对于 RM 和 EDF 而言，RM 的时间复杂度是明显低于 EDF 的。其主要原因在于，对于一个固定任务集，在其运行过程中：

(1) 采用 RM 调度算法。

由于任务的优先级是固定的，采用 RM 调度算法的系统只需在初始阶段根据给定的任务集中各个任务的周期为各个任务分配一个优先级，即根据任务集中各个任务的任务控制块中的周期进行一次排序，通过排序的结果为各个任务分配对应的优先级，系统在运行任务过程中无须对任务的优先级进行额外的计算。而选择排序算法只需要根据任务集中任务的多少来选择（如冒泡排序 BubbleSort()和选择排序 SelectionSort()算法，其平均时间复杂度为 $O(n^2)$）。

(2) 采用 EDF 调度算法。

系统需要将任务的优先级与任务对应的截止时间进行动态的映射，需要进行诸多额外的计算[10]：

① 动态计算任务的截止时间：随着任务的运行，各个就绪任务的截止时间不断地变化，EDF 调度算法需要动态改变任务的截止时间，从而才可以合理地分配任务的优先级，所以任务截止时间的计算会增加系统的开销。

② 任务优先级的重分配：由于就绪任务的截止时间在随时改变，任务的优先级可能需要重分配，从而导致系统产生额外的开销。例如，对于一个给定的任务集 S，该任务集中有两个任务的截止时间分别为 D_a、D_b，同时其对应的优先级分别为相邻的两个数如 15、16，此时又有一个新的周期任务到达，该任务的截止时间介于 D_a 与 D_b 之间，即 $D_a<D_c<D_b$；此时，却没有介于 15 和 16 之间的整数作为新到任务的优先级。解决这个问题的唯一方法就是需要将这三个任务的优先级都重新分配。因此，在极端情况下，这种情况可能会导致任务集中的所有任务都需要重新分配优先级，这将大大的增加系统运行的开销。

所以从算法的时间复杂度（时间耗费）来考虑，在同等条件下，算法的运行开销所产生的能耗而言，RM 的能耗是低于采用 EDF 的。这里给出一个实现 RM 的方法，说明 RM 的算法复杂度可以很低。该方法适用于总优先级数较低的系统，很好地解决了任务级中可以存在相同任务优先级的情况，即定义几个 FIFO（先进先出）的就绪队列，每一个队列对应一个优先级，各个队列中存放与其优先级相对应的就绪任务。在这种情况下，当需要插入一个新的任务时，我们仅仅需要将任务插入到对应优先级的就绪队列中，而其对应的算法实施的复杂度仅为 $O(1)$。

2）空间复杂度和输入规模

算法的空间复杂度是指该算法所消耗的存储空间。文献[11]指出，算法的空间复杂度主要包括算法所要解决的问题规模、程序的代码空间和程序运行过程中所申请的存储空间。对于 EDF 和 RM 调度算法而言，算法所需解决的问题规模是相同的，同时由于程序代码空间对算法的空间复杂度影响很小，并且 RM 和 EDF

调度算法在实现上的不同主要体现在优先级的分配方式上，因此由代码空间造成的 RM 和 EDF 算法的能耗差别几乎可以省略，最后对空间复杂度影响最大的就是程序运行过程中申请的存储空间，尽管 EDF 和 RM 算法在实现优先级分配过程中所需的动态变量基本相同，然而 EDF 算法需要动态地进行优先级分配，即需要执行多次，而 RM 在优先级分配方面只需要执行一次，因此，EDF 的空间复杂度是高于 RM 的。算法的输入规模也是影响算法能耗的重要因素，对于系统的调度算法而言，算法的输入规模在于任务集中任务的多少。由于本书是对 RM 和 EDF 做能耗对比，因此，它们的输入规模是相同的。

2. 任务上下文切换次数

上述分析的复杂度以及输入规模等，主要是从 RM 和 EDF 调度算法的运行开销考虑，而调度算法的一个重要特点在于，通过不同的优先级分配方式，导致任务的执行顺序不同，从而产生不同的调度开销。对于它们的调度开销则需要通过任务上下文切换次数进行对比；这是由于，对于采用不同调度算法的含有 n 个任务的相同任务集而言，任务在一个超周期 H 内总的执行时间都是相等的，即都为 $\sum_{i=1}^{n} C_i \times (H/T_i)$（$H$ 称之为超周期，为任务集中所有任务周期的最小公倍数），唯一不同的就是任务集在一个超周期中总的上下文切换次数。因此，本书通过程序仿真 EDF 和 RM 算法，从任务数的变化和系统的负载两个方面讨论影响任务上下文切换次数因素。

1) EDF 和 RM 的仿真实现

(1) EDF 算法的思想：任务的优先级是根据任务的截止时间动态的分配。截止时间越早，优先级越高。因此需要在每个时刻计算任务的截止时间，然后分配优先级，在本仿真程序中计算任务的优先级和返回优先级最高的任务 ID 是通过 SortPrio()函数来实现的。

EDF 仿真算法的部分代码如下：

```
void EDFSchedule()
{
    int i=SortPrio();//用于计算每个时刻截止时间最短的就绪任务 ID
    if(i==-1)          //如果 SortPrio 返回-1 表示此时无就绪任务系统空闲
{
    Dosomething;
}
else
{
```

```
        tcb[i].remain--;        //当前所需执行任务的剩余时间减 1
        if(tcb[i].remain==0) //判断当前任务是否执行完毕
        {
            printf("结束时刻=%-6d 任务号=%-3d 周期序号=% -3d\n",curtime,i,
                tcb[i].pnum);  //打印当前任务结束的时刻
            tcb[i].pnum++;     //任务执行的周期数加 1 初始化为 1
        tcb[i].remain=tcb[i].cputime;//重新初始化当前任务
                                    //的剩余执行时间
        }
    }
    curtime++;                          //curtime 全局变量,记录当前时间
    }
```

(2) RM 算法的思想:任务的优先级是根据任务的周期静态分配的,周期越小,优先级越高。由于 RM 的仿真程序要实现抢占的功能,因此存在每个时刻都需比较任务的优先级。所以,RMSchedule()函数的实现与 EDFSchedule()的实现方式基本一致,唯一不同在于获得当前需要运行任务的 ID。下面给出 RM 仿真算法的部分代码:

```
int SortPrio()              //寻找优先级最高的任务
{
    int k=0;
    int time=RMTime(k);    //任务 0 是否处于本周期中
    int temp;
/*依次遍历各个任务的周期值,寻找周期最小的任务*/
    for(int i=1; i<Taskcount; i++)
{
    temp=RMTime(i);
        if(temp<time)
        {
            time=temp;
            k=i;
        }
    }
    if(time==closetime)//表示此时无就绪任务
        k=-1;
    return k;
}
```

2) 仿真实验

由图 5.5,我们可以知道,随着任务数的不断增大,RM 和 EDF 下任务的切换

次数都明显地增加了,但是RM下任务的切换次数是远远大于EDF下任务的切换次数的。

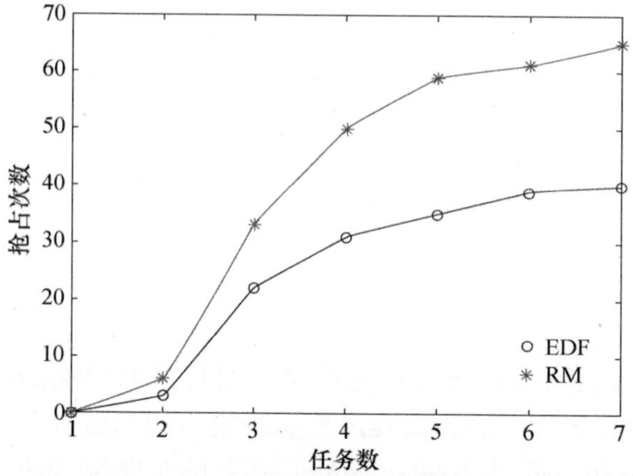

图 5.5　RM和EDF任务数的变化对任务切换次数对比图

由图5.6,我们可以清晰地看到,随着系统负载的增大,RM和EDF的任务切换次数都明显地增大了,但是RM受系统负载的影响是大于EDF受系统负载的影响的。因此,由上面的实验结果,我们可以得出,在不考虑算法复杂度的情况下,RM所引起的调度开销是远远大于EDF所引起的调度开销的。

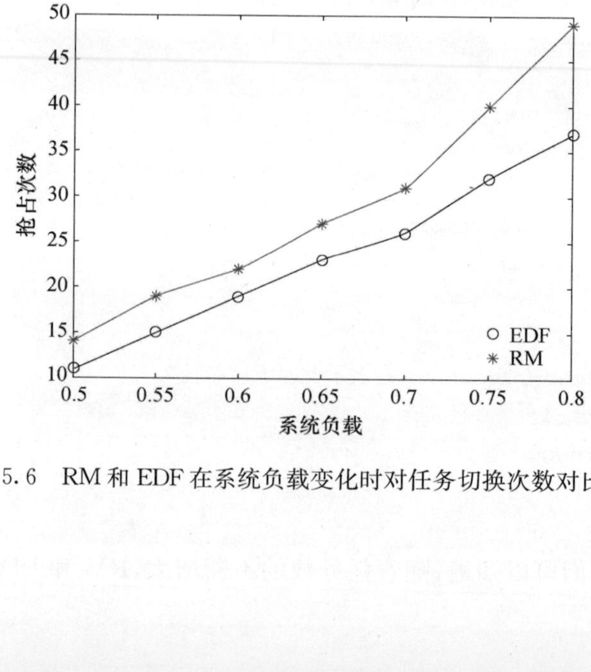

图 5.6　RM和EDF在系统负载变化时对任务切换次数对比图

5.2.5　基于 DVS 的低能耗任务调度算法

为了实现使用 DVS 技术实现节能，可以使用 DVS 与编译器结合、DVS 和多核技术结合以及 DVS 与实时调度结合。对于 DVS 的应用，如果需要更好地建立基于 DVS 的低能耗调度模型，必须解决两个问题：

(1) 电压与频率调节时间：什么时候调节处理器的电压和频率；

(2) 电压与频率调节方法：以怎样的方式调节。

DVS 与实时调度的结合相对于 DVS 与其他技术的结合而言，更好地解决了以上的两个问题。同时其实现更为容易，能耗也能得到很好的降低。DVS 与实时调度结合的方式就是充分利用任务的空闲时间。任务的空闲时间也有静态空闲时间和动态空闲时间之分。静态空闲时间是通过静态分析任务集，以任务的最坏执行时间为基准得到的空闲时间；动态空闲时间是任务在执行过程中，所消耗的时间往往要少于最坏执行时间而产生的空闲时间。图 5.7 就是基于 DVS 的低能耗的周期性实时任务调度结构图。

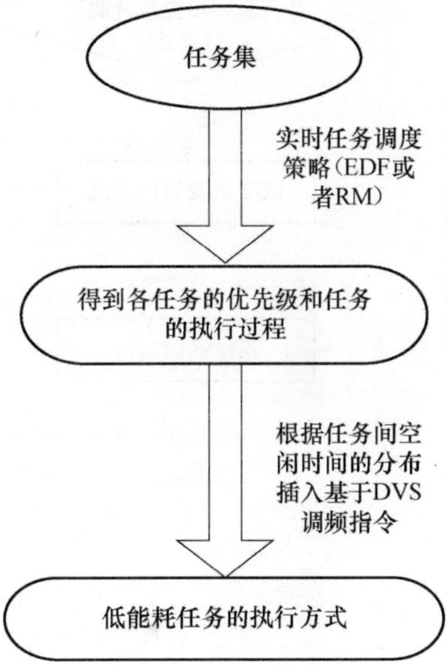

图 5.7　基于 DVS 的低能耗的周期性实时任务调度结构图

1. 低能耗的 DVS 算法

在嵌入式 RTOS 中，基于 DVS 的任务调度算法可以按照对空闲时间的利用方式(当前任务的空闲时间是留给当前任务使用还是留给后面的任务)分为任务间的 DVS 算法和任务内的 DVS 算法，同时 DVS 算法又根据任务集及任务属性(任务的周期、到达时间、截止时间、执行时间等)的确定方式又分为离线 DVS 算法和在线 DVS 算法。

1) 任务内的 DVS 算法

实现任务内的电压调节算法通常有两种途径：基于路径的 DVS 算法以及基于任务模块执行频率的 DVS 算法。

(1) 基于路径的 DVS 的思想大致是：通过选择一条基准路径(一般为最坏情况下的执行路径：WCEP)作为调整处理器电压和频率的依据，同时处理器以最低频率运行。在程序的实际执行路径与基准路径不一样时，便调整处理器频率。体现执行路径不一样的方式就是通过观察任务的执行时间：

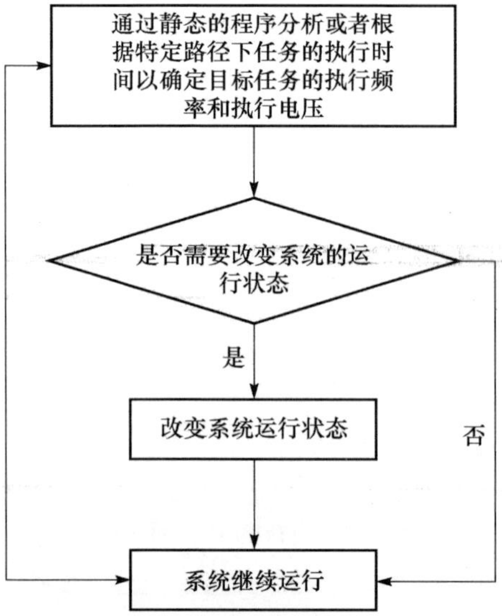

图 5.8　基于路径的 Intra-task DVS 数据流图

① 如果实际路径执行的时间大大超过基准路径，则提升处理器的执行电压，以满足任务截止时间的要求，

② 如果实际路径的执行时间小于基准路径的执行时间，则降低处理器的速度节省能量。

在这种方法中，什么时候调节处理器可以通过静态的程序分析或者路径执行时间分析事先确定，其对应的数据流图如图 5.8 所示。

LEDF 是非常典型的基于路径方法[12]，即不考虑全局，只考虑当前任务的执行频率，在每个任务开始执行前，首先确定任务所使用的频率。下面就是针对处理器有高低两种频率的情况下给出的 LEDF 的伪代码：

```
LEDF()
  begin
      将所有任务按 EDF 原则排序放入就绪队列中；
      for 队列中从前往后的每个任务 P
      begin
          if(用低频率执行可以保证 P 的实时性)
              就用低频率；
          else(检查用高频率执行是否可以保证 P 的实时性)
              if(可以保证)就用高频率执行 P；
              else P 无法调度，转去意外处理模块；
  end
end
```

LEDF 算法非常致命的缺点是它是不可抢占型算法，这使得该算法无法应用于许多强实时系统中。

(2) 基于任务模块执行概率的 Intra-task DVS 是指：处理器以低速开始运行，以降低能耗为目的；在需要时提高速度，即任务的截止期快到时，提高频率，以保证任务的实时性。同时，系统知道一个任务中各个功能模块的执行概率，根据这些执行概率便可以计算出最优的调度方式[13]。使用这种方法，处理器会在某些固定的时刻提高速度。由于基于任务模块的执行频率的方法对应的 DVS 算法，需要做大量的事前准备(各个任务模块执行概率的采集)，在实际应用中很不方便。

2) 任务间的电压调节算法(Inter-task DVS)

Inter-task DVS算法有许多种,它们之间的差异主要来源于对空闲时间的分配方式,即将空闲时间分配给单个任务还是进行一种空闲时间的传递或者是平均分配空闲时间。

(1) 基于处理器利用率的方法:对于一个给定的任务集,初始状态下先以任务的最坏执行时间(WCET)为标准,计算处理器利用率,当任务执行完一次后,记录任务的执行时间,在每个任务执行完成之后,根据完成任务的执行时间重新计算处理器的利用率[14]。计算出处理器的利用率,便可以根据利用率调整处理器的电压和频率,从而在下个周期需要执行该任务时,调整处理器的执行速度,降低能耗。由此可以知道,基于处理器利用率的方法的前提往往是处理器首先以最大速度运行,然后根据最大速度去进行频率调节。

(2) 基于任务到达时间的方法:基于处理器利用率的算法能够使我们在离线的情况下计算出处理器适当的执行频率,然而任务实际的执行时间一般小于它们的 WCETs,因此任务间会产生动态的空闲时间。基于任务到达时间的方法就是使用下一个任务的到达时间(the arrival time of the next task,NTA),来计算当前任务或者任务集在降低频率的情况下可以延长执行多长时间。例如,假定当前任务 τ 在 t 时刻被调度,如果紧接 τ 任务的下一个任务的到达时间晚于 $t+\text{WCET}(\tau)$,则可以减慢处理器的执行速度,使当前 τ 任务完成时刚好开始执行 τ 的下一个任务。

在图5.9中,当系统中只存在一个任务 τ 时,如图5.9(a)所示,则任务 τ 的执行时间可以被扩展到 NTA,这个符合最优低能耗定理。当系统中存在多个任务时,如图5.9(b)所示,这时系统存在多个扩展点。动态空闲时间可以全部给某一个任务或者等分给其他所有任务。其中图5.9(b)中有一个前提,就是三个任务的截止时间是一致的,在这种情况下,Case Ⅰ中的空闲时间的分配策略又称为 Greedy 策略,即将所有的空闲时间直接分配给运行队列中最前面的任务,如果任务运行完毕后还有空闲时间,则将剩余的空闲时间传递给下一个任务。而对于 Case Ⅱ,又称为 Proportional 策略,它通过将整个任务集的空闲时间在任务间按照一定的比例分配。基于任务到达时间方法的实施一般都划分两大部分:第一部分空闲时间的计算,第二部分空闲时间的分配。大多数的 Inter-task DVS 算法分配空闲时间的方式都是将前面任务的所有空闲时间交给紧接着要执行的下一个任务使用。这种方法不是最优的,但是由于应用简单被广泛使用。

2. 最低恒速算法

最低恒速是指在保持实时任务的实时性以及保证处理器的频率也是恒定的前

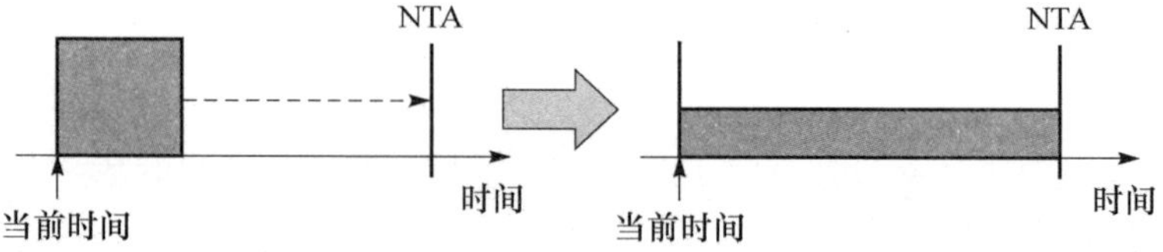

(a) 单个任务

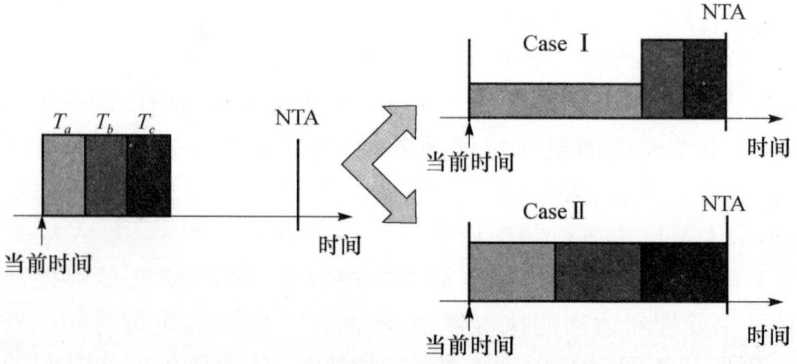

(b) 多个任务

图 5.9　扩展法计算空闲时间

提下,要求满足实时性和恒定性的频率为最低频率。研究最低恒速算法的意义在于:该算法可以应用于许多廉价的嵌入式系统中,这些系统的处理器不具有调频的功能,此时只能在系统的设计阶段确定最低恒速以达到降低能耗、延长电池续航能力的要求。

本节分别讨论采用 RM 调度算法和 EDF 调度算法的最低恒速。采用的任务调度模型为 5.2.1 节中提到的任务模型。假设一任务集 $S=\{\tau_1,\tau_2,\cdots,\tau_n\}$,是一个含有 n 个周期任务的集合,该任务集中都是相互独立的任务,任务的周期分别是 $T_1,T_2,\cdots,T_n$,且 $T_n>T_{n-1}>\cdots>T_1$,任务对应的截止时间分别是 $D_1,D_2,\cdots,D_n$,最坏执行时间(WCET)分别为 $C_1,C_2,\cdots,C_n$,W_i 表示任务 i 的工作量(需要执行的始终周期数),$U=C/T$ 表示任务 τ 的 CPU 利用率,理想的 RM 调度模型中假设了任务 τ 的周期 T 与任务的截止时间 D 是相等的。同时有 $0\leqslant C_i\leqslant T_i(i=1,\cdots,n)$,并且假设任务到达的时间为 $t=0$。

1) 基于 RM 调度算法的最低恒速算法

根据上述任务模型,以及 RM 可行性判定的充分条件可得

$$\frac{C_1}{T_1}+\frac{C_2}{T_2}+\frac{C_3}{T_3}+\cdots+\frac{C_n}{T_n}\leqslant n(\sqrt[n]{2}-1) \tag{5.21}$$

所以,只要处理器的利用率不超过 $n(\sqrt[n]{2}-1)$,就表示该任务集都满足实时性要求。因此,如果存在个常数 $1/k$,使得上面的不等式变为

$$\frac{1}{k}\left(\frac{C_1}{T_1}+\frac{C_2}{T_2}+\frac{C_3}{T_3}+\cdots+\frac{C_n}{T_n}\right)=n(\sqrt[n]{2}-1) \tag{5.22}$$

任务集依然可以调度；又由于 $C_i=\frac{W_i}{f}$，代入上式，就可以求出最低恒速即频率为 $f_{\max}=kf$，其中 k 被称为调节因子。

2）基于 EDF 调度算法的最低恒速算法

对于 EDF 而言，其方法更为简单，根据 EDF 可行性判定的充要条件：

$$\frac{C_1}{T_1}+\frac{C_2}{T_2}+\frac{C_3}{T_3}+\cdots+\frac{C_n}{T_n}\leqslant 1 \tag{5.23}$$

只需要求出存在一个常数 k，使得上式变换为

$$\frac{1}{k}\left(\frac{C_1}{T_1}+\frac{C_2}{T_2}+\frac{C_3}{T_3}+\cdots+\frac{C_n}{T_n}\right)=1 \tag{5.24}$$

就说明基于 EDF 的最低恒速算法也存在调节因子。并且对于 EDF 而言，k 正好等于该任务集的处理器利用率，即

$$k=\frac{C_1}{T_1}+\frac{C_2}{T_2}+\frac{C_3}{T_3}+\cdots+\frac{C_n}{T_n} \tag{5.25}$$

同样，其对应的最低恒速即频率为 $f_{\max}=kf$。

5.3　操作系统的功耗管理架构

5.3.1　功耗管理架构概述

功耗管理架构（power management architecture，PMA）通过整合系统不同的功耗优化与管理技术，从而能够站在系统全局的角度来进行功耗管理。前面已经说过，操作系统是系统软/硬件资源的管理者、控制者和监督者，这一特性决定了其也是功耗管理架构实现的重要载体。一般的功耗管理架构可以用图 5.10 表示。

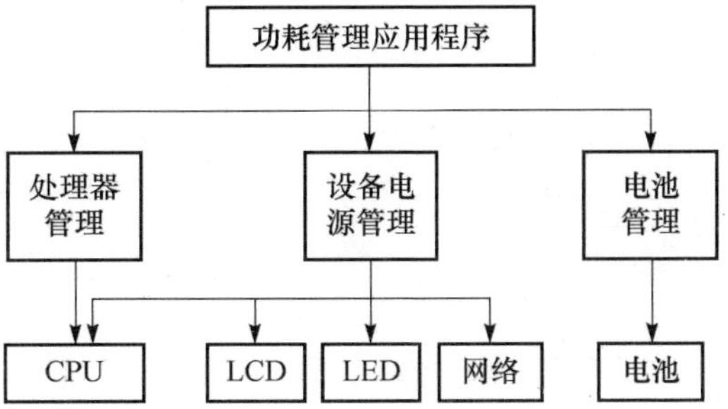

图 5.10　操作系统功耗管理架构图

概括地说，操作系统的功耗管理架构需要有以下几种主要的功能需求：

(1) 功耗管理策略的目标应该站在系统范畴的角度上，其中包含对处理器的电压/频率的调节，也包含对其他系统部件、外设电源状态的调节；

(2) 具有灵活可靠的可定制性和可移植性，能够支持不同软硬件平台的需求及功耗管理策略的动态调整；

(3) 功耗管理策略是对性能与功耗的折中考虑，因此其应该对性能和功耗进行细粒度的权衡及控制。

5.3.2 常见的功耗管理架构

目前，已经普遍应用于操作系统的功耗管理架构规范主要有两种：APM(advanced power management)和 ACPI(advanced configuration and power interface specification)。

1. APM

APM 规范出现的时间较早，它是一种基于 BIOS 的操作系统功耗管理架构规范，它的管理范围涵盖了 CPU 和外围设备，其采用的决策算法是超时算法，通过超时来决定将设备转换到低功耗状态或关闭设备[15]。目前 APM 规范只更新到了 2.0 版本。APM 规范的架构如图 5.11[15]所示。

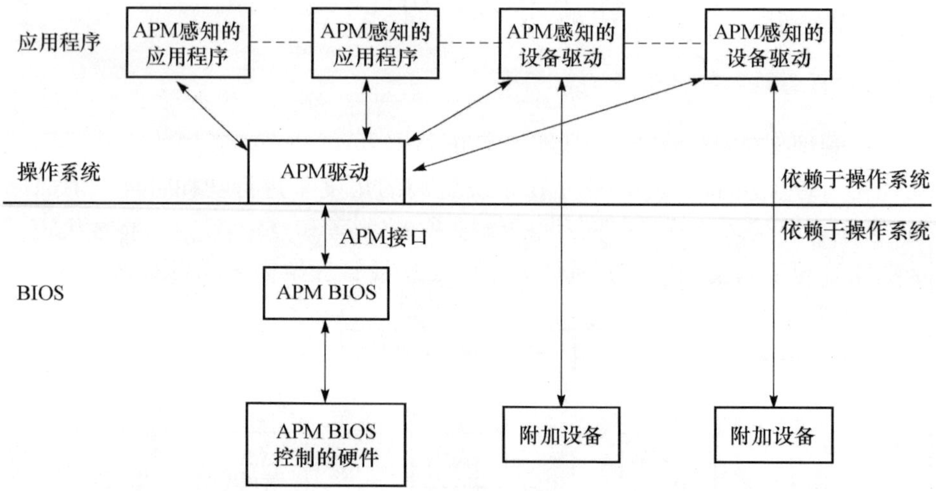

图 5.11 APM 功耗管理架构图

从图中可以看出，APM 主要分为两部分，一部分依赖于操作系统，负责传递用户的功耗控制命令及仲裁应用程序的功耗管理调用；另一部分则独立于操作系统位于系统 BIOS 的韧体层，这部分具有独立的功耗管理功能，掌握着系统功耗管理的主要控制权。这两部分的交互通信主要是通过 APM 接口层进行。

APM 定义了五种系统功耗状态：

(1) 运行状态(full on)：系统处于运行状态，APM 的使能已经关闭，并且所有硬件设备都处于运行状态；

(2) APM 使能状态(APM enabled)：系统处于运行状态，APM 也在运行，处理器和外部设备处于可功耗管理状态；

(3) APM 待机状态(APM standby)：系统处于空闲状态，处理器和外设处于某种低功耗状态，但如果发生外部事件，系统能很快进入 APM 使能状态；

(4) APM 挂起状态(APM suspend)：系统也处于空闲状态，处理器和设备处于最大程度的低功耗状态，大部分设备供电关闭；

(5) 关闭状态(off)：系统处于掉电状态。

图 5.12[15]表示了 APM 各个系统功耗状态的相互关系及状态迁移。

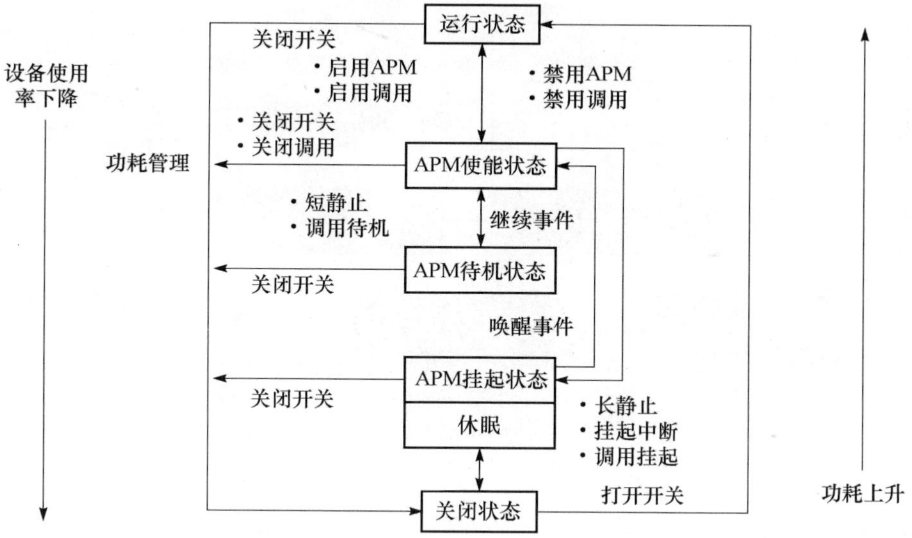

图 5.12　APM 系统功耗状态迁移图

从图 5.11 和图 5.12 可以看出，APM 的功耗管理方式的主要由 BIOS 来实现，这势必导致一些缺陷，主要包括以下几点：

(1) 由于 APM 功耗管理规范主要是在 BIOS 中进行的，但每个系统的 BIOS 是不同的，不同产商的产品都有各自的电源管理方案，这势必导致每个 BIOS 产商都必须精心维护自己的 APM BIOS 代码及功能，导致缺乏兼容和一致性；

(2) 由于 APM 功耗管理规范运行于 BIOS 中，无法判断当前接收的电源管理命令是来自用户还是 BIOS 自身，这将导致系统无法知晓进入挂起的原因；

(3) 由于 BIOS 位于操作系统的更底层，并且拥有独立的功耗管理控制权限，这导致一方面 APM BIOS 无法得知用户的具体行为，只能通过其他方式，如监视中断、I/O 端口的活动等来猜测用户的行为；

(4) BIOS 不支持后期扩展，导致其无法知晓并管理后期扩展的硬件设备，这可能会导致一些致命的状况，如当系统中只有新设备，如 USB 处于忙碌状态时，而 BIOS 却对此情况完全不知，并认为系统正处于空闲的状态，使系统睡眠，导致新设备无法正常工作或系统死机。

2. ACPI

APM 的上述缺陷直接导致了 ACPI 的诞生。与 APM 最大的区别在于，ACPI 将功耗管理的决策权由 BIOS 转移到了操作系统，而功耗管理的实现代码也不再由 BIOS 来执行。2011 年 12 月 2 号，ACPI 发布了迄今为止最新版本 ACPI 5.0。图 5.13[16]为 ACPI 功耗管理总体架构图，其中虚线框内为 ACPI 实现的主体。

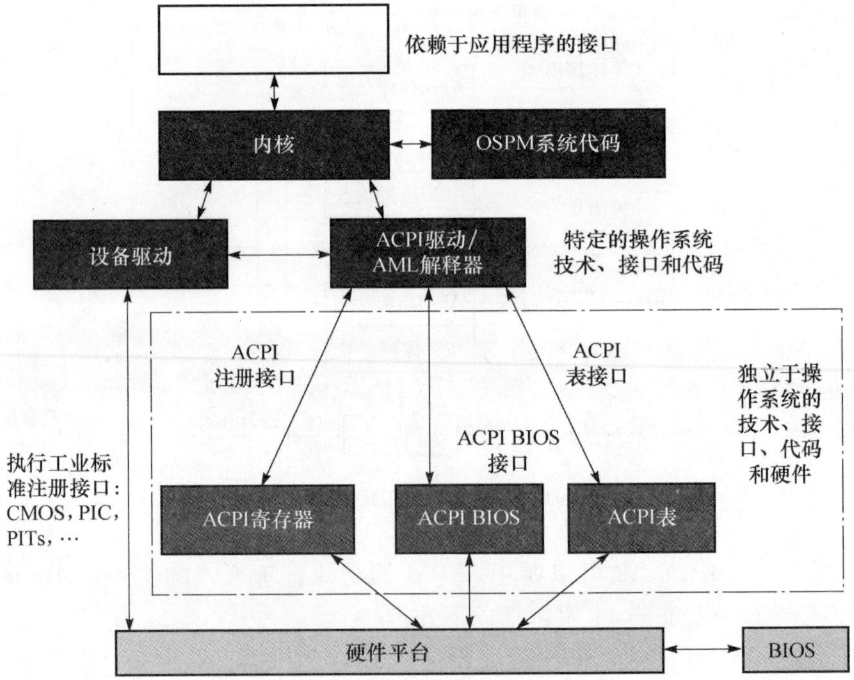

图 5.13 ACPI 功耗管理总体架构图

ACPI 共有三种节能方式：

(1) 待机(standby)：显示器断电，只给主机供电，当有键盘事件发生时，恢复到先前的工作环境；

(2) 挂起到内存(suspend to RAM,STR):系统将当前执行上下文保存到内存中,除内存、电源控制器等几个关键部件继续供电外,其他部件处于掉电状态,当发生键盘事件时,系统从内存中读取并恢复到先前的工作环境;

(3) 挂起到硬盘(suspend to disk,STD):该状态下,系统执行的上下文信息被保存在硬盘中,然后整个系统处于掉电状态,当用户按下电源键时,启动程序从硬盘中读取先前保存的数据,然后恢复到先前的工作环境。

此外,ACPI 规范还定义了名为 S0～S5 的六种系统状态[16]:

(1) S0:即正常工作状态,所有设备处于运行状态;

(2) S1:即挂起状态,此时 CPU 被挂起,其他设备仍处于正常工作状态;

(3) S2:该状态下 CPU 和总线被关闭,其他设备仍处于正常工作状态;

(4) S3:即上述的 STR 状态;

(5) S4:即上述的 STD 状态;

(6) S5:关机状态。

图 5.14[16]展示了 ACPI 规范中的全局系统状态与迁移。

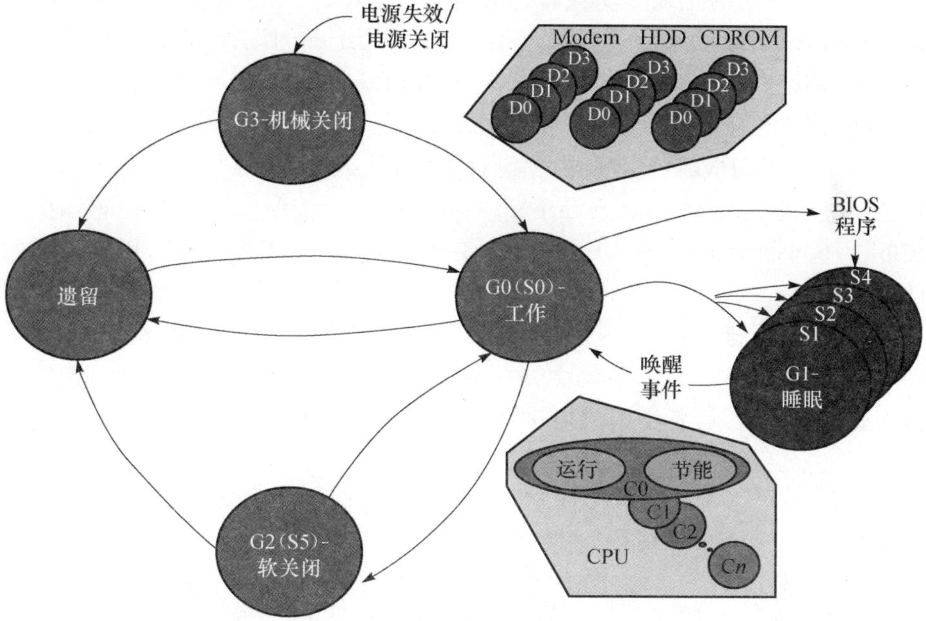

图 5.14　ACPI 规范的全局系统状态与迁移图

3. 现有的功耗管理架构的局限性

前面已经提到,现有的功耗管理架构规范主要是针对 PC 操作系统开发的,至今为止还没有一种规范可以专门用于嵌入式领域。如果将上述这些用于 PC 操作系统的功耗管理架构规范应用于专用性较强且资源有限的嵌入式系统中，则存在着许多局限性，本书归纳了以下几点它们应用于嵌入式领域的不足[17]：

(1) APM 和 ACPI 从设计和实现上对 X86 体系结构的依赖性较强。尤其是 APM，其实现严重依赖主机板上的 BIOS，而 BIOS 的工作在嵌入式系统中的实现是相对比较困难的；ACPI 应用于嵌入式领域所面临的最大的问题则在于目前很多硬件设备都不支持 ACPI 定义的几个系统状态，并且将 ACPI 在嵌入式系统中实现将占用更多的系统资源，同时大大增加系统的复杂度。

(2) 在传统的功耗管理架构规范中，仅包含 DPM，而不包含 DVS。

(3) 传统的功耗管理架构规范都是针对 PC 操作系统所制定的，因此，实时性能并不能很好地适应嵌入式系统。

5.3.3 面向嵌入式系统的结构化统一功耗管理架构

现有的 PMA 主要定位于通用 PC 操作系统，无法很好地适应小型的实时性要求较高的嵌入式操作系统。因此在分析和研究现有 PMA 的基础上提出了一种面向嵌入式系统的结构化统一功耗管理架构(structured unified power management architecture，SUPMA)[17]。一方面，SUPMA 采用统一的设计方法，将原本孤立的 DVS 任务调度子系统和 DPM 子系统统一整合在同一个 PMA 中，同时根据需要，可将不同的 DVS 任务调度策略和 DPM 策略整合进 SUPMA 中，以供用户进行选择。另一方面，SUPMA 采用结构化设计方法，从纵向上，自顶向下将 PMA 分为功耗感知应用程序层(power-aware application layer，PA-APL)、功耗感知操作系统服务层(power-aware operating system services layer，PA-OSSL)以及功耗感知硬件抽象层(power-aware hardware abstract layer，PA-HAL)三个层次，每个层次的功能逐步细化，分工明确；从横向上，SUPMA 将 PMA 分为 DVS、DPM 和电池管理三个功能子模块，每个子模块负责不同的子功能，不产生功能交叉，模块间只进行必要的简单联系，各子模块可进行独立开发及测试。

1. SUPMA 的总体架构设计

SUPMA 的总体架构如图 5.15 所示。

SUPMA 作为嵌入式操作系统功耗管理的一个子系统，构成了一个集 DVS 任务调度、DPM 和电池监控管理三者为一体的嵌入式操作系统功耗管理服务平台。在图 5.15 中，虚线框内的部分是 SUPMA 架构所包含的构件和内容，它通过 PA-APL 定义的 PA-API 向上为嵌入式应用程序参与系统功耗管理提供一定的接口支持；同时通过 PA-HAL 向下控制和访问嵌入式硬件设备，屏蔽不同嵌入式应用环境下硬件平台的差别，为运行于其上的操作系统和应用程序提供统一的硬件访问接口；而介于 PA-HAL 和 PA-APL 的则是 SUPMA 架构的核心部分 PA-OS-

SL，该层的实现主要位于嵌入式操作系统内核中，主要包含 DVS 功能模块 SUPMA-DVS、DPM 功能模块 SUPMA-DPM 以及电池监控管理 SUPMA-BM。

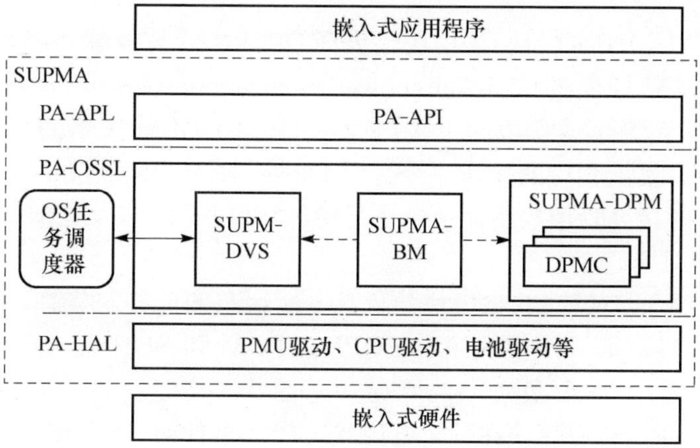

图 5.15　SUPMA 总体架构设计

2. SUPMA 各层的构成和功能描述

1) PA-APL

位于 SUPMA 最上面的部分是 PA-APL，它同时面向嵌入应用程序和嵌入式操作系统，主要为应用程序获取系统功耗信息以及参与部分系统功耗管理提供统一的接口支持。应用程序调用 PA-APL 提供的 PA-API 接口，使用一定范围的功耗感知操作系统内核服务，从而使应用程序享有功耗管理的特定服务。PA-APL 负责将功耗信息从应用程序向下传递到操作系统内核（即 Linux 中从用户态到内核态的传递过程），并将从内核中获取的功耗信息传递给应用程序（即 Linux 中从内核态到用户态的传递过程），从而屏蔽了应用程序对操作系统内核的直接访问。PA-API 主要包含三种类型的 API：DVS-API、DPM-API 和 BM-API，分别与内核的 DVS、DPM 和电池管理三个模块提供的功能相对应。

2) PA-OSSL

位于 SUPMA 中间部分的是 PA-OSSL，是 SUPMA 的核心部分，由一组功耗感知的内核服务构成。一方面 PA-OSSL 处理来自 PA-APL 的功耗信息或响应 PA-APL 获取功耗信息的请求，另一方面 PA-OSSL 将相应的功耗设置信息传递给 PA-HAL 或从 PA-HAL 获取所需功耗信息。该层主要由三个功能子模块构成：SUPMA-DVS 模块、SUPMA-DPM 模块及电池监控模块 SUPMA-BM。

(1) SUPMA-DVS 模块：该模块负责 DVS 任务调度与控制，由 DVS 判断决策系统、DVS 任务控制信息的查询更新以及 CPU 工作频率的查询设置三个部分组成。根据DVS策略的具体设计方案，该模块还与嵌入式操作系统的任务调度器进行一定交互行为，例如在调度点到达时，由任务调度器调用DVS策略进行CPU工作频率的调整。

(2) SUPMA-DPM模块：该模块是负责DPM决策与控制，由DPM判断决策系统和一组DPM控制器(dynamic power management controller，DPMC)组成，DPM判断决策系统是该模块的主体，负责SUPMA-DPM策略的执行，根据执行结果，对DPMC发出相应的操作命令。而DPMC则与PMU成一一映射关系，负责相应PMU的功耗管理控制命令的执行和运行负载的分析，是DPM判断决策系统的直接操作对象。

(3) SUPMA-BM模块：该模块是负责电池状态的监控与管理，为应用程序查询电池信息提供服务。该模块还与SUPMA-DPM和SUPMA-DVS两个模块进行一定的单向通信，主要负责向两者通知电源状态变迁事件，如电量低、连接到AC电源等，以便让相应模块在发生电源状态变迁事件时，做出相应的措施。该通信方式的实现多种多样，可以是全局变量，也可利用消息邮箱等。

3) PA-HAL

位于SUPMA底层的是PA-HAL，主要与硬件交互相关操作的实现。通过PA-HAL，操作系统和应用程序可以访问与功耗管理相关的硬件部件。它一方面执行PA-OSSL的发出功耗设置命令，另一方面响应PA-OSSL获取硬件功耗信息的请求。由于直接与硬件关联，因此根据实际应用环境的不同，需对PA-HAL所涉及的功能接口实现进行相应的修改。

3. SUPMA接口描述

根据上面对SUPMA各层功能的简单描述，可进一步细化如下：

1) PA-APL

PA-APL主要包括用于创建任务类型和实例的接口，应用程序通过这些接口向PA-OSSL传递相关的功耗参数；用于通知PA-OSSL的SUPMA-DVS模块开始或结束对该任务执行DVS任务调度的接口；用于特定应用程序选择DVS策略的接口；用于注册DPM设备的接口；用于应用程序查询和设置与电池相关参数的接口。

2) PA-OSSL

PA-OSSL主要包括用于在内核中为PA-APL创建任务类型和实例提供相应入口的接口；处理与功耗感知调度相关的信息(在内核中进行维护)的接口；用于当任务截止期限到达时，任务尚未完成时强制终止任务的接口(该功能起作用的前提是该任务在截止期限到达后将被视为无用)；用于当任务被强制中止时，通知PA-API相关的信息的接口；用于在内核中登记注册可进行DPM控制的设备的接口；用于在内核中创建DVS、DPM和电池管理守护进程的接口；用于电池管理模块向其他功耗管理模块发出消息的接口。

3) PA-HAL

PA-HAL 主要包括用于初始化、设置、获取（设置前后及当前）处理频率的函数接口，如表 5.2 所示，这些函数在内核需要对处理器频率进行设置时被调用；用于设置、获取处理器低功耗状态的函数接口；用于对可采用 DPM 的设备进行状态转换和查询（当前、转换前、转换后）的函数接口；查询电池状态信息的函数接口。

表 5.2　SUPMA 各层建议接口分类及功能

层	接　口	接口功能描述
PA-APL	PAAPLDVSCreate TaskType	创建 DVS 任务类型，主要传递用于 DVS 调度的一些功耗参数，如执行周期、截止期限、最坏执行时间等
	PAAPLDVSCreakTaskEntry	根据上述的任务类型，创建任务
	PAAPLDVSAppStart	任务进行 DVS 调度的开始信号
	PAAPLDVSAppEnd	任务结束 DVS 调度的信号
	PAAPLDVSSetPolicy	选择 DVS 策略，SUPMA-DVS 被设计成包含多种 DVS 策略供用户选择，但同一时刻只能有一种 DVS 策略在运行，该接口用于系统设置的系统或应用程序使用，其他应用程序慎用
	PAAPLDPM RegisterDevice	调用系统的设备注册函数，向系统注册可进行 DPM 设备，并向系统传递所需的设备参数
	PAAPLBMGetBatteryInfo	应用程序获得电池信息的接口
	PAAPLBMSetBatteryNotify	设置 SUPMA-BM 发出通知的标准值
PA-OSSL	PAOSSLDVSCreateTaskType	用于系统中创建 DVS 任务类型
	PAOSSLDVSCreateTaskEntry	用于系统中创建任务
	PAOSSLDVSKillTask	结束 DVS 任务
	PAOSSLDVSCreateDeamon	用于 SUPMA-DVS 判断决策系统主进程
	PAOSSLDVSKillTaskNotify	结束 DVS 任务前向用户通知结束事件
	PAOSSLDPMRegisterDevice	用于系统中注册 DPM 设备
	PAOSSLDPMCreateDeamon	用于 SUPMA-DPM 判断决策系统主进程
	PAOSSLBMCreateDeamon	创建 SUPMA-BM 电池管理模块主进程
	PAOSSLBMNotify	用于向 DVS 和 DPM 模块通知电池事件
PA-HAL	PAHALDVSInitCPUFreq	初始化 CPU 频率
	PAHALDVSGetVariableFreq	获取 CPU 可支持的工作频率
	PAHALDVSGetCurFreq	获取当前 CPU 工作频率
	PAHALDVSSetNewFreq	设置新的 CPU 工作频率
	PAHALDPMGetCPUCurState	获取当前 CPU 的工作状态
	PAHALDPMSetCPUState	设置新的 CPU 工作状态
	PAHALDPMGetDeviceCurState	获取设备当前工作状态
	PAHALDPMSwicthDeviceState	转换设备工作状态
	PAHALBMGetBatteryInfo	获取电池信息

表中所定义的接口类型和名称并非硬性规定，可以根据操作系统的实际情况作出调整，修改、增加或删除某些接口。

下面的程序是 μC/OS-Ⅱ应用程序如何利用 SUPMA 提供的 PA-APL 进行应用设计的一个简单示例。当创建功耗感知任务时，需指定任务的周期、截止期限及最坏的执行时间，任务使用功耗管理相关服务分别通过函数接口 PAAPLDVSAppStart()和 PAAPLDVSAppEnd()进行使能和终止。

```
void main() {
/*传递参数任务周期(500)、截止期限(500)、最坏执行时间(300)*/
  testTaskType = PAAPLCreateTaskType (500, 500, 300);
/*创建功耗感知任务*/
  PAAPLDVSCreakTaskEntry (testTaskType, testTask);
}
  ⋮
  void testTask() {
      while (1) {
          PAAPLAppStart();
          /*相关代码开始*/
          ⋮
          /*中间处理*/
          ⋮
          /*相关代码结束*/
          PAAPLAppEnd();
  }
}
```

5.4 嵌入式 Linux 的节能子系统 CPUFreq

5.4.1 CPUFreq 的由来

随着 energy efficient computing 和 performance per watt 等概念的推广以及高级配置与电源接口 ACPI 标准的发展，目前市场上的主流 CPU 都提供了对 DVS 技术的支持。例如，Intel 处理器所支持的 Enhanced SpeedStep 技术和 AMD 处理器所支持的 PowerNow！技术，另外如最新的 PowerPC、ARM、SPARC 和 SuperH 等处理器中也提供了类似的支持。需要注意的是，DVS 技术与大家以前所熟知的超频是两个不同的概念。超频是指通过提高核心电压等手段让处理器工作在非标准频率下的行为，这往往会造成 CPU 使用寿命缩短以及系统稳定性下降等严重后果[18]。

而 DVS 技术是指 CPU 硬件本身支持在不同的频率下运行，系统在运行过程中可以根据随时可能发生变化的系统负载情况动态在这些不同的运行频率之间进行切换，从而达到对性能和功耗做到二者兼顾的目的。

虽然多个处理器生产厂家都提供了对 DVS 技术的支持，但是其硬件实现和使用方法必然存在着细微甚至巨大的差别。这就使得每个处理器生产厂家都需要按照其特殊的硬件实现和使用方法向内核中添加代码，从而让自己产品中的 DVS 技术在 Linux 中得到支持和使用。然而，这种内核开发模式所导致的后果是各个厂家的实现代码散落在 Linux 内核代码树的各个角落里，各种不同的实现之间没有任何代码是共享的，这给内核的维护以及将来添加对新的产品的支持都带来了巨大的开销，并直接导致了 CPUFreq 内核子系统的诞生。实际上，正如前文所说，发明变频技术的目的是为了能够让系统在运行过程中随时根据系统负载的变化动态调整 CPU 的运行频率。这件事情可以分为两个部分，一部分是“做什么”的问题，另一部分是“怎么做”的问题。“做什么”是指如何根据系统负载的动态变化挑选出 CPU 合适的运行频率，而“怎么做”就是要按照选定的运行频率在选定的时间对 CPU 进行设置，使之真正工作在这一频率上。这也就是我们在软件设计中经常会遇到的机制（mechanism）与策略（policy）的问题，而设计良好的软件会在架构上保证二者是被清晰地隔离开的并通过规范定义的接口进行通信。

5.4.2　CPUFreq 的设计和使用

为了解决前文所提到的问题，一个新的内核子系统——CPUFreq 应运而生了。CPUFreq 为在 Linux 内核中更好地支持不同 CPU 的 DVS 技术提供了一个统一的设计框架，其软件结构如图 5.16 所示。

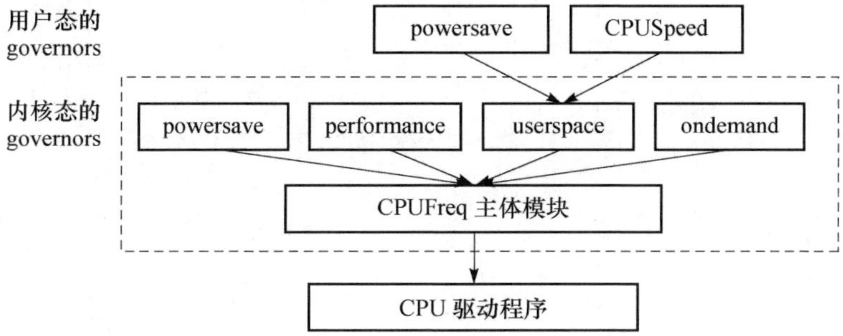

图 5.16　CPUFreq 的软件结构

如图 5.16 所示，CPUFreq 在设计上主要分为以下三个模块：

(1) CPUFreq 模块(CPUFreq module)对如何在底层控制各种不同 CPU 所支持的 DVS 技术以及如何在上层根据系统负载动态选择合适的运行频率进行了封装和抽象，并在二者之间定义了清晰的接口，从而在设计上完成了前文所提到的对 mechanism 与 policy 的分离。

(2) 在 CPUFreq 模块的底层，各个 CPU 生产厂商只需根据其 DVS 技术的硬件实现和使用方法提供与其 CPU 相关的变频驱动程序(CPU-specific drivers)，例如，Intel 需要提供支持 Enhanced SpeedStep 技术的 CPU 驱动程序，而 AMD 则需要提供支持 PowerNow！技术的 CPU 驱动程序。

(3) 在 CPUFreq 模块的上层，governor 作为选择合适的目标运行频率的决策者，根据一定的标准在适当的时刻选择出 CPU 适合的运行频率，并通过 CPUFreq 模块定义的接口操作底层与 CPU 相关的变频驱动程序，将 CPU 设置运行在选定的运行频率上。

目前 2.6.35 版本的 Linux 内核中提供了 performance、powersave、userspace、conservative 和 ondemand 五种 governor 供用户选择使用，它们在选择 CPU 合适的运行频率时使用的是各自不同的标准并分别适用于不同的应用场景。用户在同一时间只能选择其中一个 governor 使用，但是可以在系统运行过程中根据应用需求的变化而切换使用另一个 governor。

这种设计带来的好处是使得 governor 和 CPU 相关的 DVS 驱动程序的开发可以相互独立进行，并在最大限度上实现代码重用，内核开发人员在编写和试验新的 governor 时不会再陷入到某款特定 CPU 的 DVS 技术的硬件实现细节中去，而 CPU 生产厂商在向 Linux 内核中添加支持其特定的 CPU DVS 技术的代码时只需提供一个相对来说简单了很多的驱动程序，而不必考虑在各种不同的应用场景中如何选择合适的运行频率这些复杂的问题。

内核中的 CPUFreq 子系统通过 sysfs 文件系统向上层应用提供了用户接口，对于系统中的每一个 CPU 而言，其 CPUFreq 的 sysfs 用户接口位于/sys/devices/system/cpu/cpuX/cpufreq/目录下，其中 X 代表 processor id，与/proc/cpuinfo 中的信息相对应。以 cpu0 为例，用户一般会在该目录下观察到以下文件：

```
$ls-F/sys/devices/system/cpu/cpu0/cpufreq/
affected_cpus
cpuinfo_cur_freq
cpuinfo_max_freq
cpuinfo_min_freq
ondemand/
scaling_available_frequencies
scaling_available_governors
```

```
scaling_cur_freq
scaling_driver
scaling_governor
scaling_max_freq
scaling_min_freq
stats/
```

这其中的所有可读文件都可以使用 cat 命令进行读操作，另外所有可写文件都可以使用 echo 命令进行写操作。其中 cpuinfo_max_freq 和 cpuinfo_min_freq 分别给出了 CPU 硬件所支持的最高运行频率及最低运行频率，cpuinfo_cur_freq 则会从 CPU 硬件寄存器中读取 CPU 当前所处的运行频率。虽然 CPU 硬件支持多种不同的运行频率，但是在有些场合下用户可以只选择使用其中的一个子集，这种控制是通过 scaling_max_freq 和 scaling_min_freq 进行的。governor 在选择合适的运行频率时只会在 scaling_max_freq 和 scaling_min_freq 所确定的频率范围内进行选择，这也就是 scaling_available_frequencies 所显示的内容。与 cpuinfo_cur_freq 不同，scaling_cur_freq 返回的是 cpufreq 模块缓存的 CPU 当前运行频率，而不会对 CPU 硬件寄存器进行检查。scaling_available_governors 会告诉用户当前有哪些 governors 可供用户使用，而 scaling_driver 则会显示该 CPU 所使用的 DVS 驱动程序。stats 目录下给出了对 CPU 各种运行频率的使用统计情况，例如，CPU 在各种频率下的运行时间以及在各种频率之间的变频次数。ondemand 目录则与 ondemand governor 相关，本节稍后会进行相应的介绍。

以上介绍了如何使用 CPUFreq 通过 sysfs 提供的用户接口，但是对于绝大部分用户而言，逐一操作这些文件既费力又耗时。因此 Dominik 等开发了 cpufrequtils 工具包，为用户提供了更加简便的对内核 CPUFreq 子系统的操作接口。通过 cpufreq-info 的输出，读者可以很清楚地看到刚刚在上面介绍过的/sys/devices/system/cpu/cpuX/cpufreq/目录下各个文件的内容：

```
$cpufreq-info
cpufrequtils 002:cpufreq-info(C)Dominik Brodowski
2004-2006
Report errors and bugs to linux@brodo.de,please.
analyzing CPU 0:
driver:acpi-cpufreq
CPUs which need to switch frequency at the same time:
0 1
hardware limits:1000 MHz-1.67 GHz
available frequency steps:1.67 GHz,1.33 GHz,1000
MHz
```

```
available cpufreq governors:userspace,conservative,
ondemand,powersave,performance
current policy:frequency should be within 1000 MHz
and 1.67 GHz.
The governor"ondemand"may decide which
speed to use
within this range.
current CPU frequency is 1000 MHz.
analyzing CPU 1:
driver: acpi-cpufreq
CPUs which need to switch frequency at the same time:
0 1
hardware limits: 1000 MHz-1.67 GHz
available frequency steps: 1.67 GHz, 1.33 GHz, 1000
MHz
available cpufreq governors: userspace, conservative,
ondemand, powersave, performance
current policy: frequency should be within 1000 MHz
and 1.67 GHz.
The governor "ondemand" may decide which
speed to use
within this range.
current CPU frequency is 1000 MHz.
```

5.4.3 ondemand governor 的来源及实现

刚刚我们在 cpufreq-info 的输出中可以看到 CPUFreq 子系统一共提供了五种 governors 供用户选择使用，它们分别是 userspace、conservative、ondemand、powersave 和 performance。在 2.6.35 版本的内核中如果用户不进行额外设置的话，ondemand 会被作为默认的 governor 使用。

CPUFreq 作为一个子系统最早被加入到 Linux 内核中时只配备了三个 governors，分别是 performance、powersave 和 userspace。当用户选择使用 performance governor 时，CPU 会固定工作在其支持的最高运行频率上；当用户选择使用 powersave governor 时，CPU 会固定工作在其支持的最低运行频率上。因此这两种 governors 都属于静态 governor，即在使用它们时 CPU 的运行频率不会根据系统运行时负载的变化动态作出调整。这两种 governors 对应的是两种极端的应用场景，使用 performance governor 体现的是对系统高性能的最大追求，而使用 powersave governor 则是对系统低功耗的最大追求。虽然这两种应用需求确实存在，但大多数用户在大部分时间里需要的是更加灵活的变频策略。最早的 CPU-Freq 子系统通过 userspace governor 为用户提供了这种灵活性。正如它的名字一样，使用 userspace governor 时，系统将变频策略的决策权交给了用户态应用程序，并提供了相应的接口供用户态应用程序调节 CPU 运行频率使用。通过使用 cpufrequtils 工具包中的 cpufreq-set 将 userspace 设置为 CPUFreq 子系统所使用的 governor 后，我们可以看到与之前相比在/sys/devices/system/cpu/cpuX/cpufreq/目录下多出了一个名为 scaling_setspeed 的文件，这正是 userspace governor 所提供的特殊用户接口。用户可以通过向该文件写入任何一个 scaling_available_frequencies 中所支持的运行频率，从而将 CPU 设置在该频率下运行。

```
# cpufreq-set -g userspace
# cat cpuinfo_cur_freq
1000000
# cat scaling_available_frequencies
1667000 1333000 1000000
# echo 1333000 > scaling_setspeed
# cat cpuinfo_cur_freq
1333000
```

刚刚提到在使用 userspace governor 时，系统将 DVS 策略的决策权交给了用户态应用程序。该用户态应用程序一般是一个 daemon 程序，每隔一定的时间间隔收集一次系统信息并根据系统的负载情况使用 userspace governor 提供的 scaling_setspeed 接口动态调整 CPU 的运行频率。

ondemand governor 是由 Venkatesh 等提出并设计实现的，它是一个完全在内核态下工作并且能够以更加细粒度的时间间隔对系统负载情况进行采样分析的 governor。在介绍 ondemand governor 的具体实现之前，我们先来看一下如何使用 ondemand governor 及其向用户提供了哪些操作接口。通过 cpufreq-set 将 ondemand 设置为当前所使用的 governor 之后，在/sys/devices/system/cpu/cpuX/cpufreq 目录下会出现一个名为 ondemand 的子目录。

```
$ sudo cpufreq-set -g ondemand
$ ls /sys/devices/system/cpu/cpu0/cpufreq/ondemand/
ignore_nice_load
powersave_bias
sampling_rate
sampling_rate_max
sampling_rate_min
up_threshold
$ sudo cat sampling_rate_min sampling_rate
```

```
sampling_rate_max
40000
80000
40000000
$  sudo cat up_threshold
30
```

在这个子目录下的名字以 sampling 打头的三个文件分别给出了 ondemand governor 允许使用的最短采样间隔，当前使用的采样间隔以及允许使用的最长采样间隔，三者均以 μs 为单位。另外比较重要的一个文件是 up_threshold，它表明了 ondemand governor 自动提高 CPU 的运行频率时系统负载需要超过的百分比。

在 ondemand governor 监测到系统负载超过 up_threshold 所设定的百分比时，说明用户当前需要 CPU 提供更强大的处理能力，因此 ondemand governor 会将 CPU 设置在最高频率上运行。但是当 ondemand governor 监测到系统负载下降，可以降低 CPU 的运行频率时，到底应该降低到哪个频率呢？ondemand governor 的最初实现是在可选的频率范围内调低至下一个可用频率。最新的 ondemand governor 在降频时会在所有可选频率中一次性选择出可以保证 CPU 工作在 80%以上负荷的频率，当然如果没有任何一个可选频率满足要求的话，则会选择 CPU 支持的最低运行频率。大量用户的测试结果表明这种新的算法可以在不影响系统性能的前提下做到更高效的节能。在算法改进后，ondemand governor 的名字并没有改变，而 ondemand governor 最初的实现也保存了下来，并且由于其算法的保守性而得名 conservative。

5.5 小　结

低能耗的实时任务调度算法是在满足系统实时要求的前提下充分利用任务间的空闲时间来达到降低能耗的目的，因此本章首先分析了目前最为常用的 EDF 和 RM 实时任务调度算法的可调度性；其次给出了计算任务间空闲时间的计算方法；然后本章通过最优低能耗定理的描述，以数学的方法非常严谨地证明了最优低能耗调度定理的充要条件，并且给出了适当的例子用于说明定理的正确性；最后，本章详细描述了 Android 操作系统所使用的 Linux 操作系统的节能子系统 CPU-Freq。

参考文献

[1] 刘军祥，王永吉. 一种改进的 RM 可调度性判定算法. 软件学报，2005，16：89—100.

[2] 王志平，熊光泽. 实时调度算法研究. 电子科技大学学报，2000，2：205—208.

[3] Liu C, Layland J W. Scheduling algorithms for multiprogramming in a hard real- time environment. Journal of ACM, 1973, 20(1): 46—61.

[4] 刘育芳, 张立臣. 实时系统最坏执行时间分析. 计算机应用研究, 2005, 11: 8—10.

[5] Lehoczky J, Sha L, Ding Y. The rate monotonic scheduling algorithm: Exact characterization and average case behavior. IEEE Real-lime Systems Symposium, 1989, 12: 166—171.

[6] Chetto H, Chetto M. Some results of the earliest deadline scheduling algorithm. IEEE Transaction on Software Engineering, 1989, 15(10): 1261—1269.

[7] 张杰, 阳富民, 卢炎生, 等. EDF 统一调度硬实时周期任务和偶发任务的可调度性判定算法. 小型微型计算机系统, 2009, 12: 2383—2388.

[8] Swaminathan V, Chakrabarty K. Investigating the effect of voltage-switching on low-energy task scheduling in hard real-time systems. ACM Asia and South Pacific Design Automation Conference, New York, 2001: 251—254.

[9] Yomsi P M, Sorel Y. Extending rate monotonic analysis with exact cost of preemptions for hard real-time systems. 19th Euromicro Conference on Real-Time Systems (ECRTS07), Pisa, 2007: 280—290.

[10] Buttazzo G. Rate monotonic vs. EDF: Judgment day. Real-Time Systems, 2005, 29(1): 5—26.

[11] Qi L, Guo B, Shen Y, et al. An embedded software power model based on algorithm complexity using back-propagation neural networks. 2010 IEEE/ACM International Conference on & International Conference on Cyber, Physical and Social Computing (CPSCom), Washington D. C., 2010: 454—459.

[12] Swarninathan V, Chakrabarty K. Real-time task scheduling for energy-aware embedded systems. IEEE Real-Time Systems Symposium, 2000, 338(6): 1—4.

[13] Gruian F. Hard real-time scheduling for low-energy using stochastic data and DVS processors. Proceedings of the International Symposium on Low Power Electronics and Design, New York, 2001: 46—51.

[14] Pillai P, Shin K G. Real-time dynamic voltage scaling for low-power embedded operating systems. Proceedings of the 18th Symposium on Operating Systems Principles, New York, 2001: 89—102.

[15] Intel Corporation/Microsoft Corporation, Advanced Power Management (APM) BIOS Interface Specification (v1. 2). 1996: 2—9.

[16] Hewlett-Packard/Intel/Microsoft/Phoenix/Toshiba Corporation, Advanced Configuration and Power Interface Specification (v5. 0). 2011: 5—33.

[17] 王敏. 低功耗嵌入式操作系统的研究及在 μC/OS-Ⅱ 和 Android 中的增强实现. 成都: 四川大学硕士学位论文, 2012: 23—29.

[18] Linux 2. 6 内核中的最新电源管理技术综述. http://www. ibm. com/developerworks/cn/linux/l-cn-cpufreq/, 2008.

第 6 章　Internet 的动态能耗优化

6.1 引　　言

随着 Internet 的快速发展，视频和语音等业务大量涌现，人们对网络带宽的需求呈指数级数逐年攀升，Internet 流量也随之迅猛增长。美国 Internet 流量监测机构 Telegeography 提供的数据显示，近年来国际 Internet 的带宽和流量持续高速增长，在 2007 年至 2011 年期间，其年平均增长率分别达到了 58%和 56%[1]。为了缓解持续增长的流量对网络带宽产生的压力，网络运营商们必须不断投入更多、性能更强的网络设施，不断对网络进行扩容升级，结果必然导致 Internet 能耗的持续上升。2007 年 Internet 基础设施的能耗已占到了全球宽带接入国家总耗电量的 1%，该比例在接入带宽增长到 300Mb/s 时将超过 4%[2]。而且，随着视频业务向高清、超高清化演进，以及当下云计算、移动计算、物联网的快速发展，Internet的带宽与流量的增长在短期内没有放缓的迹象。按照目前的增长趋势，2020 年网络领域的能耗将达到 2006 年水平的 13 倍[3]。

Internet 能耗的持续快速增长正引发各种来自成本、环境和系统性能等多方面的忧虑。能耗增长不仅增加了 Internet 运营的电力成本，还提高了来自网络设备的散热和电源适配转换等方面的构建成本。而且，随着网络流量的持续增长，核心路由器多采用多框集群系统方案，以应对 Internet 核心网络节点的海量业务处理需求。核心路由器功耗问题尤为突出，如思科 CRS-1 满配时的功耗高达 1MW，受供电设施和散热系统的能力限制，功耗问题已成为制约核心路由器性能和网络容量提升的瓶颈。降低网络设备的功耗，减少网络能耗已成为网络通信领域的一个十分迫切的问题。

近年来，Internet 能耗问题逐渐引起了工业界和学术界的高度关注。各大网络设备制造商纷纷加快了节能技术的研发步伐，相继推出了绿色网络产品，如 Cisco公司的 EnergyWise 产品、华为公司的 S9300 系列路由交换机等。一些科研机构也着手对 Internet 的能耗进行深入研究，如 Gupta 和 Singh 在 2003 年发表的论文“Greening of the Internet”[4]被认为是该领域的先驱之作。此后，出现了大量 Internet 低能耗研究，如以太网适应性的链路速率(adaptive link rate)研究[5]、以太网链路睡眠[6]、能量感知的路由[7]和能量感知的业务疏导[8]等。在标准化进程上，IEEE 于 2010 年 10 月 5 日正式批准了 IEEE 802.3az EEE 任务小组拟定的旨在降低以太网能耗的 EEE(Energy Efficient Ethernet)标准。目前在 Internet 低能耗研究方面虽然已取得一定成果,然而,与无线传感网络和移动通信领域的低能耗研究相比,Internet 低能耗研究还相对较少,很多的问题有待深入探讨。

本章内容分为两大部分。第一部分对现有的 Internet 低能耗研究工作进行介绍,内容包括 Internet 的功耗特性,主要讨论网络设备功耗的主要影响因素和介绍网络设备能量效率(即能效比)的评价指标;Internet 低能耗技术的分类,根据能耗优化所处的阶段(即时间维度)和能耗优化作用的范围(即空间维度)分为四个类别;并重点对两类动态能耗优化技术进行介绍。第二部分介绍针对目前 Internet 核心/骨干网络所呈现的多个业务转发层和网络设备的模块化特性所进行的网络动态能耗优化方面的工作。

6.2　Internet 的能耗特性

Internet 的能耗主要由网络节点和物理链路产生。物理链路并不需要独立供电,因此物理链路产生的能耗全来自于链路设备(如中继器、光放大器、光再生器等)。我们将链路设备和节点设备统称为网络设备,网络能耗即为网络设备的能耗总和。

网络设备能耗的一般模型可表示为

$$E=\int_{t_1}^{t_2}P(t)\mathrm{d}t=\overline{P}\cdot\Delta t=f(C)\cdot\Delta t,\quad C=(c_1,c_2,c_3,\cdots,c_n)^{\mathrm{T}} \tag{6.1}$$

其中,E 表示能耗;$P(t)$ 表示瞬态功耗(或瞬态功率);$\overline{P}$ 表示平均功耗(或功耗);$\Delta t=t_2-t_1$ 表示运行时间;C 为 n 维列向量,$c_i(i=1,2,\cdots,n)$ 表示系统功耗的影响因素(如负载);$\overline{P}=f(C)$ 称为功耗模型,表示 $\overline{P}$ 是 C 的函数。虽然可将以降低能耗为目的的功耗优化统称为能耗优化,但为了准确起见,本章内容区分功耗和能耗的概念。

6.2.1　功耗与负载

网络设备的负载是对其工作量的一般性表述,通常表示为单位时间内处理的网络流量(如吞吐量),或归一化到相关组件的最大处理能力(如端口利用率)。我们引入能量曲线(energy profile)[9]的概念来表示功耗随负载的变化关系。

理想的情况下,功耗与负载应成正比例关系[10],即能量曲线应具有正比例特性。然而,研究表明现有网络设备的负载对功耗的影响很小[11~14],空闲时与活动时的功耗几乎相同[11]。我们对 TP-Link TL-SF1016D 桌面交换机功耗进行了实验测量,发现负载对该交换机功耗的影响不超过 1%,如图 6.1 所示。与网络设备不同,目前服务器的能量曲线表现出很强的正比例特性,这种差异的可能原因有:

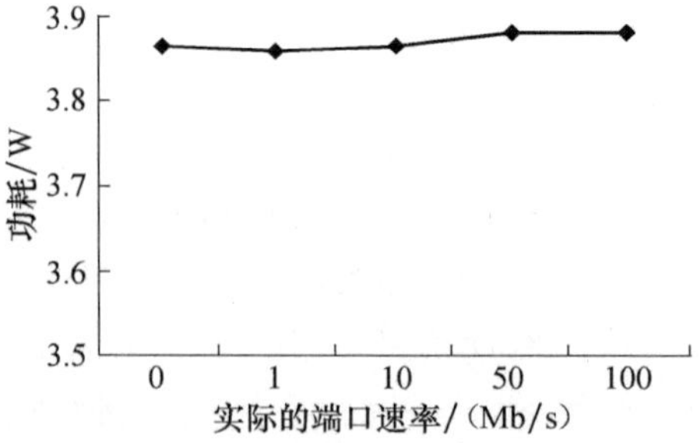

图 6.1　交换机的能量曲线

(1) 目前许多网络设备的重点是保证数据时延、丢包率等服务质量，而对能耗考虑较少。

(2) 服务器是计算密集型设备，而网络设备却是 I/O 密集型的设备，服务器 CPU 广泛使用 DVFS 和 DPM 等节能技术很难不经改造地直接用于网络设备的接口电路。

由于网络设备的负载对功耗的影响关系性对能耗优化至关重要(6.5 节将涉及此问题)，虽然目前负载对网络设备的功耗影响很小，但研究者仍然对网络设备功耗随负载的变化关系进行了一些研究。文献[15]表明，路由器的交换结构与吞吐量成线性或指数关系，这取决于路由器的交换结构。通过回归分析实验测量数据的方法，研究者得出了对数模型、线性模型和二次函数模型[16]。Bolla 等对基于 PC 的软件路由器进行功耗测量，并使用实验测量数据进行功耗建模[17]和开发功耗模拟器[18]。

值得注意的是，负载对功耗的影响有直接与间接之分。直接影响指在其他功耗影响因素保持不变的条件下，负载变化对网络设备功耗的影响。间接影响指负载通过影响中间变量达到对网络设备功耗的影响。目前，负载对功耗的影响很小，从某种意义上可以认为是负载对功耗的直接影响，表示为“负载—功耗”。“负载—配置—功耗”则是一种间接影响，即随着负载的变化而改变网络设备的配置(如链路速率)，配置的变化引发功耗的变化。

负载对功耗的间接影响表明，将能直接影响网络设备功耗的因素作为负载与功耗的中间变量，并根据负载调节中间变量，可达到调节功耗的目的，从而有望增强网络设备能量曲线的正比例特性。此外，新出现的各种低能耗技术也可能引起网络设备的能量曲线的变化，参照服务器能量曲线变化进程，网络设备的能量曲线也很可能朝着正比例特性方向演进。

6.2.2　功耗与配置

网络设备通常都提供很多可配置项，通过配置可调节网络设备的功能、工作模式、端口速率①等,从而使网络设备工作在合适的工作状态。不同的工作状态可能对应不同的功耗,我们将这种工作状态与功耗的对应关系称为配置对网络设备功耗的影响。

通过对网络设备的试验测量,研究者发现 NAT、TCAM、ACL 和转发表的表项数量,以及 URPF 和 OSPF 更新对网络设备功耗的影响都不明显[19]。但是,网络设备的端口速率和活跃端口数量对功耗却有很大的影响[20,21]:端口速率越高功耗越大;活跃端口越多功耗越高,且基本呈线性的增长关系。图 6.2 的数据来源于文献[22],反映了该交换机的功耗与端口速率和活动端口数量之间的关系。当端口速率从 100Mb/s 增大到 1000Mb/s 时,该交换机的功耗增长尤为显著,此外,活动端口数量与该交换机的功耗基本呈线性的增长关系。

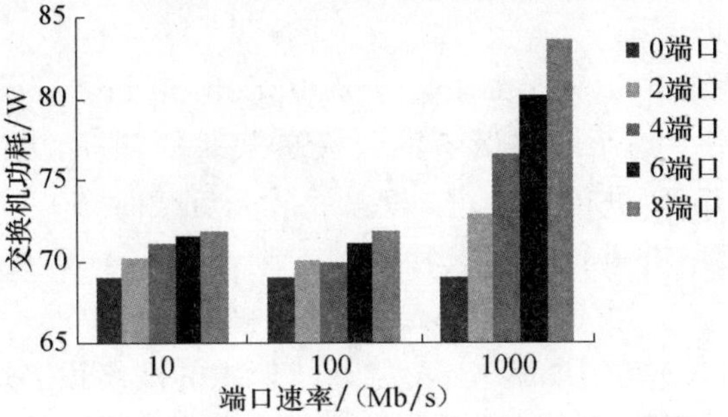

图 6.2　思科 Catalyst297024-port LAN 交换机功耗与活跃端口容量和数量的关系

网络设备端口的功耗特性与服务器 CPU 的很相似:CPU 的速度越快功耗越大,活跃组件越多功耗越大。因此,在能耗优化上,网络端口与 CPU 是相类似的,与 CPU 的动态性能调节(DPS)和动态电源管理(DPM)分别对应的低能耗技术是网络端口的适应性链路速率(ALR)和睡眠(Sleeping)技术,6.4 节将具体介绍。

6.2.3　功耗的评价指标

不同的网络设备对能量的利用效率是有差异的,在对相同的负载进行同种处理时,功耗更低的网络设备对能量的利用更有效。因此,可通过相应的功耗评价指标对网络设备能量利用的有效性进行量化评估。下面介绍三种主要的评价指标。

1) 能量比例指数 EPI(energy proportionality index)

能量比例指数 EPI[22]定义为

---

① 端口速率又称端口容量,指单位时间端口能处理的比特量,表征的是端口的处理能力。注意与端口负载的区别,端口负载通常用端口利用率或吞吐量表示,指单位时间端口实际处理的比特量。

$$\mathrm{EPI} = \frac{M-I}{M} \times 100\% \tag{6.2}$$

其中，I 和 M 分别表示网络设备在空闲时和最大负载时的功耗。EPI 反映网络设备的功耗随负载变化的相对大小。

2) 能耗评级 ECR(energy consumption rating)

能耗评级 ECR[22]定义为

$$\mathrm{ECR} = \frac{E_{\mathrm{f}}}{T_{\mathrm{f}}} \tag{6.3}$$

其中，T_{f} 和 E_{f} 分别表示完全配置的网络设备在最大负载时实测的全双工吞吐量和功耗。ECR 的常用单位为 W/Gbps，反映的是单位负载的平均功耗。有时使用相同功耗下的吞吐量更方便，可用 ECR 的倒数能效评级 EER(energy efficiency rate)表示，EER=1/ECR。

3) 加权能耗评级 ECRW(energy consumption rating weighted)[22]

ECR 与 EER 只考虑了网络设备的最大负载时的功耗，无法反映不同负载下的功耗，ECRW 对 ECR 进行了改进，考虑了最大负载时，50%最大负载时和空闲(即 0 负载)时的功耗，并进行加权求和：

$$\mathrm{ECRW} = (\alpha E_{\mathrm{f}} + \beta E_{\mathrm{h}} + \gamma E_{\mathrm{i}})/T_{\mathrm{f}} \tag{6.4}$$

其中，权值参数$(\alpha,\beta,\gamma)=(0.35,0.4,0.25)$。理想的网络设备的功耗与负载成正比，其 ECRW=0.55ECR。功耗不受负载影响的网络设备，其 ECRW=ECR。实际的网络设备介于这两种极端情况之间。

6.3 Internet 的低能耗技术分类

根据能耗优化处理所处的阶段，Internet 低能耗技术可分为静态能耗优化技术和动态能耗优化技术。静态能耗优化技术是指在设计阶段对系统进行能耗优化的相应技术，动态能耗优化技术指在运行阶段根据网络的实际运行状态，通过业务的优化控制和资源的动态按需分配等手段，以减少系统能耗为目标的能耗管理技术。

根据能耗优化的作用范围，Internet 低能耗技术可分为节点的能耗优化技术和节点间协同的能耗优化技术。节点的能耗优化技术以降低节点的能耗为目标，节点间协同的低能耗技术以降低多个节点(通常为一个网络)的总能耗为目标，强调节点间协作以减少能耗。

将上述两种分类法相结合，可将 Internet 的低能耗技术细分为四类(见表 6.1)，主要包括：

(1) 节点的静态能耗优化技术。可分成三个小类，其中，硬件低功耗设计又可细分为电路级、逻辑级和微结构级三个层次;软件低功耗设计可细分为源程序结构级、算法级和软件体系结构级三个层次;系统级低功耗设计主要指软/硬件的协同低功耗设计技术。

(2) 节点间协同的静态能耗优化技术。在网络的设计过程中,通过对网络互联结构(拓扑)的优化、组网技术和网络设备的选型等方法对网络进行功耗优化。

(3) 节点的动态能耗优化技术。传统计算机系统的动态能耗优化技术主要包括 DPS 和 DPM 两类技术,与之类似,在网络设备中主要包括 ALR 和 Sleeping 两类技术。

(4) 节点间协同的动态能耗优化技术。通过网络流量在节点间的合理分配以降低网络的能耗,主要包括单层网络能耗优化和多层网络能耗优化两类技术。

表 6.1 现有网络节能技术的分类

	节点的能耗优化	节点间协同的能耗优化
静态能耗优化	硬件低功耗设计 软件低功耗设计 系统低功耗设计	选用能效高的组网技术 网络拓扑的能耗优化 功率感知的网络设计
动态能耗优化	ALR Sleeping	单层网络能耗优化 多层网络能耗优化

节点的静态能耗优化技术与计算机系统的静态能耗优化技术基本相同,本书的 2.3 节已做专门介绍。而对于节点协同的静态能耗优化技术,更多偏重于工程化手段:在网络设计时,可根据建网需求从组网技术、网络拓扑、设备选型等方面进行能耗优化。不同的组网技术具有不同的能量效率,使用能量效率更高的组网技术可有效降低网络的功耗,如从能量效率的角度考虑接入网技术,光纤接入技术(如 FTTx)优于电缆接入技术(如 xDSL)。在网络拓扑的能耗优化上,由于高容量的网络设备具有更高的能量效率,可考虑将多条流量小的路径合并为一条高容量的路径以降低网络能耗。设备选型方面尽量使用高能效的网络设备构建网络,如 Chabarek 等提出功率感知的网络设计和路由[19],即通过对流量的适当路由,根据容量和功耗为每个网络节点选定合适的机框和线卡组合,以降低整个网络的功耗;设备选型还可以通过各种技术手段尽量减少网络中的高能耗设备,如 Silvestri 等[23]通过使用合适的传输技术避免使用高能耗的 3R 再生器,降低光网的能耗。接下来,本章将重点对动态能耗优化技术进行介绍。

6.4 节点的动态能耗优化

采用节点动态能耗优化技术的网络设备主要根据自身的运行信息(如链路的利用率、缓存的占用量等)独立地进行节能决策,以减少自身的能耗为主要目标。

网络设备作为专用计算机系统，体系结构已经发生了很大变化，负载处理主要由接口电路、线卡、交换结构，转发引擎等组件完成，这些组件成为网络设备的主要能耗来源。与传统计算机的DPS和DPM技术相对应，网络设备的主流节点动态能耗优化技术包括ALR和Sleeping技术。

6.4.1 ALR技术

目前，互联网的链路利用率较低，研究发现即使骨干网的平均利用率也低于30%[24]。目前负载对网络设备的功耗影响很小，而端口速率对网络设备功耗影响明显，这表明目前网络的能耗主要由为网络负载所分配的资源量决定。当网络提供的资源多于实际需求时，将产生资源浪费。通过优化网络资源的配置，减少网络资源的浪费，实现网络处理能力与实际网络负载相适应，将有效地降低网络能耗。ALR技术根据链路利用率的变化动态地调节物理端口的速率，以达到降低能耗的目的。ALR技术主要包括ALR机制和ALR策略两个部分。

1. ALR机制

ALR机制实现链路的速率切换，包括链路两端的速率协商和链路的再同步两个阶段。在链路的速率切换期间，链路无法传输数据，突发流量可能使上游端口的发送缓存溢出导致数据丢失。在流量和端口发送缓存大小不变的情况下，链路速率切换时间越短，数据丢失的概率也越小，因此，快速的ALR机制对提高ALR的性能至关重要。ALR机制主要包括迅速物理层选择(rapid PHY selection, RPS)[25]、迅速物理层选择/快速启动(RPS/fast start)[26]和物理层子集(subset PHY)[27]。

RPS使用基于MAC帧的握手方式对链路速率变动进行快速协商，RPS/fast start是对RPS的改进，通过保存各种链路速率的参数信息，以及对内部状态机入口点的优化达到快速启动的目的，以减小链路速率切换时间。经改进后，RPS/fast start的切换时间比RPS的更短(达到10ms数量级)，但却难以满足实时应用所要求的最大1ms的切换时间。不像RPS或RPS/fast start通过在当前已定义的多个物理层设备(PHYs)间切换，实现不同的链路速率，subset PHY为每种PHY定义新的操作模式，通过使用PHY电路的一个子集以提供更低的链路速率。subset PHY只需要简单的开关部分物理电路即可实现链路速率的同步切换，因此，subset PHY具有更短的链路速率切换时间(达到10μs数量级)。

2. ALR策略

ALR技术的关键在于实现一种既能最大化地降低能耗又不明显产生时延的ALR策略。ALR策略决定何时改变链路的速率，主要包括以下三种：

(1) ALR 双阈值策略[28]。ALR 双阈值策略为端口的发送缓存设定两个阈值，当缓存数据量小于较小阈值或大于较大阈值时，链路速率才进行高低速率间的切换。ALR 双阈值策略对流量变化敏感，一定条件下会出现链路的“摇摆”，增加平均分组时延。

(2) ALR 利用率阈值策略[29]。ALR 利用率阈值策略是对双阈值策略的改进，通过增加对链路利用率阈值的判定进行相应的链路速率切换。ALR 利用率阈值策略需要额外的累加器、寄存器等硬件支持以实现对链路利用率的监视，增加了网络接口的复杂性。

(3) ALR 超时阈值策略[30]。为克服 ALR 利用率阈值策略的不足，ALR 超时阈值策略在 ALR 双阈值策略的基础上分别为两种链路速率定义了相应的定时器。只有较高链路速率的定时器 th 超时才会对缓存阈值进行判定，条件满足时链路将会切换到较低速率。无论较低链路速率的定时器 tl 是否超时，只要缓存数据量大于较大阈值，链路将切换到较高速率。定时器 tl 主要用于实现对定时器 th 值的动态调节。

ALR 技术通过动态调节物理端口的处理能力实现能量节省，在链路负载一定的条件下，更低的处理能力意味着更长的处理时间。此外，ALR 技术需要链路两端的协商和同步，这些都将导致网络时延的增加，甚至丢包。时延的增加将对实时网络应用产生不利的影响，实时性是 ALR 技术应特别注意的问题。

6.4.2 Sleeping 技术

在某一时刻，链路的利用率要么为 0，要么为 1[31]，当链路的利用率较低时，链路上存在着大量的空闲时段。在这些时段内，链路和链路的两端接口也都处于空闲，但却保持供电状态，继续消耗电能。如果能使网络设备或部分组件在这些空闲时段内转入睡眠或低功耗状态，将有效降低网络的能耗，这即是 Sleeping 技术的基本原理。

与 ALR 技术类似，Sleeping 技术也需要硬件支持，但更关键的部分是睡眠策略。睡眠策略决定了相应组件何时进入睡眠状态、睡眠的时长及如何唤醒等。好的睡眠策略应该使相应组件睡眠的时间尽可能长，同时数据时延和丢包率尽可能小。目前，主要睡眠策略包括 DELS 算法[32]、TWP 算法[33]和 LPI 机制[34]：

(1) DELS 算法。DELS 算法是一种上下游端口协同的链路睡眠策略，上游端口根据发送缓存的数据量和最近数据包到达的平均时间间隔决定何时睡眠，并根据数据包到达时间的概率分布，用概率方法估算睡眠的时长。链路进入睡眠时，上游端口发送消息通知下游端口进入睡眠，并告知睡眠时长。睡眠超时后上下游端口都会被唤醒，上游端口若发现发送缓存的数据量仍小于阈值将继续睡眠，下游端口若在规定时间内没有检查到链路信号也将再次睡眠。在链路睡眠期间上游端口发送缓存的数据量超过阈值时，上游端口将唤醒下游端口。由于DELS算法使用概率方法估算睡眠时长，在实际的网络环境中很难获得链路的流量分布规律。同时，DELS算法使用了睡眠时长估算和链路自动唤醒方法也使得算法实现非常复杂。

(2) TWP算法。TWP算法是一种端口睡眠策略，链路的两个端口独立地进行睡眠决策。该算法根据最近时间(即时间窗口)内到达数据包的数量和睡眠时长决定端口何时睡眠。TWP算法使用最近时间内数据包的加权时延动态地更新睡眠时长，当睡眠超时后，端口将被唤醒。当端口处于睡眠时，链路到达的数据由影子端口接收，影子端口由多个端口共享，且任意时刻只能为一个睡眠端口服务，当多个睡眠的端口同时需要接收数据时将造成数据丢失。TWP算法需要使用额外的影子端口，这增加了接口电路的复杂度，而且只有在至少两个端口睡眠时才能节能。由于没有在链路的两端口间协调，使得睡眠时链路的流量完全由共享的影子端口处理，数据丢失率由实际的流量特性决定。

(3) LPI机制。LPI机制是IEEE P802.3az任务小组为能量有效的以太网(EEE)标准开发的节能技术。LPI通过链路上下游端口的协作实现睡眠和唤醒。当上游发送器没有数据发送时，将发送信令通知下游接收器进入低功耗睡眠状态。与DESL算法和TWA算法不同，由于LPI与睡眠的物理实现紧密结合，省去了复杂的睡眠时间预测，而是在发送器将发送数据时，唤醒下游的接收器并推迟一个预定的时间发送，下游接收器保证在预定的时间内为接收数据做好准备。链路在低功耗睡眠状态下，发送器会周期性地发送信号刷新接收器，从而达到快速地从低功耗状态切换到正常状态以及检测链路是否断开等错误的目的。

链路的Sleeping技术对突发网络流量特别有效，通过缓冲流量、突发传输数据帧[35]，可增强流量的突发性，改善Sleeping技术的节能效果，但也会增大数据的时延，因此必须谨慎处理可能引发的性能退化问题。

6.4.3　ALR技术与Sleeping技术的比较

ALR技术根据实际流量负载调节设备的处理能力，而Sleeping技术减少设备空闲时的能量浪费，两种技术都是为了实现能量比例计算(energy-proportional computing)[36]。ALR技术的开销包含两个部分(见图6.3)：①下调和上调链路速率的时延 T_d 和 T_u；②因链路速率减小而增加的传输时延 T_p。

与ALR技术相比，Sleeping技术除了自身的开销(即睡眠时间 T_s 和唤醒时间 T_w)外，链路始终工作在最高速率下，不会引入额外的传输时延。对于利用率低的链路，既可采用ALR技术也可采用Sleeping技术，这取决于链路的流量特性。通常，ALR技术适用于平稳流量的网络环境；Sleeping技术更适合于突发流量的网

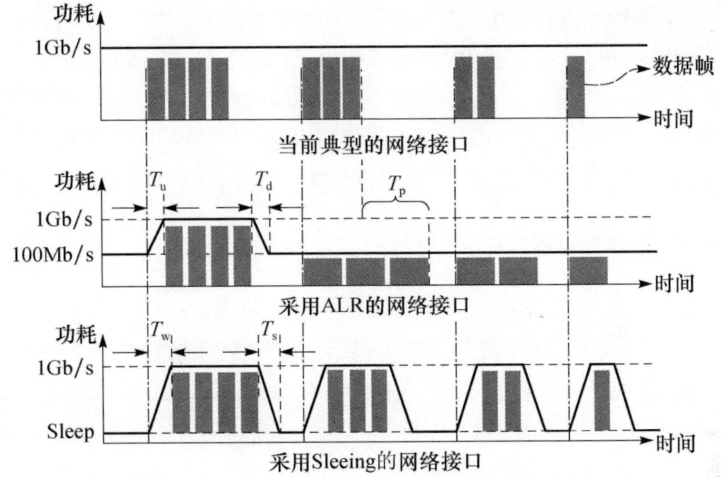

图 6.3 ALR 与 Sleeping 技术的节能示意图

络环境,流量的突发性越好,数据帧越大,链路的利用率越低,节能效果越好。文献[36]对这两种技术的节能效果进行了对比研究,文献[37]则建立模型对这两种技术进行折中。

总之,ALR 技术和 Sleeping 技术的研究已较充分,已经开始进入标准化进程。IEEE 802.3az EEE 任务小组[38]对 ALR 技术和 Sleeping 技术都进行了研究,最终,Sleeping 技术被 EEE 标准所采纳,称为 LPI(low power idle)技术。EEE 标准已于 2010 年 10 月 5 日被正式批准,很快将会有兼容该标准的产品上市。然而,Reviriego 对 EEE 的性能分析发现 LPI 技术仍具有较大的开销,存在较大的提升空间[39]。此外,ALR 技术和 Sleeping 技术在降低能耗的同时也增加了数据时延。如何根据流量的不同 QoS(quality of service,服务质量)要求,实现能耗和时延的折中是一个有待深入研究的问题。

6.5 节点间协同的动态能耗优化

受网络流量高速增长的驱动,骨干网的能耗迅猛增长,以整个网络的节能为目标的研究(本书称为节点间协同的动态能耗优化技术)已成为近两年的研究热点。节点间协同的动态能耗优化技术是通过对业务流进行合理的分配(或路由),结合节点的能耗优化技术,在满足给定 QoS 的前提下,使整个网络的能耗最小化。节点间协同的动态能耗优化问题实质上是一个流量分配问题(即路由问题),可形式化为数学规划问题。这些问题通常是 NP 难的问题,因此,设计高质量的启发式求解算法是研究的一个重点。

随着波长交换技术的应用，传统点到点光纤链路逐步演变为具有组网能力的光网络层。Internet 的核心\骨干网络也发展成一个多层网络，同时具备多个业务交换层，包括 IP/MPLS 层(分组交换)、TDM 层(包括 SDH/SONET 和 OTN 电路交换)和 DWDM 层(波长交换)。根据能耗优化所针对的业务交换层数量，节点协同的动态能耗优化技术可分为单层网络能耗优化和多层网络能耗优化两类。

6.5.1 单层网络能耗优化

单层网络能耗优化主要针对 IP 层网络，通过业务路由在网络节点间协同地调度业务流量，达到降低单个网络层能耗的目的。由于分组业务的随机特性，网络按照峰值业务需求进行构建，在业务非高峰期间，网络资源利用率非常低，此外，为了增强网络的可靠性，网络存在相当程度的设备和链路冗余，网络资源的这种超额供应和冗余设计策略造成的网络能耗的极大浪费。基于业务流合并的思想，提高资源利用率并尽量让没有被利用的网络资源处于低功耗节能状态，这已成为单层网络能耗优化的一类重要途径，本节称这类方法为基于业务流合并的网络能耗优化。但是，这类方法没有考虑网络节点设备的能量曲线，虽然目前的网络设备功耗受负载的影响很小，但是随着 ALR 和 Sleeping 等节点动态能耗优化技术的使用，负载对功耗的影响将越来越大，本节将考虑网络设备能量曲线的网络能耗优化技术称为基于能量曲线的网络能耗优化。

1. 基于业务流合并的网络能耗优化

通过业务流合并可提高链路和网络设备的利用率，但是业务流必须满足路由约束，即业务流经过一系列链路后最终必须能到达目的节点。研究者对该问题进行了形式化建模，以最小化网络功耗(或最大化处于低功耗状态的链路或网络设备数量)为目标函数，将业务流的路由作为约束条件，从而得到网络能耗优化的数学模型。该类数学模型可归结为一个整数线性规划问题(ILP)或混合整数线性规划问题(MILP)，由于 ILP 和 MILP 都是 NP 难题，通常设计启发式算法求解。此外，也有研究者使用随机图论的方法[40]，从图的连同性角度对网络中存在的冗余资源量进行了评估。

业务流合并的想法可追溯到 Chabarek 等的工作，他们提出了功率感知的路由和网络设计，将网络的低能耗设计形式化为一个 MILP 模型，通过对业务流的合并提高链路和网络设备的利用率，并根据网络设备的实际业务流供应网络资源(即确定网络设备的机框和线卡类型以及线卡数量)，以降低网络的功耗。Chiaraviglio 等[41,42]建立 MILP 模型研究了广域网场景下在给定网络拓扑和流量需求，选取能保证充分连通性和满足流量需求的节点和链路的最小集，通过关闭冗余的节点和链路来最小化网络的能耗。Zhang 等从流量工程的角度研究了 IP 网络的能耗优化[43]，提出了候选路径(即 k-shortest path)算法，通过预先计算通信节点间的 k 条最短路径，较大程度地减小了求解搜索空间，缩短了问题的求解时间。此外，Fisher 等[44]关注于核心网中由多条物理线缆组成链路的能耗优化问题，寻求满足流量需求的最少物理线缆，通过关闭空闲的物理电缆以降低网络能耗，该问题也被形式化为一个 MILP 问题，作者使用三种贪婪算法求解。

无论是通过 MILP 方法还是随机图论方法，结果都表明基于去冗余的网络能耗优化技术可明显地降低网络的能耗。然而，目前的研究成果并没有给出具体的路由算法，能量感知的网络协议、拓扑可变的网络路由等问题都需要深入研究。

2. 基于能量曲线的网络能耗优化

随着技术的进步，负载对网络设备的功耗影响将逐步增大。如图 6.4 所示，c 为目前网络设备的能量曲线，d 为遵循 EEE 标准的网络设备的能量曲线，负载对功耗的影响已十分显著。对于具有这种能量曲线的网络，单纯的基于业务流合并的方法无法充分地优化网络能耗。基于能量曲线的网络能耗优化考虑负载对网络设备功耗的影响，根据网络设备的能量曲线将流量需求分派给合适的网络节点和链路，以达到最小化网络能耗的目的。

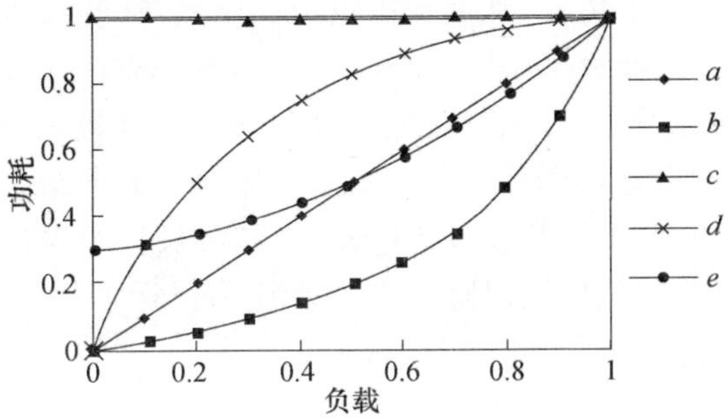

图 6.4　网络设备的能量曲线

基于能量曲线的网络能耗优化也可以建立相应的数学规划模型，目标函数的具体形式由网络设备的能量曲线决定。在网络所有节点的能量曲线类型相同时，具有凹函数形式的能量曲线(如图 6.4 中的 c、d)网络，能耗优化问题可归结为批量购买(buy-at-bulk)的网络设计问题[45]；具有凸函数形式的能量曲线(如图 6.4 中的 b、e)网络，能耗优化问题可归结为凸优化问题；具有正比例函数形式的能量曲线(如图 6.4 中的 a)网络，最短路径路由算法可使网络的能耗最优。将来的网络设备，其能量曲线很可能不是单纯的凹凸函数，需要根据能量函数实际的形式设计相应的求解算法。

基于能量曲线的网络能耗优化研究包括 Restrepo 等提出的能量曲线感知的

路由(energy profile aware routing,EPAR)、Vasic 和 Kostic 提出的能量感知的流量工程(energy-aware traffic engineering,EATe)[46]和 Andrews 等的工作[47]。EPAR 最早提出根据能量曲线对网络能耗进行优化,EATe 给出具有 Sleeping 和 ALR 节能技术的网络设备可能的两种能量曲线,并设计了启发式求解算法。在问题的求解上,EPAR 使用线性的能量曲线,对能量曲线进行了简化;EATe 使用启发式算法,并对目标函数进行简化,以达到快速求解的目的;Andrews则对不同能量曲线的网络能耗优化问题求解算法进行了研究。

6.5.2 多层网络能耗优化

Internet 的核心/骨干网呈现出一个多层的体系结构,底层的光传送网利用密集波分服用(DWDM)技术和波长交换技术,向上层提供协议和比特率透明的超高带宽波长服务。IP 网络层可直接构建于底层的光网络层之上,形成 IP over DWDM 网络。但由于光网络层的性能监控和管理能力先天不足,可通过增加电路交换层弥补光网络层的不足,从而形成 IP over TDM over DWDM 网络,其中 TDM 层可使用 SDH/SONET 或 OTN 等技术。IP 层、TDM 层和 DWDM 层的业务单位分别为分组、电路和光通路,业务粒度依此递增,因此需要通过业务疏导,对小粒度的业务进行汇聚后传输,从而提高信道利用率,降低网络成本。业务粒度和业务交换技术的差异还导致了不同网络层在能量利用效率上的差异,在等量业务负载下,IP 层的能耗最大,TDM 层次之,DWDM 层的能耗最低。因此,多层网络的业务尽量保持在能量利用效率高的网络层(即靠下的网络层)传输可以降低能耗。传统的流量疏导、虚拟拓扑设计、业务路由和波长分配问题主要考虑网络的成本和性能,多层网络的能耗优化以降低网络能耗为目标,因此,需要对这些问题加入能耗的考虑,下面将分别介绍(见图 6.5)。

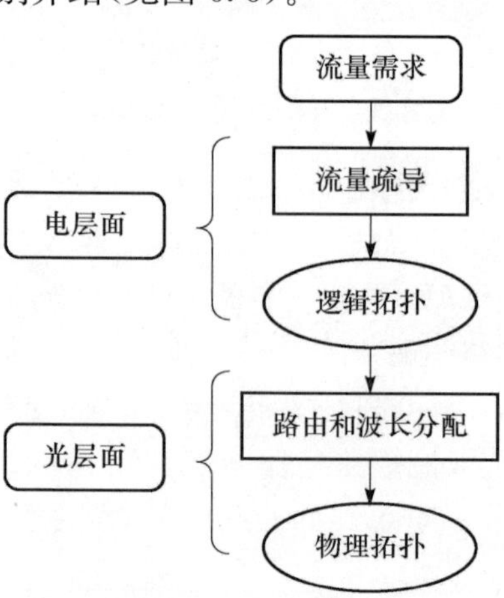

图 6.5 WDM 光网的流量疏导和路由波长分配

1）路由和波长分配

能量感知的路由和波长分配(PA-RWA)[48]考虑光层面的网络能耗：由于电层面的逻辑拓扑由光层面提供的光通路组成，因此光层面在对电层面的光通路连接请求进行路由和波长分配时，可通过减少高耗能器件(如 OXC、光放大器)的使用达到降低网络能耗的目的。PA-RWA 可形式化为一个 ILP 问题，在满足光通路请求的路由约束和波长一致性约束条件下，最小化网络的 OXC 和光放大器数量。其中，波长一致性约束是指：光通路在经过无波长转换能力的节点时，该节点的前后跳路由必须使用相同的波长。PA-RWA 分为路由选择和波长分配两个部分，可使用启发式的路由选择算法和首次适应的波长分配算法求解。通过模拟实验对 PA-RWA 进行性能评估，结果显示 PA-RWA 能够明显地降低网络能耗。

2）流量疏导

基于流量疏导的能耗优化考虑电层面的网络能耗，在将低速的流量需求汇聚成高速流量并复用到逻辑拓扑的光通路上时，通过减少对高耗能的电层面数据处理，降低网络能耗。流量疏导可看成业务路由的一种结果，因为在将低速流量的汇聚到高速的逻辑链路时，流量必须满足路由约束。虚拟拓扑可在流量疏导前事先确定，也可由流量疏导的结果动态生成，这两种方案对网络的能耗优化的影响有待进一步研究。在电层面，光/电/光转换器、端口和 DXC 等都是高耗能组件，根据负载对组件功耗的影响可建立相应的网络功耗模型，如文献[49]将组件的功耗分成独立和依赖负载的两个部分，并假设负载与功耗具有线性的依赖关系，则整个网络的功耗可建模为光通路数量和电交换流量的函数；文献[50]建立了基于端口和流量两种模型分别对应于组件功耗不依赖于负载和正比于负载两种极端情况。在功耗模型的基础上，以降低网络功耗为目标的流量疏导可形式化为一个 ILP 问题，并寻求启发式算法求解。模拟实验表明，通过流量疏导的方法可以有效降低网络的能耗[35,36]。

6.5.3　节点间协同的动态能耗优化技术面临的挑战

节点间协同的动态能耗优化能够有效降低网络能耗，然而要应用到实际网络中，还面临诸多挑战：

(1) 在多节点协同上对网络的能耗进行优化，最终都可形式化为 MILP、ILP 等 NP 难问题。如何设计一种高效的启发式算法满足网络环境中运行时间、空间以及精度要求是一个很具挑战性的问题。

(2) 如何实时地获取整个网络的流量信息和网络设备的功耗特性等输入信息，高效地传达路由决策信息，以及输入信息的精度、获取的代价和对最终决策的影响等需要深入地研究。

(3) 现有的优化技术将网络能耗最小化作为目标，对网络的性能、可靠性的影响、可能导致的拥塞问题以及对现有网络协议的影响等都缺乏深入的研究，这些问题都亟待解决。

6.6　面向 IP over TDM over DWDM 的多层网络能耗优化

近年来核心/骨干网的能耗增长迅速，未来将超过接入网成为互联网能耗的主体。核心/骨干网无论在网络服务供应(provision)与控制还是物理结构上都具有多层的特性，IP over TDM over DWDM 和 IP over DWDM 是核心骨干网的两类主流技术，其中，IP over TDM over DWDM 技术近年来为越来越多的运营商所采用。此外，出于可扩展性、兼容性和灵活性等方面的考虑，核心/骨干网的网络设备通常采用模块化体系结构。根据网络的多层结构和网络设备的模块化特性，本节对 IP over TDM over DWDM 网络进行能耗优化。

6.6.1　网络模型及节能机制

1. 网络模型

IP over TDM over DWDM 网络由 IP 层、TDM 层和光层三个网络层组成(见图 6.6)，其实例包括 IP over SONET/SDH over DWDM 和 IP over OTN over DWDM 网络。为简洁起见，后文将 IP over TDM over DWDM 网络简称为多层网络。多层网络的每个节点通常由一组网络设备构成，包括 IP 设备、TDM 设备和光网络设备(见图 6.7)，节点间通过光纤链路相连，节点处的网络设备通过物理线路相连(图 6.6 中以实线表示)。TDM 层和 IP 层的网络节点间没有直接的物理链路，使用下层网络提供的虚拟通路(如光层提供的光通路和 TDM 层提供的电路)动态建立自己的逻辑链路(图 6.6 中以虚线表示)。各个网络层的链路集合通常不同，各个网络层的网络节点集合也不必相同，上层网络的节点集合可以是下层网络节点集合的子集。

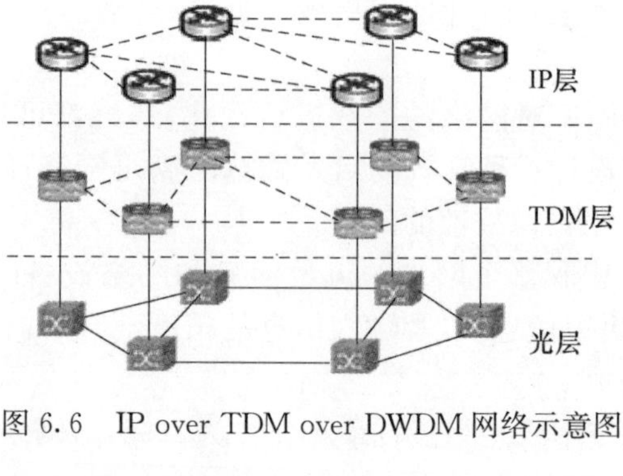

图 6.6　IP over TDM over DWDM 网络示意图

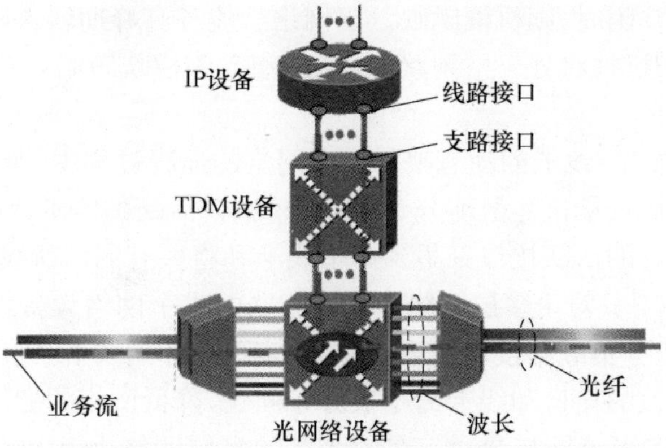

图 6.7　多层网络的网络节点示意图

目前,核心/骨干网的网络设备通常采用模块化的体系结构,网络设备被设计成由机框和模块卡两部分组成。根据实际的组网需求,可通过向机框添加相应的模块卡组建所需的网络设备。模块化设计使网络设备的灵活性和扩展性得以增强,可通过增加或替换模块卡实现对单个网络设备的扩容升级,此外,还可以通过多框集群的方式突破单个设备的容量限制,满足海量业务的处理需求。平台化支撑构件化处理的网络节点[51]代表了下一代网络设备的发展趋势,它能够克服现有网络设备模块在开放性和通用性上的不足,通过统一的系列标准化规范实现多厂商设备模块的集成,并能够通过重构处理模块,使网络设备具备新的服务能力。

着眼于网络设备的模块化特性,根据业务负载与模块以及模块间的层次关系,可将网络设备分为机框、线卡和接口三类模块。接口包括网络设备的物理端口以及与物理端口一起同时处于工作和空闲状态的相关组件;线卡是网络设备的众多模块的一类,它由一组接口所共享,能够与这组接口同时处于工作和空闲状态;除接口和线卡以外的部分都属于机框的范畴。因此,本书的接口、线卡和机框是一种更抽象的概念,不一定与实际网络设备的接口、线卡和机框完全对应。如图 6.7 所示,网络设备的接口分为线路接口和支路接口两类,在多层网络中上层网络设备的线路接口与下层网络设备的支路接口相连。

2. 节能机制

在多层网络中,根据网络的多层结构和网络设备的模块化,可以通过以下四种节能机制实现网络功耗与网络业务负载相适应,达到降低网络能耗的目的。

(1) 多粒度的模块睡眠。本书的多粒度模块睡眠是通过业务路由的方法使网络设备的模块尽可能处于空闲状态,并从接口、线卡和机框三个层次使空闲模块睡眠,即当接口空闲时,则接口睡眠;当线卡的所有接口都空闲时,则线卡睡眠;当机框的所有线卡都空闲时，则机框睡眠。当网络从业务高峰期转入业务低峰期时，大量的接口、线卡和机框将处于空闲状态，使这些空闲模块睡眠，将有效降低网络的能耗。

(2) 业务到接口/线卡的动态映射。在网络的运行过程中，业务的时变特性将导致网络设备的活跃接口零散地分布于多个线卡、活跃的线卡零散地分布于多个机框。通过将所有的活跃接口聚集到单个线卡和将所有的活跃线卡聚集到单个机框可以降低功耗[52]。对于多层网络节点处互联的多个网络设备，可通过设备间的密切配合，解除业务负载与接口的耦合关系，实现业务到线卡/接口的动态映射，以解决业务变动导致的接口和线卡的零散分布问题，降低网络的能耗。

(3) 业务的多级疏导与旁通。在图 6.7 的多层网络中，IP 层和 TDM 层都具有业务疏导能力，能够在分组和电路层面对业务进行两级疏导，提高链路带宽利用率，从而使更多的链路空闲，有利于降低网络的能耗。在相同容量下，更上层的网络设备通常具有更高的功耗，因此利用光网络层和 TDM 层都具有的业务穿通功能，实现业务的两级旁通，减少 TDM 层和 IP 层的业务负载，可降低网络的能耗。

(4) 能量感知的路由。业务的旁通和疏导以及多粒度模块睡眠等节能机制间存在复杂关系，如业务的旁通可以减少上层网络设备的业务负载，减少了上层网络设备的接口、线卡等模块使用量，能够降低功耗；同时，上层网络设备的业务处理也包括业务疏导，业务疏导的减少，使得下层网络链路的利用率降低，这意味着相同的业务量需要更多的链路传输，使用更多的接口、线卡等模块，增加了网络的功耗。能量感知的路由以网络能耗的最小化为目标，在多个节点和多个网络层合理地分配业务流，协调旁通与疏导静态功耗与动态功耗等诸多因素，计算满足业务需求的最优路径和网络资源配置。

3. 功耗模型

网络设备的功耗 p^{device} 可以分为静态功耗和动态功耗两部分，动态功耗 $p^{\text{dynamic}}(t)$ 与网络设备的实际业务负载 t 相关，静态功耗 p^{static} 为独立于业务负载的常量。对于模块化的网络设备，静态功耗又分为机框功耗 p^{chassis}、线卡功耗 $p^{\text{linecards}}$ 和接口功耗 p^{ports} 三部分，即

$$p^{\text{device}} = p^{\text{static}} + p^{\text{dynamic}}(t) = p^{\text{chassis}} + p^{\text{linecards}} + p^{\text{ports}} + p^{\text{dynamic}}(t) \tag{6.5}$$

网络节点功耗 p^{node} 等于节点处的所有网络设备的功耗之和，即

$$p^{\text{node}} = \sum_{j} p_j^{\text{device}} \tag{6.6}$$

整个网络层的功耗① p^{network} 等于所有网络节点功耗之和，即

① 本书忽略网络的线路功耗，如光放大器、再生器的功耗。

$$p^{\text{network}} = \sum_i p_i^{\text{node}} \tag{6.7}$$

多层网络的功耗 P 等于每个网络层功耗之和：

$$P = p_{\text{ip}}^{\text{network}} + p_{\text{tdm}}^{\text{network}} + p_{\text{optical}}^{\text{network}} \tag{6.8}$$

6.6.2　多层网络能耗优化建模

如果将能量看成一种系统资源，则对能耗的管理和控制可归结为资源的配置和管理问题[53]，而对资源的配置则需要以业务需求为依据。因此，在网络环境下，可以通过网络业务流的控制和网络资源的配置与管理的方法降低网络的能耗。下面我们对 IP、TDM 和光网络三层网络的能耗优化问题进行建模，将该优化模型命名为 ITO(IP-TDM-Optical)模型。ITO 模型实现了网络业务流控制与网络资源配置与管理的协同，通过路由的方法在多个网络层之间和网络层内部合理分配网络业务流，网络设备根据到达的业务负载对网络资源进行合理的配置和管理，将空闲的模块转入睡眠模式，以达到降低网络能耗的目的。ITO 模型以网络流规划理论为基础，加入对核心网络的多层结构和网络设备的模块化特性的考虑，转化为一个线性多品种流规划问题，最终形式化成一个 MILP 问题。

假设多层网络的所有节点的 IP 设备、TDM 设备和光网络设备具有相同的类型，并采用多框集群技术满足网络业务的大容量传输需求。IP 设备具有多种类型的线路接口，下层的 TDM 设备为每个 IP 设备的线路接口建立相应的电路，因此，IP 层设备的线卡/接口类型也称作电路类型。由于多层网络能耗优化不影响 IP 层的支路接口的工作状态，因此形式化过程中不考虑 IP 设备的支路接口。TDM 设备通过单种类型的线路接口与底层的光网络设备相连，底层光网络也使用单种类型(即单种容量的波长)的光纤链路。底层光网络具有波长转换能力，光网络节点可以自由的分配波长。由于多层网络按照峰值业务需求配置资源，本节假设网络节点配备足够的机框和线卡等模块。

1. 符号定义

1) 索引和集合

$x,y \in N_1$：光层网络节点和节点集合；

$u,v \in N_2$：TDM 层网络节点和节点集合，$N_2 \subset N_1$；

$i,j,ii,jj \in N_3$：IP 层网络节点和节点集合，$N_3 \subset N_2$；

$e_1(x,y) \in E_1$：光层网络链路和链路集合，链路为有向弧；

$d(ii,jj) \in D$：IP 层的节点 ii 到 jj 的业务需求和业务需求集合；

$r \in R$：IP 设备的线卡/接口类型和类型集合。

2）参数

$c^r(r)$：IP 设备的 r 类型的线路接口容量；

$m_3^p(r)$：IP 设备的 r 类型线卡具有的接口数；

$p_3^l(r)$：IP 设备的 r 类型线卡的功耗；

$p_3^p(r)$：IP 设备的 r 类型的线路接口的功耗；

$p_2^{bp}(r)$：TDM 设备的 r 类型的支路接口的功耗；

m^w：光层网络的每条物理链路的波长数；

c：光层网络每个波长的容量；

m_2^l：TDM 层每个机框可容纳的线卡数；

m_2^p：TDM 层每个线卡具有的接口数；

m_3^l：IP 层每个机框可容纳的线卡数；

p_2^c：TDM 层每个机框的功耗；

p_2^l：TDM 层每个线卡的功耗；

p_2^p：TDM 层每个线路接口的功耗；

p_1^{bp}：光网络层每个支路接口的功耗；

p_2^t：TDM 层单位业务的功耗，用于计算动态功耗，单位为 W/(Gb/s)；

p_3^c：IP 层每个机框的功耗；

p_3^t：IP 层单位业务的功耗，用于计算动态功耗，单位为 W/(Gb/s)。

3）变量

$n_2(u,v)$：TDM 层链路(u,v)使用的光通路数目；

$n_3(i,j,r)$：IP 层链路(i,j)使用的 r 类型的电路数目；

$f_{21}(u,v,x,y)$：TDM 层链路(u,v)所使用的光层链路(x,y)提供的光通路数目；

$f_{32}(i,j,r,u,v)$：IP 层链路(i,j)所使用的 TDM 链路(u,v)提供的 r 类型电路数目；

$f(ii,jj,i,j)$：IP 层节点 ii 到 jj 的业务需求流经 IP 层链路(i,j)的流量；

$n_2^c(u)$：TDM 层节点 u 使用的机框数；

$n_2^l(u)$：TDM 层节点 u 使用的线卡数；

$n_2^p(u)$：TDM 层节点 u 使用的接口数；

$t_2(u)$：TDM 层节点 u 转发的业务量；

$n_3^c(i)$：IP 层节点 i 使用的机框数；

$n_3^l(i,r)$：IP 层节点 i 使用的 r 类型线卡数；

$n_3^p(i,r)$：IP 层节点 i 使用的 r 类型接口数；

$t_3(i)$：IP 层节点 i 转发的业务量。

2. 目标函数

在 ITO 模型中，多层网络能耗优化的目标是最小化多层网络的功耗，即 $P_{\min}$。TDM 设备和光网络设备的支路接口直接与其上层设备的线路接口相连，支路接口随着上层的线路接口被分配，因此，支路接口功耗与上层的线路接口的功耗一并计算，支路线卡被纳入机框功耗考虑。由于相同容量的光网络设备的功耗远比 TDM 和 IP 设备的小，而光收发器是光网络设备的主要耗能组件，因此，我们只考虑光网络设备支路接口的功耗。使用线性函数表示网络设备动态功耗与业务负载的关系，则目标函数为

$$P_{\min}=\min\sum_{u\in N_2}(n_2^c(u)p_2^c+n_2^l(u)p_2^l+n_2^p(u)(p_2^p+p_1^{bp})+t_2(u)p_2^t)+\sum_{i\in N_3}\Big(n_3^c(i)p_3^c$$
$$+\sum_{r\in R}(n_3^l(i,r)p_3^l(r)+n_3^p(i,r)(p_3^p(r)+p_2^{bp}(r)))+t_3(i)p_3^t\Big)\tag{6.9}$$

其中，TDM 层和 IP 层的功耗等于该层所有网络设备功耗之和，因此分别对$u\in N_2$ 和 $i\in N_3$ 求和，网络设备的功耗包括：

(1) 机框功耗，分别为 $n_2^c(u)p_2^c$ 和 $n_3^c(i)p_3^c$；

(2) 线卡功耗，分别为 $n_2^l(u)p_2^l$ 和 $n_3^l(i,r)p_3^l(r)$；

(3) 接口功耗包括本网络层的线路接口和下个网络层的支路接口功耗两部分，分别为 $n_2^p(u)(p_2^p+p_1^{bp})$和 $n_3^p(i,r)(p_3^p(r)+p_2^{bp}(r))$；

(4) 动态功耗，分别为 $t_2(u)p_2^t$ 和 $t_3(i)p_3^t$。

由于 IP 层的线卡和接口有多种类型，因此计算功耗时需要对类型 $r\in R$ 求和。光网络层只考虑支路接口功耗并与 TDM 层的线路接口功耗一同计算，即 $n_2^p(u)(p_2^p+p_1^{bp})$。

3. 约束条件

在 ITO 模型中，每个网络层都有相应的约束条件，包括业务路由约束、链路容量约束和资源分配约束。相邻网络层并不是独立的，上层网络的逻辑链路即为下层网络的业务需求。下面介绍每个网络层的约束条件：

1) IP 层约束

$$\sum_{j\in N_3:j\neq i}f(ii,jj,i,j)-\sum_{j\in N_3:j\neq i}f(ii,jj,j,i)=\begin{cases}d(ii,jj), & i=ii\\ -d(ii,jj), & i=jj\\ 0, & i\neq ii\wedge i\neq jj\end{cases}$$
$$\forall\, ii,jj,i\in N_3:d(ii,jj)>0\tag{6.10}$$

$$t_3(i)=\sum_{ii,jj,j\in N_3:d(ii,jj)>0\wedge j\neq i}f(ii,jj,j,i),\quad \forall\, i\in N_3\tag{6.11}$$

$$\sum_{ii,jj \in N_3 : d(ii,jj)>0} f(ii,jj,i,j) \leqslant \sum_{r \in R} c^r(r) n_3(i,j,r), \quad \forall i,j \in N_3 : i \neq j \tag{6.12}$$

$$\sum_{j \in N_3 : j \neq i} n_3(i,j,r) \leqslant n_3^p(i,r), \quad \forall i \in N_3, r \in R \tag{6.13}$$

$$\sum_{j \in N_3 : j \neq i} n_3(j,i,r) \leqslant n_3^p(i,r), \quad \forall i \in N_3, r \in R \tag{6.14}$$

$$n_3^p(i,r) \leqslant m_3^p(r) n_3^l(r), \quad \forall i \in N_3, r \in R \tag{6.15}$$

$$\sum_{r \in R} n_3^l(i,r) \leqslant n_3^c(i) m_3^l, \quad \forall i \in N_3 \tag{6.16}$$

式(6.10)为 IP 层网络的业务路由约束，该约束又称为流量守恒约束。对于 IP 层网络的每个节点 i 和每个业务需求 $d(ii,jj)$：

(1) 如果节点 i 是业务需求的源节点，即 $i=ii$，此时，从节点 i 流出的所有业务流之和应该等于业务需求，无路由环存在时，流入该节点的所有业务需求之和应该为 0，即

$$\sum_{j \in N_3 : j \neq i} f(ii,jj,i,j) = d(ii,jj) \tag{6.17}$$

$$\sum_{j \in N_3 : j \neq i} f(ii,jj,j,i) = 0 \tag{6.18}$$

(2) 如果节点 i 是业务需求的目的节点，即 $i=jj$，此时，流入该节点的所有业务流之和应该等于业务需求，无路由环存在时，流出该节点的所有业务流之和应该为 0，即

$$\sum_{j \in N_3 : j \neq i} f(ii,jj,j,i) = d(ii,jj) \tag{6.19}$$

$$\sum_{j \in N_3 : j \neq i} f(ii,jj,i,j) = 0 \tag{6.20}$$

(3) 如果节点 i 为其他节点，即 $i \neq ii \wedge i \neq jj$，此时，流入该节点的业务流之和应该等于流出该节点的业务流之和，即

$$\sum_{j \in N_3 : j \neq i} f(ii,jj,j,i) = \sum_{j \in N_3 : j \neq i} f(ii,jj,i,j) \tag{6.21}$$

以上三种情况可统一由式(6.10)表示，虽然无路由环的条件被松弛，但实验表明该松弛对最终结果没有影响。式(6.10)对每个业务节点和业务需求都成立，因此该约束一共有 $|D| \cdot |N_3|$ 个等式，其中，$|D|$ 为业务需求数量，$|N_3|$ 为网络节点数量。式(6.11)为网络节点的转发流量等式，近似等于所有流入该节点的业务流量之和。

式(6.12)为链路容量约束，对于网络中的每条链路 (i,j)，所有流经该链路的业务需求的业务流之和(即该链路的总流量)不能超过链路的容量。等式的右边为链路的容量，注意此链路为 IP 层网络的逻辑链路，由 TDM 层的电路组成，因此，

式(6.12)中直接用 TDM 层的电路请求 $n_3(i,j,r)$ 表示逻辑链路。由于存在多种类型的电路，故需对电路类型 $r\in R$ 求和。式(6.12)在实现链路容量约束的同时，还将 IP 层的逻辑链路转换为 TDM 层的电路请求(即 TDM 层网络的业务需求)，从而隐含实现了 IP 层和 TDM 层的层间约束。

式(6.13)～式(6.16)为资源分配约束。其中，式(6.13)和式(6.14)表示网络设备为链路分配足够的接口，一个接口既是正向链路的发送端，又是逆向链路的接收端，因此分配的接口数量不应该小于正向和逆向链路的数量；式(6.15)为接口分配足够的线卡；等式(6.16)为线卡分配足够的机框。

2) TDM 层约束

$$\sum_{v\in N_2:v\neq u} f_{32}(i,j,r,u,v)-\sum_{v\in N_2:v\neq u} f_{32}(i,j,r,v,u)=\begin{cases} n_3(i,j,r), & u=i \\ -n_3(i,j,r), & u=j \\ 0, & u\neq i \wedge u\neq j \end{cases}$$

$$\forall i,j\in N_3, r\in R, u\in N_2: i\neq j \tag{6.22}$$

$$t_2(u)=\sum_{i,j\in N_3,r\in R,v\in N_2:i\neq j\wedge v\neq u} c^r(r)f_{32}(i,j,r,v,u),\quad \forall u\in N_2 \tag{6.23}$$

$$\sum_{i,j\in N_3,r\in R:i\neq j} c^r(r)f_{32}(i,j,r,u,v)\leqslant cn_2(u,v),\quad \forall u,v\in N_2:u\neq v \tag{6.24}$$

$$\sum_{v\in N_2:v\neq u} n_2(v,u)\leqslant n_2^p(u),\quad \forall u\in N_2 \tag{6.25}$$

$$\sum_{v\in N_2:v\neq u} n_2(u,v)\leqslant n_2^p(u),\quad \forall u\in N_2 \tag{6.26}$$

$$n_2^p(u)\leqslant m_2^p(u)n_2^l(u),\quad \forall u\in N_2 \tag{6.27}$$

$$n_2^l(u)\leqslant m_2^l(u)n_2^c(u),\quad \forall u\in N_2 \tag{6.28}$$

TDM 层网络的业务需求为 IP 层网络为其逻辑链路产生的电路请求。TDM 层网络业务的基本单位为电路，而 IP 层网络业务的基本单位为分组，除此之外，TDM 层的约束条件与 IP 层的是类似的。式(6.22)为 TDM 层的业务路由约束，该约束实现 IP 层的电路请求在 TDM 层链路上的路由。TDM 层的电路有多种类型，因此每种电路类型都应该满足业务路由约束，因此该约束的数量为电路类型数量与业务需求数量和网络节点数量的组合。式(6.23)为 TDM 网络层节点的转发流量等式，TDM 层的转发流量与 IP 层的转发流量具有相同的单位，因此需乘上电路容量将电路数转化为流量。式(6.24)为 TDM 层链路容量约束，与 IP 层相似，用光层网络的光通路请求表示 TDM 层的逻辑链路，实现 TDM 层网络与光层网络的层间约束。式(6.25)～式(6.28)为资源分配约束，其中，式(6.25)和式(6.26)为 TDM 层链路分配充足的接口，式(6.27)和式(6.28)分别为 TDM 层节点的接口分配充足的线卡、线卡分配充足的机框。

3）光层约束

$$\sum_{y\in N_1:e(x,y)\in E_1} f_{21}(u,v,x,y) - \sum_{y\in N_1:e(y,x)\in E_1} f_{21}(u,v,y,x)$$
$$=\begin{cases} n_2(u,v), & x=u \\ -n_2(u,v), & x=v \\ 0, & x\neq u \wedge x\neq v \end{cases}$$
$$\forall u,v\in N_2, x\in N_1 \tag{6.29}$$

$$\sum_{u,v\in N_2:u\neq v} f_{21}(u,v,x,y)\leqslant m^w,\quad \forall x,y\in N_1:e_1(x,y)\in E_1 \tag{6.30}$$

光层网络只考虑支路接口的功耗，因此不需要资源分配约束。光层网络的业务需求为 TDM 层逻辑链路的光通路请求，业务的基本单位为光通路，约束条件与 TDM 层的类似。式(6.29)为光网络层的业务路由约束，实现 TDM 层的光通路请求在光纤链路上的路由，由于光层网络节点具有波长转换能力，故不用考虑波长一致性约束。式(6.30)为光层网络的链路容量约束，确保链路使用的波长数小于链路的总波长数。

4. ITO 模型复杂性分析

ITO 模型将本书的三层网络能耗优化问题形式化为 MILP 问题，比单层和两层网络的能耗优化模型[54]的复杂性更高。ITO 模型解空间随整数变量数量组合增长，因此可用整数变量的数量刻画 ITO 模型的复杂性。

根据 6.6.2 节变量的定义，容易计算出 ITO 模型的整数变量数量为

$$\Psi=(1+|E_1|)A^2_{|N_2|}+(|R|+|D|)A^2_{|N_3|}+|R|A^2_{|N_3|}A^2_{|N_2|}$$
$$+3|N_2|+(2|R|+1)|N_3| \tag{6.31}$$

其中，排列 $A^2_k=k(k-1)$，表示网络双向传输；$|S|$ 表示集合 S 的元素数量。根据 6.6.2 节，有以下关系成立：

$$|N_3|\leqslant|N_2|\leqslant|N_1|=n,\quad |E_1|\leqslant A^2_{|N_1|},\quad |D|\leqslant A^2_{|N_3|} \tag{6.32}$$

$$\Psi\leqslant(|R|+2)n^4-(2|R|+4)n^3+(2|R|+3)n^2+(|R|+3)n \tag{6.33}$$

因此，Ψ 的渐进上界为 $O(|R|\cdot n^4)$。6.6.3 节的模拟实验使用 6 节点 16 条有向链路的网络，$|R|$ 为 3，共有 4260 个整数变量，在最坏情况下，进行一次网络能耗优化的求解时间超过 1h，内存消耗超过 2GB，这在一定程度上体现了 ITO 模型的复杂型。

6.6.3 仿真实验与分析

1. 实验环境

本模拟实验使用商业数学软件 GAMS/CPLEX 求解。CPLEX 是一种高性能的

MILP 求解器，采用较高执行效率的分枝定界算法，通过计算一系列的线性规划子问题求解 ITO 模型。实验参数设置如下：

(1) 网络拓扑和业务需求。由于 MILP 问题是 NP 难的，因此实验使用 6 节点 16 条有向链路的多层网络（见图 6.8）。每个节点对 (ii,jj) 的业务需求 $d(ii,jj)$ 为 $[0,2D_{avg}]$ 区间内均匀分布的随机值，其平均值为 D_{avg}，调节参数 D_{avg} 的值为 10Gb/s，20Gb/s，…，100Gb/s，可获得不同大小的业务需求。

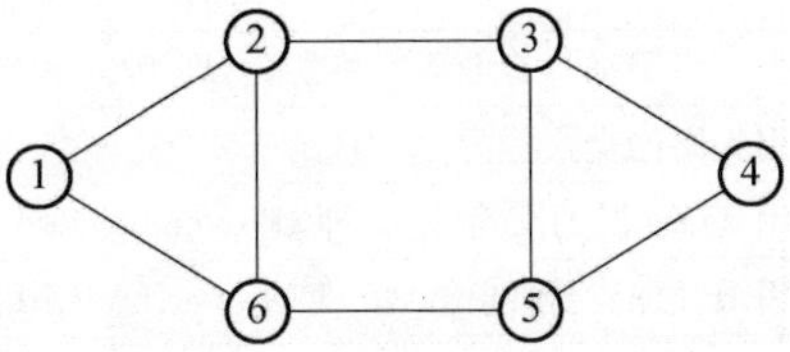

图 6.8　实验网络的拓扑图

(2) IP 层参数。IP 层设备以思科 CRS3-4/S 路由器的规格参数为参考，最大功耗为 3080W，转发容量为 560Gb/s，机框的功耗为 696W，每个机框可容纳 4 个线卡，每个线卡的功耗为 446W。线卡有三种类型：14 个 10Gb/s 的以太网接口的线卡，每个接口的功耗为 10W；单个 100Gb/s 的以太网接口的线卡，接口功耗为 100W；单个 40Gb/s 的 POS 接口的线卡，接口功耗为 80W。

(3) TDM 和光层参数。TDM 层设备以华为 Optix OSN 8800 的规格参数为参考，最大功耗为 2052W，转发容量为 640Gb/s，机框的功耗为 750W，每个机框可配备 6 个线卡。每个线卡的功耗为 80W，每个线卡仅有 1 个容量为 100Gb/s 的线路接口，接口的功耗为 70W。TDM 层设备的支路接口的功耗为与之相连的上层 IP 设备接口功耗的 2/3，光层设备的支路接口的功耗与上层 TDM 层设备的线路接口的功耗相同。光层网络的光纤链路的波长数为 40，每个波长的带宽为 100Gb/s。

(4) 动态功耗参数。动态功耗参数 η 表示网络设备动态功耗占最大功耗的百分比，根据网络设备的动态功耗和转发容量可得到 IP 层和 TDM 层的单位业务功耗分别为：$3080\eta/560$(W/(Gb/s))、$2052\eta/640$(W/(Gb/s))。前面的机框、线卡和接口的功耗值包括动态功耗，需乘以系数 $1-\eta$ 转化为静态功耗。

2. 网络层与多层网络功耗

通过为多层网络的每个网络层添加新的路由约束，达到禁用/启用网络层的交换能力[①]的目的，从而研究各个网络层以及网络层组合在网络能耗优化中的作用。在 6.6.2 节的基础上分别为光层、TDM 层和 IP 层添加以下路由约束（见

① 对于 IP 层和 TDM 层，交换能力等同于多跳业务疏导能力，单跳业务疏导能力并不受影响。

式(6.34)～式(6.36)),并使用网络层参数 ω(一个 3 位的二进制数)表示是否启用这三个路由约束,则可得到七种有意义的组合,每种组合的意义如表 6.2 所示。本次实验的参数 η 取值为 20%,分别对以上七种组合进行模拟实验,结果如图 6.9 所示。

表 6.2　网络层参数及含义

网络层参数 ω	含　义
0(000)	三个网络层都具有业务交换能力,即 IP over TDM over DWDM 网络
4(100)	禁用光层的交换能力,即 IP over TDM 网络
2(010)	禁用 TDM 层的交换能力,即 IP over DWDM 网络
1(001)	禁用 IP 层的交换能力,即 TDM over DWDM 网络
3(011)	只有光层具有交换能力,即光网络
5(101)	只有 TDM 层具有交换能力,即 TDM 网络
6(110)	只有 IP 层具有交换能力,即 IP 网络

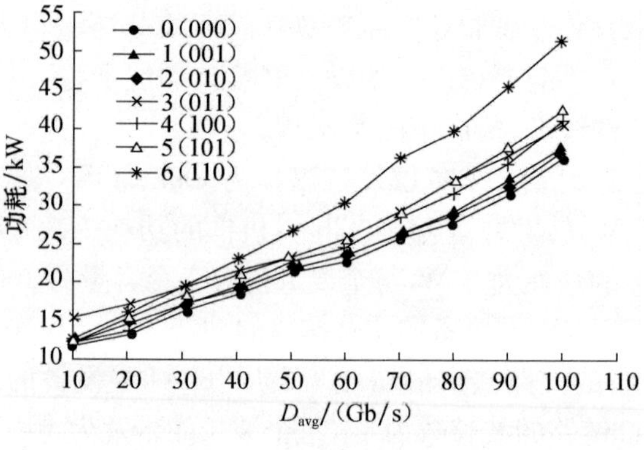

图 6.9　不同网络层组合的网络能耗优化结果

$$f_{21}(u,v,x,y)=0,\quad \forall u,v\in N_2,x,y\in N_1:u\neq v\wedge(x\neq u\vee y\neq v) \tag{6.34}$$

$$f_{32}(i,j,r,u,v)=0,\quad \forall i,j\in N_3,r\in R,u,v\in N_2:i\neq j\wedge(u\neq i\vee v\neq j) \tag{6.35}$$

$$f(ii,jj,i,j)=0,\quad \forall ii,jj,i,j\in N_3:d(ii,jj)>0\wedge(i\neq ii\vee j\neq jj) \tag{6.36}$$

(1) 业务疏导与旁通对能耗优化的影响。当网络业务量低时,业务疏导可将业务汇聚到少数的链路传输,减少接口、线卡和机框等模块的使用,因此,业务疏导对网络的能耗优化起主导作用。但是,对波长带宽而言,光网络层没有疏导能力,所以，电交换网络（$\omega=5,6$）的能耗优化效果比光网络（$\omega=3$）好，纯电交换的两层网络（$\omega=4$）比光电混合网络（$\omega=1,2$）的效果好。当业务量较高时，业务疏导在能耗优化的作用减小，业务旁通起主导作用，由于光网络能够实现业务在光域的波长交换，具有比电交换低得多的单位业务功耗，因此光网络（$\omega=3$）的效果比电交换网络（$\omega=5,6$）的效果好，光电混合的两层网络（$\omega=1,2$）比纯电交换的两层网络（$\omega=4$）的效果好。

(2) 网络层对能耗优化的影响。不同的网络层组合的网络能耗优化效果是不同的。如图 6.9 所示，三层网络（$\omega=0$）好于两层网络（$\omega=1,2,4$），两层网络好于单层网络（$\omega=3,5,6$），不同网络层组合的网络能耗差异最大达 30%。三层网络的能耗优化效果与两层网络（$\omega=1,2$）相比优势并不明显，光电混合的两层网络（如 IP over DWDM）能够很好地发挥电交换网络的疏导作用和光交换网络的旁通作用，增加额外的 TDM 层对网络能耗优化几乎没有提升，而且三层网络能耗优化的求解时间比两层网络的长得多。因此，从网络能耗优化效果和求解时间两方面考虑，IP over DWDM 网络是比较理想的核心/骨干网络技术。

3. 动态功耗与网络功耗

我们使用三层网络（$\omega=0$）分别对动态功耗参数 η 的不同取值（取值分别为 0%，20%，…，100%）进行模拟实验，实验结果如图 6.10 和图 6.11 所示。结果表明，网络设备的动态功耗越大，网络的能耗优化效果越好，具体表现在以下两个层面：首先，当业务量不变时，动态功耗越大，网络的功耗就越低，当动态功耗由 0% 增长到 100%时，网络功耗平均减少了 10118W（见图 6.10）；其次，网络设备的动态功耗越大，业务低峰期时的网络功耗占网络最大功耗的比例越小（见图 6.11）。

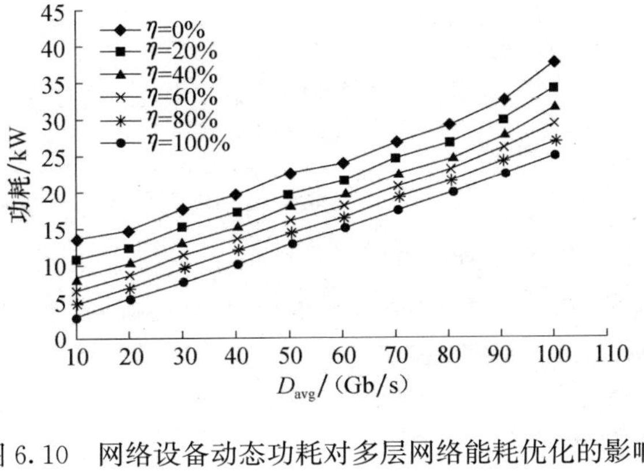

图 6.10　网络设备动态功耗对多层网络能耗优化的影响

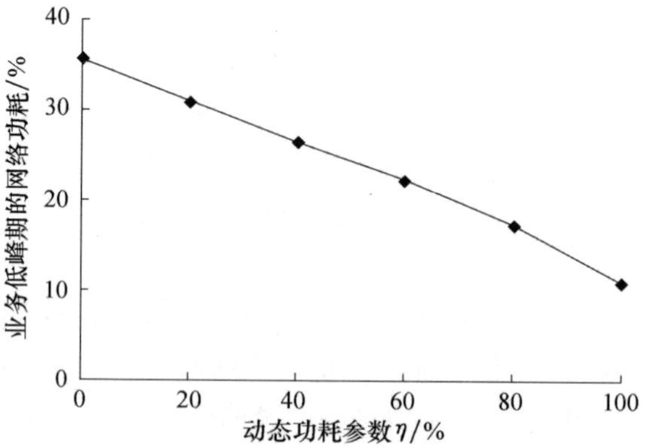

图 6.11　网络设备动态功耗对业务低峰期时的网络功耗的影响

4. 模块化结构与网络功耗

模块化设计会对网络的功耗优化产生影响，不同的网络设备，功能在线卡和机框间的划分是不同的，结果导致机框功耗与线卡功耗的比例也不相同。在 6.6.2 节的基础上，用参数 p^{cl} 表示网络设备的机框和线卡的总功耗，用 p^{total} 和 p^{port} 分别表示网络设备的总功耗和接口的功耗，则 $p^{\mathrm{cl}}=(p^{\mathrm{total}}-p^{\mathrm{port}})(1-\eta)$。用模块化参数$\zeta$表示机框功耗占 p^{cl} 的百分比，动态功耗参数 η 的值为 20%，参数 ζ 分别取值 0%，20%，…，100%，模拟实验结果如图 6.12 所示。

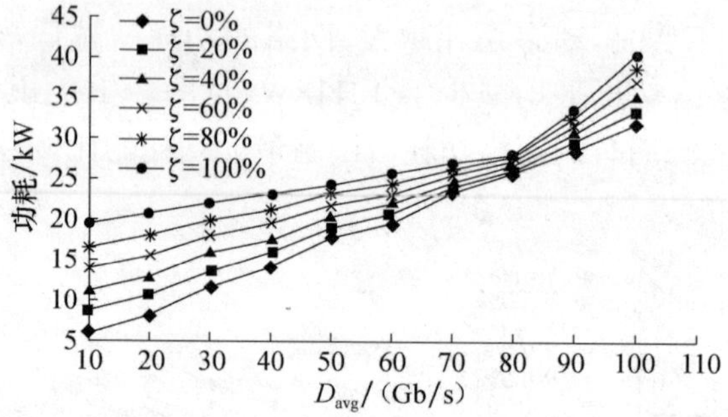

图 6.12　网络设备模块化结构对网络能耗优化的影响

结果表明，机框功耗所占比例越小，网络的能耗优化效果越好，网络功耗就越小。当网络的业务需求较小时，网络设备的模块化结构对网络能耗优化的影响较大(最大达 13461W)。随着业务需求的增大，这种影响逐渐变小，并存在某些业务需求值(如 $D_{\mathrm{avg}}=80\mathrm{Gb/s}$)，使得这种影响达到极小值(影响不超过 2399W)。从最优解可以发现这种影响达到极小所满足的条件是：网络各节点的接口和线卡的使用量(即处于活跃状态的数量)与活跃状态的机框上的接口和线卡总量(即配备的数量)非常接近。

容易理解，当业务量低时，少量的接口和线卡分担机框的功耗，当机框的功耗所占比例降低时，原有的部分机框功耗转移到线卡，而大量的线卡处于睡眠，因而网络的功耗得以降低。当前面的极小值条件满足时，活跃的机框的所有线卡和接口几乎都在工作，因而机框的功耗比例对网络的功耗影响也达到极小。有研究表明[55]：核心/骨干网络忙时的链路利用率不超过 30%，很多网络闲时利用率也在 5%以下。因此，与网络的吞吐量相比，网络的业务量通常都是很低的，优良的模块化设计的网络设备将有助于网络的功耗优化，减低网络的能耗。

以上三个实验比较全面地验证了 ITO 模型的有效性。在图 6.9 中，ω 的七种取值下的网络功耗都随业务需求的减小逐渐降低，在业务需求低峰期时（$D_{avg}=10$Gb/s）网络功耗可减小到业务高峰期（$D_{avg}=100$Gb/s）时功耗时的 24%～38%。在图 6.10 和图 6.12 中，无论网络设备的动态功耗和模块化结构如何变动，网络的功耗随业务需求减小而降低这一结论始终保存一致。

6.7　小　　结

流量的指数增长引发了 Internet 能耗的持续高速上升，Internet 的能耗问题变得日益严重。随着云计算、移动计算和物联网的兴起，Internet 的能耗将继续保持高速增长。降低 Internet 的能耗不仅可以减少网络通信领域的碳排放，还能降低网络运营商的电力成本。Internet 的能耗问题引起了工业界和学术界的关注，近年来在 Internet 低能耗技术的研究、节能标准的制定和节能产品的研发方面都取得了重大进展。但是，Internet 的低能耗研究仍然处于起步阶段，很多问题有待进一步研究和探讨。

网络设备的功耗特性对 Internet 的低能耗研究十分重要，网络设备功耗与业务负载的关系需要持续的研究与更新。网络设备的功耗测量、Internet 的功耗建模、Internet 的业务建模，网络设备的能耗评价指标、能耗评价的 Benchmark 等方面的研究都需要继续加强。

Internet 的低能耗技术根据能耗优化处于的阶段可以分为静态低能耗优化（处于设计阶段）和动态能耗优化（处于运行阶段）两大类。根据能耗优化的对象，Internet 的低能耗技术可以分为节点的能耗优化（针对单个节点）和节点协同的能耗优化（针对整个网络）。超额资源供应和冗余设计导致 Internet 资源利用率很低（即资源浪费），而负载对目前网络设备功耗的直接影响很小，这导致目前 Internet 浪费了很大部分能量（即资源浪费导致能量浪费）。ALR 和 Sleeping 技术根据链路利用率大小适应性的调节网络设备的处理能力，减少单个节点的能量浪费。单层网络能耗优化使用业务流合并的方法提高资源利用率，减少单个网络层的能量浪费。多层网络能耗优化利用网络层能量利用效率的差异，通过业务疏导等方法使业务尽量在能量利用效率高的网络层处理，降低整个多层网络的能耗。

IP over TDM over DWDM 是目前 Internet 核心/骨干网络的一种重要多层网络技术，利用网络设备的模块化特性和核心/骨干网络多层结构特性，建立数学模型对多层网络进行能耗优化，控制业务负载在网络层内部和网络层之间的合理分布，可以有效降低多层网络的能耗。

参考文献

[1] Telegeography. global Internet geography. http://www. telegeography. com/product-info/gig/index. php.

[2] Baliga J, Hinton K, Tucker K R S. Energy consumption of the Internet. Proceedings of COIN-ACOFT, Piscataway, 2007.

[3] Yun D, Lee J. Research in green network for future Internet. Journal of KIISE, 2010, 28(1): 41—51.

[4] Gupta M, Singh S. Greening of the Internet. Computer Communication Review, 2003, 33(4): 19—26.

[5] Gunaratne C, Christensen K, Suen S. Ethernet adaptive link rate (ALR): Analysis of a buffer threshold policy. IEEE GLOBECOM'06, Piscataway, 2006: 1—6.

[6] Gupta M, Singh S. Dynamic Using low-power modes for energy conservation in Ethernet LANs. IEEE International Conference on Computer Communications (INFOCOM), Anchorage, 2007: 2451-2455.

[7] Chabarek J, Sommers J, Barford P, et al. Power awareness in network design and routing. IEEE INFOCOM 2008, Piscataway, 2008: 1132—1138.

[8] Yetginer E, Rouskas G N. Power efficient traffic grooming in optical WDM networks. IEEE Global Telecommunications Conference, Piscataway, 2009: 1—6.

[9] Restrepo J C C, Gruber C G, Machuca C M. Energy Profile Aware Routing. Proceedings of 2009 IEEE International Conference on Communications Workshops (ICC 2009), Piscataway, 2009.

[10] Barroso L A, Holzle U. The case for energy-proportional computing. Computer, 2007, 40(12): 33—37.

[11] Mahadevan P, Sharma P, Banerjee S, et al. Power benchmarking framework for network devices. Proceedings of 8th International IFIP-TC6 Networking Conference, Aachen, 2009: 795—808.

[12] Nguyen T T T, Black A. Preliminary study on power consumption of typical home network devices. Technical Report 07011A, Centre for Advanced Internet Architectures (CAIA), 2007.

[13] Hlavacs H, Costa G D, Pierson J. Energy consumption of residential and professional switches. International Conference on Computational Science and Engineering (CSE'09), Piscataway, 2009: 240—246.

[14] Mellah H, Sanso B. Review of facts, data and proposals for a greener Internet. Proceedings of Sixth International Conference on Broadnets, Piscataway, 2009: 1—5.

[15] Ye T T, Benini L, Milcheli G D. Analysis of power consumption on switch fabrics in network routers. Proceedings of 39th Design Automation Conference, Piscataway, 2002: 524—529.

[16] Sanso B, Mellah H. On reliability, performance and Internet power consumption. 27th International Workshop on the Design of Reliable Communication Network(DRCN 2009), Piscataway, 2009.

[17] Bolla R, Bruschi R, Ranieri A. Green support for PC-based software router: Performance evaluation and modeling. Proceedings of 2009 IEEE International Conference on Communications (ICC 2009), Dresden 2009.

[18] Bolla R, Bruschi R, Carrega A. GreenSim: An open source tool for evaluating the energy savings through dynamic adaptation. Proceedings of the 2010 International Symposium on Performance Evaluation of Computer and Telecommunication Systems (SPECTS 2010), Ottawa, 2010.

[19] Chabarek J, Sommers J, Barford P, et al. Power awareness in network design and routing. IEEE INFOCOM 2008, Piscataway, 2008: 1132—1138.

[20] Nordman B, Christensen K. Reducing the energy consumption of networked devices. IEEE 802. 3 Tutorial, 2005.

[21] Gunaratne C, Christensen K, Nordman B. Managing energy consumption costs in desktop PCs and LAN switches with proxying, split TCP connections, and scaling of link speed. International Journal of Network Management, 2005, 15(5): 297—310.

[22] Network and telecom equipment-energy and performance assessment. www. ecrinitiative. org/pdfs/ECR_1_0_4. pdf.

[23] Silvestri A, Valenti A, Pompei S, et al. Energy saving in optical transport networks exploiting transmission properties and wavelength path optimization. Optical Switching and Networking, 2010, 7(3): 108—114.

[24] Ipmon Sprint. The applied research group. http://ipmon. sprint. com/.

[25] Blanquicet F, Christensen K. An initial performance evaluation of rapid PHY selection (RPS) for Energy Efficient Ethernet. 32nd IEEE Conference on Local Computer Networks, Piscataway, 2007: 223—225.

[26] Bennett M. Energy efficient ethernet overview. http://www. itu. int/dms_pub/itu-t/oth/09/05/T09050000010005PDFE. pdf.

[27] Telang V, Pillai V. A"subset PHY"approach for 10GBASE-KR Energy Efficient Ethernet. http://www. ieee802. org/3/az/public/jan08/baumer_01_0108. pdf.

[28] Gunaratne C, Christensen K, Suen S. Ethernet adaptive link rate (ALR): Analysis of a buffer threshold policy. IEEE GLOBECOM'06, Piscataway, 2006: 1—6.

[29] Gunaratne C, Christensen K. Ethernet adaptive link rate: System design and performance

evaluation. Proceedings of the IEEE Conference on Local Computer Networks, Piscataway, 2006.

[30] Gunaratne C, Christensen K, Nordman B, et al. Reducing the energy consumption of Ethernet with adaptive link rate (ALR). IEEE Transactions on Computers, 2008, 57: 448—461.

[31] Tan J, Li X. Surveys on end-to-end measurement of IP network bandwidth[J]. Computer Applications And Software, 2007, 24(6): 132—134.

[32] Gupta M, Singh S. Dynamic Ethernet link shutdown for energy conservation on ethernet links. IEEE International Conference on Communications, Piscataway, 2007: 6156—6161.

[33] Ceuppens L, Sardella A, Kharitonov D. Power saving strategies and technologies in network equipment opportunities and challenges, risk and rewards. International Symposium on Applications and the Internet, Piscataway, 2008.

[34] IEEE P802. 3az. Task Force, Energy Efficient Ethernet Standard Draft D2. 0. IEEE-SA, 2009.

[35] Reviriego P, Maestro J A, Herna X, et al. Burst transmission for energy-efficient Ethernet. IEEE Internet Computing, 2010, 14(4): 50—57.

[36] Nedevschi S, Popa L, Iannaccone G, et al. Reducing network energy consumption via sleeping and rate-adaptation. Proceedings of the 5th USENIX Symp on Networked Systems Design and Implementation, Berkeley, 2008: 323—336.

[37] Mahadevan P, Sharma P, Banerjee S, et al. Energy aware network operations. IEEE INFOCOM Workshops 2009, Piscataway, 2009.

[38] IEEE P802. 3az. Energy Efficient Ethernet task force. http://grouper. ieee. org/groups/802/3/az/index. html.

[39] Reviriego P, Hernandez J A, Larrabeiti D, et al. Performance evaluation of energy efficient Ethernet. IEEE Communications Letters, 2009, 13(9): 697—699.

[40] Chiaraviglio L, Ciullo D, Leonardi E, et al. How much can the Internet be greened? IEEE Globecom Workshops, Piscataway, 2009.

[41] Chiaraviglio L, Mellia M, Neri F, Energy-aware networks: Reducing power consumption by switching off network elements. Gruppo Nazionale Telecomunicazioni e Teoria dell'Informazione(GTTI2008), Bruges, 2008: 1—6.

[42] Chiaraviglio L, Mellia M, Neri F. Energy-aware backbone networks: A case study. IEEE International Conference on Communications, Dresden, 2009: 1—5.

[43] Zhang M, Yi C, Liu B, et al. GreenTE: Power-aware traffic engineering. IEEE International Conference on Network Protocols(ICNP), Piscataway, 2010.

[44] Fisher W, Suchara M, Rexford J. Greening backbone networks: Reducing energy consumption by shutting off cables in bundled links. First ACM SIGCOMM Workshop on Green Networking, New York, 2010.

[45] Chekuri C, Hajiaghayi M T, Kortsarz G, et al. Approximation algorithms for non-uniform

buy-at-bulk network design. 47th Annual IEEE Symposium on Foundations of Computer Science, Los Alamitos, 2006: 677—686.

[46] Vasic N, Kostic D. Energy-aware traffic engineering. Proceedings of 1st International Conference on Energy-Efficient Computing and Networking, New York, 2010.

[47] Andrews M, Anta A F, Zhang L, et al. Routing for energy minimization in the speed scaling model. Proceedings of IEEE INFOCOM, Piscataway, 2010: 1—9.

[48] Yong W, Chiaraviglio L, Mellia M, et al. Power-aware routing and wavelength assignment in optical networks. 35th European Conference on Optical Communication, Piscataway, 2009: 1—2.

[49] Yetginer E, Rouskas G N. Power efficient traffic grooming in optical WDM networks. IEEE Global Telecommunications Conference, Piscataway, 2009: 1—6.

[50] Huang S, Seshadri D, Dutta R. Traffic grooming: A changing role in green optical networks. IEEE Global Telecommunications Conference, Piscataway, 2009: 1—6.

[51] 王浩学，汪斌强，于婧，等. 一体化承载网络体系架构研究. 计算机学报，2009，32(3)：371—376.

[52] Shen G, Tucker R S. Energy-minimized design for IP over WDM networks. IEEE/OSA Journal of Optical Communications and Networking, 2009, 1(1): 176—186.

[53] 林闯，田源，姚敏. 绿色网络和绿色评价：节能机制、模型和评价. 计算机学报，2011，34(4)：593—612.

[54] Shen W, Tsukishima Y, Yamada K, et al. Power-efficient multi-layer networking: Design and evaluation. Proceedings of the ONDM, Kyoto, 2010.

[55] Guichard J, Le Faucheur F, Vasseur J P. Definitive MPLS Network Designs. Indianapolis: Cisco Press, 2005.

第7章　绿色软件工程

7.1　引　　言

人类社会贪婪的本性在信息领域体现得淋漓尽致。人类的需求促使科技不断向前发展。为了满足人类的欲望，从计算机诞生至今，高速处理器、大存储的存储器、高带宽的信道、高质量的服务、各种各样功能丰富的软件系统、各种终端设备等层出不穷。然而在获得更多、更好的产品和服务的同时，付出的代价也就越大，消耗的资源也就越多。能量作为一种系统资源，在计算系统中处于非常重要的地位，它是系统运行的基础。为了满足人类日益增长的需求，计算系统对能量的消耗也是与日俱增，计算系统的能耗问题开始凸显。

Gartner的调查研究报告指出：ICT所消耗的能量到导致的碳排放量占到了全球整个碳排放量的2%。随着ICT不断地扩展自己应用的领地，它的碳排放呈现出不断增加的趋势。为了减少碳排放，减少ICT使用对气候、环境的负面影响，ICT领域的研究工作者提出了"绿色计算"这一新的研究方向。

在过去的研究中，绿色计算研究对象集中在硬件上。人们对硬件系统开展了许多工作，也取得了不少成果，如低功耗的处理器、减少有害原材料的使用、硬件回收利用、清洁能源技术等。软件作为绿色计算的研究对象通常会被忽视，因为计算系统的能耗是硬件产生的，软件不产生能耗。但是软件无处不在，并且它是目前绝大部分计算系统的灵魂，系统硬件的运行依赖于软件。要实现计算系统的绿色，离不开软件。近年来从软件的角度来研究绿色计算，出现了一些新的名词：感功软件、能效软件、低功耗软件、软件能效、绿色软件、可持续性软件、绿色软件工程等[1~5]。这些概念有些听起来有些奇怪，如软件能效，软件有能效吗？软件的运行是不消耗能量，毕竟能耗是硬件运行消耗的，但是软件的运行会间接地影响硬件能耗，一个好的软件，可以有利于提高能量的计算效率。根据绿色计算的定义及其内涵与外延，绿色计算对软件的研究应从软件的整个生命周期的角度来思考[6]。绿色软件工程就是顺应这一趋势而提出来的。

"软件工程"是1968年由NATO提出来的，主要目的是为解决"软件危机"而寻求高效地开发高质量软件的方法和技术。从概念提出至今，经历了40多年的努力，人们在软件工程的理论研究和软件工程的应用方面成绩斐然。软件工程领域中已经存在有多种过程模型、开发方法、质量保证体系、项目管理规范、支撑技术、开发工具和环境等，尽管所有的这些仍然不能解决软件开发中所有问题，但是对软件工程知识体系来说已是不可或缺的组成部分。

当前软件工程的实践对环境有着显著的影响，如软件不断升级和新版本对硬件计算能力的更高要求，导致计算机废弃而产生电子垃圾；弃用在用软件，重新开发新系统，导致开发资源的浪费。绿色和可持续性软件工程的目标是生产可靠的、使用寿命长的、满足用户需求的、对环境影响小的软件系统。可持续的软件工程[7]分析了软件的与可持续性的三个方面的关系：①调查用户认知软件的使用对环境产生多大的影响；②开发了 GreenTracker 的工具，用它可以测量软件能耗的大小，促进对软件使用的环境影响的认识；③软件对环境的间接影响，软件对可持续发展的影响不仅局限于它的能耗。环境的可持续性与软件工程的关系是复杂的，软件工程直接和间接的影响可以帮助人类生活得更加长久。绿色软件工程通常是在已有的软件工程上做适用于绿色计算的改进研究。绿色软件工程首先要解决的问题是什么是绿色软件和绿色软件工程，其次是绿色软件工程的各个阶段怎样实现“绿色”。

本章包括了以下几部分内容：①概括绿色软件和绿色软件工程的定义、研究内容和绿色软件的分类；②绿色软件的过程模型研究，列举出两种绿色软件工程的过程模型；③绿色软件需求工程；④绿色软件的系统设计的几种架构设计；⑤软件设计、构造部分和编译技术，主要讨论软件组件的设计和编译优化设计及其对绿色软件影响；⑥绿色软件测试和评价标准、绿色软件各种标准及质量因子；⑦绿色软件部署、运行与控制方式；⑧绿色软件的开发与运行保障的集成与运行保障平台。

7.2　绿色软件及绿色软件工程

7.2.1　绿色软件

软件无处不在，并已经成为了当今社会发展的驱动力之一，它不仅促进了商业、工程、科学研究发展，也推动着全球经济的发展。David Rice 曾指出：“就像水泥一样，软件在现代文明中已经无处不在。它存在于移动电话、PC、汽车、飞机、医院、商业、公共基础设施、金融系统以及国家安防系统等。软件在基础设施的操作中是一个日益关键的部分，它几乎涉及了全球的民族、社会和经济活动的各个方面。没有人能够在不接触软件或不被动地接触，或者不使用软件情况下，生活在当今文明中。”

1. 软件和绿色软件

软件指的是在运行时能够提供所要求的功能和性能的指令或者程序集合；程

序能够满意地处理信息的数据结构描述程序功能需求以及程序如何使用所要求的文档[8]，即

软件＝程序＋数据＋文档

在绿色计算领域软件研究不断深入，软件也开始不断地演化，出现了“能效软件”(power efficient software)[9]、“感功软件”(power aware software)、可持续性软件(sustainable software)、绿色软件(green software)等不同的概念。

能效软件：理想的软件运行导致能量的消耗与软件处理的任务量呈现出线性比例关系，但是实际上软件不是这类关系，软件的运行会额外消耗一些能量。无效能量消耗最小的软件称为高能效软件[10]。

感功软件：软件对能量是敏感的，可以根据环境的变化自适应地改变行为，实现降低能量消耗[4]。

可持续性软件：是从软件的开发、部署、使用的各个阶段对经济、社会、人类以及环境产生的直接和间接的影响最小，或能对可持续发展带来正面效应[2,7]。

绿色和可持续软件(green and sustainable software)：软件开发和使用导致的直接和间接消耗的自然资源是可以被监测、可以连续测量、评价以及开发过程是优化过的。软件的继续投入和使用产出能够持续评价和优化的。软件的开发和生产过程可循环评价和最小化它们直接和间接消耗自然资源和能源的数量[2]。

绿色和可持续性软件定义是以整个产品的生命周期为线索，首先考虑软件是可持续的，其次考虑它在整个生命周期过程中对社会、经济、生态环境以及人类社会的影响要最小。

从以上有关的定义可以看出，绿色软件(green software)是由传统的软件演变而来，首先它必须是软件，即包含有程序、数据和文档；其次在软件的整个生命期内，在满足相应的需求和服务质量的前提下，消耗的资源最少，对社会、经济、生态环境的负面影响最小或者能带来巨大的正面效应。

2. 绿色软件分类

根据 green IT 和 green by IT 的思想，绿色软件可以是软件开发过程是绿色的软件，也可以是软件使用过程中可以减少对环境的影响的软件。因此绿色软件大致可以分为两个类别：

(1) 自绿色软件，即运行时可以充分发挥硬件的电源管理特性，获得高能效，以及使用其他资源量也较小的软件系统。如具有可以根据负载情况自动调整系统电源策略的软件。

(2) 辅助绿色软件/工具，即为了提高系统能效，降低系统对环境负面影响的软件。如火电厂的控制软件在运行时本身可能不是高能效的，但是它可以提高火电厂的发电效率，减少二氧化碳的排放。能源管理软件或能源管理系统，其监视和

获取系统的能耗数据及状态，对系统能耗进行整体规划、调度、优化。

7.2.2　绿色软件工程

1. 软件工程的定义

软件工程是研究和应用如何以系统性的、规范化的、可定量的过程化方法去开发和维护软件，以及如何把经过时间考验而证明正确的管理技术和当前能够得到的最好的技术结合起来的学科。它涉及程序设计语言、数据库、软件开发工具、系统平台、标准、设计模式等方面[8]。

2. 绿色和可持续软件工程的定义

绿色和可持续软件工程是开发绿色和可持续软件的技术，并且遵循绿色和可持续软件工程过程。即这种开发软件产品的技术，在某种程度上，软件产品对可持续发展正面或者负面影响是可以不间断地被评估、被记录和使用，以至于可以进一步得到优化后的软件产品[2]。

传统的软件主要是以功能和性能为目标的，软件工程则是提高软件开发效率、提高软件产品质量为目标，而在绿色计算的研究范畴中，软件在软件工程主要原有的基础之上考虑其绿色性能，即要在不牺牲性能和功能的前提条件下，减少对环境的不友好。

简而言之，绿色软件工程是一种开发、使用和维护软件的方法，它同时认同和减少对社会、经济、生态环境的威胁。

3. 绿色软件工程的目标和活动

绿色软件工程的目标除了生产高质量的软件和追求高生产率外，软件的生命期内最少的资源消耗量和对环境产生最小的负面影响。

绿色软件工程活动包括需求工程、设计、编码、测试、部署、维护及文档化等。软件工程的过程模型把软件工程活动规划到软件开发的不同阶段，并给出相应的技术，以利于软件开发人员提高其开发效率和保证软件质量。

7.3　绿色软件工程过程模型

所谓软件过程模型就是一种开发策略，这种策略针对软件工程的各个阶段提供了一套范型，使工程的进展达到预期的目的。

软件过程模型在软件工程中非常重要，主要是因为模型描述了所有的软件开发过程活动、软件开发的结构和具体步骤。为了是成功地开发软件，软件开发过程需要标准化，因此就构建软件过程模型非常必要，这样按照各自的制定步骤进行开发工作，有利于提高软件的质量。对一个软件的开发无论其大小，都需要选择一个合适的软件过程模型，选择需要基于项目和应用的性质、采用的方法、需求的控制，以及要交付的产品的特点。一个错误模型的选择，将迷失开发方向。

当前软件过程模型有：瀑布模型、螺旋模型、增量模型、形式化模型、RUP 模型、快速原型法模型、SOA 模型等，这些模型都有各自的侧重点，对绿色软件开发有些不适用。因此，需要一些新的模型来指导绿色软件的开发。

纵观软件过程模型的发展历程，软件工程过程模型的创新发展主要来自两个方面：一是吸收外部知识进行创新；二是基于原来的模型进行改进得到新模型[11]。基于以上的创新思路，研究人员提出了以下两种绿色软件工程过程模型。

7.3.1 Shenoy 绿色软件工程过程模型

基于软件开发生命周期过程模型，主要关注软件的开发效率、质量、运行和维护，通常将软件开发过程划分为不同的阶段：软件需求获取与分析、设计、实现、测试、部署和维护等。在这些阶段使用纸张、产生电子垃圾、能量消耗、使用交通工具和空调增加的碳排放量都可能对环境有直接或间接的影响。因此，Shenoy 等在对软件开发生命周期模型进行了改进，使得该模型能明确在软件开发、运行与维护等阶段使用环境友好的方法或技术策略。其创新是在已有的模型上采用合适的步骤增加了一些措施，降低碳排放和能源、纸张的使用等，因此帮助实现更加绿色和可持续的软件开发。该模型如图 7.1 所示。

如图 7.1 所示该软件过程模型[12]由两部分组成，左边的部分是该模型的主过程活动，即软件件生命周期的需求、设计、实现、测试、部署、维护和退役七个阶段，另外右边是支持过程，它贯穿主过程的七个阶段。

1. 主过程活动

在上述主过程活动的各个阶段，为了实现绿色软件工程的目标，建议采取以下的措施或方法。

(1) 需求获取：①需求获取要考虑软件的使用寿命；②从原型中获取，设计原型是注意考虑重用避免放弃原型重用；③考虑对新老硬件的支持；④考虑提供休眠能力。

(2) 设计：①简化设计；②考虑可重用的设计；③ 避免频繁更改。

(3) 实现：①避免使用与特定硬件相关的 API；②避免使用资源密集型的 API；③避免代码重复；④结对编程；⑤采用代码自动生成。

(4) 测试：①采用自动测试方法；②重用测试用例；③对性能扩展性和资源使用测试。

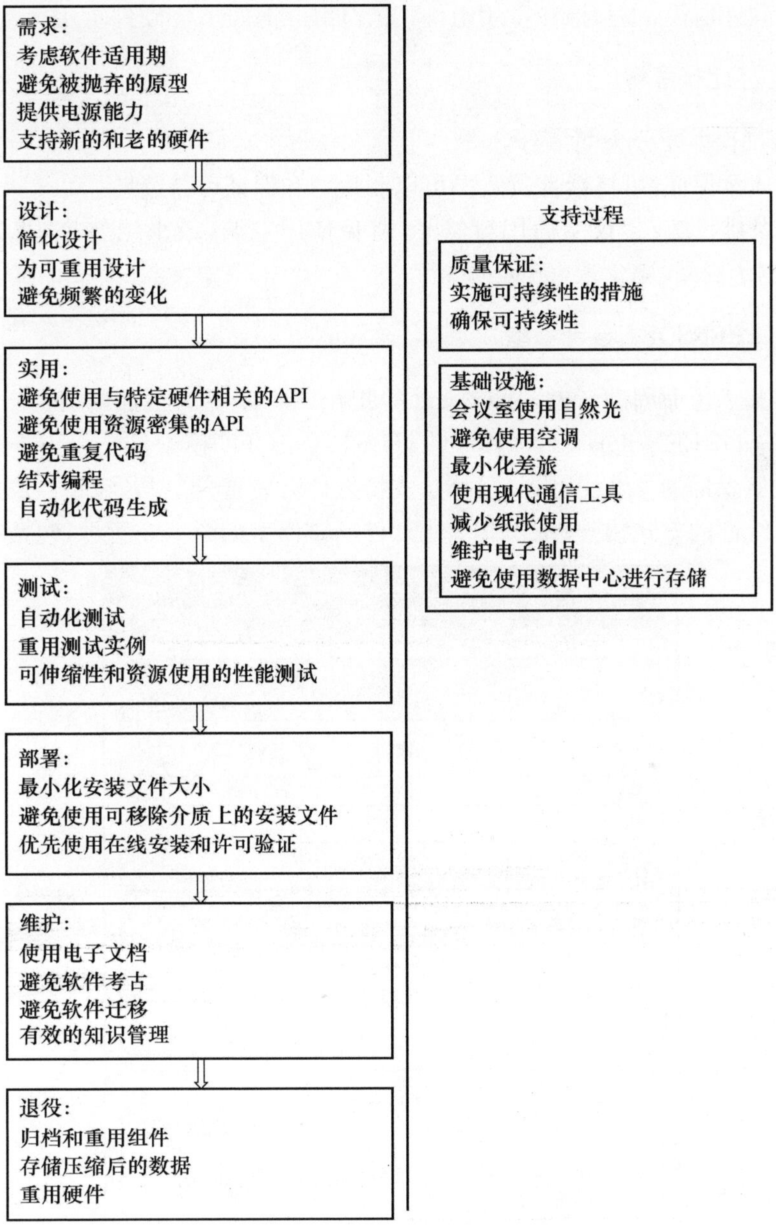

图7.1　绿色软件开发生命周期模型

(5) 部署：①最小化安装尺寸；②避免安装可删除的媒体；③选择在线的安装许可认证。

(6) 维护：①电子化文档；②避免软件回溯考证；③避免逆向工程；④避免软件集成；⑤有效的知识管理。

(7) 软件退役:①归档和重用组件;②存储压缩数据;③硬件重用。

2. 支持过程活动

支持过程主要分为两部分:

(1) 质量保证:可持续性实践是可以测量的和保证可持续性。

(2) 基础设施:会议室使用自然光,避免使用空调,最小化差旅,避免使用纸张,维护电子制品,减少数据中心存储。

7.3.2 GREENSOFT 参考模型

同样基于生命周期考虑,Naumann 等提出了一个更为全面的、四个层次的参考模型——GREENSOFT 参考模型[2]。GREENSOFT 模型是一个用于绿色和可持续软件概念性的参考模型,其目标是支持软件开发者、管理者和软件用户用一种更加可持续性的方式构建、维护和使用软件。该模型如图 7.2 所示,包括一个软件

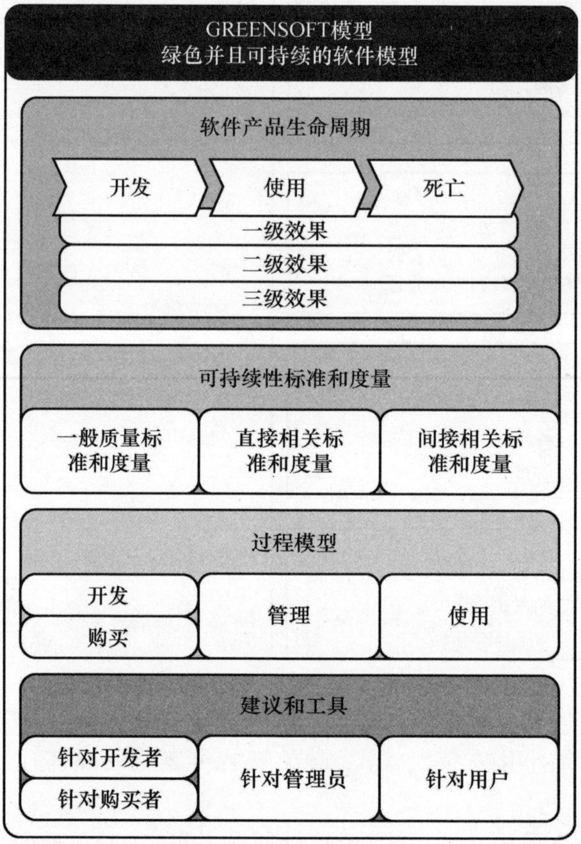

图 7.2 GREENSOFT 模型

产品的整体性的生命周期模型，软件产品的可持续性标准和度量，对不同利益相关者过程模型，对利益相关者用绿色的和可持续的方式开发、采购、供应，使用软件推荐可采取的行动和工具。

GREENSOFT 参考模型中包含了一个软件产品的生命周期（life cycle software products）。相比传统的软件生命周期，它面向生命周期的思考（life cycle thinking，LCT），遵循"从摇篮到坟墓"的全过程方式。LCT 的目的是评估产品在整个生命周期中的生态、社会、人类和经济相容性。它开始于产品早期的开发，结束于产品的清理和回收利用。从这些评估中获得的结果可以用于优化的产品或者与竞争者比较产品。该模型如图 7.3 所示。

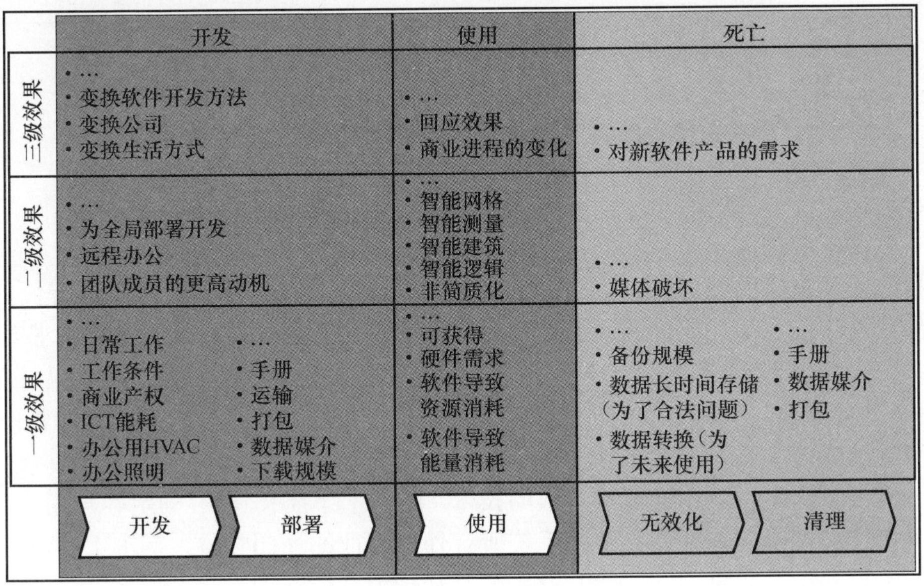

图 7.3　生命周期软件产品模型

GREENSOFT 模型第二部分被称为可持续性标准和度量。它涵盖软件质量度量的一般标准和指标、软件产品的可持续性分类的评价标准与指标，以及从生命周期评估方法借鉴过来对软件质量的测量相关的间接标准及指标。

GREENSOFT 模型中的过程模型（procedure models）覆盖了软件采购和开发过程模型、IT 系统的管理维护过程模型，以及用户使用支持过程模型。在原有过程模型上经过优化后的适用于该部分的开发过程模型，如图 7.4 所示。

GREENSOFT 模型最后一个组成部分是建议和工具。一般情况下，在开发、采购、管理或者使用软件产品时，这些建议和工具可以支持具有不同专业水平的利益相关者使用绿色或可持续的技术。利益相关者有可能是软件开发者、软件购买方、管理人员以及专业人士和个人用户。

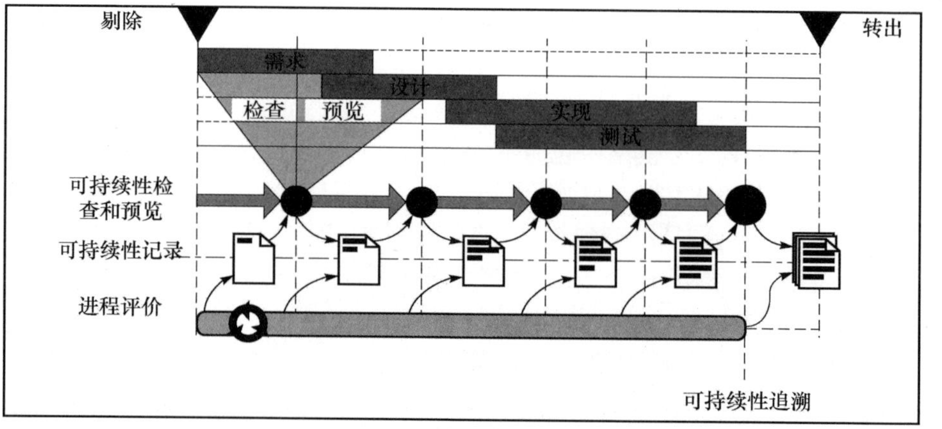

图 7.4　改进后过程模型中的开发过程模型

7.4　绿色软件的需求工程

软件系统的需求分为功能需求和非功能需求。功能需求是满足软件用户的某种目的或要完成的任务;非功能性需求通常是一些约束条件和软件质量特性[13]。软件开发一般关注功能性需求的实现,而忽略非功能性需求。非功能性需求对软件系统成功与否有着重要的作用[14]。非功能性需求有性能、可靠性、容错性等。绿色软件需求除了要考虑功能性的需求外,在非功能性的需求中,需要增加软件对资源的消耗效率这一非功能性需求。

需求工程是指应用已证实有效的技术、方法进行需求分析,确定客户需求,帮助分析人员理解问题并定义目标系统所有外部特征的一门学科。需求工程通过合适的工具和记号系统地描述待开发系统及其行为特征和相关约束,形成需求文档,并对用户不断变化的需求演进给予支持。

通常把需求工程的活动划分为以下五个独立的阶段:

(1) 需求获取:通过与用户的交流、对现有系统的观察及对任务进行分析,从而开发、捕获和修订用户的需求;

(2) 需求建模:为最终用户所看到的系统建立一个概念模型,作为对需求的抽象描述,并尽可能多地捕获现实世界的语义;

(3) 形成需求规格:生成需求模型构件精确的形式化的描述,作为用户和开发者之间的一个协约;

(4) 需求验证:以需求规格说明为输入,通过符号执行、模拟或快速原型等途径,分析需求规格的正确性和可行性;

(5) 需求管理:支持系统的需求演进,如需求变化和可跟踪性问题。

绿色软件工程的需求工程也是采用已有的技术和方法获取软件的需求，在上述的五个阶段中采取适当的技术和方法，使得与需求相关的活动绿色化。

需求获取的手段需要改进。传统上大都是采取面对面的座谈会和问卷调查等，这样的手段和方法对资源的消耗主要来自于以下几个方面：纸张的使用、会议场地使用的能源消耗、工作人员乘坐交通工具等。采用一些先进有效的手段来获取需求：如视频会议、在线问卷调查等[15]。

在获取需求时考虑软件使用期限是非常必要的。从当前和未来的角度出发，它对收集的需求非常有帮助，使得需求工程师可以快速地获取需求。另外，这样帮助开发人员考虑开发的软件既要在已有的硬件平台上能运行，也能在新的硬件平台上运行，这样可以避免废弃已有的硬件，减少电子垃圾的产生[16]。

捕获用户界面的需求也很重要。屏幕设计使用鲜艳的颜色对用户的眼睛会有伤害，通常也会消耗更多的能量。在一定程度上，不要选择明亮的、鲜艳的颜色设计用户界面。另外，需求获取是应该包括在设备、显示器等不使用的，对其进行关闭或者切换到低功耗的模式的需求获取。这样有助于减少系统功耗[17]。

避免丢弃用于抽取和理解需求的原型。如果构建的原型旨在获取用户需求，使用后就废弃不要，这种做法应该避免。因为原型的构建使用了大量能量、纸张和硬件资源。建议考虑开发一个可重用原型，以便重复使用。

Kim 等提出使用 UML 行为模型对嵌入式软件系统建模可以进行功耗进行分析[18]。将 UML 的行为模型转化为控制流图，这样在需求建模的同时对能耗进行分析。

使用 AADL(architecture and analysis design language)进行建模分析，也可以对系统功耗做整体的估算。AADL 是基于模型驱动的、形式化的系统开发方式，主要用于嵌入式系统、实时系统、任务关键性的系统开发。它使用组件对系统的软硬件进行描述，目前对 AADL 组件的扩展使组件能描述其能耗需求，这样可以分析系统的能耗需求，并可做能耗的需求验证[19]。

UML 的工具 Rational Rose 和 AADL 的工具 OSATE 都可以用于系统需求分析、建模、设计等阶段，可以生成相应的需求规格文档和跟踪管理需求变更，可以实现文档的电子化管理。

7.5　绿色软件的系统设计

软件和系统架构在计算和通信系统中有着至关重要的作用；而关于架构的分析主要集中在性能、可扩展性、可靠性、可维护性和安全性。然而，很少有关于消耗能量的研究报告。在绿色计算中目前也有一些软件架构可供参考或选择：对通用系统 Benjamin 等使用 Half Synchronous/Half Asynchronous (HS/HA) Concurrency Architecture 和 Leader/Followers (LFs) Concurrency Architecture 这两种并行体系结构进行了比较分析，说明 HS/HA 体系架构更适合绿色计算[20]；Rangaraj 和 Bahsoon 提出一种基于市场规律的绿色软件架构[21]；Gupta 等为了适用于绿色计算，对操作系统进行修改，提出了功率感知软件架构[22]；还有 Olivas 提出在 Linux 上使用硬件抽象层(HAL)、D-Bus 和 Qt4 创建能效感知应用软件[9]。

7.5.1 HS/HA 并行软件架构

HS/HA 是在并行系统中，同步和异步服务处理分离的架构，主要是不降低性能的前提下简化编程。此架构模式包含有三层：用于异步线程服务的异步层和同步线程服务的同步层、排队层。异步层或线程具有高优先级，可以处理外部输入的新到请求，同步层用一个并行工作线程池来处理服务请求[23]，如图 7.5 所示。

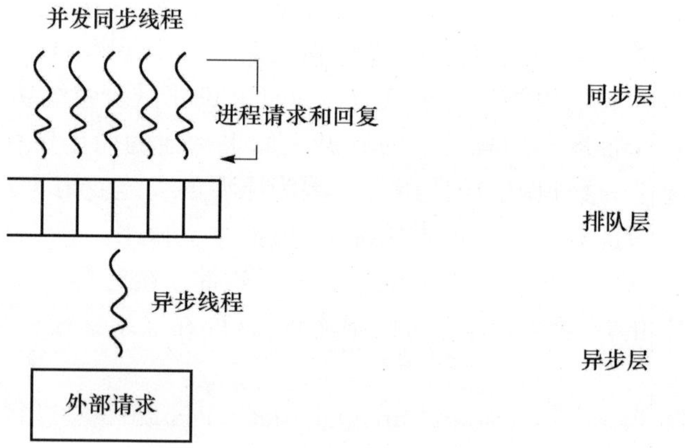

图 7.5　HS/HA 软件概念架构

Benjamin 等对并行软件架构的两种模型进行分析，实验结果表明在同样的负载下，并行软件系统设计采用 HS/HA 结构可以减少系统的功耗。

7.5.2 功率感知软件架构

目前比较完整的绿色软件架构设计是由 Gupta[22] 提出的，主要用于移动智能设备，不过也可以用于其他计算系统，如 PC 和 DataCenters 等。

该功率感知软件体系结构(power aware software architecture)[22~26] 的构建思想是：在经典的系统架构基础上进行修改，以适用于绿色计算系统架构。如图 7.6 所示，在不同的层次上增加了功率感知组件或许修改相应的服务：在硬件抽象层上增加了功率感知的硬件抽象层(PA-HAL)；在操作系统层上，修改操作系统服务例程，满足需求，在操作系统层上增加了功率感知操作系统层(PA-OSL)；在应用程序层增减了功率感知中间件和功率感知 API。

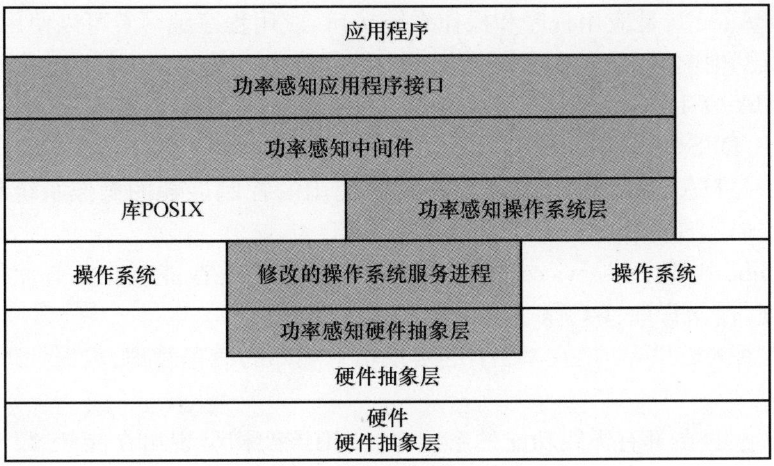

图 7.6　能耗敏感的软件建构

功率感知软件体系架构的目标是：提供一些途径，使应用程序、操作系统和硬件能有效地交换能耗和性能相关的信息；为操作系统和应用程序之间连续的会话和自适应调整提供便利；通过提供与低功耗设备的软件接口功率感知的操作系统服务；终端用户使用的功率感知 API 使得用户能实现高能效的服务和应用。

1. 功率感知 API 设计的要求

(1) 独立于硬件和 RTOS 的实现：可以用于不同的硬件平台；可以用于不同的 RTOS 和不同的调度策略中。

(2) 提供服务：处理器频率调节和低功耗状态转换；电池状态；I/O 设备上可以获得的控制能量消耗速度和能耗精确性接口例程。

(3) 应用程序接口提供以下服务：应用程序能够告知操作系统实时信息；创建新线程；告知操作系统完成给定任务的预计时间；操作系统必须能够预测和告知应用程序任务完成的估计时间；必须能终止遇到截止时间的任务进程。

2. 软件架构

如图 7.6 所示，该软件架构的实现包括了：功率感知应用程序接口(PA-API)、功率感知操作系统层(PA-OSL)、功率感知硬件抽象层(PA-HAL)、功率感知中间件(PA-middleware)、修改的操作系统服务例程(modified OS services)。使用该软件架构，应用程序可以与操作系统、具有功率感知特征的硬件进行交互，从而实现降低系统功耗的目标。

(1) PA-API:是应用程序和操作系统接口,应用程序编写者可以使用 PA-API 调用功率感知操作系统的服务。该层的一些功能主要是为调度技术定制的。

(2) PA-OSL:修改相应操作系统的服务,增加功率感知对应的组件,如 DPM 管理、DVS/DFS 服务组件等。

(3) PA-HAL:操作系统编程人员可以使用的控制能耗的操作系统和硬件接口,该层主要实现操作系统与下面硬件层分离。

(4) modified OS services:实现或者修改操作系统在能耗相关方面的服务例程,如调度,存储管理、I/O 等。

(5) PA-middleware:在 OS 上层实现功率感知的线程管理、数据处理、调度策略等服务。

实验证明,在具有无线功能的系统中,使用该架构呈现出在能耗、尺寸和性能上有很大范围系统优化机会;高效的电源和能源管理的关键是功率感知技术的应用;能效是一个系统级的问题,它涉及系统的组成子系统、功能层及其实现;应用程序可以通过调用相应的 API 实现自适应的功率感知[22~26]。

总之,在绿色软件的系统设计,首先要考虑软件架构支持能耗控制机制。对于绿色软件,基于某种具体软架构的能耗是差异较大;高能耗的软件系统会导致很多问题,高能耗就意味着会产生更多的热量,因而需要更多的降温电力。其次,要考虑软件架构对软件实现带来的影响。使用的软件架构要尽可能简单,有利于编程人员使用相应的 API 实现软件的绿色性能。

当前的软件架构设计中,都充分考虑到系统的硬件特性,只有将系统硬件的能耗特性糅合到软件架构设计里,才能实现具有较好绿色性能的软件架构,通常绿色软件的架构都会包含有 HAL、DPM 管理器、DVS/DFS 应用程序接口、低功耗的调度机制等。

7.6 绿色软件的设计、构造与编译技术

从整体性的视角来思考绿色软件的设计,首先要求设计活动中所采用的设计方法、技术手段和使用工具需要消耗的资源是较少的,并能提高软件的生产率;其次是设计出的软件可以在资源有限的情况下正常运行,并且所带来的负面影响甚微,或者能对社会、生态环境的可持续发展有积极性作用。

由于绿色设计过程所需消耗的资源难以实现量化地度量,以下主要针对设计的绿色软件产品是否是低能耗的或者对资源需求较少的问题,给出编程指导。绿色计算先前的研究在硬件层面和系统层的功耗优化上取得不少成绩,但是设计不好软件或者服务,会使硬件层和系统层的功耗优化功亏一篑。

根据 Saxe 的分析结果显示:运行时的软件,在没有任何负载的情况下都要消

耗能量[10]。软件的效率与硬件效率增长之间的差距越来越大:硬件的性能和能效提升速度很大,可是软件在时间和空间上性能和能效都增长缓慢[27]。

绿色软件的设计、构造与编译技术的目标软件设计不能只考虑功能的实现,甚至不允许使用购买更新更快的硬件来弥补软件的设计的低效。因此,在绿色软件设计中,设计软件要在非功能性需求的约束条件下,设计出软件可以满足"在用"和"未来"的硬件,即绿色软件设计既要考虑绿色性能又要考虑可扩展性。

Intel 和 Microsoft 在低功耗和高能性软件设计上,给出了一些设计指导,遵循以下指导可以帮助开发人员设计出较好的绿色软件。

绿色软件的设计的指导原则有以下几类[28,29]。

1. 计算效率

提高计算效率可以通过合理的使用循环、性能库/扩展、算法、编译优化、驱动程序、编程语言六个方面来考虑。

1) 尽量减少紧张的循环使用

减少小循环相关的开销,可以通过展开循环,这样使得性能/功耗的关系得到改善。为了实现这一目标,原来要循环中迭代调用多次的指令被合并到一个单一的迭代中。如果循环指令的开销对性能削弱明显,这种方式将加快程序执行。但是这样做的副作用是增加了寄存器的使用和代码量。

如果轮询是必要的循环相比使用循环展开技术,在第二代英特尔酷睿处理器家族利用英特尔的最新循环流检测(LSD)技术,电力的节约就更大了。

另外尽可能地将轮询方式改为事件驱动。如果非要使用轮询,那么就使用有效的轮询来处理,如最大可能的轮询间隔。

设法消除忙等待循环(旋转),虽然在某些情况下,如锁或同步使用共享内存,最好的办法可能仍然是使用自旋等待循环。为有效地自旋等待循环,建议使用"暂停"指令。

2) 使用性能库/扩展

经常使用的指令集扩展,如 SSE 指令集,英特尔® 高级矢量扩展(英特尔® AVX)或更新的扩展,对计算密集型的应用,可提高性能和能源效率。指令集扩展通常是基于单指令多数据(SIMD)的处理进行的。

提高利用针对性能优化过的库也可以提高应用系统的能源效率。英特尔为了强调这一点,提供了库包,包括有集成的性能基本库和数学内核库。这个库的集合,包含了许多应用领域的优化通用算法的实现,如音频、视频、影像、加密、语音识别、信号处理等领域。

在第二代英特尔酷睿系列处理器与英特尔高清图形处理器提供了视频编码和解码硬件加速,多媒体应用可以获得更大的能效。英特尔® 多媒体软件开发工具包(英特尔®Media SDK),提供了一个标准的应用编程接口来创建在各种当前和未来的英特尔®处理器上运行的、高性能的视频解决方案。

工具的使用,如英特尔® VTune™性能分析仪可以为应用系统提供更深入的性能分析。利用 VTune,开发人员可以深入地挖掘应用程序具体的性能瓶颈,便于设计优化。

3) 算法

一般来说,建议采用高性能算法和数据结构提高能效,因为它们可以快速完成任务,让处理器进入空闲状态。如果条件允许,替代的方法是寻找适用的、简单(并且更节能)的算法。这方案也可能是:根据机器的电力上下文环境,具有“热切换”能力的算法。例如,当一个应用程序在电池供电的环境中运行时,可以主动选择一个低质量的视频图像编码/解码器来完成任务。

要注意深层的递归算法是低能效的,因为相比非递归算法,它们经常要使用或需要更多的堆栈操作,这样会添加开销。

4) 编译优化

可使用已有的编译器选项,如英特尔®编译器和 GNU 的编译器中的“O2”或“O3”,优化应用程序的速度,这样往往能提高能效。现有编译器有很多优化指令,如英特尔的编译器中的“prof-gen”和“prof-use”优化指令都可提高程序的速度[30]。

5) 驱动

识别应用程序要使用的内核、驱动和库,并判断是否存在更加高能效的替代组件。例如,最近发布的一个 Linux 内核具有调度优化功能,可以使应用程序更高效地运行。

6) 编程语言

在编程语言选择上,如果可能,考虑使用一个编程语言实现和提供的库是空闲时高能效的。一些高级运行时的语言相比低级的系统编程语言(如 C 语言、汇编)可能会引起更频繁的唤醒操作。

2. 最大化 idle 的设计

1) 使用多线程

多线程和多核程序可以加速程序的执行,导致 idle 时间增加,因此节约了能源。

使用多线程时要注意平衡线程的负载,不平衡线程可以导致能耗增长。线程的负载可以利用功能分解或数据分解进行分解。线程负载使用数据分解的多线程应用,它的性能很少受未来功能改变的影响。并且这样更利于操作系统线程调度线程,而不是将所有的线性放入某一个核中执行。

2）减少高分辨率周期性计时器的使用

减少应用程序的能耗的一个有效的方法是让它尽可能地处于闲置状态。确保能满足需求的情况下，尽可能使用最长间隔的定时器速率优化应用程序。使用时间间隔少于15ms对大多数应用程序没有什么好处。因此，禁用周期定时器以防它们不合理的使用，让操作系统根据需要调整定时器的分辨率。

3. 提高数据效率

数据效率的主要思想是减少数据的移动以减少功耗。主要的手段有：软件中的减少数据移动的算法；使用预取和缓冲技术；使用批处理技术；使用内存体系来存储数据方便计算单元的存取，如Cache技术。

4. 环境/能量感知

1）无缝地处理睡眠状态的变迁

通过运行平台的睡眠/休眠/唤醒能耗变迁的自反应/自适应，应用程序可以提高能量感知能力和用户体验的。自反应通常意味着平台电源状态转换，应用程序应该在无需重启、数据丢失、状态的改变的条件下处理变迁。此外，对于一个好的用户体验，应用程序处理功率转换应该透明并且不需要用户参与。应用程序设计中要考虑自身状态变迁时完成的任务。编程实现使用操作系统提供的API来实现。

2）响应/适应系统电源事件

应用程序能够响应电池和交流电源的切换，包括显示电池的状态，提高用户的体验；另外使用一些电力配置措施，尽可能提高能效。

3）基于机器状态调整程序的行为

提高应用程序的能效可以通过基于机器状态变化调整程序行为来获得。例如，当电池供电时，程序减少资源的使用行为（关闭自动升级或下载）；或者切换到低功耗的算法下工作；在旅行时降低音视频的播放质量，延长电池供电时间等。

4）使用环境感知工具集

为了简化应用程序的环境感知的设计开发，可以考虑使用环境感知类的工具，如Intel的移动平台软件开发工具集（SDK）和Laptop Gaming TDK等。

5. 用户界面设计

用户界面从早期的字符型用户界面发展到现在的图形用户界面，界面设计越来越美观大方，颜色多种多样，吸引许多设计人员投入很大的精力去设计漂亮的界面。然而，软件的用户界面对能耗也会产生较大影响：图形界面比字符型界面要消耗更多的能量;高精度的图形界面比低精度的图形界面要消耗的能量也多[31~33]。

根据文献[31]~[33]研究结果,在绿色软件用户界面设计应该遵循以下原则:尽可能地使用字符型用户界面,少使用图形用户界面;设计的界面要易用,缩短用户交互时间;充分利用屏幕空间来对界面进行合理布局(如按钮大小、内容显示位置及显示效果);在图形用户界面设计中,选取颜色不要过于明亮,在不降低用户视觉效果的情形下,可以选用浅色或灰度图。

6. 其他

在软件设计中尽可能考虑利用硬件平台中的传感器,使得软件能够通过硬件平台的传感器感知环境变化来调整系统的能量使用策略,实现系统低功耗。

7.7 绿色软件的测试、评价与验证

7.7.1 绿色软件的测试

软件测试目的是测试验证软件是否满足给定的需求,既要验证功能性需求,又要测试非功能性需求,是软件质量保证不可或缺的过程。绿色软件的测试也需要对功能和非功能性需求进行验证,除此之外,还得验证绿色软件的绿色性能。

软件测试要经历 Alpha 测试、Beta 测试两个测试进程,使用的测试方法有白盒测试法和黑盒测试法,要经历的单元测试、整合测试、系统测试、回归测试四个阶段,以及要进行的压力测试与性能测试等,在绿色软件测试过程中都适用。对绿色软件测试在原有软件测试的基础上,增加对软件绿色性能测试。

要对绿色性能进行测试,需围绕绿色软件设计进行相应的测试用例设计,那么对绿色软件进行以下检测:是否最少化使用循环、将轮询变成事件驱动、在轮询必需的情况下使用高效的轮询、减少使用忙等循环等,是否使用高性能库及扩展库,使用扩展指令集去加速计算、使用高性能库,如性能优先和数学内核库、利用芯片级的视频编解码硬件加速、使用 HD 图形和媒体软件开发套件;是否使用高性能算法和数据结构、选择简单的算法、减少递归使用,编译优化方面是否对速度、最频繁执行路径进行优化;是否使用 idle power 友好的内核和驱动,确认导致过度中断的驱动;是否使用 idle power 友好的编程语言实现和库;是否最大化 idle 设计,对数据效率,进行预取/缓冲、读写磁盘、资源共享、数据同步等测试用例的设计等。

测试工具的选择要选择自动化测试工具,而对绿色性能检测目前有以下工具可以使用,如表 7.1 所示。

表 7.1　绿色性能检测工具

工具名	适用的操作系统
Power-Awareness Intel® Power Checker (platform timer tick, idle power efficiency)	Windows Series, Linux
Perfmon	Microsoft* Windows* XP, Windows Vista*, Windows 7
PwrTest/Windows Driver Kit	Microsoft Windows XP, Windows Vista, Windows 7
Windows Event Viewer(Timer tick change events, Microsoft Windows Kernel-Power\Diagnostic log)	Microsoft Windows XP, Windows Vista, Windows 7
Intel® PowerInformer	Microsoft Windows XP, Windows Vista, Windows 7
Windows ETW (performance monitoring framework)	Microsoft Windows XP, Windows Vista, Windows 7
Intel® Application Energy Toolkit	Microsoft Windows XP, Windows Vista, Windows 7, Linux, Apple* Mac OS*
PowerTOP	Linux
Battery Life Toolkit(BLTK)	Linux
Linux command line tools: strace, blktrace, iostat, etc.	Linux

7.7.2　绿色软件的评价与验证

尽管目前缺乏好的质量计算因子用于估算绿色软件性能，但是评价绿色软件可以从以下三个方面考虑选取质量计算因子：第一，从开发者的角度去计算软件开发、发布和维护阶段的碳排放；第二，从工程人员的角度去计算软件完成相关任务需要多少资源；第三，从环保的角度去计算在软件生命周期内对环境影响大小或者破坏多少。

软件质量特性因子是描述软件在系统中运行情况，而绿色质量因子是评价软件对环境的影响程度的指标。

软件质量是通过一系列质量因子来界定的。软件满足这些因子，就被认为是合格产品。软件质量因子明确了软件相关需求，如果软件满足这些需求，它就满足定义好的软件质量因子。

已有的质量特性因子对软件特性描述已经非常全面了，但是它缺少软件绿色性能和可持续性的评价因子。

绿色软件必须满足以下三个抽象性需求[34]：

(1) 可获得的软件开发维护和处理的过程必须节省资源和减少废弃物排放；

(2) 软件执行必须节约资源和减少废弃物排放；

(3) 软件必须支持可持续发展。

从而给出了三个抽象的绿色因子，详见表 7.2。

（1）可行性：开发、维护和废弃软件的资源效率；

（2）有效性：软件执行的资源效率；

（3）可持续性：软件对可持续性开发的程度。

表 7.2　绿色软件的质量特性因子

质量特性因子	子因子	含　义
可行性(feasibility)	碳排放量(carbon footprint)	软件开发、管理或维护阶段二氧化碳排放量多少
	能量(energy)	软件开发各阶段消耗的能量大小
	差旅(travel)	软件开发各阶段的差旅时间多少
	损耗(waste)	在软件各个活动中资源消耗产出的损耗量
效率(efficiency)	CPU 密集度(CPU-intensity)	软件消耗的 CPU 周期数(周期数)
	内存使用情况(memory usage)	软件所需内存消耗量(内存使用量)
	外设密集度(peripheral intensity)	需要多少外围设备(外围使用时间)
	空闲时间(idleness)	空闲时间的长短
	反射度(reflectivity)	软件间接影响有多大
可持续性(sustainability)	目的支持度(fit for purpose)	软件如何支持系统达到它的目的
	废弃物减少量(reduction)	软件如何支持系统减少废弃物排放
	美化(beauty)	软件在可持续发展中的价值

7.8　绿色软件的部署与开发运行保障工具

7.8.1　绿色软件的部署

软件的部署就是将开发完成的软件安装在相应的软硬件平台，并管理安装的软件资产。软件部署是对软件进行安装和配置，是软件能够正常工作的过程[35]。软件执行的硬件平台的多样性、开发环境与软件运行环境差异，软件部署的环境千差万别，软件部署工作对 IT 管理者已成为一项繁重的工作。特别是不断增长的计算机网络环境中，计算机系统物理位置空间分布范围不断扩大，IT 管理者安装或者卸载软件是件耗费人力和物力的事。

通常，在 Windows 环境中，软件安装标准过程包括获取共享的或者非共享的软件文件、修改及创建安装路径、修改创建注册表项、修改或创建配置文件、修改或创建环境变量、修改或创建快捷方式。而标准的卸载过程是删除安装的软件文件、文件夹、注册表项、环境变量以及快捷方式。

目前现有的部署方法包括[36]：手工安装、无人值守安装、基于镜像安装、软件部署工具等。

绿色软件部署可以在已有的方法中选较为绿色部署方法，此外在部署的过程每一步进行绿色优化。在绿色软件发布时选择在线发布，为非CD或DVD介质进行发布，这样有利于减少对环境介质废弃对环境的影响。在部署方法中，手工安装和基于镜像安装相比无人值守安装和软件部署工具，由于前两者在安装过程中需要用户干预和交互，导致安装耗时较长；除此之外，如果在空间分布广的网络终端上手工安装，那么会增加用户的旅行，增加对环境的影响。

国内外目前已有许多软件部署系统，它们对软件的分发和部署可以采用了不同的方法和策略。软件部署的工具包括：微软的MSI Packages、Installsheild（支持无人值守安装）、Ghost Installer、Inno Setup、SUIPM（silent and unattended installation packagemanager）等。根据Slinger Jansen的研究，可以将现有的软件部署系统分成三类：包部署工具、通用产品部署工具、特定供应商产品部署器[37]。

1. 包部署工具（package deployment tools）

现在的软件都是基于软件包的概念，在一个站点存储表示每一个安装包的状态的信息。一个软件包就是一个压缩包，它除了包含软件的文件之外还会有一些描述这个软件的元信息。基于包的软件部署工具一般用于在开源系统中进行包的安装和部署。如Red Carpet、APT、Loki-Update、RPM-update、Nix、SUIPM、SW-UP和Portage。其中Portage和Nix是比较常用的软件部署工具。

1）Red Carpet

Red Carpet是一个用于Linux更新的软件。它可以在安装软件的过程中用于在客户端与服务器端通信和部署更新的安装，并且支持自动的软件依赖性的检测和解除软件的依赖冲突。该软件最大的特点是有一个支持服务器（Ximian），该服务器可以提供很多类型的软件包的更新，并且是免费的。

2）APT（advanced package tool）

APT是一个Debian环境下的包管理器。它能够快速、实用、高效地自动管理关联文件并且维护已有配置文件。APT后来被Conectiva改造用来管理RPM，并被其他Linux发行版本采用作为它们的软件包管理工具。

3）Nix

Nix是Trace research小组开发的一个软件部署工具。它支持自动创建和分布式的软件包，并且能够对指定的目标机器进行安装和包的管理。

4）Portage

Portage是Gentoo系统最引人关注的软件管理工具。它高度的灵活性被看做是最好的Linux环境下的软件包管理软件。Portage是完全由Python和Bash语言这两种脚本语言写的。由于Portage是软件包管理工具，所以还具有一些判断条件的软件依赖性的功能。

5) SUIPM(silent unattended installationpackagemanager)

SUIPM[38]是 Windows 环境下静默无人值守安装包管理工具,它是在基于 Agent 的活动监视系统上实现的软件包管理工具。根据活动监视到的信息,自动配置安装包和卸载包,远程地静默无人值守地部署到目标机器上。

2. 通用软件更新器(generic product updaters)

通用的软件更新器就是完全从一个软件类型的产品上抽象出来,并用到任意的这种类型的软件上。两个比较常见的商用的通用软件更新器是 InstallShield 和 PowerUpdate。

1) InstallShield

InstallShield 是一个应用广泛、基于微软的开发环境下的安装程序开发软件。它的特点是支持探测系统组件、支持写入注册表、在安装程序中附带序列号检测器、支持安装包的换肤、安装的过程中全程的图形界面、支持多种分发方式等功能。它的缺点是 InstallShield 封包采用了改进的 Cab 包,而且格式不公开,一旦损坏就无法修复。还有就是在制作安装程序的过程中资源占用过大。

2) PowerUpdate

PowerUpdate 是一个商用的支持多平台的软件更新部署软件。PowerUpdate 可以集成到常用的 IDE 中并且支持系统环境的分析和跨平台的软件部署。它还具有在客户端检测软件的完整性的功能。

3. 供应商软件更新器(vendor product updaters)

各个供应商的软件更新器只是适合于自家的产品的更新。如按微软公司的 Microsoft Windows Software Update 和 Symantec 公司的 LiveUpdate。

1) Microsoft Windows Software Update Services

Microsoft Windows Software Update Services 用于 Windows office 更新和 Windows 系统更新,通过传输补丁的方式来修复系统软件的 bug 和安全漏洞。该软件更新系统是实时性的。

2) Live Update

Symantec 公司提供了不同级别的软件更新系统。主要是用于杀毒软件的更新和防火墙的更新。

现在的软件更新系统的分类在功能上面的比较就会有这四个方面上的区别:与用户交互、更新的传输主被动性、软件部署方式和软件包的许可证。软件部署也可使用云计算的模式进行提供服务。在云计算的 SaaS 模式中,软件提供商将软件统一部署在服务器上,客户可以按需选择购买的模块、服务,在一定的条件下,可能是绿色软件部署的一种方式。因为在一定条件下可以减少硬件投入,减少软件定制开发。

7.8.2　绿色软件开发与运行保障的集成与验证平台

绿色软件的开发可以采用的开发环境在开源领域可以选用 Eclipse；在商用领域 Intel、Microsoft 针对绿色计算开发了一些专用工具，供不同领域的开发人员使用。工具包括：Power-awareness Intel® Power Checker、Perfmon、PwrTest/Windows Driver Kit、Windows Event Viewer、Intel® Power Informer、Windows ETW（Performance Monitoring Framework）、Intel® Application Energy Toolkit、PowerTOP、Battery Life Toolkit(BLTK)等。

另外可以使用辅助工具软件，如软件能量的估算软件、系统能耗的调整软件帮助绿色软件开发和保障运行。目前已有的一些软件如下：

（1）系统能耗管理软件 Granola，提供相应的策略控制系统的功耗，可以直接显示系统的绿色指标以及使用控制策略后节约的能耗指标；

（2）能耗估算软件 Green Tracker；

（3）基于 Web 的软件能耗统计软件 Joule Track[39]；

（4）软件能耗的估算工具 Softexplorer，它可以帮助开发人员优化软件产品，对 C 和汇编程序有效；

（5）系统级软件能耗估算工具 CAT，它是运行在 Eclipse 平台上，辅助开发人员进行低功耗系统设计的。

7.9　小　　结

绿色软件对绿色计算系统起着重要的作用，它与系统硬件关系紧密，设计良好的绿色软件有利于提升绿色计算系统的性能，同样若绿色软件具有不友好的行为将对系统整体的绿色性能影响巨大。

绿色软件工程首先从绿色软件和绿色软件工程定义上做了适用于绿色计算的重定义，在原有软件和软件工程的定义上加入了绿色性能指标。其次介绍了从生命周期全过程的角度构建的两种绿色软件工程过程模型，以及它们对绿色软件开发的指导。Shenony 提出的模型比较简单明了，易于使用；而 GREENSOFT 的参考过程模型比较全面、精细，无论是从时间维度还从空间维度对绿色软件的开发都有指导，但是复杂度增加，软件工程人员需要一定时间才能掌握使用。软件的需求工程中建议采用绿色节能的技术手段和方式来获取用户需求，并对用户的非功能性需求做定量化处理。在软件系统设计中的两种参考软件架构 HS/HA 和功率感知的应用方面有所不同，HS/HA 是针对并行计算领域的，采用该架构的并行计算有利于实现系统的绿色性能；而功率感知软件架构是更加全面，适用面更广，该设计的基本构架为计算系统的经典构架，在此基础上对 HAL、操作系统层、应用 API

层做了感功设计，使得应用软件可以较好地利用硬件的绿色性能特征，实现绿色计算。绿色软件设计、编译及程序构造需要考虑采用高计算效率、最大化 idle 时间设计、提高数据效率、环境感知等一些技术来实施。而绿色软件测试是既要使用已有的成熟的白盒、黑盒、覆盖等测试方法，又要考虑对绿色软件特性因子设计相应的测试。绿色软件部署阶段远程无人值守静默部署方式不失为一种最好绿色部署方式，同时建议采取提供在线下载、远程安装的方式进行部署。绿色软件的开发、部署和运行需要借助于绿色计算网络、绿色 OS、绿色开发部署工具等基础平台，以确保绿色目标的实现。

总之，绿色计算是一个系统工程，软件作为系统中的一个重要的组成部分，它与硬件关系紧密，一个很小的设计不良的绿色软件行为将会对系统的绿色性能产生“蝴蝶效应”。绿色软件工程实践要求在绿色软件开发过程和绿色运行时对环境产生的负影响最小，促使绿色软件的绿色性能提升。

参考文献

[1] Eyole M M. Energy-efficient Sentient Computing. Cambridge ：Computer Laboratory，University of Cambridge，2008：1—138.

[2] Naumann S，et al. The GREENSOFT model：A reference model for green and sustainable software and its engineering. Sustainable Computing：Informatics and Systems，2011，1(4)：294—304.

[3] Weiss K G R. Adaptive power aware remote processing - a step towards power aware middleware. IEEE International Conference on Performance，Computing，and Communications，New York，2004：851—856.

[4] Sabharwal M R. Software power optimization：Analysis and optimization for energy-efficient software. International Symposium on Low Power Electronics and Design (ISLPED)，Fukuoka，2011：63—64.

[5] Sinha A，Chandrakasan A P. Energy aware software. Thirteenth International Conference on VLSI Design，Calutta，2000：50—55.

[6] 郭兵，沈艳，邵子立. 绿色计算的重定义与若干探讨. 计算机学报，2009，32(12)：2311—2319.

[7] Amsel N， et al. Toward sustainable software engineering：NIER track. 33rd International Conference on Software Engineering(ICSE)，Honolulu，2011：976—979.

[8] Pressman R. Software Engineering a Practitioner's Approach. Seventh Edition. New York：McGraw-Hill，2009.

[9] Olivas J. Creating power aware application on linux using Qt4. Intel Corporation，2008：1—10.

[10] Saxe E. Power-efficient software. Communications of the ACM，2010，53(2)：44—48.

[11] Yu G，Xiao Q. The two approaches to sustainable development of the theory of software

process models. International Conference on Information Management, Innovation Management and Industrial Engineering (ICIII), Kunming, 2010: 537—540.

[12] Shenoy S S, Eeratta R. Green software development model: An approach towards sustainable software development. India Conference (INDICON), Annual IEEE, Hyderabad, 2011: 1—6.

[13] Mylopoulos J, Chung L, Nixon B. Representing and using nonfunctional requirements: Aprocess-oriented approach. IEEE Transactions on Software Engineering, 1992, 18(6): 483—497.

[14] Matoussi A, Laleau R E. A survery of nonfunctional requirements in software development process. Laboratoire d'Algorithmique, Complexite'et Logique (LACL), 2008, 12(7).

[15] Johann T, et al. Sustainable development, sustainable software, and sustainable software engineering: An integrated approach. International Symposium on Humanities, Science & Engineering Research(SHUSER), Kuala Lumpur, 2011: 34—39.

[16] Murugesan S. Making IT green. IT Professional, 2010, 12(2): 4—5.

[17] Naumann M S D, Kuhn N. A model and selected instances of green and sustainable software. International Federation for Information Processing, 2010, 328: 248—259.

[18] Kim D H, Kim J P, Hong J E. A power consumption analysis technique using UML-based design models in embedded software development SOFSEM. Theory and Practice of Computer Science I, Berlin, 2011: 320—331.

[19] Senn E, et al. Refining power consumption estimations in the component based AADL design flow. FDL Forum on Specification, Verification and Design Languages, Stuttgart, 2008: 173—178.

[20] Zhong B, Ming F, Chung H. A green computing based architecture comparison and analysis. Green Computing and Communications (GreenCom), IEEE/ACM International Conference on & International Conference on Cyber, Physical and Social Computing (CPSCom), Washington D. C., 2010: 386—391.

[21] Rangaraj G, Bahsoon R. Green software architectures: A market-based approach. the Second International Workshop on Software Research and Climate Change (WSRCC), in Affiliation with the 32nd International Conference on Software Engineering, Cape Town. 2010.

[22] Gupta R K. Power aware software architecture. http://mesl.ucsd.edu/site/talks/JPL-CASS02.ppt, 2010.

[23] Zhang X, Lung C. Improving software performance and reliability with an architecture-based self-adaptive framework. IEEE 34th Annual Computer Software and Applications Conference, Seoul, 2010: 72—81.

[24] Pereira C, et al. A Software Architecture for Building Power Aware Real Time Operating System. Irvine: Information and science, University of California, 2002.

[25] Pereira C, Gupta R, Srivastava M. PASA: A software architecture for building power

aware embedded systems. Proceedings of the IEEE CAS Workshop on Wireless Communication and Networking, 2002.

[26] Mohapatra S, et al. Integrated power management for video streaming to mobile handheld devices. Proceedings of the Eleventh ACM International Conference on Multimedia, New York, 2003: 582—591.

[27] SunY, et al. Green challenges to system software in data centers. Frontiers of Computer Science in China, 2011, 5(3): 353—368.

[28] Larsson P. Energy efficient software guidelines. Intel Software Solutions Group, 2011.

[29] Agrawal S B A. Developing green software. http://software.intel.com/en-us/articles/developing-green-software, 2011.

[30] 廖海艳,范明明. 源码级和算法级的功耗测试与优化. 单片机与嵌入式系统, 2010, (1): 11—14.

[31] Chuang J, Weiskopf D, Möller T. Energy aware color sets. Computer Graphics Forum, 2009, 28(2): 203—211.

[32] Vallerio K S, Lin Z, Jha N K. Energy-efficient graphical user interface design. IEEE Transactions on Mobile Computing, 2006: 5(7): 846—859.

[33] Nosrati M, Karimi R, Karimi R, et al. Investigating the basic principles for proper GUI design. Journal of American Science, 2011, 7(6): 101—105.

[34] Taina J. Good bad and beautiful software - In search of green software quality factors. The Euopean Journal for the Informatics Professional, 2011, XII(4): 22—27.

[35] Hillenbrand H, Miiller P, Mihajloski K. A software deploymentservice for autonomous computing environments. International Conference on Intelligent Commerce-IAWTIC 2004, Canberra, 2004.

[36] Talwar V, Milojicic D, Wu Q, et al. Approaches for service deployment. IEEE Educational Activities Department, IEEE Internet Computing, Piscataway, 2005: 70—80.

[37] Ajmani S. Automatic software upgrades for distributed systems. Technical Report MIT-LCS-TR-1012, MIT, 2004.

[38] Manzoor U, Nefti S. Silent unattended installation package manager-SUIPM. Proceeding of 2008 International Conference on Computational Intelligence for modelling Control & Automation, Vienna, 2008: 55—60.

[39] Sinha A, Chandrakasan A P. JouleTrack-a Web based tool for software energy profiling of Proceedings of Design Automation Conference, Las Vegas, 2001: 220—225.

第 8 章　移动云计算的绿色设计

8.1　引　　言

智能移动终端设备每年的销售数量增长迅速，其中尤以智能手机最为突出。据 Gartner 的统计数据[1]显示 2011 年第二季度移动设备的销售量为 428.7 百万部，较 2010 年同期增长了 16.5%，其中智能手机销量同比增长 74%。

移动设备的销售增长不再局限于简单应用于通话与短信的设备，而是集成多种应用（网络连接、多媒体应用、企业级应用）的智能移动设备。智能移动硬件性能的增加，尺寸的不断缩小以及应用的不断丰富，都对电池的续航能力提出了更高的要求。2012 年上市的 SamSung Galaxy SⅢ 带有 1.4GHz 的处理器、1GB 的 RAM，容量 2100mA·h 的标准锂离子电池，正常使用情况下需要一天一充，其主要配置参数如表 8.1 所示。

表 8.1　SamSung Galaxy SⅢ 的主要硬件配置

CPU	四核 1.4 GHz Cortex-A9
显示屏	Super AMOLED 电容自触摸屏，1600 万色，1280×720 像素
显卡	Mali-400MP
RAM	16GB/32GB 存储，1GB RAM
SD 卡	micro SD，最大支持 64GB
网络制式	HSDPA，GSM，GPRS，EDGE
GPS	支持 A-GPS
Wi-Fi	Wi-Fi 802.11 a/b/g/n
蓝牙	支持 4.0
相机	主相机：800 万像素；副相机：200 万像素
传感器	电子罗盘，重力感应器，加速传感器，距离传感器
电池	2100mA·h，3.7V 锂电池

智能移动设备的一个主要特征是使用电池提供电能，电池容量不断的提高，但是这种容量的增加所带来的续航能力的提升并不能满足用户对智能移动设备的要求。这种功耗问题主要是由多个因素引起的。用户需要更多的功能、更多的处理进程、更长的电池工作时间、更小的尺寸和更低的成本。

电池技术发展相对硬件发展较慢，平均每年电池性能提升不超过 10%[2]，而且这种速度在逐渐变慢。移动设备的尺寸越来越小，越来越薄，导致电池的尺寸和容量也受到限制，对于目前主要以锂离子电池为主的智能手机来讲必然会影响其正常使用时间，而对于用户来讲则希望自己的移动终端设备使用时间越长越好，目前新型的燃料电池可以提供较长的使用时间，但还没有在移动智能设备上得到真正应用，所以在现有的锂离子电池提供电源的设备上如何改善软硬件体系结构、优化调度算法、改变使用习惯等成为提高电池续航能力的主要手段。

随着处理器处理能力的提高，一部智能移动设备上可以集成原来需要多台设备才能完成的功能，使得用户能够体验更加丰富的应用，但这些高性能的处理设备和这些丰富的应用都将需要消耗更高的电能，图 8.1 显示了电池能量密度与移动设备系统性能之间的差距[3]。

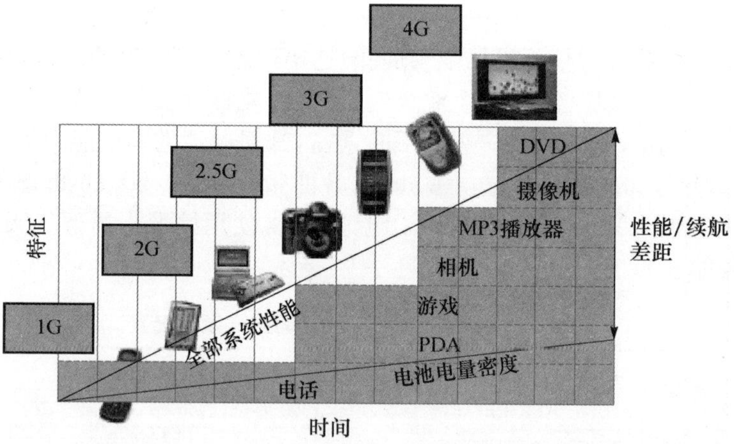

图 8.1　系统性能与电池能量密度差距

用户希望在移动设备上集成更多的功能，如多媒体、大容量存储、无线网络以及语音识别等，因此如何利用电池中的可用能源尽可能有效地实现用户需求是我们关注和研究的重点。通过对移动终端设备软硬件的研究，采用先进的电源管理策略以到达延长电池寿命，增加移动设备可用性和丰富移动设备功能性的目的。

功率是单位时间消耗的能量，一个固定能量的电池使用时间可以直接由功耗决定，能量与功率的关系如下所示：

$$E = P \cdot T \tag{8.1}$$

如果移动设备长时间工作在低功耗状态，则电池使用时间就长，反之则短。但是移动设备在低功耗状态下使用应该是以满足用户可以接受的性能要求为前提，保证用户最低的感官和质量要求，如显示屏的亮度不能影响用户正常的使用，任务的调度应该在可以接受的延时后开始，对于实时任务应该在截止时间内完成(deadline)等。因此在满足用户对性能的约束条件下，降低功耗的目的就是让电池在相同电能的情况下执行尽可能多的任务，充分提高系统的能效比(power efficiency)。

8.2　智能移动终端的协同节能设计

在目前智能嵌入式系统的设计中，主要考虑三项重要的设计目标[4]：

(1) 多样化功能与服务。系统具有内容丰富的应用程序，提供多样化/个性化的功能与服务，给消费者提供更多的价值和优秀的使用体验，更接近于 PC 机的通用处理能力，成为“可移动的 PC”，在进行系统构建时通常需要设计、安装大量的软/硬件模块，系统变得更为复杂。

(2) 高性能。随着系统功能的日趋复杂，对系统的性能要求也更高，需要更强劲的 CPU、存储器、GPU、I/O 接口等模块，CPU 也逐步从单核向多核(2 核、4 核等)SoC 芯片和更高运行频率方向发展，屏幕向尺寸更大、超精细分辨率和多点触控方向发展，存储器也向更大容量方向发展(内存≥2GB，外存≥128GB)。

(3) 便携性。由于智能嵌入式系统的可移动性和可便携性，系统的体积、重量存在严格限制，造成电池的尺寸和容量相对有限，从而影响系统的续航能力，降低系统应用与服务的可用性。

在实现智能嵌入式系统上述三个目标的同时，系统运行时的能量计算效率问题(即能效比，表示单位功耗产生的计算能力，单位为 FLOP/W 或 MIPS/W)一直未得到充分重视，而存在片面追求计算能力、存储能力和通信能力的倾向。迄今，智能嵌入式系统能耗的解决措施主要包括：

(1) DPM 技术。当系统空闲、无应用程序运行时，通常采用 DPM 技术，通过关闭多数硬件模块的电源，可有效降低系统空闲时的电能浪费，但许多用户为增加系统的续航能力，频繁主动地使用 DPM 机制，减少系统有效使用时间，降低系统的可用性。

(2) DVS 技术。在软件运行过程中，根据一定的预测算法，动态改变 CPU 的运行频率和工作电压，可有效降低系统能耗，通常结合嵌入式操作系统的调度器实现。这项技术目前没有在智能嵌入式系统中得到广泛应用的一个关键因素是预测的可靠性，没有一种预测算法是 100%准确的，也没有一种算法可应用于所有的程序，尤其对于实时类的应用(如音频、视频等)，预测失败的结果往往是不可接受的。

(3) 增加电池容量。人们经常将增加电池容量和标配电池数量作为解决智能嵌入式系统能耗问题的一个主要途径，手机电池自从发展到锂电材料之后，除了在体积限制下保证一定毫安时的容量外(目前主流智能手机电池容量一般为 1500mA · h 左右)，能量密度预计只有 20%左右的提升空间，电池容量的增长速度远远赶不上集成电路的发展要求，而被业界普遍视为未来手机电池发展趋势的燃料电池，技术仍不成熟，离商用还有较长的一段距离。因此，在“开源”有限的情况下,"节流"成为延长系统续航能力和提高可用性的主要途径。

智能嵌入式系统的能耗一般由硬件单元功耗、软件任务运行效率及系统资源配置策略等因素决定。如何在保证智能嵌入式系统多样化功能、高性能及为用户提供便携性的前提下,设计以能耗为中心的系统结构、任务运行模式和资源配置策略,以有效应对多核、GPU 等新型体系结构和移动互联网环境,成为推动智能嵌入式系统技术快速、绿色发展的一个重要方向。因此,绿色计算作为一种以低能耗和环境友好为目标的新型计算模式应运而生[5]。

由于智能嵌入式系统独特的技术要求和制约因素,使得这一问题的研究面临不小的挑战。智能嵌入式系统的绿色计算理论与技术是一个系统级的研究课题,需要一体化的关键技术支撑。主要的研究方向包括[6]:

1) 新型高能效的可定制异构多核体系结构研究

这涉及智能嵌入式系统软/硬件的低功耗设计问题。

目前智能嵌入式系统的硬件部分核心都是一个包含 MPU 核和 GPU 单元的多核 SoC 芯片(MPSoC),仍是一个通用的架构,可根据智能嵌入式系统领域的应用要求,在 SoC 芯片中设计一些可定制核和可编程模块,采用硬件方式实现一些需要频繁使用的算法、程序或代码,如浏览器和网络通信的部分功能,以获得更高的能量执行效率。这需要研究新的可定制异构多核体系结构。

智能嵌入式系统的软件部分包含系统软件和应用软件,随着功能的不断丰富,软件规模越来越大,软件能耗也日益引起人们的关注。软件能耗是指软件运行时驱动相关硬件活动产生的系统能耗,反映了软件的实现方式对软件运行效率的影响。目前除了编译器在语法逻辑结构上对软件进行一些针对时间和空间的优化处理外,在算法级和软件体系结构级缺乏针对软件能耗的优化处理。这需要研究软件新的能耗设计优化机制和编程模式。

2) 能量感知的任务运行模式研究

这涉及智能嵌入式系统的动态运行效率问题。

能量感知的任务运行模式是指操作系统中存在多个就绪任务时,根据电池电量的反馈情况,确定非实时任务执行时处理器的运行频率和电压,启用 DVS 机制;对于实时任务,根据运行周期和运行时间的情况,确定任务执行时处理器的运行频率和电压,启用 DVS 机制;当操作系统中无就绪任务时,启用 DPM 机制,处理器、显示器等设备单元进入休眠状态。针对不同情况进行不同处理,以调度器为核心,形成一个闭环控制过程,从而节省电量的消耗。但是该技术必需能够处理系统负载频繁波动的变化。

随着电池电量的动态变化,确定不同任务符合当前电池电量水平的优先级、运行时间、频率、电压等属性,调度器可以动态地调整任务运行模式。通过任务运行模式的动态调整,操作系统中的任务之间实际上形成了一种"互助式"的协作关系,而协作的目的是在维持系统一定性能条件下，力求节省更多的电能。

3）软/硬件资源的自适应节能配置策略研究

这涉及智能嵌入式系统软/硬件资源的两级节能配置问题。主要包括：

（1）模块间配置。虽然智能嵌入式系统的功能多，软/硬件模块多，但在一段时间内或某一个任务运行时，仅使用部分软/硬件模块资源，呈现出“局部化”现象，可通过关闭暂时不用的硬件模块，或者减少装载暂时不用的软件模块，降低系统存储器的容量需求，以节省系统能耗。这需要研究软/硬件模块的自适应配置机制。

（2）模块内配置。软/硬件模块内资源的使用也存在“局部化”现象，如在一段时间内或某一个任务运行时，一般较多使用某些类型的指令，导致 MPU 部分区域使用频繁，部分区域处于空闲状态，可通过关闭暂时空闲区域的电源，以节省部分电能。这需要研究 DPM/DVS 的硬件资源配置粒度问题，或者软件模块的内部灵活配置问题，以实现精准调节，并考虑在节能效果和开销间取得平衡。

上述三种节能措施需要协同工作，共同取得最大能效比目标。第二、三种依赖第一种技术的支持，第二种依赖第三种技术的支持。因此，智能嵌入式系统节能的研究不仅仅在于省电本身，而是一项涉及嵌入式系统体系结构、任务运行模式和资源配置策略创新的集成化研究课题。

综上所述，绿色智能嵌入式系统的研究成果可以为智能嵌入式系统的设计、开发提供科学的指导，使得新型智能嵌入式系统的设计能够在满足多样化功能与服务、高性能、可用性的同时，具有自适应、低能耗之特性。作为智能移动终端设备的功耗也应以绿色智能嵌入式系统的研究成果为指导，需要从整个智能移动终端的多个层次以及它们之间的联系和协同上去思考降低功耗的方法。

8.2.1　智能手机硬件体系结构及节能设计

一个移动设备包含了硬件和软件，这些硬件组件包括微处理器，只读存储器、随机存取存储器、扩展存储器、网络接口、天线、电池、显示组件等。一些移动设备也包括硬盘，在这些硬件组件中，我们感兴趣的是处理器、内存和外部存储器、网络接口和显示组件，图 8.2 显示了一个无线手持设备的结构框图。无线手持设备的组件是变化多样的，特别是在有不同的多媒体应用加入其中的时候，但是所有手持移动设备的基本功能是相同的。语言信息被天线获取，通过射频处理模块处理，将模拟信号转换为数字信号，一个数字基带处理器将信号编码为声音数字信号并通过一个音频 DSP 发送给扬声器。在发送方，处理过程和接收方是相反的，麦克风将音频数字信号传输给音频 DSP，通过基带处理器处理后传送给 RF 模块，最后发送给天线。除这些设备外，框图中应用处理器或微控制器完成控制系统和运行软件的功能。

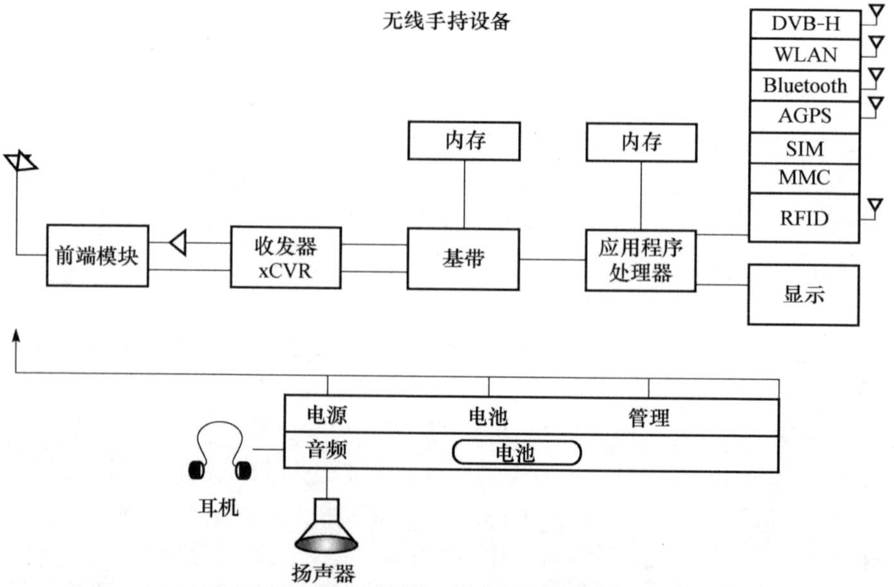

图 8.2　无线手持设备结构

降低能耗是一个系统的方法，包括了制造工艺、封装技术、电路与模块设计、片上系统（SoC）设计、工具和系统软件、应用软件的优化。为了获得一个能效比高的移动终端平台，需要全面考虑平台中所有的组件包括软件、处理器、驱动、电源、天线和显示等组件的综合能耗问题。

在硬件层、系统软件层、应用软件层与网络接口层都可以采用相应的能源管理技术，智能移动终端节能体系结构层次如表 8.2 所示。

表 8.2　智能移动终端节能体系结构层次

网络接口层	GSM/GPRS/3G；WLAN；Bluetooth；GPS
应用软件层	算法级 应用软件与操作系统协同
系统软件层	编译器级 编译器与操作系统协同 操作系统级
硬件层	SoC 芯片级 封装、门电路级 制造工艺、晶体管级

1. 硬件层节能技术

半导体工业得益于 CMOS 的缩放，传统的缩放技术在尺寸变小的同时供电电压也在降低，这样的结果是在一个给定的芯片尺寸和功率的条件下，缩放技术可以使得芯片上集成更多的门电路，并且使得开关切换速度更快。先进的 CMOS 缩放技术提高了系统性能，增加了晶体管密度并降低了系统功耗，它主要有三个目标：

(1) 提高 43%的工作频率，降低 30%的门电路延迟；

(2) 成倍增加晶体管在芯片上的密度；

(3) 降低单一个晶体管 65%的能耗，在频率提高 43%的情况下节约 50%的能源。

但是，晶体管的性能参数随着尺寸的缩放是有限制的。晶体管的性能与供电电压减去阈值电压的差成正比，随着芯片尺寸的缩小，供电电压降低为保证晶体管的开关性能，阈值电压也要必须相应地降低，这样势必导致晶体管在关闭状态下的漏电流成指数级上升，从而导致晶体管静态功耗的增加，所以缩放技术和电压调节技术同时影响着静态和动态功耗。图 8.3 显示了 CMOS 电路功耗。

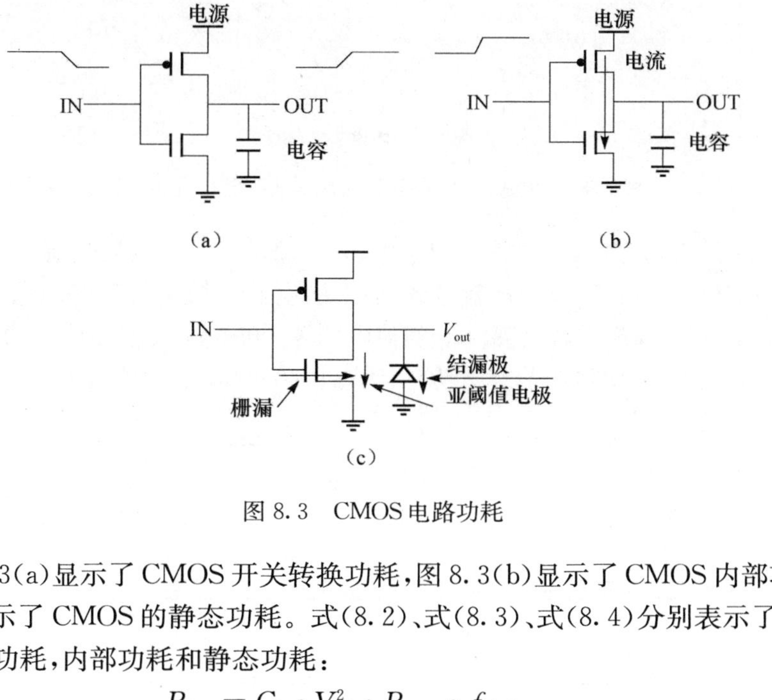

图 8.3　CMOS 电路功耗

图 8.3(a)显示了 CMOS 开关转换功耗，图 8.3(b)显示了 CMOS 内部功耗，图 8.3(c)显示了 CMOS 的静态功耗。式(8.2)、式(8.3)、式(8.4)分别表示了 CMOS 电路动态功耗，内部功耗和静态功耗：

$$P_{dyn} = C_L \cdot V_{dd}^2 \cdot P_{trans} \cdot f_{clock} \tag{8.2}$$

$$P_{sc} = P_{trans} \cdot T_{sc} \cdot I_{sc} \cdot V_{dd} \cdot f_{clock} \tag{8.3}$$

$$P_{le} = I_{le} \cdot V_{dd} \tag{8.4}$$

其中，C_L 是负载电容；V_{dd}是供电电压；P_{trans}是输出转换的可能性；f_{clock}是系统的时钟频率；T_{sc}表示 P 管和 N 管同时导通时间；I_{sc}表示最大短路电流；I_{le}是漏电电流。

1）缩放技术的约束与限制

随着制作工艺从深亚微米级到纳米级的提升，静态电流也成指数上升，图 8.4 说明了在 25℃下，工艺变化对动态功耗和静态功耗的影响。

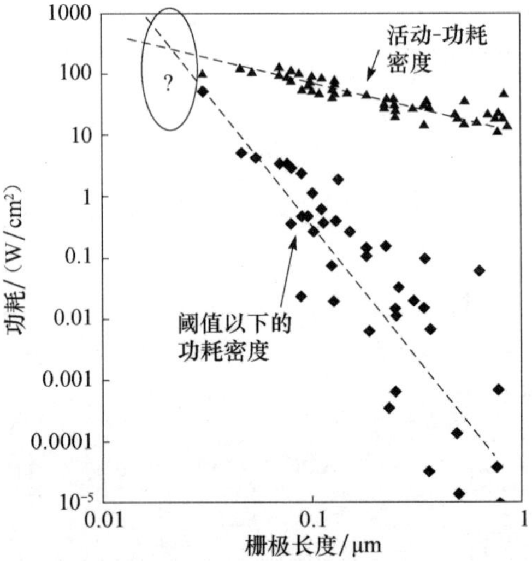

图 8.4　动态功耗与静态功耗在缩放工艺变化的比较

为了降低静态功耗，需要升高阈值电压 V_t，但为了获得晶体管的开关效率需要同时提高供电电压 V_{dd}，这样就导致动态功耗的上升；为了降低动态功耗，需要降低供电电压 V_{dd}，这样就需要降低阈值电压 V_t，可是又会增加静态功耗，图 8.5 显示了供电电压、阈值电压与静态功耗、动态功耗和性能之间的关系。

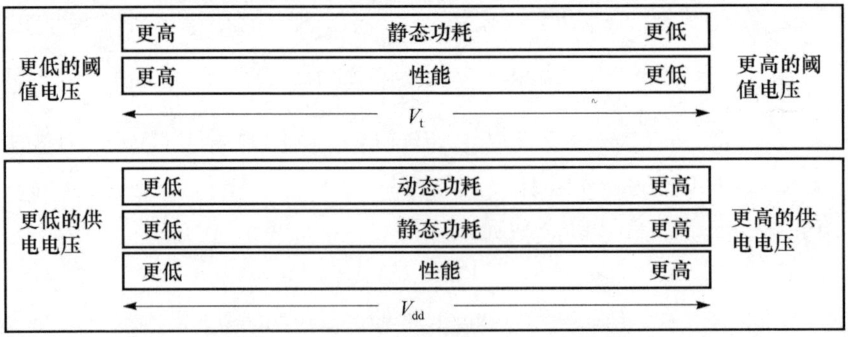

图 8.5　阈值电压和供电电压平衡关系

2）多栅极晶体管

多栅极晶体管在通道四周表面包含多个栅极，可以更有效地限制关闭状态下的漏电电流。多栅极结构也允许提高在开启状态下的电流，这些特定可以明显降低功耗和提高设备的性能。非平面的设备也比通常的平面晶体管更容易集成，进一步提高了晶体管密度。图 8.6 显示了双栅极晶体管的结构。

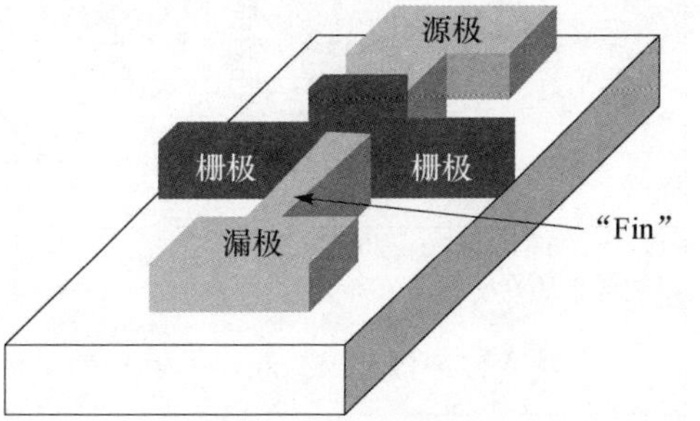

图 8.6　双栅极 FinFET 管

3）双阈值晶体管

在半导体设计中每一个晶体管都有一个相关联的阈值电压 V_t，这个电压可以决定晶体管开启或者关闭的电压级别。一般来讲，一个具有更低阈值电压的晶体管可以提供更高的性能。

设计库中包括低阈值电压、高阈值电压和多阈值 CMOS，多阈值 CMOS 库可以帮助设计者同时处理漏电电流导致的静态功耗和动态功耗。带高阈值电压的晶体管速度慢但漏电电流小，相反，带阈值电压晶体管速度快但漏电电流大，在大多数应用设计中，设计人员为获得最大性能采用低阈值电压库设计整个系统，然后决定在设计中必须获得最大性能的关键路径，再使用高阈值电压晶体管取代非关键路径上不需要使用低阈值的晶体管，保证最大性能的情况下降低整个系统的能耗和漏电电流。但是，在有些无线系统的应用中，降低功耗是主要的目的，在这种情况下，很多设计人员首先使用高阈值晶体管设计整个系统，找出关键路径，然后使用低阈值晶体管取代高阈值晶体管，直到满足指定的性能为止，这样做的目的是在保证了一定性能的基础上最大地降低系统功耗。

4）低功耗封装技术

SoC 供应商整合了越来越多的功能到更薄更小的芯片上，先进的封装技术降低了移动设备中的 SoC 的尺寸、功耗和成本。新技术如多芯片系统级封装（system in package）、堆栈式封装（package on package）、包封装（package in package）等，这些技术都改善了功耗，提升了性能，减少了封装尺寸。这些 SoC 封装技术促使供应商可以生产出小而且薄的多功能移动设备以满足市场需求。

将数字电路、模拟电路和射频功能整合到一个芯片上被证实是非常困难而且成本很高的工作。图 8.7 显示了 SoC 在复杂系统中可能会带来更大的成本，也显示了随着制造工艺的发展封装经历的不同阶段[7]。

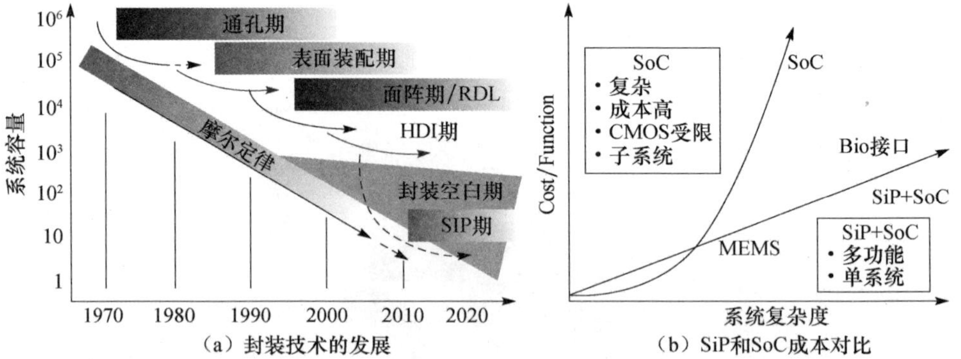

图 8.7　封装技术发展以及 SiP 和 SoC 在成本上的对比

5）电源门控

类似于电压门控，电源门控包含临时关闭模块，当模块不再使用时可以将其状态设置为关闭以降低能耗。传统的电源门控分为细粒度和粗粒度，在细粒度门控中，设计人员在地和每个门控之间放置一个开关晶体管，这个方法允许设计人员在一系列功能不再使用的时候关闭连接到地。细粒度电源门控可以很容易地控制每个单元的开启和关闭，但是将导致面积是原来的2～4 倍，细粒度电源门控如图 8.8所示。

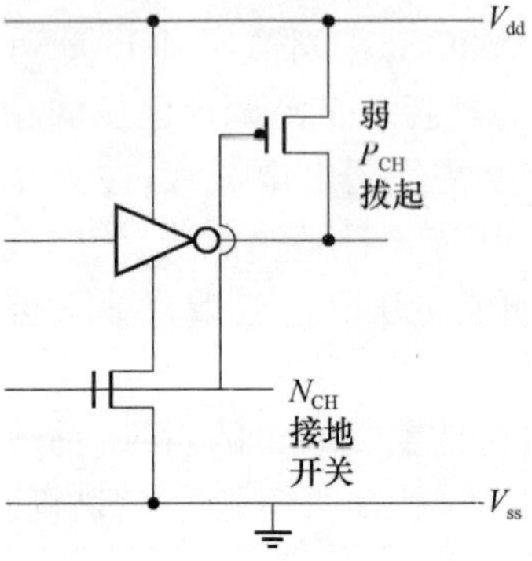

图 8.8　细粒度电源门控

6）时钟门控

一个集成电路动态功耗的三分之一到二分之一是在 SoC 的时钟系统上，如果不需要一个时钟，就允许将其关闭，以节省电能。常用的两个时钟门控是局部时钟门控和全局时钟门控。

2. 智能移动设备能量分布

为了更好地使用能量管理，需要理解在移动设备中哪些部件是如何消耗能量的。专门描述手持设备各个功能部件功耗的文献并不是太多，软件的执行需要硬件完成，而硬件被驱动需要消耗电能，在不同的时间可能会处于不同的状态，不同的状态能耗是不一样的[8]。终端硬件可以分为两类：处理器和外设。处理器的状态一般可以描述为 active、idle、sleep 三种，外设的状态可以大致描述为 power on 和 power off 状态。我们做以下约束和限制：

$$P_{active}>P_{idle}>P_{sleep}$$

$$P_{on}>P_{off}=0$$

$$T_{ia}<T_{sa},\quad E_{ia}<E_{sa}$$

$$T_{ai}>0, \quad T_{as}>0, \quad E_{ai}>0, \quad E_{as}>0$$
$$T_{nf}>0, \quad T_{fn}>0, \quad E_{nf}>0, \quad E_{fn}>0$$

其中，P_{active}表示处理器在 active 状态下的功耗；P_{idle}表示处理器在 idle 状态下的功耗；P_{sleep}表示处理器在 sleep 状态下的功耗；P_{on}表示外设在开启状态下的功耗；P_{off}表示外设在关闭状态下的功耗；T_{ia}、T_{ai}、T_{sa}、T_{as}分别表示处理器从 idle 状态到 active 状态相互切换和从 sleep 状态到 active 状态相互切换的时间开销；而用 E_{ia}、E_{ai}、E_{sa}、E_{as}分别表示这些状态转换过程的能耗；T_{nf}、T_{fn}、E_{nf}、E_{fn}分别表示设备从 power on 到 power off 和从 power off 到 power on 转换过程的时间延时与能耗。

文献[9]测试了 Itsy V2.4 在睡眠模式下的最低功耗，在一组特定基准测试程序下各个部件的实际能耗，不同负载下测试了特定的移动设备的组件功耗问题，作者还专门针对 Compaq iPAQ H36xx 的显示屏和前光光源能耗进行了测量，同时测量了 Proxim OriNOCO PC Gold 无线网卡在空闲、接收数据和发送数据时的功耗。文献[10]则比较了 Freerunner、HTC Dream 和 Google Nexus One 三种不同的智能手机在一组基准测试程序下各个功能部件的功耗情况。

现代的智能手机一般包括应用程序处理器、图形处理器、RAM、显示屏(LCD/OLED)、背光光源、前光光源、Flash、SD 卡、放大器、音频编码和解码器、网络连接接口(GSM/3G、Wi-Fi、GPS、Bluetooth)等，图 8.9 显示了 Freerunner 的结构框图。

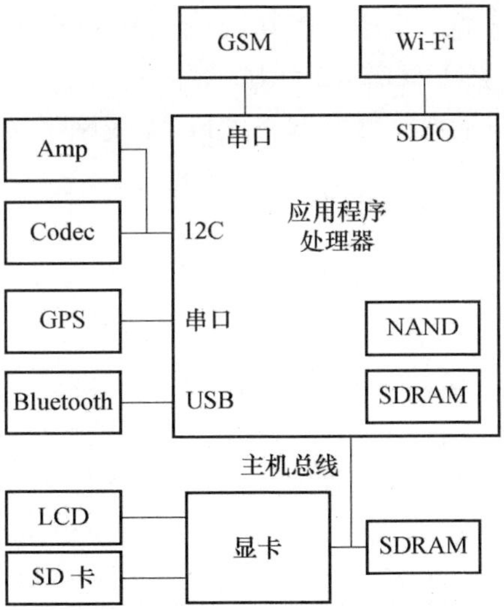

图 8.9　Freerunner 的结构框图

为了获得各个关键部件的功耗，首先需要获得系统的最低功耗，将系统置于最低功耗状态，处理器置于 sleep 状态，不使用的外设置于 off 状态，处理器不运行任

何用户程序的情况下测量整机能耗。使用 $D=\{D_1, D_2, \cdots, D_n\}$ 表示设备，$P_d^{on}=\{P_{di}^{on} | i \leqslant n\}$ 表示设备在 on 状态下的功耗，P_{system}^{min} 表示系统最小功耗。为了测量各个部件测能耗值，可以采用组合相减的方法，例如，想要获取 Wi-Fi 无线网络接口的功耗，可以在最低功耗的基础上开启 Wi-Fi 接口，然后通过 Wi-Fi 传输一个文件和接收一个文件，测量出这个时候的功耗 P_{ws}、P_{wr}，然后减去最小功耗值，反复试验多次（10 次以上），求出 Wi-Fi 接口在接收和传输数据时的平均功耗。图 8.10 显示了通过组合相减法测量出一部特定的移动终端发送短消息各个部件的功耗值。

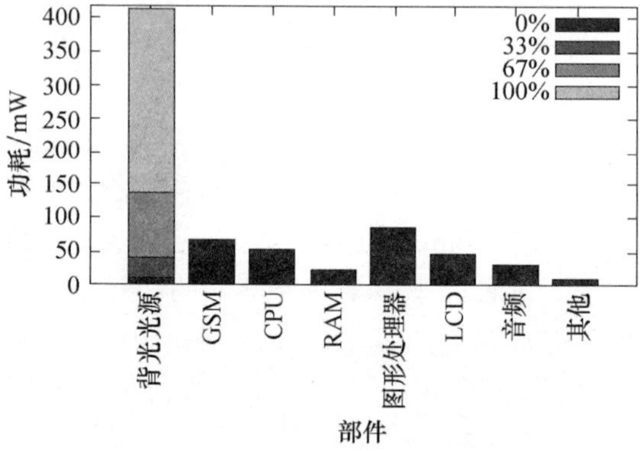

图 8.10　发送短消息各个部件的功耗

研究表明，在一部智能手机中对能耗影响最大的部件是显示器件和网络接口组件。显示器件主要包括 LCD/OLED 显示屏、背景光光源、前景光光源、图形处理器等，网络接口组件包括数字蜂窝网络接口、无线网络接口、GPS 等[10]。

3. DPM 与 DVS 整合降低系统能耗

DPM 是对系统进行动态电源管理的策略，包含一组运行在系统层的程序，可以根据用户程序的执行，动态地将设备在多个功耗状态下进行切换以降低系统能耗的一种动态的电源管理策略。这种策略如果不考虑设备状态转换的时间开销和能耗开销，则可以在设备不使用时直接将其转为低功耗状态，但实际使用时设备的状态转换的时间开销和能耗都是不可忽略的，所以应用 DPM 技术，只有当设备当前并且在足够长的时间并不使用时，可以将它置于低功耗状态，当下次再使用它的时候，才将其重新置于开启状态，这样可以明显地降低系统的功耗。例如，长时间不使用 GPS 和无线网络，则可以将 GPS 和 Wi-Fi 接口关闭以节省电能；SamSung Galaxy SⅢ 带有面部近距离传感器，当接听电话时可以关闭显示屏，显示屏亮度根据环境光动态调节，显示屏显示内容的亮度和色彩根据其内容的重要程度有差异的显示等。

DVS 等 CMOS 电路(处理器、RAM)的功耗是由动态功耗和静态功耗组成,而动态功耗又包含开关功耗和短路功耗。研究表明 CMOS 电路的功耗随着供电电压和工作频率的升高而增加,目前不少的芯片都支持多个电压频率调节技术,当处理器工作在较高频率状态下,电电压增加,响应速度加快,处理效率提高,动态功耗上升,当处理器工作在较低频率状态下供电电压下降,响应速度放慢,处理效率变低,动态功耗下降,静态功耗比例上升。

Bhatti 等在文献[11]中提出一种通用的能源管理策略 HyPowMan,HyPowMan 获取一组在给定条件下执行很好的能源管理方案,并能自适应的在给定负载运行时为系统应用最优的电源管理策略,HyPowMan 实现了在实时嵌入式系统中自适应整合 DPM 和 DVFS 进行电源管理的新策略。Devadas 等在文献[12]中提出一种在实时嵌入式系统中为周期性任务使用最优的处理器频率(DVS)与设备状态转换决策(DPM)以决定最小的系统级能耗算法,该算法时间复杂度为 $O(m\lg m)$,其中 m 表示应用程序使用的设备个数。Devadas 等在真实的设备上对其方案进行了测试并与现存的最优方法进行了比较。Chen 等在文献[13]中通过对移动设备中主要的系统级低功耗技术 DPM 的研究,提出了一种针对随机任务的细粒度马尔可夫建模方法,在充分考虑处理器和电源控制器的模式切换开销后,能够准确地分析系统功耗和延时特性。

在嵌入式实时系统中针对周期性实时任务,整合 DPM 和 DVFS 来降低系统能耗,需要注意的问题是,每个任务都需要在指定的时间(deadline)内完成;使用 DVS 策略希望将任务的执行时间尽可能地拉伸,以延长任务的执行时间,从而到达降低处理器频率的目的;使用 DPM 则希望让设备在没有任务执行的时间都尽可能地处于关闭状态,以达到降低功耗的目的。

一个设备是否需要运用 DPM 将其置于低功耗状态,需要满足以下条件:

$$B_i = \mathrm{Max}\left\{\frac{E_{\mathrm{as}}^i + E_{\mathrm{sa}}^i - (T_{\mathrm{as}}^i + T_{\mathrm{sa}}^i)\cdot P_{\mathrm{s}}^i}{P_{\mathrm{a}}^i - P_{\mathrm{s}}^i}, T_{\mathrm{as}}^i + T_{\mathrm{sa}}^i\right\}$$

$$\mathrm{SlackTime} \geqslant B_i => d - \frac{c}{f} \geqslant \mathrm{Max}\left\{\frac{E_{\mathrm{as}}^i + E_{\mathrm{sa}}^i - (T_{\mathrm{as}}^i + T_{\mathrm{sa}}^i)\cdot P_{\mathrm{s}}^i}{P_{\mathrm{a}}^i - P_{\mathrm{s}}^i}, T_{\mathrm{as}}^i + T_{\mathrm{sa}}^i\right\}$$

即空闲时间(SlackTime)一定要大于或等于平衡时间(break even time),才能将该设备置于低功耗状态,否则仍然让其保持当前状态。

但若嵌入式实时系统中运行的任务是非周期性的随机任务,这时为应用 DPM 策略需要引入预测机制,能够预测任务被调度和执行的时间,从而可以提前判断是否将设备置于某种状态,现在的预测算法一般是利用过去的任务调度和执行历史预测未来任务的执行情况,预测的结果可能准确,也可能存在误差,这个误差如果不在允许的范围内就需要有反馈机制,重新调整 DPM,重新设置设备状态并更新任务执行历史。预测错误的结果有两种:

（1）任务实际被调度的时间在预测时间之后；

（2）任务实际调度的时间在预测时间之前。

第一种情况导致的结果是设备被提前置于高功耗状态，导致不必要的电能浪费，第二种情况任务已经被调度但设备仍处于低功耗状态，导致系统延时，影响系统性能和用户体验。所以预测算法直接影响着 DPM 的效果。

8.2.2 智能手机软件体系结构及节能设计

电能是由智能移动设备的各个功能部件运行消耗掉的，但是研究人员发现对硬件的优化并不能充分改善和提高电池的续航能力，硬件之所以能消耗能量是因为执行了软件，所以很多研究人员对软件体系结构进行了分析，提出了包括编译器级能耗优化、操作系统级能耗管理、应用程序级能耗管理、操作系统与编译器协同、操作系统与应用程序协同节能等在软件层次的节能技术。

1. 操作系统级能耗管理

操作系统级的能耗管理技术包括移动能耗感知操作系统、能耗感知调度机制、非侵入性资源监测技术和操作系统与应用程序协同节能技术等[14]。

关于能耗感知操作系统的概念早在 20 世纪 90 年代就被提出过，如 Odyssey[15]和 ECOSystem[16]。2000 年，Ellis 提出将能耗作为和性能一样的操作系统评价指标，随着智能手机等移动设备追求丰富应用带来的高功耗问题的日益显著，Ellis 提出的观点也被广大的研究人员所重视。但在移动设备中能耗感知策略由谁执行以及如何执行存在两种不同的观点。一部分人认为应用程序必须动态自适应能量的变换，如 Liu 和 Shenoy 等在文献[17]中提出的 Chameleon，但这种方法缺乏系统内核的支持，应用程序很难知道其他应用程序使用资源的情况。而另一部分人认为资源和能源的管理应该完全放在操作系统级进行，但这种方法又完全没有考虑到应用程序执行的随机性问题，存在扩展性问题。

为了综合两种观点的优点，Odyssey 和 ECOSystem 提出了一种折中的方案，它们采用了应用程序和操作系统之间协同以降低移动电话功耗的策略。Odyssey 在 1995 年被 Noble 等提出，Odyssey 是一种基于 Linux 的能耗感知操作系统，在可用的电能和资源的基础上应用程序可以为用户提供尽可能好的服务质量。Odyssey 监控资源的需求，为应用程序提供 API，允许应用程序和操作系统之间双向通信，操作系统可以利用 API 通知应用程序可以使用的资源，应用程序也可以利用 API 通知操作系统自己需要的资源。这种双向的通信有助于操作系统估计每个应用程序在一个确定的时间段对资源和能耗的需求，Odyssey 利用在线分析器 PowerScope[18]构建了一个系统能耗模型。ECOSystem 是另一种基于 Linux 的操作系统，这种操作系统将能源作为一种可分配资源，在考虑应用程序之间的公平性和均衡性能和能耗的基础上为应用程序进行能量分配。ErdOS[19] 基于移动用户的习惯和使用模式以及资源状态提出了一种不同的能耗管理策略，通过资源状态预测和用户需求预测为应用程序管理计算资源提供更加灵活和有效的方案。CondOS[20] 是一种内容感知的操作系统，也以节能为目的，Chu 等提出允许应用软件独立管理资源，操作系统负责提高资源感知的效率，这样有利于存储器管理、调度、安全和节能。

2. 应用程序级能耗管理

Liu 等在文献[14]中提出一种称为 Chameleon 的应用级电源管理方案，可以应用在移动智能设备中明显地降低系统能耗。相对基于操作系统级和硬件级的管理策略，Chameleon 可以获取更多更准确的应用层信息，可以明显地降低 CPU 能耗。同时将能耗管理部署在用户空间，设计人员可以灵活地应用多种能耗管理策略和算法。Liu 等通过实验显示相对传统的系统级 CPU 电压调节方法，在获得同等或更好的应用程序性能前提下，Chameleon 能够节约 32%到 50%的电能，同时与同样基于应用层信息进行电源控制的 Grace OS 相比，Chameleon 可以节能 9%到 41%。

应用程序比操作系统和硬件更清楚应用程序自身对资源和电能的需求，相对在操作系统内核中控制 DVS 设置，应用软件能够实现更好的管理策略。通过面向应用级的信息，使用 DVS 调节处理器状态可以获得更优的设置。一个基于应用程序的能耗管理策略应该包含三个关键步骤：

(1) 估计处理器的需求。系统通过结合应用程序自身的信息和过去一段时间 CPU 使用率的统计数据预测最近的将来处理器的需求。

(2) 估计处理器可用时间。考虑到其他应用程序的并发执行，系统应能估计在其他应用程序并发执行时，应该给当前应用程序分配的处理器可用时间。

(3) 确定处理器速度的设置。在处理器可用时间范围内，为处理器设置一个速度以匹配处理器需求，如果需求是 CPU 可用时间的一半，那么应用程序可以降低 CPU 一半的速度，这样就可以将 CPU 的需求扩展到整个可用时间上。相反，如果处理器需求和处理器可用时间刚好相等，则处理可以被设置为最高速度。

应用程序具有复杂性和多样性的特点，软件的质量与软件设计和开发人员的能力有很大关系。有的应用程序在设计和实现的时候就已经考虑能耗优化问题，并直接在编码的时候就由程序员增加了相应的应用级能耗管理代码，而有的应用程序在编码时，程序员并没有考虑能耗管理的问题，并不提供应用程序内部的功耗管理策略，这时需要利用工作在用户层的电源管理器根据 CPU 过去一段时间被使用的数据为这类应用程序设置 CPU 供电电压和工作频率，调节 CPU 执行速度。所以应用程序级能耗管理是一个多种电源管理器共存，多种功耗管理策略共存的有效能耗管理方案，图 8.11 显示了 Chameleon 在应用程序级进行功耗管理的体系结构。

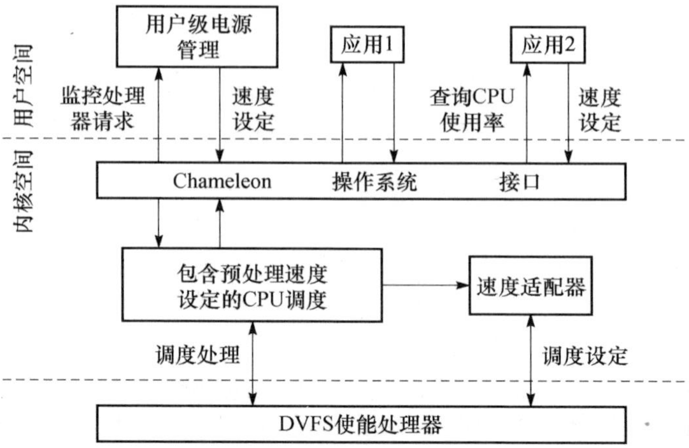

图 8.11　Chameleon 应用程序级功耗管理体系结构

为了能在用户层进行能耗管理，需要在用户层和操作系统层之间增加一组功能模块，并在操作系统内核中增加补丁程序。需要新增和修改的内容如下：

(1) 新增系统功能调用，用于获取和设置指定进程或进程组当前的 CPU 速度；用于获取和设置指定进程的速度表和处理器的预测使用时间。

(2) 增强虚拟文件系统，通过读写配置文件允许应用程序查询最近一段时间应用程序对 CPU 使用的情况。

(3) 增加设备文件用于记录系统的利用率，单个任务使用的 CPU 周期数等。

(4) 增强进程控制块(PCB)，增加应用记录进程使用的 CPU 周期数；已分配给进程的 CPU 周期数；对应进程 CPU 速度调节点的预计时间表；是否允许进程直接修改它的速度设置值；进程当前的 CPU 速度设置；是否允许子进程继承父进程中的 CPU 速度设置值等。

(5) 增强操作系统调度器，在标准的操作系统调度器的基础上，为每个进程增加预处理速度设置和时钟周期使用情况登记功能，当调度程序被执行时，如果没有发生上下文切换，则通过进程的速度调度表设置当前进程的执行速度；如果有上下文切换，调度器要对切换前带速度调度表的进程进行登记操作。

8.3　无线通信网络的绿色设计

无线网络接口的能耗管理一直是移动设备的关键问题。本节提出两种方案，解决移动设备中无线网络接口的节能问题。一种是利用 proxy 节省移动设备能耗，另一种是利用移动云计算技术节省移动设备能耗。

8.3.1　基于 proxy 的移动设备节能技术

proxy 服务器通过缓存和网络流量整形可以大幅提高移动设备的能效。Kelengi[25]等针对比特流下载应用，提出了基于云的解决方案，该方案先把整个文件下载到远程服务器(Amazon EC2)，再以突发流量的方式将文件数据传到移动设备，该方案一方面把移动设备从比特流下载任务中解脱出来，使移动设备摆脱了带宽限制和网络瓶颈；另一方面，在远程服务器和移动设备之间建立快速专用连接，提高了下载速度，从而达到为移动设备节能的目的。但该方案存在的问题是，在云端租用服务器会引入新的开销。于是在文献[24]中，Nurminen 提出使用家庭路由器作为 proxy，降低 proxy 和移动终端的开销和能耗。Hoque 等针对移动设备的音频流应用，提出基于 proxy 的流量整形方案，该方案利用 fast start streaming 技术，在 proxy server 中缓存音频流，再以突发流量的方式将音频数据转发给移动设备，由于以突发流量的方式发送数据所消耗的能量，比按照正常速度发送/接收数据消耗的能量低，从而达到让移动设备节能的目的。Dogar 等[26]针对移动设备的数据传输应用，提出 catnap 解决方案，该方案本质上仍基于流量整形技术，即先缓存数据，再以突发流量的方式将数据转发给移动设备，从而让移动设备有更多的时间处于睡眠状态，最终降低移动设备能耗。

总的来说，目前的 proxy 解决方案都是利用了流量整形技术，通过突发流量的方式将数据发送到移动设备，从而达到节能的目的，但 proxy 具体实现方式和实现难度有所差异，对应的整体成本也不同。

8.3.2　基于云计算的移动设备节能技术

前面提到，云计算把计算能力当作一种服务，通过网络提供给客户。这对移动领域非常具有吸引力，至少会出现大量新的计算密集型应用，这些应用不再因为移动设备有限的存储和处理能力而受到限制。但移动云计算和通常所说的云计算差别在于，通常意义的云计算最关心问题的是传输大量数据到云端时带来的时间和成本开销，而移动云计算的关键问题则是无线网络接口在数据发送/接收时的能耗。一方面，把移动应用中复杂的计算转移到云端服务器进行处理，可以为移动设备节省计算带来的能耗；但另一方面，与应用相关的数据，其发送/接收为移动设备的无线网络接口带来额外的能耗。因此，要利用移动云计算技术节省移动设备能耗，必须在计算带来的能耗和无线网络通信带来的能耗之间进行折中，但可以肯定的是，只有当本地计算的能耗大于无线网络接口发送/接收数据的能耗时，将计算转移到云端服务器才能达到为移动终端节能的目的。

但是无线网络接口发送/接收数据的能耗，受众多因素影响，如发送/接收数据量的大小、使用的无线通信技术、移动客户的位置及信号强弱等[27]。此外，对于交互型应用，除了考虑通信和计算的折中，还要考虑通信延迟对客户体验带来的影响。目前尚没有一个模型或者较为系统的准则来确定如何在计算和通信之间进行折中。

8.4 “云端”的资源管理

由于云计算分为 IaaS、PaaS 和 SaaS 三种类型，不同厂家又提供了不同的解决方案，目前还没有一个统一的技术体系结构，对读者了解云计算的原理构成了障碍。为此，本书综合不同厂家的方案，构造了一个供参考的云计算体系结构。该体系结构如图 8.12 所示，它概括了不同解决方案的主要特征，每一种方案或许只实现了其中部分功能，或许也还有部分相对次要功能尚未概括进来。

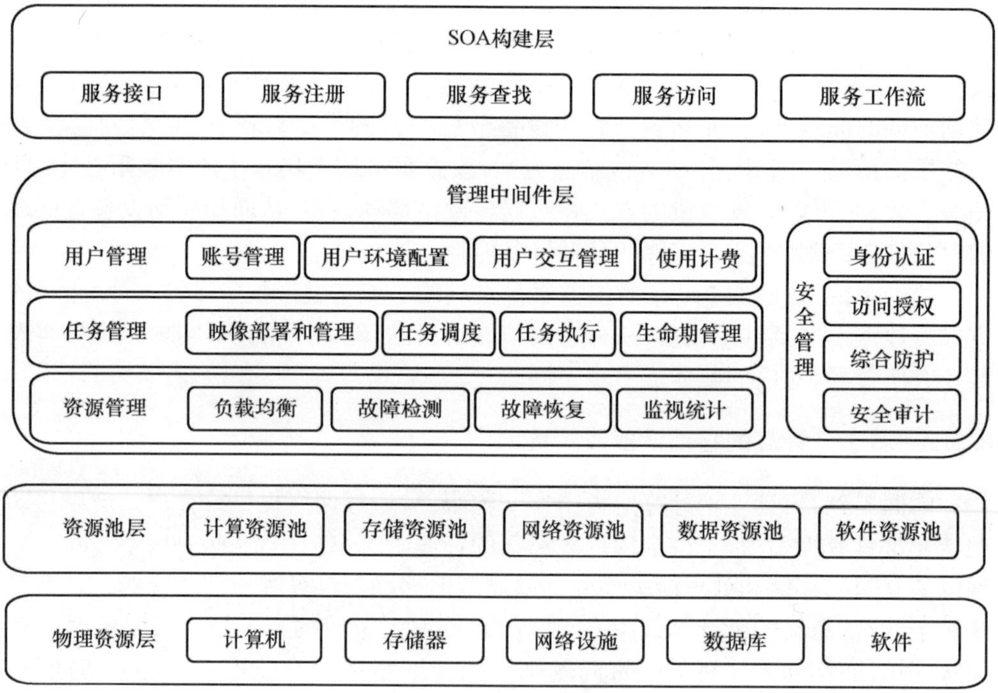

图 8.12　云计算技术体系结构

云计算技术体系结构分为四层：物理资源层、资源池层、管理中间件层和 SOA（service-oriented architecture，面向服务的体系结构）构建层。

物理资源主要指能支持计算机正常运行的一些硬件设备，包括计算机、存储器、网络设施、数据库和软件等。物理资源可以是价格低廉的 PC，也可以是价格昂贵的服务器及磁盘阵列等设备。可以通过现有的分布式技术和并行技术，将分散的计算机组成一个能够提供超强功能的集群，用于计算和存储等云计算操作。

资源池是通过虚拟化技术，将大量异构的资源实体进行整合，形成同构或接近同构的资源池，如计算资源池、数据资源池、存储资源池等。构建资源池更多的是物理资源的整合和管理工作，例如，研究在一个标准集装箱的空间如何装下 2000 个服务器、解决散热和故障节点替换的问题并降低能耗。

管理中间件层负责对云计算的各类资源进行管理，并对众多应用任务进行调度，使资源能够高效、安全地为应用提供服务。云计算的管理中间件层负责资源管理、任务管理、用户管理和安全管理等工作。资源管理负责均衡地使用云资源节点，检测节点的故障并试图恢复或屏蔽之，并对资源的使用情况进行监视统计；任务管理负责执行用户或应用提交的任务，包括完成用户任务映象(image)的部署和管理、任务调度、任务执行、任务生命期管理等；用户管理是实现云计算商业模式的一个必不可少的环节，包括提供用户交互接口、管理和识别用户身份、创建用户程序的执行环境、对用户的使用进行计费等；安全管理保障云计算设施的整体安全，包括身份认证、访问授权、综合防护和安全审计等。

SOA 构建层将云计算能力封装成标准的 Web services 服务，并纳入到 SOA 体系进行管理和使用，包括服务接口、服务注册、服务查找、服务访问和服务工作流等。管理中间件层和资源池层是云计算技术的最关键部分，SOA 构建层的功能更多依靠外部设施提供。

8.4.1　数据存储体系结构

计算平台中的存储体系结构对于云计算来说也是非常重要的，无论是操作系统、服务程序还是用户应用程序的数据都保存在存储体系中。云计算并不排斥任何一种有用的存储体系结构，但是需要考虑与应用程序的需求结合起来获得最好的性能。总的来说，云计算的存储体系结构包含类似于 Google 文件系统(Google file system，GFS)的集群文件系统(图 8.13)以及基于块设备方式的存储区域网络 SAN 两种方式。

在设计云计算平台的存储体系结构的时候，不仅仅需要考虑存储的容量。实际上随着硬盘容量的不断扩充以及硬盘价格的不断下降，使用当前的磁盘技术，可以很容易通过使用多个磁盘的方式获得很大的磁盘容量。相较于磁盘的容量，在云计算平台的存储中，磁盘数据的读写速度是一个更重要的问题。单个磁盘的速度很有可能限制应用程序对于数据的访问，因此在实际使用的过程中，需要将数据分布到多个磁盘之上，并且通过对于多个磁盘的同时读写以达到提高速度的目的。因此，在云计算平台中，数据如何放置非常重要。在实际使用的过程中，需要将数据分配到多个节点的多个磁盘里。在 IBM 的蓝云计算平台中主要使用的是 Hadoop 的 HDFS(hadoop distributed file system)。这种使用方式将磁盘附着于节点的内部，面向外部提供一个共享的分布式文件系统空间，同时在文件系统级别做冗余以提高可靠性。在合适的分布式数据处理模式下，这种方式可以大大提高总体的数据处理效率。

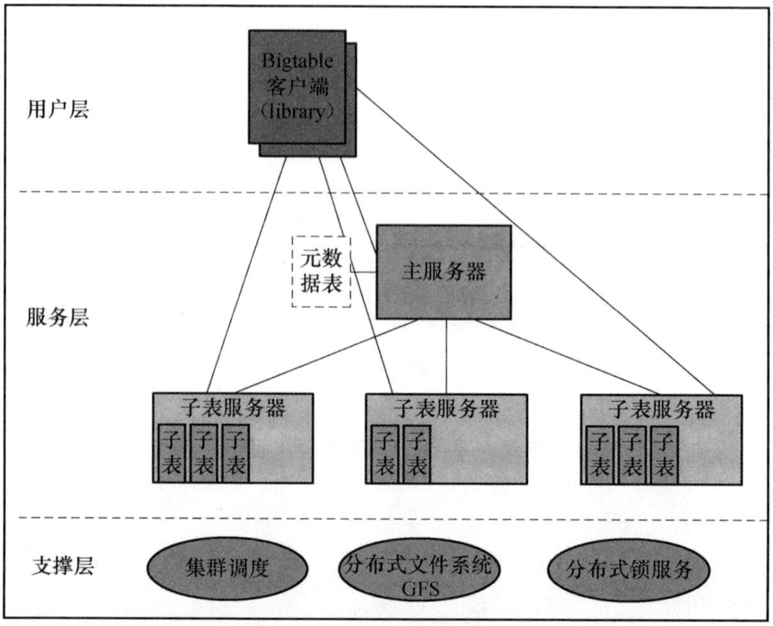

图 8.13　基于 GFS 的存储体系结构

SAN 系统也是云计算平台的另外一种存储体系结构选择。在蓝云平台上也有一定的体现，IBM 也提供 SAN 的平台能够接入到蓝云计算平台中。图 8.14 就是一个 SAN 系统的结构示意图。

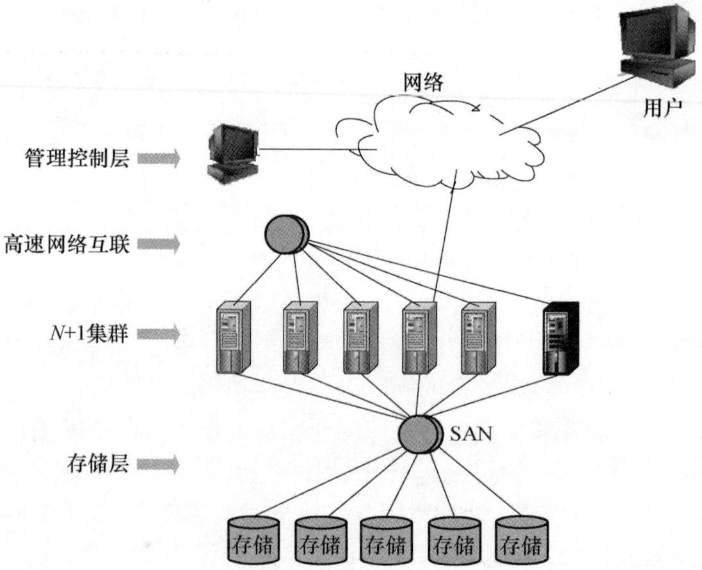

图 8.14　基于 SAN 的存储体系结构

8.4.2　数据资源管理

1. Google 文件系统 GFS

GFS 是一个大型的分布式文件系统。它为 Google 云计算提供海量存储，并且与 Chubby、MapReduce 以及 Bigtable 等技术结合十分紧密，处于所有核心技术的底层[21]。

当前主流分布式文件系统有 RedHat 的 GFS(global file system)、IBM 的 GPFS、Sun 的 Lustre 等。这些系统通常用于高性能计算或大型数据中心，对硬件设施条件要求较高。以 Lustre 文件系统为例，它只对元数据管理器 MDS 提供容错解决方案，而对于具体的数据存储节点 OST 来说，则依赖其自身来解决容错的问题。例如，Lustre 推荐 OST 节点采用 RAID 技术或 SAN 存储区域网来容错，但由于 Lustre 自身不能提供数据存储的容错，一旦 OST 发生故障就无法恢复，因此对 OST 的稳定性就提出了相当高的要求，从而大大增加了存储的成本，而且成本会随着规模的扩大线性增长。

正如李开复所说的那样，创新固然重要，但有用的创新更重要。创新的价值，取决于一项创新在新颖、有用和可行性这三个方面的综合表现。Google GFS 的新颖之处并不在于它采用了多么令人惊讶的技术，而在于它采用廉价的商用机器构建分布式文件系统，同时将 GFS 的设计与 Google 应用的特点紧密结合，并简化其实现，使之可行，最终达到创意新颖、有用、可行的完美组合。GFS 使用廉价的商用机器构建分布式文件系统，将容错的任务交由文件系统来完成，利用软件的方法解决系统可靠性问题，这样可以使得存储的成本成倍下降。由于 GFS 中服务器数目众多，在 GFS 中服务器死机是经常发生事情，甚至都不应当将其视为异常现象，那么如何在频繁的故障中确保数据存储的安全、保证提供不间断的数据存储服务是 GFS 最核心的问题。GFS 的精彩在于它采用了多种方法，从多个角度使用不同的容错措施来确保整个系统的可靠性。

1) 系统架构

GFS 的系统架构如图 8.15 所示。GFS 将整个系统的节点分为三类角色：client(客户端)、master(主服务器)和 chunk server(数据块服务器)。client 是 GFS 提供给应用程序的访问接口，它是一组专用接口，不遵守 POSIX 规范，以库文件的形式提供。应用程序直接调用这些库函数，并与该库链接在一起。master 是 GFS 的管理节点，在逻辑上只有一个，它保存系统的元数据，负责整个文件系统的管理，是 GFS 文件系统中的大脑。chunk server 负责具体的存储工作。数据以文件的形式存储在 chunk server 上，chunk server 的个数可以有多个，它的数目直接决定了 GFS 的规模。GFS 将文件按照固定大小进行分块，默认是 64MB，每一块称为一个 chunk(数据块),每个 chunk 都有一个对应的索引号(index)。

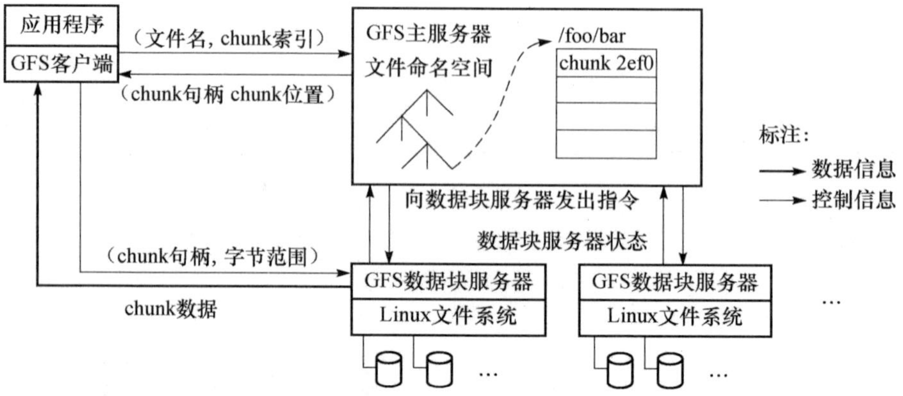

图 8.15　GFS 体系结构

客户端在访问 GFS 时,首先访问 master 节点,获取将要与之进行交互的 chunk server 信息,然后直接访问这些 chunk server 完成数据存取。GFS 的这种设计方法实现了控制流和数据流的分离。client 与 master 之间只有控制流,而无数据流,这样就极大地降低了 master 的负载,使之不成为系统性能的一个瓶颈。client 与 chunk server 之间直接传输数据流,同时由于文件被分成多个 chunk 进行分布式存储,client 可以同时访问多个 chunk server,从而使得整个系统 I/O 高度并行,系统整体性能得到提高。

相对于传统的分布式文件系统,GFS 针对 Google 应用的特点从多个方面进行了简化,从而在一定规模下达到成本、可靠性和性能的最佳平衡。具体来说,它具有以下几个特点:

(1) 采用中心服务器模式。

GFS 采用中心服务器模式来管理整个文件系统,可以大大简化设计,从而降低实现难度。master 管理了分布式文件系统中的所有元数据。文件划分为 chunk 进行存储,对于 master 来说,每个 chunk server 只是一个存储空间。client 发起的所有操作都需要先通过 master 才能执行。这样做有许多好处,增加新的 chunk server 是一件十分容易的事情,chunk server 只需要注册到 master 上即可,chunk server 之间无任何关系。如果采用完全对等的、无中心的模式,那么如何将 chunk server 的更新信息通知到每一个 chunk server,会是设计的一个难点,而这也将在一定程度上影响系统的扩展性。master 维护了一个统一的命名空间,同时掌握整个系统内 chunk server 的情况,据此可以实现整个系统范围内数据存储的负载均衡。由于只有一个中心服务器,元数据的一致性问题自然解决。当然,中心服务器模式也带来一些固有的缺点,如极易成为整个系统的瓶颈等。GFS 采用多种机制来避免 master 成为系统性能和可靠性上的瓶颈,如尽量控制元数据的规模、对 master 进行远程备份、控制信息和数据分流等。

(2) 不缓存数据。

缓存机制是提升文件系统性能的一个重要手段,通用文件系统为了提高性能,一般需要实现复杂的缓存(cache)机制。GFS 文件系统根据应用的特点,没有实现缓存,这是从必要性和可行性两方面考虑的。从必要性上讲,客户端大部分是流式顺序读写,并不存在大量的重复读写,缓存这部分数据对系统整体性能的提高作用不大;而对于 chunk server,由于 GFS 的数据在 chunk server 上以文件的形式存储,如果对某块数据读取频繁,本地的文件系统自然会将其缓存。从可行性上讲,如何维护缓存与实际数据之间的一致性是一个极其复杂的问题,在 GFS 中各个 chunk server 的稳定性都无法确保,加之网络等多种不确定因素,一致性问题尤为复杂。此外由于读取的数据量巨大,以当前的内存容量无法完全缓存。对于存储在 master 中的元数据,GFS 采取了缓存策略,GFS 中 client 发起的所有操作都需要先经过 master。master 需要对其元数据进行频繁操作,为了提高操作的效率,master 的元数据都是直接保存在内存中进行操作;同时采用相应的压缩机制降低元数据占用空间的大小,提高内存的利用率。

(3) 在用户态下实现。

文件系统作为操作系统的重要组成部分,其实现通常位于操作系统底层。以 Linux 为例,无论是本地文件系统如 Ext3 文件系统,还是分布式文件系统如 Lustre 等,都是在内核态实现的。在内核态实现文件系统,可以更好地和操作系统本身结合,向上提供兼容的 POSIX 接口。然而,GFS 却选择在用户态下实现,主要基于以下考虑:

① 在用户态下实现,直接利用操作系统提供的 POSIX 编程接口就可以存取数据,无须了解操作系统的内部实现机制和接口,从而降低了实现的难度,并提高了通用性。

② POSIX 接口提供的功能更为丰富,在实现过程中可以利用更多的特性,而不像内核编程那样受限。

③ 用户态下有多种调试工具,而在内核态中调试相对比较困难。

④ 用户态下,master 和 chunk server 都以进程的方式运行,单个进程不会影响到整个操作系统,从而可以对其进行充分优化。在内核态下,如果不能很好地掌握其特性,效率不但不会高,甚至还会影响到整个系统运行的稳定性。

⑤ 用户态下,GFS 和操作系统运行在不同的空间,两者耦合性降低,从而方便 GFS 自身和内核的单独升级。

(4) 只提供专用接口。

通常的分布式文件系统一般都会提供一组与 POSIX 规范兼容的接口。其优点是应用程序可以通过操作系统的统一接口来透明地访问文件系统，而不需要重新编译程序。GFS 在设计之初，是完全面向 Google 的应用的，采用了专用的文件系统访问接口。接口以库文件的形式提供，应用程序与库文件一起编译，Google 应用程序在代码中通过调用这些库文件的 API，完成对 GFS 文件系统的访问。采用专用接口有以下好处：

① 降低了实现的难度。通常与 POSIX 兼容的接口需要在操作系统内核一级实现，而 GFS 是在应用层实现的。

② 采用专用接口可以根据应用的特点对应用提供一些特殊支持，如支持多个文件并发追加的接口等。

③ 专用接口直接和 client、master、chunk server 交互，减少了操作系统之间上下文的切换，降低了复杂度，提高了效率。

2）容错机制

（1）master 容错。

具体来说，master 上保存了 GFS 文件系统的三种元数据：

① 命名空间（name space），也就是整个文件系统的目录结构；

② chunk 与文件名的映射表；

③ chunk 副本的位置信息，每一个 chunk 默认有三个副本。

首先就单个 master 来说，对于前两种元数据，GFS 通过操作日志来提供容错功能。第三种元数据信息则直接保存在各个 chunk server 上，当 master 启动或 chunk server 向 master 注册时自动生成。因此当 master 发生故障时，在磁盘数据保存完好的情况下，可以迅速恢复以上元数据。为了防止 master 彻底死机的情况，GFS 还提供了 master 远程的实时备份，这样在当前的 GFS master 出现故障无法工作的时候，另外一台 GFS master 可以迅速接替其工作。

（2）chunk server 容错。

GFS 采用副本的方式实现 chunk server 的容错。每一个 chunk 有多个存储副本（默认为三个），分布存储在不同的 chunk server 上。副本的分布策略需要考虑多种因素，如网络的拓扑、机架的分布、磁盘的利用率等。对于每一个 chunk，必须将所有的副本全部写入成功，才视为成功写入。在其后的过程中，如果相关的副本出现丢失或不可恢复等状况，master 会自动将该副本复制到其他 chunk server，从而确保副本保持一定的个数。尽管一份数据需要存储三份，好像磁盘空间的利用率不高，但综合比较多种因素，加之磁盘的成本不断下降，采用副本无疑是最简单、最可靠、最有效的，而且实现的难度也最小的一种方法。

GFS 中的每一个文件被划分成多个 chunk，chunk 的默认大小是 64MB，这是因为 Google 应用中处理的文件都比较大，以 64MB 为单位进行划分，是一个较为合理的选择。chunk server 存储的是 chunk 的副本，副本以文件的形式进行存储。

每一个 chunk 以 block 为单位进行划分，大小为 64KB，每一个 block 对应一个 32bit 的校验和。当读取一个 chunk 副本时，chunk server 会将读取的数据和校验和进行比较，如果不匹配，就会返回错误，从而使 client 选择其他 chunk server 上的副本。

3）系统管理技术

严格意义上来说，GFS 是一个分布式文件系统，包含从硬件到软件的整套解决方案。除了上面提到的 GFS 的一些关键技术外，还有相应的系统管理技术来支持整个 GFS 的应用，这些技术可能并不一定为 GFS 所独有。

（1）大规模集群安装技术。

安装 GFS 的集群中通常有非常多的节点，文献[21]中最大的集群超过 1000 个节点，而现在的 Google 数据中心动辄有万台以上的机器在运行。那么，迅速地安装、部署一个 GFS 的系统，以及迅速地进行节点的系统升级等，都需要相应的技术支撑。

（2）故障检测技术。

GFS 是构建在不可靠的廉价计算机之上的文件系统，由于节点数目众多，故障发生十分频繁，如何在最短的时间内发现并确定发生故障的 chunk server，需要相关的集群监控技术。

（3）节点动态加入技术。

当有新的 chunk server 加入时，如果需要事先安装好系统，那么系统扩展将是一件十分烦琐的事情。如果能够做到只需将裸机加入，就会自动获取系统并安装运行，那么将会大大减少 GFS 维护的工作量。

（4）节能技术。

有关数据表明，服务器的耗电成本大于当初的购买成本，因此 Google 采用了多种机制来降低服务器的能耗，例如对服务器主板进行修改，采用蓄电池代替昂贵的 UPS(不间断电源系统)，提高能量的利用率。Rich Miller 在一篇关于数据中心的博客文章中表示，这个设计让 Google 的 UPS 利用率达到 99.9%，而一般数据中心只能达到 92%～95%。

2. 分布式结构化数据表 Bigtable

Bigtable[22]是 Google 开发的基于 GFS 和 Chubby 的分布式存储系统。Google 的很多数据，包括 Web 索引、卫星图像数据等在内的海量结构化和半结构化数据，都是存储在 Bigtable 中的。从实现上来看，Bigtable 并没有什么全新的技术，但是如何选择合适的技术并将这些技术高效、巧妙地结合在一起恰恰是最大的难点。Google 的工程师通过研究以及大量的实践，完美实现了相关技术的选择及融合。Bigtable 在很多方面和数据库类似，但它并不是真正意义上的数据库。通过本节的学习，读者将会对 Bigtable 的数据模型、系统架构、实现以及它使用的一些数据库技术有一个全面的认识。

1）设计动机与目标

Google 设计 Bigtable 的动机主要有如下三个方面：

(1) 需要存储的数据种类繁多。Google 目前向公众开放的服务很多，需要处理的数据类型也非常多。包括 URL、网页内容、用户的个性化设置在内的数据都是 Google 需要经常处理的。

(2) 海量的服务请求。Google 运行着目前世界上最繁忙的系统，它每时每刻处理的客户服务请求数量是普通的系统根本无法承受的。

(3) 商用数据库无法满足 Google 的需求。一方面现有商用数据库的设计着眼点在于其通用性，面对 Google 的苛刻服务要求根本无法满足，而且在数量庞大的服务器上根本无法成功部署普通的商用数据库。另一方面对于底层系统的完全掌控会给后期的系统维护、升级带来极大的便利。

在仔细考察了 Google 的日常需求后，Bigtable 开发团队确定了 Bigtable 设计所需达到的如下几个基本目标：

(1) 广泛的适用性。Bigtable 是为了满足一系列 Google 产品而并非特定产品的存储要求。

(2) 很强的可扩展性。根据需要随时可以加入或撤销服务器。

(3) 高可用性。对于客户来说，有时候即使短暂的服务中断也是不能忍受的。Bigtable 设计的重要目标之一就是确保几乎所有的情况下系统都可用。

(4) 简单性。底层系统的简单性既可以减少系统出错的概率，也为上层应用的开发带来便利。

在目标确定之后，Google 开发者就在现有的数据库技术中进行了大规模的筛选，希望在各种技术之间能够扬长避短，巧妙地将它们结合起来。最终实现的系统也确实达到了原定的目标。下面就开始详细讲解 Bigtable。

2）数据模型

Bigtable 是一个分布式多维映射表，表中的数据是通过一个行关键字（row key）、一个列关键字（column key）以及一个时间戳（time stamp）进行索引的。bigtable 对存储在其中的数据不做任何解析，一律看做字符串，具体数据结构的实现需要用户自行处理。Bigtable 的存储逻辑可以表示为

```
(row:string,column:string,time:int64)→string
```

Bigtable 数据的存储格式如图 8.16 所示。

(1) 行。

Bigtable 的行关键字可以是任意的字符串，但是大小不能够超过 64KB。Bigtable 和传统的关系型数据库有很大不同，它不支持一般意义上的事务，但能保证

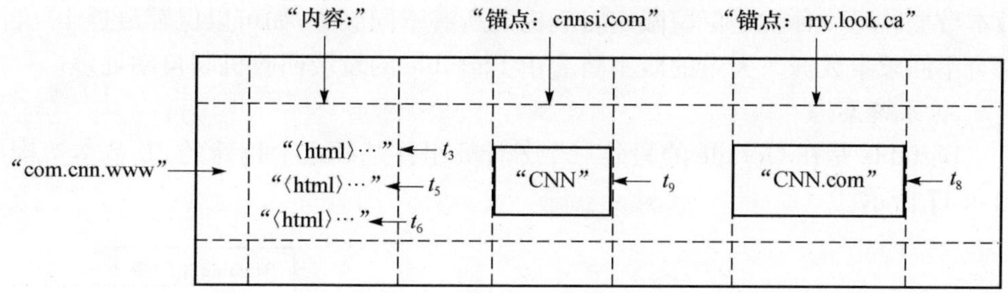

图 8.16　Bigtable 数据模型

对于行的读写操作具有原子性(atomic)。表中数据都是根据行关键字进行排序的,排序使用的是词典序。图 8.16 是 Bigtable 数据模型的一个典型实例,其中 com. cn. www 就是一个行关键字。不直接存储网页地址而将其倒排是 Bigtable 的一个巧妙设计。这样做至少会带来以下两个好处:

① 同一地址域的网页会被存储在表中的连续位置,有利于用户查找和分析;

② 倒排便于数据压缩,可以大幅提高压缩率;

单个的大表由于规模问题不利于数据的处理,因此 Bigtable 将一个表分成了很多子表(tablet),每个子表包含多个行。子表是 Bigtable 中数据划分和负载均衡的基本单位。有关子表的内容会在稍后详细讲解。

(2) 列。

Bigtable 并不是简单地存储所有的列关键字,而是将其组织成所谓的列族(column family),每个族中的数据都属于同一个类型,并且同族的数据会被压缩在一起保存。引入了列族的概念之后,列关键字就采用下述的语法规则来定义:

```
族名:限定词(family:qualifier)
```

族名必须有意义,限定词则可以任意选定。在图 8.16 中,内容(contents)、锚点(anchor,就是 HTML 中的链接)都是不同的族。而 cnnsi. com 和 my. look. ca 则是锚点族中不同的限定词。通过这种方式组织的数据结构清晰明了,含义也很清楚。族同时也是 Bigtable 中访问控制(access control)的基本单元,也就是说访问权限的设置是在族这一级别上进行的。

(3) 时间戳。

Google 的很多服务如网页检索和用户的个性化设置等都需要保存不同时间的数据,这些不同的数据版本必须通过时间戳来区分。图 8.16 中内容列的 t_3、t_5 和 t_6 表明其中保存了在 t_3、t_5 和 t_6 这三个时间获取的网页。Bigtable 中的时间戳是 64 位整型数,具体的赋值方式可以采取系统默认的方式,也可以用户自行定义。

为了简化不同版本的数据管理,Bigtable 目前提供了两种设置:一种是保留最近的 N 个不同版本,图 8.16 中数据模型采取的就是这种方法,它保存最新的三个版本数据。另一种就是保留限定时间内的所有不同版本,如可以保存最近 10 天的所有不同版本数据。失效的版本将会由 Bigtable 的垃圾回收机制自动处理。

3) 系统架构

Bigtable 是在 Google 的另外三个云计算组件基础之上构建的,其基本架构如图 8.17 所示。

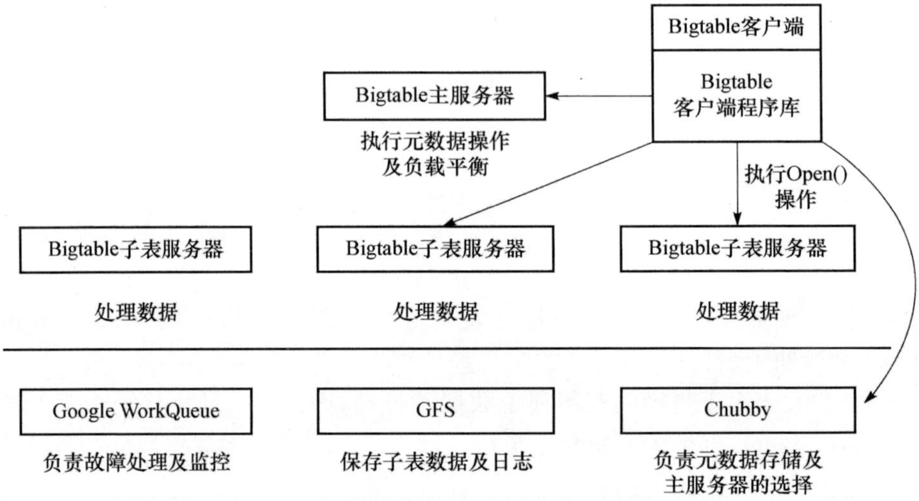

图 8.17　Bigtable 基本架构

图中 WorkQueue 是一个分布式的任务调度器,它主要被用来处理分布式系统队列分组和任务调度,关于其实现 Google 并没有公开。在前面已经讲过,GFS 是 Google 的分布式文件系统,在 Bigtable 中 GFS 主要用来存储子表数据以及一些日志文件。Bigtable 还需要一个锁服务的支持,Bigtable 选用了 Google 自己开发的分布式锁服务 Chubby。在 Bigtable 中 Chubby 主要有以下几个作用:

(1) 选取并保证同一时间内只有一个主服务器(master server);

(2) 获取子表的位置信息;

(3) 保存 Bigtable 的模式信息及访问控制列表。

另外在 Bigtable 的实际执行过程中,Google 的 MapReduce 和 Sawzall 也被使用来改善其性能,不过需要注意的是这两个组件并不是实现 Bigtable 所必需的。

Bigtable 主要由三个部分组成:客户端程序库(client library)、一个主服务器(master server)和多个子表服务器(tablet server),这三个部分在图 8.17 中都有相应的表示。从图 8.17 中可以看出,客户需要访问 Bigtable 服务时首先要利用其库函数执行 open()操作来打开一个锁(实际上就是获取了文件目录),锁打开以后客户端就可以和子表服务器进行通信了。和许多具有单个主节点的分布式系统一样,客户端主要与子表服务器通信,几乎不和主服务器进行通信,这使得主服务器的负载大大降低。主服务主要进行一些元数据的操作以及子表服务器之间的负载调度问题,实际的数据是存储在子表服务器上的。客户程序库的概念比较简单,这里不做讲解,下面对主服务器和子表服务器展开讲解。

4) 主服务器

主服务器的主要作用如图 8.18 所示。

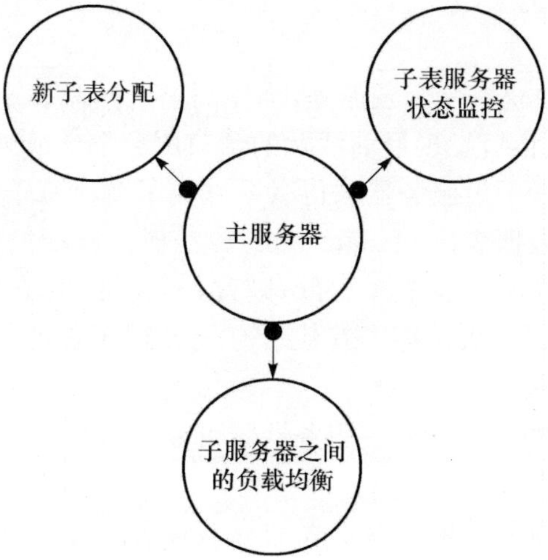

图 8.18 主服务器的主要作用

当一个新的子表产生时,主服务器通过一个加载命令将其分配给一个空间足够的子表服务器。创建新表、表合并以及较大子表的分裂都会产生一个或多个新子表。对于前面两种,主服务器会自动检测到,因为这两个操作是由主服务器发起的,而较大子表的分裂是由子服务发起并完成的,所以主服务器并不能自动检测到,因此在分割完成之后子服务器需要向主服务发出一个通知。由于系统设计之初就要求能达到良好的扩展性,所以主服务器必须对子表服务器的状态进行监控,以便及时检测到服务器的加入或撤销。Bigtable 中主服务器对子表服务器的监控是通过 Chubby 来完成的,子表服务器在初始化时都会从 Chubby 中得到一个独占锁。通过这种方式所有的子表服务器基本信息被保存在 Chubby 中一个称为服务器目录(server directory)的特殊目录之中。主服务器通过检测这个目录就可以随时获取最新的子表服务器信息,包括目前活跃的子表服务器,以及每个子表服务器上现已分配的子表。对于每个具体的子表服务器,主服务器会定期向其询问独占锁的状态。如果子表服务器的锁丢失或没有回应,则此时可能有两种情况,要么是 Chubby 出现了问题(虽然这种概率很小,但的确存在,Google 自己也做过相关测试),要么是子表服务器自身出现了问题。对此主服务器首先自己尝试获取这个独占锁,如果失败说明 Chubby 服务出现问题,需等待 Chubby 服务的恢复。如果成功则说明 Chubby 服务良好而子表服务器本身出现了问题。这种情况下主服务器会中止这个子表服务器并将其上的子表全部移至其他子表服务器。当在状态监测时发现某个子表服务器上负载过重时,主服务器会自动对其进行负载均衡操作。

基于系统出现故障是一种常态的设计理念(Google 几乎所有的产品都是基于这个设计理念),每个主服务器被设定了一个会话时间的限制。当某个主服务器到时退出后,管理系统就会指定一个新的主服务器,这个主服务器的启动需要经历以下四个步骤:

(1) 从 Chubby 中获取一个独占锁,确保同一时间只有一个主服务器。

(2) 扫描服务器目录,发现目前活跃的子表服务器。

(3) 与所有的活跃子表服务器取得联系以便了解所有子表的分配情况。

(4) 通过扫描元数据表(metadata table),发现未分配的子表并将其分配到合适的子表服务器。如果元数据表未分配,则首先需要将根子表(root tablet)加入未分配的子表中。由于根子表保存了其他所有元数据子表的信息,确保了扫描能够发现所有未分配的子表。

在成功完成以上四个步骤后主服务器就可以正常运行了。

5) 子表服务器

Bigtable 中实际的数据都是以子表的形式保存在子表服务器上的,客户一般也只和子表服务器进行通信,所以子表以及子表服务器是我们重点讲解的概念。子表服务器上的操作主要涉及子表的定位、分配以及子表数据的最终存储问题。其中子表分配在前面已经有了详细介绍,这里略过不讲。在讲解其他问题之前我们首先介绍一下 SSTable 的概念以及子表的基本结构。

(1) SSTable 及子表基本结构。

SSTable 是 Google 为 Bigtable 设计的内部数据存储格式。所有的 SSTable 文件都是存储在 GFS 上的,用户可以通过键来查询相应的值,图 8.19 是 SSTable 格式的基本示意图。

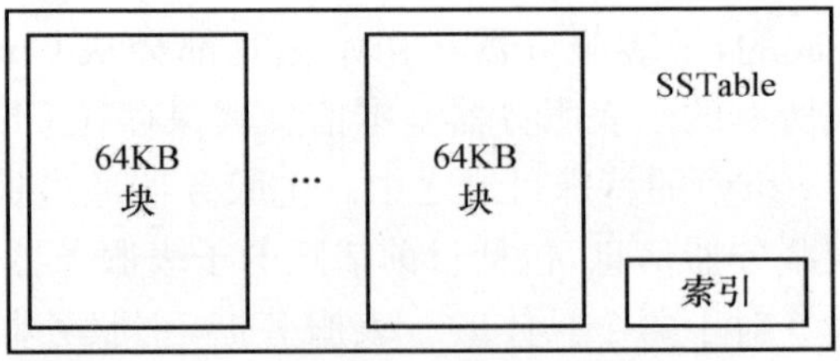

图 8.19 SSTable 结构

SSTable 中的数据被划分成一个个的块(block),每个块的大小是可以设置的,一般来说设置为 64KB。在 SSTable 的结尾有一个索引(index),这个索引保存了 SSTable 中块的位置信息，在 SSTable 打开时这个索引会被加载进内存，这样用户在查找某个块时首先在内存中查找块的位置信息，然后在硬盘上直接找到这个块，这种查找方法速度非常快。由于每个 SSTable 一般都不是很大，用户还可以选择将其整体加载进内存，这样查找起来会更快。

从概念上来讲子表是表中一系列行的集合，它在系统中的实际组成如图 8.20 所示。

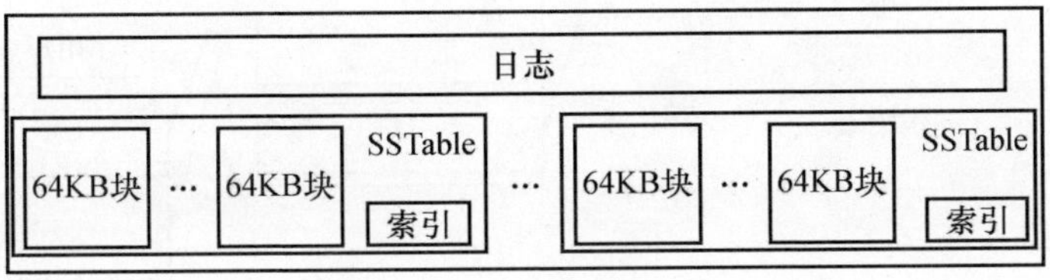

图 8.20　子表实际组成

每个子表都是由多个 SSTable 以及日志(log)文件构成的。有一点需要注意，那就是不同子表的 SSTable 可以共享，也就是说某些 SSTable 会参与多个子表的构成，而由子表构成的表则不存在子表重叠的现象。Bigtable 中的日志文件是一种共享日志，也就是说系统并不是对子表服务器上每个子表都单独地建立一个日志文件，每个子表服务器上仅保存一个日志文件，某个子表日志只是这个共享日志的一个片段。这样会节省大量的空间，但在恢复时却有一定的难度，因为不同的子表可能会被分配到不同的子表服务器上，一般情况下每个子表服务器都需要读取整个共享日志来获取其对应的子表日志。Google 为了避免这种情况出现，对日志做了一些改进。Bigtable 规定将日志的内容按照键值进行排序，这样不同的子表服务器都可以连续读取日志文件了。一般来说每个子表的大小在 100～200MB。每个子表服务器上保存的子表数量可以从几十到上千不等，通常情况下是 100 个左右。

(2) 子表地址。

子表地址的查询是经常碰到的操作。在 Bigtable 系统的内部采用的是一种类似 B+树的三层查询体系。子表地址结构如图 8.21 所示。

所有的子表地址都被记录在元数据表中，元数据表也是由一个个的元数据子表(metadata tablet)组成的。根子表是元数据表中一个比较特殊的子表，它既是元数据表的第一条记录，也包含了其他元数据子表的地址，同时 Chubby 中的一个文件也存储了这个根子表的信息。这样在查询时，首先从 Chubby 中提取这个根子表的地址，进而读取所需的元数据子表的位置，最后就可以从元数据子表中找到待查询的子表。除了这些子表的元数据之外，元数据表中还保存了其他一些有利于调试和分析的信息，如事件日志等。

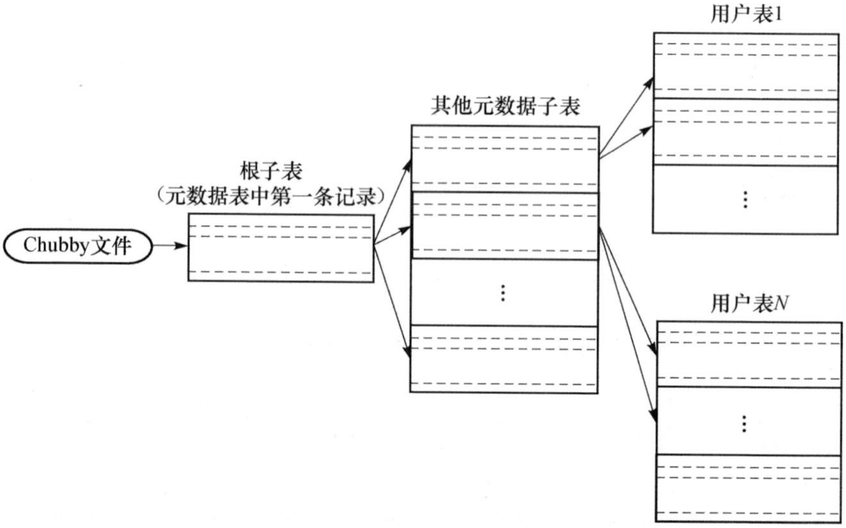

图 8.21 子表地址结构

为了减少访问开销，提高客户访问效率，Bigtable 使用了缓存和预取(prefetch)技术，这两种技术手段在体系结构设计中是很常用的。子表的地址信息被缓存在客户端，客户在寻址时直接根据缓存信息进行查找。一旦出现缓存为空或缓存信息过时的情况，客户端就需要按照图 8.21 所示方式进行网络的来回通信(network round-trips)进行寻址，在缓存为空的情况下需要三个网络来回通信。如果缓存的信息是过时的，则需要六个网络来回通信。其中三个用来确定信息是过时的，另外三个获取新的地址。预取则是在每次访问元数据表时不仅仅读取所需的子表元数据，而是读取多个子表的元数据，这样下次需要时就不用再次访问元数据表。

(3) 子表数据存储及读写操作。

在数据的存储方面 Bigtable 做出了一个非常重要的选择，那就是将数据存储划分成两块。较新的数据存储在内存中一个称为内存表(memtable)的有序缓冲里，较早的数据则以 SSTable 格式保存在 GFS 中。这种技术在数据库中不是很常用，但 Google 还是做出了这种选择，实际运行的效果也证明 Google 的选择虽然大胆却是正确的。

从图 8.22 中可以看出读和写操作有很大的差异性。做写操作(write operation)时，首先查询 Chubby 中保存的访问控制列表确定用户具有相应的写权限，通过认证之后写入的数据首先被保存在提交日志(commit log)中。提交日志中以重做记录(redo record)的形式保存着最近的一系列数据更改，这些重做记录在子表进行恢复时可以向系统提供已完成的更改信息。数据成功提交之后就被写入内存表中。在做读操作(read operation)时,首先还是要通过认证,之后读操作就要结合内存表和 SSTable 文件来进行,因为内存表和 SSTable 中都保存了数据。

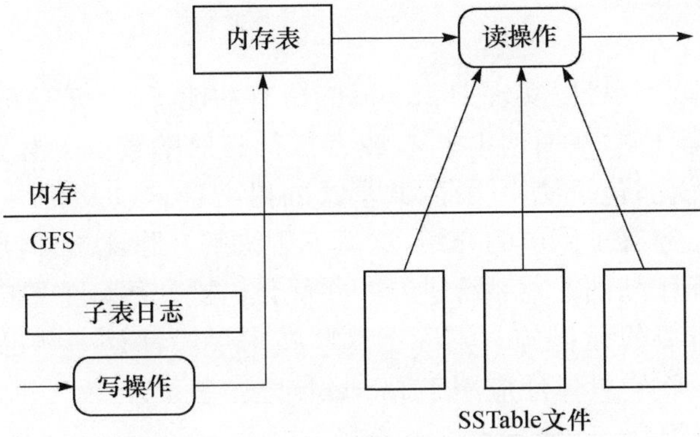

图 8.22 Bigtable 数据存储及读写操作

在数据存储中还有一个重要问题,就是数据压缩的问题。内存表的空间毕竟是很有限的,当其容量达到一个阈值时,旧的内存表就会被停止使用并压缩成 SSTable 格式的文件。在 Bigtable 中有三种形式的数据压缩,分别是次压缩(minor compaction)、合并压缩(merging compaction)和主压缩(major compaction)。三者之间的关系如图 8.23 所示。

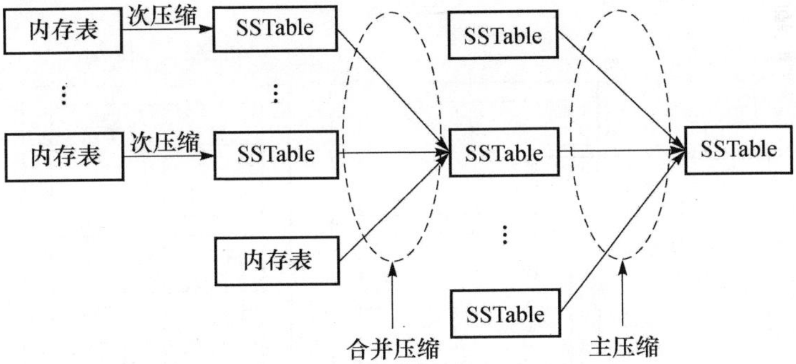

图 8.23 三种形式压缩之间的关系

每一次旧的内存表停止使用时都会进行一个次压缩操作,这会产生一个 SSTable。但如果系统中只有这种压缩的话,SSTable 的数量就会无限制地增加下去。由于读操作要使用 SSTable,数量过多的 SSTable 显然会影响读的速度。而在 Bigtable 中,读操作实际上比写操作更重要,因此 Bigtable 会定期地执行一次合并压缩的操作,将一些已有的 SSTable 和现有的内存表一并进行一次压缩。主压缩其实是合并压缩的一种,只不过它将所有的 SSTable 一次性压缩成一个大的

SSTable 文件。主压缩也是定期执行的，执行一次主压缩之后可以保证将所有的被压缩数据彻底删除，如此一来，既回收了空间又能保证敏感数据的安全性（因为这些敏感数据被彻底删除了）。

6）性能优化

上述各种操作已经可以实现 Bigtable 的所有功能了，但是这些基本的功能很多时候并不是很符合用户的使用习惯，或者执行的效率较低。有些功能 Bigtable 自身已经进行了优化，包括使用缓存、共享式的提交日志以及利用系统的不变性。这些手段在前面已经有了简单的介绍，这里不再讲解。除此之外，Bigtable 还允许用户个人在基本操作基础上对系统进行一些优化。这一部分主要向读者介绍用户可以使用的几个重要优化措施。实际上这些技术手段都是一些已有的数据库方法，只不过 Google 将它具体地应用于 Bigtable 之中罢了。

（1）局部性群组（locality groups）。

Bigtable 允许用户将原本并不存储在一起的数据以列族为单位，根据需要组织在一个单独的 SSTable 中，以构成一个局部性群组。这实际上就是数据库中垂直分区技术的一个应用。结合图 8.17 的实例来看，在被 Bigtable 保存的网页列关键字中，有的用户可能只对网页内容感兴趣，那么他可以通过设置局部性群组只看内容这一列。有的则会对诸如网页语言、网站排名等可以用于分析的信息比较感兴趣，他也可以将这些列设置到一个群组中。局部性群组如图 8.24 所示。

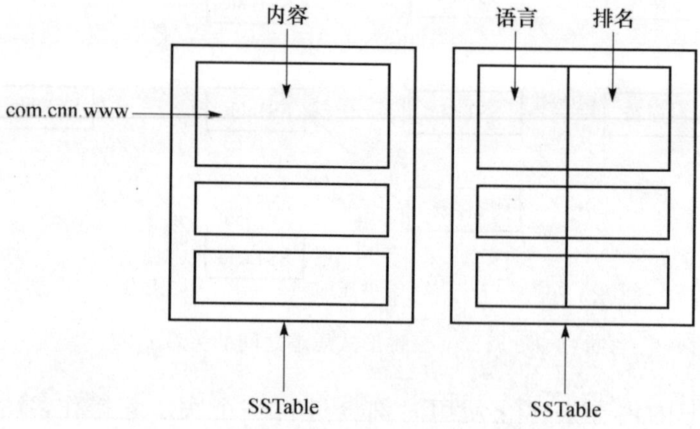

图 8.24 局部性群组

通过设置局部性群组用户可以只看自己感兴趣的内容，对某个用户来说的大量无用信息无须读取。对于一些较小的且会被经常读取的局部性群组，用户可以将其 SSTable 文件直接加载进内存，这可以明显地改善读取效率。

(2) 压缩。

压缩可以有效地节省空间,Bigtable 中的压缩被应用于很多场合。首先压缩可以被用在构成局部性群组的 SSTable 中,可以选择是否对个人的局部性群组的 SSTable 进行压缩。Bigtable 中这种压缩是对每个局部性群组独立进行的,虽然这样会浪费一些空间,但是在需要读时解压速度非常快。通常情况下,用户可以采用两步压缩的方式:第一步利用 Bentley & McIlroy 方式(BMDiff)在大的扫描窗口将常见的长串进行压缩;第二步采取 Zippy 技术进行快速压缩,它在一个 16KB 大小的扫描窗口内寻找重复数据,这个过程非常快。压缩技术还可以提高子表的恢复速度,当某个子表服务器停止使用后,需要将上面所有的子表移至另一个子表服务器来恢复服务。在转移之前要进行两次压缩,第一次压缩减少了提交日志中的未压缩状态,从而减少了恢复时间。在文件正式转移之前还要进行一次压缩,这次压缩主要是将第一次压缩后遗留的未压缩空间进行压缩。完成这两步之后压缩的文件就会被转移至另一个子表服务器。

(3) 布隆过滤器(bloom filter)。

Bigtable 向用户提供了一种称为布隆过滤器[15]的数学工具。布隆过滤器是巴顿 · 布隆在 1970 年提出的,实际上它是一个很长的二进制向量和一系列随机映射函数,在读操作中确定子表的位置时非常有用。布隆过滤器的速度快,省空间。而且它有一个最大的好处是它绝不会将一个存在的子表判定为不存在。不过布隆过滤器也有一个缺点,那就是在某些情况下它会将不存在的子表判断为存在。不过这种情况出现的概率非常小,与其带来的巨大好处相比这个缺点是可以忍受的。

目前包括 Google Analytics、Google Earth、个性化搜索、Orkut 和 RRS 阅读器在内的几十个项目都使用了 Bigtable。这些应用对 Bigtable 的要求以及使用的集群机器数量都是各不相同的,但是从实际运行来看,Bigtable 完全可以满足这些不同需求的应用,而这一切都得益于其优良的构架以及恰当的技术选择。与此同时 Google 还在不断地对 Bigtable 进行一系列的改进,通过技术改良和新特性的加入提高系统运行效率及稳定性。

8.5 “云端”与“终端”的虚拟化技术

8.5.1 “云端”的虚拟化技术

虚拟化是云计算的一个非常关键的技术,也可以说是云计算区别于一般并行计算的一个根本性的特点。

虚拟化概念是 IBM 最先提出的,20 世纪 70 年代 IBM 研究中心在实验室实现了主机的镜像,这是最原始的虚拟机。IBM 将虚拟化诠释为可以将一个物理设备作为很多虚拟资源(分区)来使用,或者令多个异构资源的行为看起来就如同是一个大的资产(集合)。虚拟化的实质就是将底层资源进行分区,并向上层提供特定、多样的执行环境。

虚拟化可以在计算机层次结构的各个抽象层实现。根据计算机层次结构将虚拟化系统分为指令级虚拟化、硬件级虚拟化、操作系统级虚拟化、编程语占级虚拟化和程序库级虚拟化五种。

VM(virtualization machine)是虚拟化的基本单元,一个 VM 由与物理机相对应的虚拟硬件组成,包括虚拟的处理器、虚拟的内存、虚拟的磁盘、虚拟的网卡等。对远程用户来说,虚拟机提供与真实的物理机相同的基础环境,他们是不知道他们是登录在物理机上还是虚拟机上的。

VMM(virtual machine monitor)又叫做 Hypervisor,它是虚拟化的主要技术软件,它运行在硬件与操作系统之间,管理和隔离运行在它之上运行的虚拟机。VMM 主要就是虚拟硬件环境,使在一台物理机上可以同时运行多个虚拟出来的机器,提供多个虚拟机对一套硬件的调用的翻译,并对所有的虚拟机整个生命周期进行管理。VMM 可以集成在操作系统里也可以运行在操作系统之上。它是构建虚拟化环境的基础平台。

根据 VMM 的实现结构将 VMM 分为宿主机模式、独立监视器模式和混合模式三种。

1) 宿主机模式(host OS)

如图 8.25 所示,该结构的 VMM 是作为一个应用程序运行在宿主机的操作系统之上,对各种物理资源的调度都是通过宿主机的操作系统来调度。VMM 只是负责虚拟各种硬件资源,创建一个运行时的环境。VMM 创建出 VM 后,VM 是作为宿主机的一个进程参与调度。

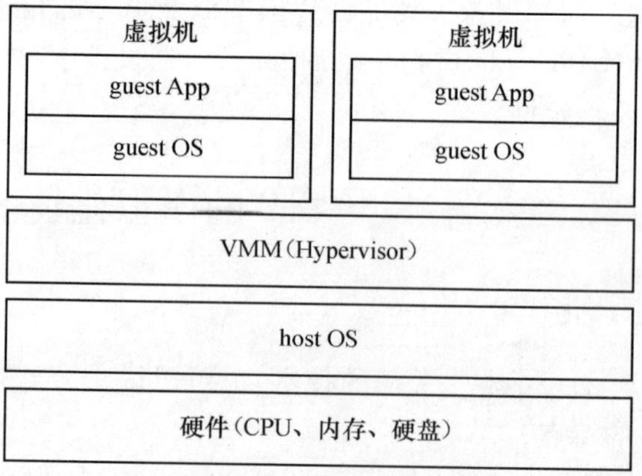

图 8.25　宿主机体系模型

宿主机模式的优点是:host 模式的虚拟化可以利用现有宿主机操作系统的设备驱动,VMM 不用实现大量的设备驱动。同时 VMM 还可以利用宿主机操作系统的其他功能,如 CPU 调度和电源管理。

宿主机模式的缺点是:VM 的资源受宿主机操作系统的控制,在 VMM 之上的 guest OS 不能直接访问硬件,它必须要经过 VMM 层。VMM 需要调用宿主机操作系统的服务来获取资源进行虚拟化,其效率和功能会受到一定影响。另外,因为 VMM 是作为一个应用程序运行在宿主机的操作系统之上,所以,VM 在安全性和可靠性方面受到 VMM 和 host OS 两方面的影响,与现有的操作系统架构相比,宿主机模式的安全性和可靠性很低。

该模式下实现的 VMM 也称为 Type-II 型 VMM。早期的虚拟化产品如 VMWare Workstation、Virtual PC 等都采用这一结构。

2) 独立监视器模式

这种结构中 VMM 通常是一个精简的操作系统,和传统的操作系统不同的是 VMM 是针对虚拟化而专门设计的,它具有虚拟化功能。如图 8.26 所示,这种架构的 VMM 直接运行在裸机上,直接管理、调度所有的物理资源(CPU、内存、I/O 设备),具有创建和管理 guest OS 的虚拟环境的功能。

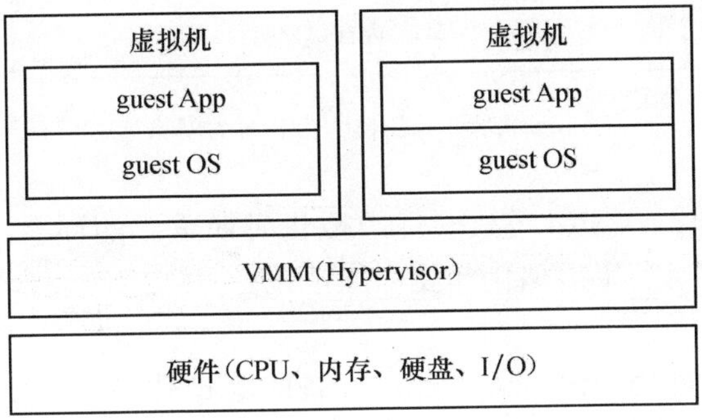

图 8.26 独立监视器体系模型

独立监视器模式的优点是:因为该模式是虚拟化主控平台与作业系统结合为一的结构,VMM 能够完全地控制硬件,并具有物理资源的管理功能和虚拟化功能,故它对资源的虚拟化的效率较高,并且在安全性方面,VM 的安全只依赖于 VMM 的安全。

独立监视器模式的缺点是:因为 VMM 要对物理资源进行管理,这就需要提供各种硬件设备的驱动。所以,该模式的 Hypervisor 一般都很复杂。如 VMWare ESX server、KVM(后期)等都是利用 Linux 设备管理,在 Linux 上来开发自己的 Hypervisor。这样导致 VMM 对本地 USB 设备、声卡、显卡等硬件支持不佳,使有的应用不能使用，如玩游戏等。

3）混合虚拟化

混合虚拟化继承了 host 模式和 Hypervisor 模式的优点，它充分利用 host OS 的 I/O 设备驱动。如图 8.27 所示，VMM 直接控制 CPU 和内存等物理资源，虚拟化效率较高。若对特权 OS 的权限控制得当，虚拟机的安全性只依赖于 VMM。但是因为特权 OS 运行于 VM 之上，当需要特权 OS 提供服务时，VMM 需要切换到特权 OS，这就需要进行上下文切换，与 Hypervisor 模式相比较性能要有所下降。

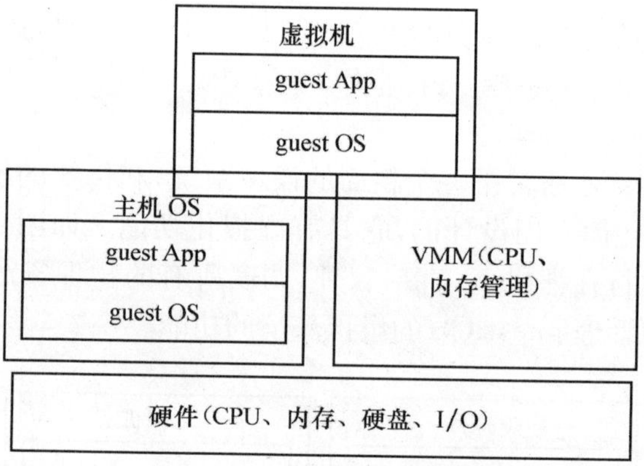

图 8.27 混合虚拟化体系模型

CPU 的虚拟化是 VMM 进行硬件虚拟化时最重要的环节。根据实现方式不同，将其分为全虚拟化、半虚拟化和硬件虚拟化。

1）全虚拟化

全虚拟化是一种完全模拟所有硬件设备的虚拟化模式。由于 VMM（虚拟机监控系统）模拟了所有的计算机设备（包括 BIOS、外设、内存等）使得操作系统好像独自占用了所有计算机的资源。VMM 翻译核心指令来替换不能虚拟化的指令，用软件的方式消除 X86 架构的缺陷，使得大多数操作系统都可以以全虚拟化模式运行。但是，完全模拟计算机硬件需要消耗虚拟机服务器更多的 CPU 资源。所以全虚拟化模式操作系统运行速度会比较慢。全虚拟化的产品有 VMWare 和 Virtual PC。

2）半虚拟化

半虚拟化又叫做操作系统协助虚拟化，在半虚拟化下，VMM 需要在操作系统的协助下才能对特权指令进行虚拟化，它要对虚拟机的操作系统内核进行修改才能将操作系统的缺陷指令替换，虚拟 OS 知道自己运行在虚拟机中。所以，主机和虚拟操作系统要用相同版本和型号(32bit 或 64bit)的内核。半虚拟化是通过修改 guest OS 的内核,绕开 X86 架构虚拟化的难点。但是对于非开源的 Windows 等操作系统却无能为力。半虚拟化的产品有 Xen 和 Denali。

半虚拟化和全虚拟化的核心区别是在 VMM 自上的 guest OS 是否修改内核。

3) 硬件虚拟化

许多虚拟机同时运行在一台计算机上需要占据很多的资源并占据很大的系统开销,越多东西被载入,存储器的容量需求也越多。如何有效地降低虚拟化时的系统开销是计算机虚拟化方面的一个重大问题。

硬件虚拟化也叫做硬件辅助虚拟化,VMM 需要在硬件的支持下才能完成对硬件资源的虚拟化。硬件虚拟化技术其实就是把纯软件虚拟化技术的各项功能用硬件电路来逐一实现从而降低虚拟化时的系统开销。支持虚拟技术的 CPU 带有特别优化过的指令集来控制虚拟过程,VMM 和 guest OS 运行在不同的模式下,由硬件支持模式切换。相比软件的虚拟实现方式,这些 VMM 使用的指令集可以很大程度地提高性能。硬件虚拟化技术可以提供基于芯片的功能,借助兼容 VMM 软件能够改进纯软件解决方案。

硬件虚拟化提供全新的架构,它支持操作系统直接在上面运行,而不需要进行二进制转换,减少了相关的性能开销,极大简化了 VMM 设计,进而使 VMM 能够按通用标准进行编写,性能更加强大。

硬件虚拟化技术在完整的情况下需要 CPU、主板、芯片组、BIOS 和软件的支持,如 VMM 软件或者某些操作系统本身。即使只是 CPU 支持虚拟化技术,在配合 VMM 的软件情况下,也会比完全不支持虚拟化技术的系统有更好的性能。

通过虚拟机的方式进行云计算资源的管理具有特殊的好处。一般来说,通过将虚拟化的技术应用到云计算的平台,可以获得如下一些良好的特性:

(1) 云计算的管理平台能够动态地将计算平台定位到所需要的物理平台上,而无须停止运行在虚拟机平台上的应用程序,这比采用虚拟化技术之前的进程迁移方法更加灵活。

(2) 能够更加有效率地使用主机资源,将多个负载不是很重的虚拟机计算节点合并到同一个物理节点上,从而能够关闭空闲的物理节点,达到节约电能的目的。

(3) 通过虚拟机在不同物理节点上的动态迁移,能够获得与应用无关的负载平衡性能。由于虚拟机包含了整个虚拟化的操作系统以及应用程序环境,因此在进行迁移的时候带着整个运行环境,达到了与应用无关的目的。

(4) 在部署上也更加灵活,即可以将虚拟机直接部署到物理计算平台当中,或者提供给用户的资源就直接是一个虚拟机,如亚马逊的 EC2。虚拟化技术现在最成熟的系统包括 Xen 和 VMWare,还有开源的系统 Linux KVM。

8.5.2 “终端”的虚拟化技术

Gartner 预测，在 2012 年有 50%的智能手机将装载虚拟化层。将虚拟化技术应用在手机上解决了以下三个方面的问题：①解决单 CPU 上功能强大的 smart OS 无法满足基带软件实时性要求高和 RTOS 无法承载功能丰富的应用软件问题；②保障系统安全，将基本的功能和重要数据放在 RTOS 或者专用的 security OS，即使 smart OS 上的应用软件甚至整个 smart OS 因中毒等崩溃，安全问题也可以有效地避免；③最直接的利益是成本节约，可以减少手机主芯片数量，如用一个 ARM Cortex-A8 替代 ARM9＋ARM11。即使要为产品换用更高性能的芯片，企业也能从中节约大量成本。

目前正在实施中或已经有产品面世的手机虚拟化技术方案主要有 MVP、VLX、OKL4 和 Xen ARM。

1) MVP

2008 年，VMWare 首次展示了其移动虚拟化平台 MVP，目的是使得设备厂商能快速推出产品上市以及为手机用户提供工作应用以及日常应用的隔离环境。目前 VMWare 正在和手机设备厂商三星以及 LG 展开合作，预计不久的将来，将会推出搭载 VMWare 虚拟化技术的手机产品。图 8.28 为 MVP 的安全视图。

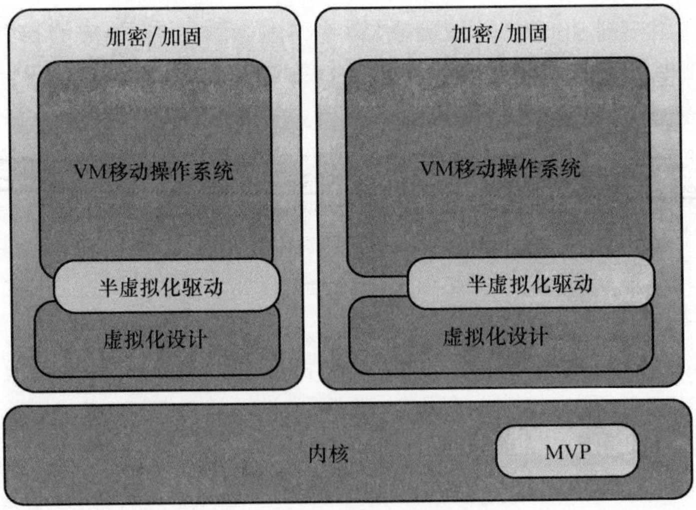

图 8.28　MVP 安全视图

早期的 MVP 基于 Type-II model，比较容易部署，但很难确保安全性，主要用于满足企业需求。为了避免 MVP 依赖的系统获取到虚拟机的内容，采用了对虚拟机镜像加密存储的方式，在需要使用时由 MVP 的模块解密，并且对用户数据加密以及采用加密的 VPN tunnel 来连接企业网络。但是当底层 OS 受到入侵后就很难保证数据的安全。为了提升性能，后来 MVP 采用了 hybrid model。

2）VLX

VLX 移动虚拟化技术由 VirtualLogix 公司开发，目前属于 Red Bend 公司。2009 年的西班巴塞罗那移动世界大会上，VirtualLogix 公司首次展示了其基于手机虚拟化解决方案，该方案采用了爱立信的单处理器 RM926 平台，同时运行 Linux 和 RTOS。

VLX 属于 Type-I model 架构，它通过一个位于物理计算资源上的规模较小的软件层来管理监控关键硬件资源，从而实现同时运行多个操作系统。VLX 对于内存管理采用了简单分区法，每个客户操作系统独占一个内存分区，实现了各客户系统的隔离。对于 CPU 以及其他系统资源的使用，由 VLX 完成分配与调度。

为获得较高效率，VLX 实现时采用了半虚拟化技术，因此需要修改客户系统内核，这项工作的工作量较大，一般由 VLX 完成。这些修改的工作量和范围主要涉及客户操作系统对系统资源的使用与修改，有了 VLX 以后，需要通过 VLX 的监控来完成。

同时，VLX 平台还采用了模块化结构，允许开发人员进行定制，进而可以形成差异化的虚拟化解决方案，以满足不同用户的需求，开发人员可以在系统大小、性能、和安全隔离性方面做出合理取舍。

VLX 移动虚拟化平台降低了操作系统和硬件之间的联系，支持在单核处理器上同时运行基带及应用系统。VLX 虚拟化平台主要优点包括：有效降低开发成本以及开发周期，具有更强的安全性保证以及更高的可用性和可靠性，支持多种不同的操作系统，具备较好的灵活性和模块化特性，提供丰富的 I/O 外围设备管理支持，较小的系统规模保证低的性能损耗。

3）OKL4

针对大众智能手机市场需要兼顾高性能与低成本，为满足这看似对立的需求，OK Labs 提出了手机虚拟化概念，称之为 OKL4 Microvisor。作为一个管理软件，其嵌入在操作系统和硬件之间，提供一个统一的易于维护的虚拟硬件界面。OKL4 的规模很小，并且性能损失官方宣称不到 1%。通过 OKL4 可以实现在单一处理器上运行应用系统和基带系统，并且系统之间有较强的安全隔离，目前，OKL4 兼容主流的智能操作系统，如 Symbian、Linux 以及 Windows 等。但由于 OKL4 采用半虚拟化模式，需要对这些操作系统内核进行修改，由于工作量巨大，这项工作一般由 OKL4 公司完成。

OKL4 属于 Type-I model，采用微内核技术，来源于较早的 Microkernel L4。与服务端虚拟化产品 Xen 相比，OKL4 的实现需要考虑新的问题。首先，嵌入式系统软件有更复杂的环境以及对可靠性要求更高，需要更细的封装力度，而不仅仅是服务端的OS级别的封装;其次,嵌入式系统虚拟化更注重整体性,虽然也需要模块之间的安全隔离,但更强调模块之间的相互配合形成一个整体系统,因此需要微内核提供更高效的通信以及内存设备共享机制;最后,实现 minimal trusted computing base (TCB),在保证安全的同时还有较好的性能。

OKL4 微内核提供的运行环境不仅可以运行完整的操作系统,同时提供一个轻量级 posix 环境,使得一些裸程序或者驱动也可以在其上运行,满足一些对安全性要求较高的程序隔离运行。

4) Xen ARM

Xen for ARM 基于 X86 的 Xen3.0 版本移植过来的。第一个版本于 2008 年发布,由三星在维护。具备 Xen 分离驱动的特点(由专用的特权 dom0 来驱动硬件和管理其他 domu),由 foreground domain 来控制界面。目前,采用编译时静态划分的方法使用内存,也就是说虚拟机数量以及各自内存量是编译时确定的。

8.6 "云端"的并行任务调度算法及编程模型

MapReduce[20]是 Google 提出的一个软件架构,是一种处理海量数据的并行编程模式,用于大规模数据集(通常大于 1TB)的并行运算。"map(映射)"、"reduce(化简)"的概念和主要思想,都是从函数式编程语言和矢量编程语言借鉴来的[8]。正是由于 MapReduce 有函数式和矢量编程语言的共性,使得这种编程模式特别适合于非结构化和结构化的海量数据的搜索、挖掘、分析与机器智能学习等。

1. 产生背景

MapReduce 这种并行编程模式思想最早是在 1995 年提出的,文献[9]首次提出了"map"和"fold"的概念,和现在 Google 所使用的"map"和"reduce"思想是相吻合的。

与传统的分布式程序设计相比,MapReduce 封装了并行处理、容错处理、本地化计算、负载均衡等细节,还提供了一个简单而强大的接口。通过这个接口,可以把大尺度的计算自动地并发和分布执行,从而使编程变得非常容易。还可以通过由普通 PC 构成的巨大集群来达到极高的性能。另外,MapReduce 也具有较好的通用性,大量不同的问题都可以简单地通过 MapReduce 来解决。

MapReduce 把对数据集的大规模操作分发给一个主节点管理下的各分节点共同完成,通过这种方式实现任务的可靠执行与容错机制。在每个时间周期,主节点都会对分节点的工作状态进行标记,一旦分节点状态标记为死亡状态,则这个节点的所有任务都将分配给其他分节点重新执行。

据相关统计,每使用一次 Google 搜索引擎,Google 的后台服务器就要进行

10^{11} 次运算。这么庞大的运算量,如果没有好的负载均衡机制,有些服务器的利用率会很低,有些则会负荷太重,有些甚至可能死机,这些都会影响系统对用户的服务质量。而使用 MapReduce 这种编程模式,就保持了服务器之间的均衡,提高了整体效率。

2. 编程模型

MapReduce 的运行模型如图 8.29 所示。图中有 M 个 map 操作和 R 个 reduce 操作。

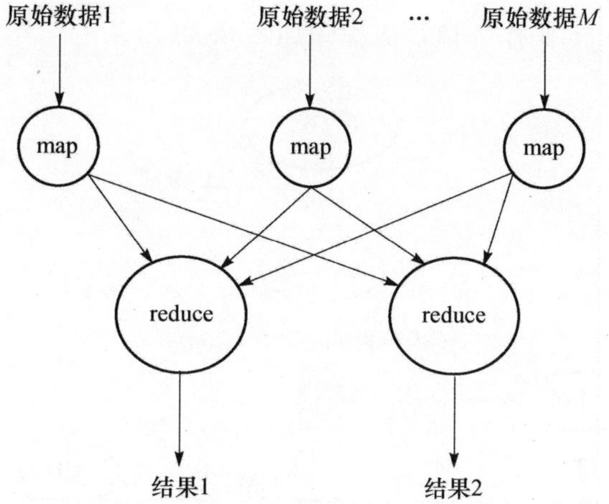

图 8.29　MapReduce 的运行

简单地说,一个 map 函数就是对一部分原始数据进行指定的操作。每个 map 操作都针对不同的原始数据,因此 map 与 map 之间是互相独立的,这就使得它们可以充分并行化。一个 reduce 操作就是对每个 map 所产生的一部分中间结果进行合并操作,每个 reduce 所处理的 map 中间结果是互不交叉的,所有 reduce 产生的最终结果经过简单连接就形成了完整的结果集,因此 reduce 也可以在并行环境下执行。

在编程的时候,开发者需要编写两个主要函数:

```
map:(in_key,in_value)→{(key_j,value_j) | j=1,…,k}
reduce:(key,[value_1,…,value_m])→(key,final_value)
```

map 和 reduce 的输入参数和输出结果根据应用的不同而有所不同。map 的输入参数是 in_key 和 in_value,它指明了 map 需要处理的原始数据是哪些。map 的输出结果是一组〈key,value〉对,这是经过 map 操作后所产生的中间结果。在进行 reduce 操作之前,系统已经将所有 map 产生的中间结果进行了归类处理,使得相同 key 对应的一系列 value 能够集结在一起提供给一个 reduce 进行归并处理,也就是说,reduce 的输入参数是(key, [$value_1$,…,$value_m$])。reduce 的工作是需要对这些对应相同 key 的 value 值进行归并处理，最终形成(key，final_value)的结果。这样，一个 reduce 处理了一个 key，所有 reduce 的结果并在一起就是最终结果。

例如，假设我们想用 MapReduce 来计算一个大型文本文件中各个单词出现的次数，map 的输入参数指明了需要处理哪部分数据，以〈在文本中的起始位置，需要处理的数据长度〉表示，经过 map 处理，形成一批中间结果〈单词，出现次数〉。而 reduce 函数则是把中间结果进行处理，将相同单词出现的次数进行累加，得到每个单词总的出现次数。

3. 实现机制

实现 MapReduce 操作的执行流程图如图 8.30 所示。

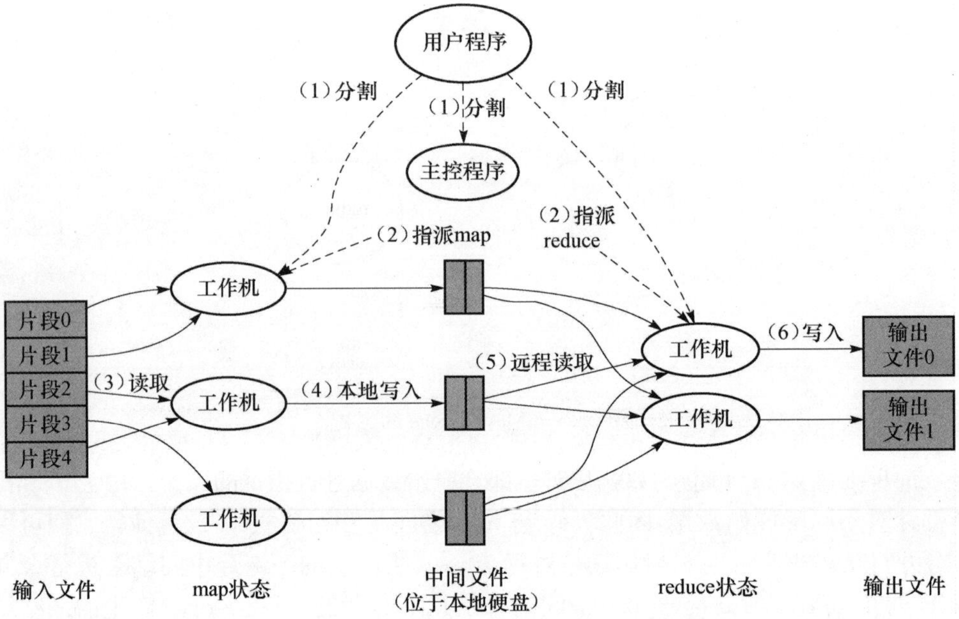

图 8.30 MapReduce 执行流程图

当用户程序调用 MapReduce 函数，就会引起如下操作(图中的数字标示和下面的数字标示相同)：

(1) 用户程序中的 MapReduce 函数库首先把输入文件分成 M 块，每块大概 16～64MB(可以通过参数决定)，接着在集群的机器上执行处理程序。

(2) 这些分派的执行程序中有一个程序比较特别，它是主控程序 master。剩下的执行程序都是作为 master 分派工作的 Worker(工作机)。总共有 M 个 map 任务和 R 个 reduce 任务需要分派，master 选择空闲的 worker 来分配这些 map 或者 reduce 任务。

(3) 一个分配了 map 任务的 worker 读取并处理相关的输入块。它处理输入的数据，并且将分析出的〈key，value〉对传递给用户定义的 map 函数。map 函数产生的中间结果〈key，value〉对暂时缓冲到内存。

(4) 这些缓冲到内存的中间结果将被定时写到本地硬盘，这些数据通过分区函数分成 R 个区。中间结果在本地硬盘的位置信息将被发送回 master，然后 master 负责把这些位置信息传送给 reduce worker。

(5) 当 master 通知 reduce 的 worker 关于中间〈key，value〉对的位置时，它调用远程过程来从 map worker 的本地硬盘上读取缓冲的中间数据。当 reduce worker 读到所有的中间数据，它就使用中间 key 进行排序，这样可以使得相同 key 的值都在一起。因为有许多不同 key 的 map 都对应相同的 reduce 任务，所以，排序是必需的。如果中间结果集过于庞大，那么就需要使用外排序。

(6) reduce worker 根据每一个唯一中间 key 来遍历所有的排序后的中间数据，并且把 key 和相关的中间结果值集合传递给用户定义的 reduce 函数。reduce 函数的结果输出到一个最终的输出文件。

(7) 当所有的 map 任务和 reduce 任务都已经完成的时候，master 激活用户程序。此时 MapReduce 返回用户程序的调用点。

由于 MapReduce 是用在成百上千台机器上处理海量数据的，所以容错机制是不可或缺的。总的说来，MapReduce 是通过重新执行失效的地方来实现容错的。

(1) master 失效。在 master 中，会周期性地设置检查点(checkpoint)，并导出 master 的数据。一旦某个任务失效了，就可以从最近的一个检查点恢复并重新执行。不过由于只有一个 master 在运行，如果 master 失效了，则只能终止整个 MapReduce 程序的运行并重新开始。

(2) worker 失效。相对于 master 失效而言，worker 失效算是一种常见的状态。master 会周期性地给 worker 发送 ping 命令，如果没有 worker 的应答，则 master 认为 worker 失效，终止对这个 worker 的任务调度，把失效 worker 的任务调度到其他 worker 上重新执行。

8.7　数据中心的制冷系统和电力系统

绿色数据中心(green data center)是指数据机房中的 IT 系统、机械、照明和电气等能取得最大化的能源效率和最小化的环境影响。

目前就职于微软的数据中心最有影响的专家 Christian Belady 在 2006 年提出数据中心能源利用率(PUE)的概念。如今，PUE 已发展成为一个全球性的数据中心能耗标准。数据中心的 PUE 值等于数据中心总能耗与 IT 设备能耗的比值，比值越小，表示数据中心的能源利用率越高，该数据中心越符合低碳、节能的标准。

目前国内一些小规模的传统数据中心，PUE 值可能高达 3 左右，这意味着 IT

设备每消耗 1W 电力，数据中心基础设施便需要消耗 2W 电力。据网络上收集的相关信息，目前 GDS 在建的 4 个机房在与第三方设计单位签约时，都是按照 PUE 值等于 1.8 的标准进行规划的。世纪互联近五年建设的水冷数据中心的 PUE 值在 1.5 左右。鹏博士酒仙桥大型数据中心的 PUE 设计值不超过 1.5。根据收集相关网站信息，全球最最节能的五个数据中心分别是：

(1) 雅虎“鸡窝”式数据中心(PUE＝1.08)。

雅虎在纽约洛克波特的数据中心，位于纽约州北部不远的尼亚加拉大瀑布，每幢建筑看上去就像一个巨大的鸡窝，该建筑本身就是一个空气处理程序，整个建筑是为了更好地“呼吸”，有一个很大的天窗和阻尼器来控制气流。

(2) Facebook 数据中心(PUE＝1.15)。

Facebook 的数据中心采用新的配电设计，免除了传统的数据中心不间断电源(UPS)和配电单元(PDUs)，把数据中心的 UPS 和电池备份功能转移到机柜，每个服务器电力供应增加了一个 12V 的电池。同时 Facebook 也在使用新鲜空气进行自然冷却。

(3) 谷歌比利时数据中心(PUE＝1.16)。

谷歌比利时数据中心竟然没有空调！根据谷歌公司工程师的说法，比利时的气候几乎可以全年支持免费的冷却，平均每年只有 7 天气温不符合免费冷却系统的要求。夏季布鲁塞尔最高气温达到 66 至 71 华氏度(19～22℃)，然而谷歌数据中心的温度超过 80 华氏度(27℃)。

(4) 惠普英国温耶德数据中心(PUE＝1.16)。

惠普英国温耶德数据中心利用来自北海凉爽的海风进行冷却。

(5) 微软都柏林数据中心(PUE＝1.25)。

微软爱尔兰都柏林数据中心采用创新设计的“免费冷却”系统和热通道控制，使其 PUE 值远低于微软其他数据中心的 1.6。

从图 8.31 可以看出，降低 PUE 最有效的措施是采用免费自然制冷措施和替代传统的 UPS 系统。对于数据中心，其能耗一般由 IT 设备能源消耗、UPS 转化能源消耗、制冷系统能源消耗、照明系统和新风系统的能源消耗以及门禁、消防、闭路电视监控等弱电系统能源消耗五部分组成。如果需要降低 PUE 的值，就需要从以下四个方面采取措施：

(1) 采用转换效率高的 UPS 系统。目前，新一代数据中心的设计基本采用新型的高频(IGBT 技术)UPS 系统，电源转换效率和功率因数都比传统的工频(可控硅技术)UPS 系统有非常大的提升，而且重量轻和体积小。由于 UPS 的电源转换效率和负载率成正向关系，因此在设计和运维时要尽可能提高 UPS 的负载率。目前国内中国电信和中国联通都在提倡使用高压直流 UPS 系统，取消了传统意义上 UPS 的逆变功能，不仅电源转换效率提高 3%～5%，而且可靠性大大提高。上面介绍 Google 和 Facebook 干脆在数据中心取消了传统的 UPS 系统，把电池和服务器的电源相结合，在正常运营时完全没有额外的能源消耗。

（2）采用高效节能的绿色制冷系统。主要是采用水冷空调和自然制冷措施。

（3）采用 LED 绿色节能光源取代或部分取代传统光源，据了解，目前在世纪互联和鹏博士的数据中心部分机柜上已经安装 LED 光源。另外就是运维管理，做到人走灯关，根据人员情况确定新风系统的运行时间和风量。

（4）弱电系统总的能源消耗很小，一般不需要过多关注。但是如果可能的话，最好采用集中的高效直流供电系统，因为一般分布式的小型直流电源系统转换效率低，功率因数也低。

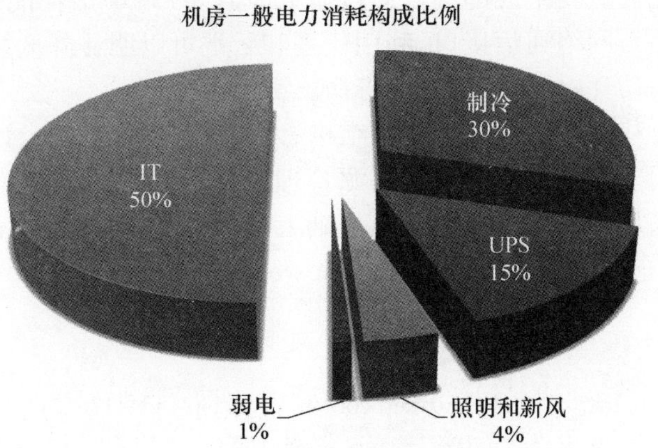

图 8.31　机房一般电力消耗构成比例

绿色数据中心是数据中心发展的必然。总的来说，我们可以从建筑节能、运营管理、能源效率等方面来衡量一个数据中心是否为“绿色”。绿色数据中心的“绿色”具体体现在整体的设计规划以及机房空调、UPS、服务器等 IT 设备、管理软件应用上，要具备节能环保、高可靠可用性和合理性，如图 8.32 所示。

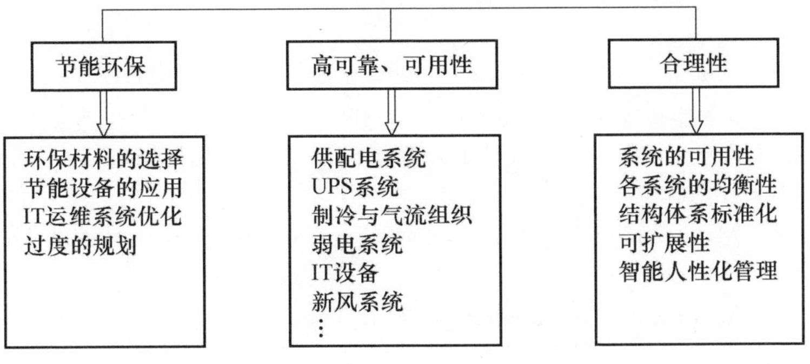

图 8.32　数据中心的设计规划

机房建设是一个系统工程，计算机技术的迅猛发展，促进了机房工程建设，对机房的安全性、可用性、灵活性、机架化、节能性等方面提出了更高的要求，绿色数据中心的架设，综合体现在节能环保、高可靠可用性和合理性三个方面。

8.8 小　结

移动终端中硬件执行软件的过程直接导致了电池电能的消耗，通过优化硬件设计（晶体管、门电路、封装、微结构等）可以明显降低硬件执行同样指令时产生的动态功耗和静态功耗；而软件决定了移动终端硬件的执行过程，因此软件优化同样是降低终端功耗的重要组成部分。通过研究发现，终端中最耗能的两大部件是显示屏及相关电路与网络通信接口，利用代理和云端可以明显降低终端处理成本，降低无线网络通信功耗，延长终端电池寿命。

本章通过对移动终端软硬件体系结构、无线通信网络以及云计算平台的研究，提出了多个应用于不同层次的先进电源管理策略，这些策略的综合应用和相互协同可以保证在满足用户对性能的需求基础上，让电池在相同电能的情况下执行尽可能多的任务，充分提高系统的能效比（power efficiency）。

参考文献

[1] Gartner Group. http://www.gartner.com/it/page.jsp? id=1764714,2011.

[2] Linden D, Reddy T B. Secondary batteries-introduction//Linden D, Reddy T B. Handbook of Batteries. 3rd Edition. New York: McGraw-Hill, 2002: 22—24.

[3] Chun C, Barth A. Extreme energy conservation for mobile communications. Freescale Technology Forum, Slide 3, Taipei, 2006: 185—188.

[4] Shao Z. High Performance, Low Power and Secure Embedded Systems. Ph. D. Dissertation. Dallas: School of Engineering and Computer Science, University of Texas at Dallas, 2005.

[5] 郭兵，沈艳，邵子立. 绿色计算的重定义与若干探讨. 计算机学报，2009，32(12)：2311—2319.

[6] Cong J. Customizable domain specific computing. Sponsored by NSF Expeditions in Computing Program. http://www.cdsc.ucla.edu, 2009.

[7] Keating M, Flynn D, Aitken R, et al. Low Power Methodology Manual: For System-on-Chip Design. Berlin: Springer, 2007.

[8] Nowak E J. Maintaining the benefits of CMOS scaling when scaling bogs down . IBM Journal of Research and Development , 2002, 46(2/3): 169—180.

[9] Viredaz M A, Brakmo L S, Hamburgen W R. Energy management on handheld devices. ACM Queue, New York, 2003, 1(7): 44.

[10] Carroll A, Heiser G. An analysis of power consumption in a smartphone. Proceedings of

the 2010 USENIX Conference on USENIX Annual Technical, Boston, 2010: 1—5.

[11] Bhatti K, Belleudy C, Auguin M. Power management in real time embedded systems through online and adaptive interplay of DPM and DVFS policies. IEEE, Hong Kong, 2010: 184—191.

[12] Devadas V, Aydin H. On the interplay of voltage/frequency scaling and device power management for frame-based real-time embedded applications. IEEE Computer Society, 2012, 61(1): 31—34.

[13] Chen Y, Xia F, Shang D, et al. Fine-grain stochastic modelling of dynamic power management policies and analysis of their power-latency tradeoffs. The Institution of Engineering and Technology, 2009, 3(6): 458—469.

[14] Rodriguez N V, Crowcroft J. Energy management techniques in modern mobile handsets. Communications Surveys & Tutorials, IEEE, 2012, 15(1): 179—198.

[15] Brian N, Satyanarayanan M, Morgan P. A programming interface for application-aware adaptation in mobile computing. Proceedings of the 2nd Symposium on Mobile and Location-Independent Computing, Berkeley, 1995, 57—66.

[16] Ellis C S. The case for higher-level power management. Proceedings of the The Seventh Workshop on Hot Topics in Operating Systems, Rio Rico, 1999: 162—167.

[17] Liu X, Shenoy P, Corner M D. Chameleon: Application-level power management. IEEE Transactions on Mobile Computing, 2008, 7(8): 995—1010.

[18] Flinn J, Satyanarayanan M. PowerScope: A tool for profiling the energy usage of mobile applications. Proceedings of the Second IEEE Workshop on Mobile Computer Systems and Applications, Washington D. C., 1999: 2—7.

[19] Rodriguez N V, Crowcroft J. ErdOS: Achieving energy savings in mobile OS. Proceedings of the 6th International Workshop on MobiArch, New York, 2011: 37—42.

[20] Chu D, Kansal A, Liu J, et al. Mobile apps: It's time to move up to CondOS. Proceedings of the 13th USENIX Conference on Hot Topics in Operating Systems, Berkeley, 2011: 16.

[21] Ghemawat S, Gobioff H, Leung S T. The Google file system. Proceedings of 19th ACM Symposium on Operating Systems Principles, New York, 2003: 29—43.

[22] Chang F, Dean J, Ghemawat S, et al. Bigtable: A distributed storage system for structured data. ACM Transactions on Computer Systems(TOCS), 2008, 26(2): 4.

[23] Dean J, Ghemawat S. MapReduce: Simplied data processing on large clusters. OSDI, 2004.

[24] Kelényi I, Ludányi A, Nurminen T K. Using home routers as proxies for energy-efficient bittorrent downloads to mobile phones. Communications Magazine, IEEE, 2011, 49(6): 142—147.

[25] Kelenyi I, Nurminen J K. Cloudtorrent-energy-efficient bittorrent content sharing for mobile devices via cloud services. Consumer Communications and Networking Conference (CCNC), Las Vegas, 2010: 1—2.

[26] Dogar F, Steenkiste P, Papagiannaki K. CatNap: Exploiting high bandwidth wireless inter-

faces to save energy for mobile devices. Proceedings of the 8th International Conference on Mobile Systems, and Applications, and Services (Mobisys'10), New York, 2010: 107—122.

[27] Kumar K, Lu Y. Cloud computing for mobile users: Can offloading computation save energy? Computer, 2010, 43(4): 51—56.

第 9 章　物联网的绿色设计

9.1 引　　言

物联网(the Internet of things)是新一代信息技术的重要组成部分,是一种在互联网技术基础上延伸和扩展的一种网络技术,即通过射频识别(RFID)、传感器、全球定位系统、激光扫描器等信息传感设备,按约定的无线或有线的通信协议,将任何物品与互联网相连接,进行信息交换和通信,以实现对物品的智能化识别、定位、追踪、监控和管理等功能的网络系统。

随着无线通信、嵌入式计算、智能传感器、集成电路以及微机电系统(micro-electro-mechanism system,MEMS)等技术的飞速发展,出现了集信息采集、处理和无线通信等功能的微型传感器,成为构成物联网的重要组成部分。这些微型传感器通过特定的协议自组织起来,协同工作,实时监测、感知和采集网络分布区域内的各种环境或监测对象的信息,并对这些信息进行处理和传输(见图 9.1),共同构成无线传感器网络[1,2]。

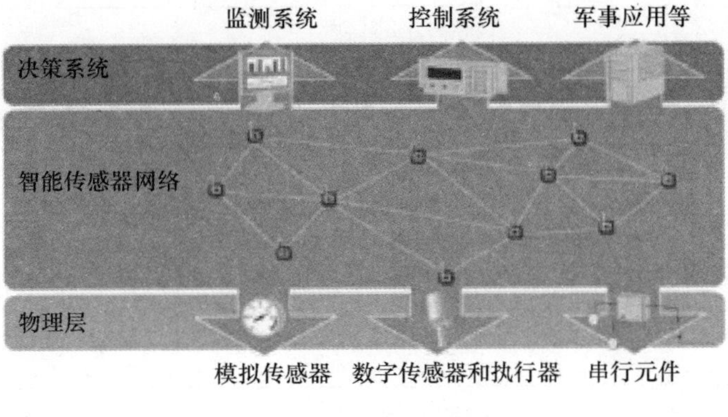

图 9.1　智能传感器网络

每一粒传感器是具有电脑功能的一种超微型传感器,由电池、传感器、微处理器、双向无线电接收装置和使它们能够组成一个无线网络的软件共同组成,具有体积小、功耗低、自组织、无线通信的特点。图 9.2 所示为一个典型的传感器网络的体系结构。在这个结构中,传感器节点由传感模块、计算和存储模块、无线通信模块和能量供应模块四部分组成。传感模块负责监测区域内信息的采集,并将其转换为数字信号；计算和存储模块负责控制和协调传感器节点的操作，存储和处理自身采集的数据以及其他节点发来的数据；无线通信模块负责与其他传感器节点进行无线通信，交换控制信息和收发采集数据；能量供应模块为传感器节点提供正常工作所需的能量，通常采用微型电池。

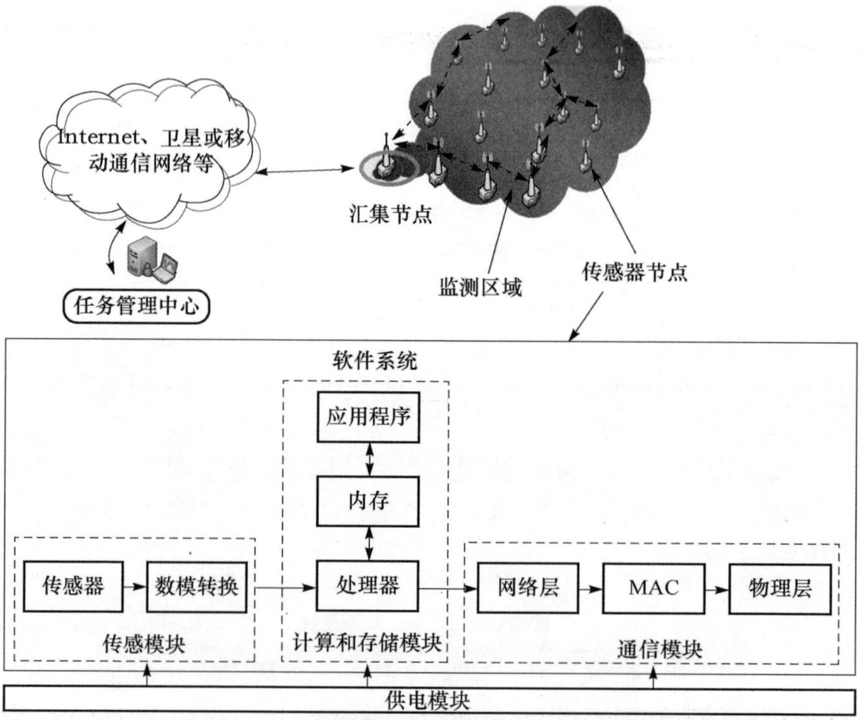

图 9.2 无线传感器网络典型结构和节点结构

在无线传感器网络的研究初期，人们一度认为成熟的 Internet 技术加上 Ad-hoc 路由机制对传感器网络的设计是足够充分的，但深入的研究表明[1,2]，无线传感器网络不同于其他传统网络，具有如下鲜明特点：

(1) 电源能量有限。传感器节点由电池供电，节点能量极其有限。由于传感器网络通常运行在人无法接近的恶劣(甚至危险)的远程环境中，因此，传感器节点一旦配置后，其物理限制难以给节点更换电池而使得网络中的传感器由于电源能量的原因经常失效或废弃。传感器节点的电源能量限制是整个传感器网络设计最关键的约束之一，这决定了传感器节点生命和网络寿命的有限性。这也是传感器网络和传统网络最重要的区别之一。

(2) 计算和存储能力有限。传感器网络中的传感器节点由于受价格、体积和功耗的限制，其计算能力和存储空间比普通的计算机功能要弱得多。

(3) 通信能力有限。一方面,传感器网络中传感器的通信带宽窄而且经常变化,通信覆盖范围只有几十到几百米;另一方面,由于传感器网络更多地受到高山、建筑物、障碍物等地势地貌以及风雨雷电等自然环境的影响,传感器可能会长时间脱离网络,离线工作。这导致无线传感器网络拓扑结构频繁变化。

(4) 传感器数量大、分布范围广。传感器网络中的传感器节点部署密集,具有很强的容错性和抗毁性。

(5) 网络动态性强。传感器网络具有很强的动态性,经常有新节点加入以提高网络的质量,或者传感器节点在工作和睡眠状态之间切换以及传感器节点随时可能由于各种原因发生故障而失效,这导致传感器网络拓扑变化频繁,因此,传感器网络必须具有可重构和自调整性。

(6) 感知数据流巨大。传感器网络是以数据为中心(data-centric)的网络,以数据为中心的特点要求传感器网络能够脱离传统网络的寻址过程,快速有效地组织起各个节点的信息并融合提取出有用信息直接传送给用户。

综上所述,传感器网络属于一种资源受限网络,即网络节点的能量、计算能力和存储量都非常有限,尤其是能量受限,这决定了网络的设计必须以提高系统的能量效率为首要目标。因此,从无线传感器网络的特点可以看出:在设计传感器网络软、硬件时,在满足一定性能要求的前提下,采用适当的节能控制策略尽可能地降低节点能耗,对于有效完成既定任务以及延长整体网络的生存时间具有非常重要的意义。

9.2　无线传感器网络能量管理策略

9.2.1　无线传感器网络能量管理概述

由于传感器节点能量受限,无线传感器网络中能量管理策略非常重要。根据传感器节点组成和传感器网络体系结构特点,要提高无线传感器网络的能量有效率,延长传感器网络的生存时间,主要从以下三个方面考虑降低无线传感器网络能量消耗。

1) 传感器节点的低能耗设计

硬件厂商设计传感器节点时,根据具体应用,去除与应用无关的能耗模块,如移动模块,以降低整体功耗。各模块设计时尽量采用更低电压,以有效降低模块能耗。例如,采用低功耗 MCU,如 MSP430 系列微控制器 k,该系列控制器可采用三套独立的时钟源。高速的主时钟、低频时钟(如 32.768Hz)以及 DCO 片内时钟。根据需要,可随时切换 CPU 和外设的时钟频率。同时,具有多种工作模式。如图 9.3所示,MSP430 系列微控制器具有五种低功耗模式:LPM0、LPM1、LPM2、

LPM3、LPM4。低功耗模式 LPM0 会关闭 CPU，但是保持其他功能正常运转；LPM1 与 LPM2 模式在禁用功能列表中增加了各种时钟功能；LPM3 是最常用的低功耗模式，称为实时时钟模式，该模式保持低频率时钟振荡器以及采用该时钟的外设运行，允许定时器采用低功耗的 32.768kHz 的时钟源运行，电流消耗低于 1μA，同时还能定期激活系统；LPM4 模式完全关闭器件上的包括 RAM 存储在内的所有功能，电流消耗仅 0.1μA。这五种模式为其功耗管理提供了极好的性能保证。

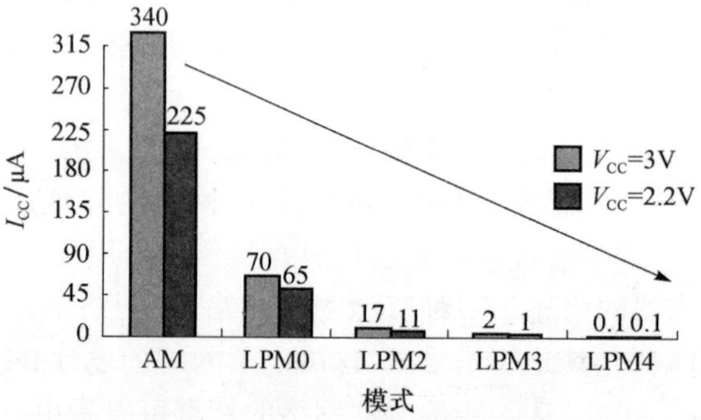

图 9.3 MSP430 在各种工作模式下的功耗

2）各种基于能量考虑的网络协议设计

无线传感器网络通信能量消耗巨大，减少无效信息的传输是一个关键因素。各层协议设计中要坚持“简单”、“高效”和“低功耗”的原则。充分考虑无线传感器网络的特点，根据应用的不同，可利用牺牲部分数据精度的办法来保证服务的实时性和能量的有效性。

3）系统级节点调度策略

考虑到异常事件的随机性特点，传感器节点不必一直处于工作状态，可关闭空闲的传感器节点。部署密度较高的传感器网络中，传感器节点的监测区域可能重叠，观测区域全部被邻居传感器覆盖的节点称为冗余节点。

9.2.2 无线传感器网络节点级能耗分析和管理

传感器节点消耗能量的模块包括传感模块、计算和存储模块及无线通信模块三个部分，如图 9.4 所示。

1）传感模块

传感模块由一组传感器和数/模转换器等构成，主要任务是负责采样被测测对象的敏感信息，并转换成相应的数字信号。传感模块的能量消耗来自多个部分，包括信号采样以及物理信号到电信号的转换、信号调制和信号模/数转换等。

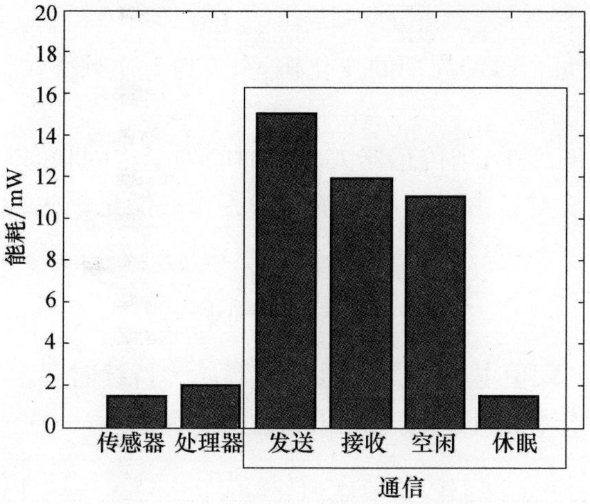

图 9.4　传感器节点的能量消耗

当传感模块自动检测周期性和非周期性两类事件时[3]，其能量消耗总量为

$$E_{\text{total-resume}} = \sum_{i=1}^{n} E_i N_i$$

其中，E_i 为第 i 次的单次采样消耗的能量；N_i 为第 i 次的采样次数。

由上式可知，要控制该模块的能量消耗可从两个方面进行：一是控制单次数据采样所消耗的能量；二是控制采样频率。前者可通过采用低功耗器件，从元器件本身有效控制单次数据采样的能量消耗；后者可通过在并不会对被测数据准确性、有效性和完整性造成破坏的前提下有选择性地减少单个节点的采样频率，较好地控制该模块的能量消耗。

通常，传感器模块均是以低占空比的方式工作，使得该模块的能耗占整个节点总能耗比例很小，相对于计算和存储模块及无线通信模块的能耗而言，传感器模块能耗可以忽略不计。

2）计算和存储模块

计算和存储模块包括微处理器、存储器和 I/O 接口电路等硬件，负责控制传感器、执行通信协议和处理传感数据等软件算法，是节点的控制和计算核心。计算和存储模块的功能强弱、性能高低、不同工作状态模式（活动、空闲和休眠等）的持续时长、不同状态间的相互切换以及能耗指标等，都会影响整个节点的能量消耗[4]。

计算和存储模块能耗主要来自于 MCU 处理器芯片，基于 CMOS 技术的 MCU 功耗主要由两部分组成，即电容充放电导致的动态功耗 E_{d} 和漏电流导致的漏电功耗 E_{leak}。

动态功耗模型可以近似为

$$E_{\mathrm{d}}=\alpha f C_{\mathrm{total}} V_{\mathrm{dd}}^{2}$$

其中，α 为输入节点每个时钟周期的变化概率；f 为工作频率；C_{total} 为门输出节点的总电容；V_{dd}^{2} 为工作电压。

在无线传感器网络中，当传感器大多数时间处于空闲状态时，其供电元件消耗的能量主要为泄漏能量。由于泄漏电流 I_{leak} 造成的能量损失与供电电压 V_{dd} 的关系为[5]

$$E_{\mathrm{leak}}=t V_{\mathrm{dd}} I_{\mathrm{leak}} \exp\left(\frac{V_{\mathrm{dd}}}{n V_{\mathrm{th}}}\right)$$

其中，V_{th} 为晶体管的阈值电压；I_{leak} 为泄露电流；t 为持续时间。

因此，MCU 工作状态下的总功耗 E_{consume} 为

$$E_{\text{consume-MCU}}=E_{\mathrm{d}}+E_{\mathrm{leak}}=\alpha f C_{\mathrm{total}} V_{\mathrm{dd}}^{2}+t V_{\mathrm{dd}} I_{\mathrm{leak}} \exp\left(\frac{V_{\mathrm{dd}}}{n V_{\mathrm{th}}}\right)$$

从上式可知，通过改变 V_{dd}，节点会以平方的速度缩减 MCU 的动态能量消耗；而对于 V_{th} 的动态变化，节点会以指数级减少功率消耗。在典型的 μAMPS-I 传感节点中，其微处理器为 Strong ARM SA-1100，其能量消耗如图 9.5 所示。

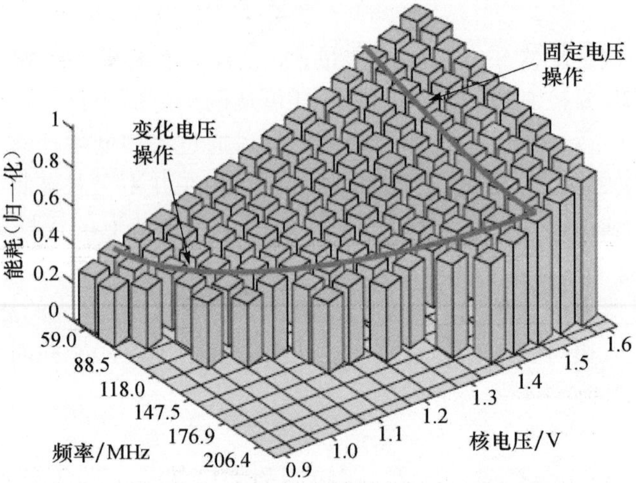

图 9.5　Strong ARM SA-1100 的能量消耗图

因此，计算和存储模块低功耗器件、适时休眠和空闲时的降频技术，都是硬件上减少计算子系统能量消耗的常用技术，节点间的功能轮换则从网络的整体角度实现网络节点的能量消耗相对均衡。自组织的簇生成、传输数据的加密/解密以及通信链路的建立和维护等，则通过执行相应的指令序列来完成，算法越复杂，指令条数就越多，消耗的能量也就越大。而算法是有效性、可靠性和复杂性之间的矛盾以及应用环境的多样性和不确定性，使得软件算法的能量消耗远比硬件的能量消耗控制困难，既要满足应用环境的需求，还要尽可能降低软件算法的复杂性。

3）通信模块

由无线收发部件构成的通信模块负责节点之间的通信任务，这也是传感器节点能量消耗最多的部分，例如，在 100m 距离上传输 1bit 信息需要的能量大约相当于执行 3000 条计算指令所消耗的能量。

通信模块能量消耗是发送节点的发送能量和接收节点的接收能量之和，即

$$E_{\text{consume-com}} = E_{\text{tx}}(N) + E_{\text{rx}}(N)$$

其中，传感节点发送的能量模型为

$$E_{\text{tx}}(N) = P_{\text{tx-st}} T_{\text{tx-st}} + \frac{N}{R}[P_{\text{tx-elec}} + (\alpha_{\text{rad}} + \beta_{\text{rad}} P_{\text{revd}} P_{1\text{m}} d^n)]$$

其中，$P_{\text{tx-st}}$为无线收发模块发送起始的功率；$T_{\text{tx-st}}$为无线收发模块发送起始的延迟时间；$P_{\text{tx-elec}}$为工作态的发送功率；P_{revd}为接收功率，可能是接收灵敏度；$P_{1\text{m}}$为从发送者起 1m 的距离上的信号衰减；N 为发送比特数；R 为数据比特率；α_{rad}为线性化功率放大器；β_{rad}为端到端天线损耗的系数。

传感节点接收的能量模型为

$$E_{\text{rx}}(N) = P_{\text{rx-st}} T_{\text{rx-st}} + \frac{N}{R} P_{\text{rx-Elec}} + N E_{\text{decbit}}$$

其中，$P_{\text{rx-st}}$为无线收发模块接收起始的功率；$T_{\text{rx-st}}$为无线收发模块接收起始的延迟时间；$P_{\text{rx-elec}}$为工作态的接收功率；E_{decbit}为每比特译码能量。

由上述可知，无线收发部件采用的调制模式、数据率、发射功率和操作周期等都是影响通信子系统能量消耗的关键因素。因此，短距离无线通信和减少网络通信流量是通信子系统能量消耗控制的主要手段。例如，通常采用缩短节点间通信距离、降低发射功率的“级跳”通信方法实现能量节省的。

因此，无线传感器网络中节点级能量保护管理策略归纳起来可以分为两部分：动态电压调整和节点状态转换策略。

1）动态电压调整

不同的微处理器对节点的能量消耗带来很大的影响。Intel 的 StrongARM 在执行指令时功耗达到 400mW，而 ATmega103LAVR 的功耗就只有 16.5mW，MSP430 系列的 F149 超低功耗 CPU，电源电压在 2.2V 时工作在 4kHz 的频率下消耗电流为 2.5mA，功耗更低。

Min 等提出的动态电压调整策略的主要原理是基于负载状态动态调节供电电压来减小系统功耗[6]。在大多数无线传感器节点中，计算负载是随时间变化的，因此，节点级能量管理策略通过 DVS 改变工作电压以平方的速度降低 MCU 的动态能量消耗，从而在性能和能耗之间取得平衡。

在典型的 μAMPS-1 传感节点中，其微处理器为 StrongARM-SA-1100。动态电压标定了处理器电压从 0.9V 到 1.5V 变化，而时钟频率从 59MHz 到 220MHz

变化，如图 9.6 所示。从图中明显看出采用 DVS 比不采用 DVS 能量保护策略能量消耗有将近两倍的差别[7]。

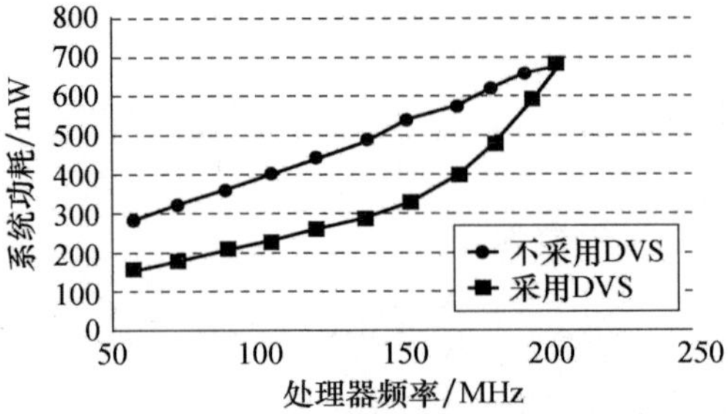

图 9.6　动态电压调整的节点能耗

2）节点状态转换策略

在无线传感器网络中，监测事件具有很强的偶发性，节点上所有的工作单元没有必要时刻保持在正常的工作状态。处于休眠状态，甚至完全关闭，必要时加以唤醒是一种有效的系统节能方案。

在保证监测区域有效覆盖率的前提下，部分传感器节点可以完全关闭而不影响用户的查询需求。操作系统能够直接控制基础硬件资源，优化调整可变的能量控制关键参数，它的理想模式是完全关闭所有空闲模块的能量管理策略。传感器网络节点的主要功耗器件有计算子系统（包括处理器和存储器）、传感子系统和通信子系统。根据它们的状态组合的有效性，将整个节点分为多种工作状态，在嵌入式操作系统的支持下进行状态切换，既满足了功能的需要，又节省了能量。节点的状态转换建立在与邻居节点协商的基础上，并不是孤立的，整个网络周期性地相互交换位置和能量信息，建立通信链路，保证目标区域的有效覆盖率。

9.2.3　无线传感器网络网络级能耗管理

在传感器网络中，网络协议的首要设计目标是高效使用能量，延长网络系统的生存期。传感器网络的无效功耗主要来自以下四个方面[8]：

（1）如果 MAC 协议采用竞争方式使用共享的无线信道，节点在发送数据的过程中，可能会引起多个节点之间发送的数据碰撞，这就需要重传发送的数据，从而消耗节点更多的能量。

（2）节点接收并处理不相关的数据。这种“串音”现象造成节点的无线接收模块和处理器模块消耗更多的能量。

（3）节点在不需要发送数据时，一直保持对无线信道的空闲侦听，以便接收可能传输给自己的数据。这种过度的空闲侦听同样会造成节点能量的浪费。

（4）在控制节点之间的信道分配时，如果控制信息过多，也会消耗较多的网络能量。

根据无效功耗产生的途径，分别在网络的各层协议设计中去克服、消除这些能耗，以降低功耗，延长系统寿命。

9.3　无线传感器网络节能动态任务分配

9.3.1　问题描述

目前的任务分配技术的研究主要集中在分布计算领域，并已有很深入的研究。由于无线传感器网络节点资源受限、大规模密集部署以及网络高度动态等特点，其任务分配与传统分布计算网络有较大区别，传统分布计算的任务分配没有充分考虑无线传感器网络通信资源受限，节点之间存在通信冲突的问题，其任务分配的方法不能直接应用到无线传感器网络中。

结合传感器网络的特点，文献[9]提出了能源有效的任务分配框架，主要思想是采用模拟退火算法，在设计阶段进行集中式任务分配，运行时节点根据自身能源状况进行任务迁移。在该机制中，任务分配问题被看成是一个集能量消耗、网络延迟和给定约束一体的代价函数的最优化问题。同时，还考虑节点的异构性。但是该机制不涉及分簇结构的传感器网络，而是在整个网络内分配全局任务。

文献[10]提出一种基于簇头节点任务分配的最优方案。该方案将任务分配问题归结为 0-1 非线性规划问题，将系统级任务看成是包含多个相互关联的、具有通信和处理能力的子任务，将这些子任务分配到一个或多个簇头节点上，因此，簇头节点的任务分配问题转化为最优化问题，其目标是通过平衡每个簇头节点的剩余能量与承受负载的比例，在满足应用需求的前提下，最大化所有簇头节点剩余生命期以及最大化所有簇的生命期，从而延长整个网络的生命期。但该方案只涉及全局任务在簇头节点的优化分配，没有进一步讨论到传感器节点的分配方案。文献[11]提出聚簇内能量平衡的任务分配算法。聚簇内的传感器通过多个无线信道与簇头单跳通信，用整数线性规划对任务分配问题建立数学模型，目标是聚簇内各个节点能量消耗均衡，然后设计了一个三阶段启发算法获得近似优化解。文献[12]提出了带能量限制的任务映射和任务调度算法以及基于任务的计算代价模型和通信代价模型。该算法使得应用任务在能量限制下的调度长度最短。文献[13]提出一种联机任务调度机制，根据传感器之间的带宽和通信需求计算应用执行频率的上界，并在此基础上，优化任务在各个传感器上执行的频率，为传感器网络中周期性执行的任务分配资源。但该机制假设任务已经映射到传感器，并且没有明确考虑执行任务的能量消耗。文献[14]为无线传感器网络中的数据融合设计了一种任务映射机制，该机制假设在已有的网络通信架构下进行任务映射和任务调度，没有考虑通信调度，而传感器网络中的主要能量消耗在于数据通信，因此，通信效率和能量消耗在无线传感器网络中是非常重要的。

文献[15]根据无线传感网络的特点，提出面向分层结构、多跳传感器网络的节能任务分配方法，即根据节点工作状态、剩余能量及能耗，基于熵理论，建立代价函数，同时，基于粒子群优化算法完成优化任务分配策略。针对无线传感网络动态变化，对任务进行动态调整，从而实时有效地减少无线传感网络的计算时间和网络传输能耗，提高任务分配控制效率和网络寿命。

1. 网络拓扑模型

文献[15]假设无线传感器网络的网络拓扑结构为层次型结构，如图 9.7 所示。在该结构中，传感器节点被划分成若干个簇，每个簇都有一个簇头节点，用以管理簇内节点(成员节点)，负责将任务分配给聚簇内合适的成员节点。

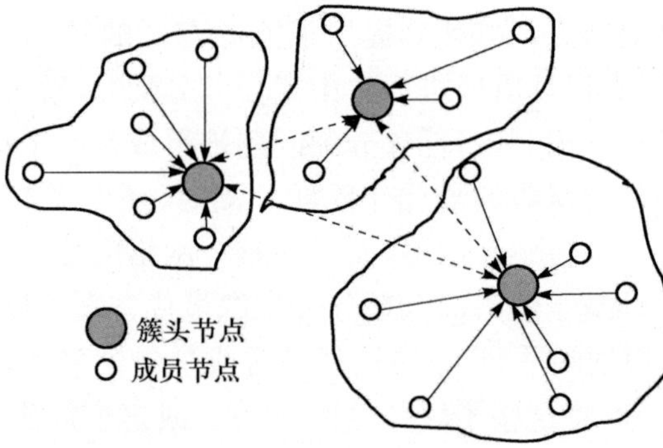

图 9.7　无线传感器网络拓扑

因此，网络拓扑可以表示为：$\mathrm{TG}=(C,S,L)$，其中 $C=\{C_j, j=1,2,\cdots,n\}$ 表示簇头节点集合，$S=\{S_i, i=1,2,\cdots,m\}$ 表示簇内成员节点集合，$L=\{L_{ab}, a=1,2,\cdots,k; b=1,2,\cdots,s\}$ 表示通信边集合，即如果顶点 S_a 和顶点 S_b 之间有边，则表示这两个节点可以通信。

此外，还作了以下假设：

(1) 假设 CPU 处理和通信消耗能量的关系是先验的，则在任务分配的过程中执行任务所需的能量是可以估测的；

(2) 假设任何一个簇头节点向网络中的其他传感器节点发送相同大小的数据将消耗相同的能量；

(3) 假设在一个新的任务集合分配的过程中，先前被分配至某个簇头节点的任务将不会被再分配(迁移)到不同的簇头节点上，一个子任务在一个传感器节点上按优先级别执行；

(4) 无线传感器网络任务分配包括两级任务分配，本节将主要研究簇内的任务分配问题。

2. 问题建模

1) 时间开销

设 t_{ij} 表示 t_i 在 S_j 上执行的时间开销，无线传感网络任务执行时间包括：传输时间 t_{ij}^{t}、访问时间 t_{ij}^{a} 和处理时间 t_{ij}^{p}[16]，即 $t_{ij}=t_{ij}^{\mathrm{t}}+t_{ij}^{\mathrm{a}}+t_{ij}^{\mathrm{p}}$，其中，$t_{ij}^{\mathrm{p}}$ 与数据量 D 及无线网络带宽 B 有关：$t_{ij}^{\mathrm{t}}=D/B$；访问时间 t_{ij}^{a} 取决于数据包大小，设数据包读取和写入时间一致，则访问时间与访问量 A 及存储速度 V 的关系为 $t_{ij}^{\mathrm{a}}=2A/V$；处理时间 t_{ij}^{p} 因不同应用而异。因此，完成任务耗时的最大值为

$$T_{\max}=\max_{1<i<m,1<j<n}(t_{ij})$$

设 T_{r} 为预定义参考时间，故节点 S_j 的相对执行时间为

$$\Psi_T(S_j)=\frac{T_{\max}}{T_{\mathrm{r}}} \tag{9.1}$$

2) 通信能耗

给定标准距离 d_0 下的最小通信能耗 $P_{0,t}$，通信能耗与节点 S_i 和 S_j 之间的空间距离 $d_{i,j}$ 相关[17]：

$$P_{i,t}=\frac{d_{i,j}^2}{d_0^2}\times\frac{(4\pi)^2\beta}{G_{\mathrm{t}}G_{\mathrm{r}}\lambda^2}\times P_{0,t}$$

其中，G_{t} 为节点 S_i 发射系数；G_{r} 为中心节点 S_j 接收系数；λ 为无线通信波长；β 为系统功耗因子。

由于 $\frac{(4\pi)^2\beta}{G_{\mathrm{t}}G_{\mathrm{r}}\lambda^2}\times P_{0,t}$ 为常数，故单位数据通信能耗表示为 $\frac{d_{i,j}^2}{d_0^2}$。

3) 执行能耗

设 $I(S_j)$ 为 S_j 在单位时间内执行某一任务时的能量消耗，$x_{ij}=1$ 表示 t_i 被分配到 S_j 上执行，否则 $x_{ij}=0$，E_{r} 表示预估执行能耗，则节点 S_j 执行所有赋予它的任务所消耗的能量为

$$E_e(S_j)=\sum_{i=1}^{n}I(S_j)t_{ij}x_{ij}$$

所有节点完成任务时所消耗的能量最大值为

$$E_e^{\max}=\max_{1<j<n}(E_e(S_j))$$

故节点 S_j 的相对执行能耗为

$$\psi_e(S_j)=\frac{E_e^{\max}(S_j)}{E_{\mathrm{r}}} \tag{9.2}$$

令 t 时刻节点 S_k 的剩余能量为 $e(S_k)$，根据能量熵理论，网络剩余能量平均度可定义为

$$H(S')=-\sum_{k=1}^{n}p(e(S_k))\ln p(e(S_k))$$

故节点 S_i 的总的能耗(通信能耗与执行能耗之和)可表示为

$$\Psi_E(S_i)=-\left(\frac{d_{i,j}^2}{d_0^2}+\psi_e(S_i)\right)H(S_i') \tag{9.3}$$

4) 代价函数确定

设在一个簇内，分配到簇头的任务被分成 m 个子任务，并在 n 个传感器节点 $S=\{S_1,S_2,\cdots,S_n\}$ 分配这 m 个子任务，则簇内任务分配可以表示为下列组合优化问题的代价函数为

$$F=w_1\max_{1<j<n}(\Psi_T(S_j))+w_2\sum_{j=1}^{n}\Psi_E(S_j) \tag{9.4}$$

其中，w_1 表示节点时间开销的权值；w_2 表示节点能量消耗的权值。目标函数中的常数 w_1 和 w_2 的值用来调节时间开销和节点消耗能量的比重。

9.3.2 节能动态任务分配算法

假设任务 $\Gamma=\{\tau_1,\tau_2,\cdots,\tau_m\}$ 由簇内的传感器节点 $S=\{S_1,S_2,\cdots,S_n\}$ 共同执行，图 9.8 显示了传感器网络的任务分配框架。基于网络拓扑图以及节点的状态，如计算资源、剩余能量以及邻居数等，完成任务的映射。同时结合任务图，执行任务分配算法，将任务映射到网络节点上。任务在执行的过程中，如果网络动态变化，将启动动态调整的过程。

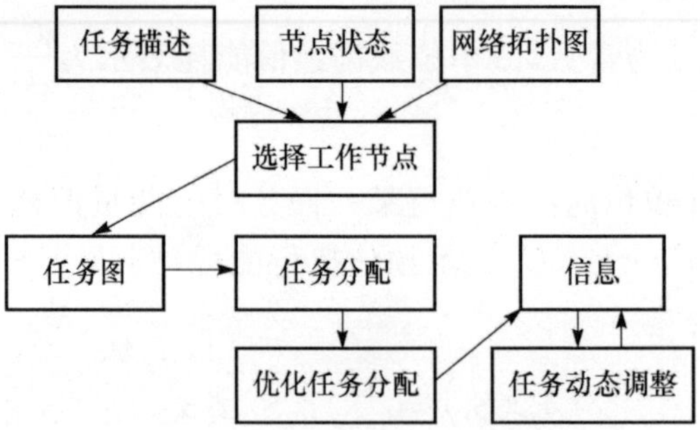

图 9.8 任务分配框架

由于无线传感网络中可能的任务分配方案随感知节点数据、中心节点数量的增加呈几何倍数增长而任务分配要求能够实时响应网络变化，为解决这一问题，根据 PSO 算法具有控制参数少、搜索速度快、具有并行处理特征、鲁棒性好、简单易实现，而且几乎不需要调整就可以获得相对较好的性能等优点，本书引入 PSO 算

法实现无线传感网络任务分配优化。

PSO 算法基本原理为：用随机解初始化一群随机粒子，然后通过迭代找到最优解。在每一次迭代中，粒子是通过跟踪这两个“极值”来更新自己：一个极值为个体极值(Pbest)；另一个极值为全局极值(gbest)。同时，每个粒子不断改变其在解空间中的速度，以决定自身的走向及飞行距离，并尽可能朝 Pbest 和 gbest 所指向的区域“飞”去[18]。

具体算法步骤如下：

(1) 问题的初始化。

首先随机产生 p 个有效任务分配初始方案和速度。设 S_i 的编号为 $i(1\leqslant i\leqslant n)$，$S_i$ 中的元素表示第 i 个传感器节点分配到的子任务，用子任务的序号来表示，如 $S_2=\{8,5,4\}$ 表示子任务 8、5 和 4 分配到 S_2 上，它们执行的顺序是 8、5 和 4。随机生成一个任务方案 S 中的元素为 i，S 的位依次表示各个任务。将 S 转化为如下任务分配矩阵 X：

$$X=\begin{array}{c} \\ t_1 \\ t_2 \\ t_3 \\ \vdots \\ t_m \end{array}\begin{array}{c} \begin{array}{cccc} S_1 & S_2 & \cdots & S_n \end{array} \\ \begin{bmatrix} 1 & 0 & \cdots & 0 \\ 0 & 1 & \cdots & 0 \\ 1 & 0 & \cdots & 0 \\ \vdots & \vdots & & \vdots \\ 0 & 0 & \cdots & 1 \end{bmatrix}_{m\times n} \end{array}$$

根据不同的分配方案，可产生不同的任务分配矩阵。但是在这些方案中，有一些是违背节点能量约束的，即节点的剩余能量不足以完成分配的任务，称为无效分配方案，否则，称为有效分配方案。在有效分配方案中，有一些不满足任务图中的偏序关系，则这些分配方案虽然有效，但不是最优的，需进行进一步的优化。

(2) 根据目标函数式(9.4)，评价所有粒子适应值 fitness_i，同时，初始化种群中最好的适应值及其索引。

(3) 对所有的 $i\in\{1,2,\cdots,m\}$，比较 fitness_i 和 Pbest_i，如果 $\text{fitness}_i<\text{Pbest}_i$，则令 $\text{Pbest}_i=\text{fitness}_i$，$X_i^{\text{Pbest}}=X_i$。

(4) 对所有的 $i\in\{1,2,\cdots,m\}$，比较 fitness_i 和 gbest，如果 $\text{fitness}_i<\text{gbest}$，则重新设置 gbest 的索引号 g。

(5) 根据式(9.5)、式(9.6)以及约束条件，调整每一个粒子的任务分配方案和速度：

$$v_{id}=w\times v_{id}+c_1r_1\times(x_{id}^{\text{Pbest}}-x_{id})+c_2r_2\times(x_{gd}^{\text{gbest}}-x_{id}) \tag{9.5}$$

$$x_{id}=x_{id}+v_{id} \tag{9.6}$$

其中，v_{id} 为粒子 i 飞行速度矢量的第 d 维分量；x_{id} 为粒子 i 位置矢量的第 d 维分量；x_{id}^{Pbest} 表示粒子 i 位置矢量的第 d 维分量所经历的最好位置；x_{gd}^{gbest} 表示目前粒子群在解空间中所经历的最好位置；r_1、r_2 为介于[0,1]之间的随机数；c_1、c_2 为加速度系数；w 为惯性权重。

(6) 终止准则。本算法采用的进化终止代数，如果达到最大迭代次数 gen_{max}，就终止迭代；否则返回步骤(2)。

(7) 动态调整。当某些节点由于消耗能量过快而死亡，为了保存一定能量执行以后更为重要的任务，在节点剩余能量低于某一阈值时，需要将该节点承担的任务迁移到其他节点；或者承担任务的节点持续消耗能量，导致当前任务分配方案不再最优，需要任务动态迁移以调整到一个更佳分配方案。因此，在任务执行过程中，当节点能耗低于某一阈值时，在邻居节点中选择一合适的健康节点，将任务迁移到该邻居节点。

9.3.3 仿真实验与分析

为了评估任务分配算法的可行性，仿真实验分为两组进行。粒子群优化算法的参数设置如下：$c_1=c_2=3$，$w=0.4$，$gen_{max}=100$。

1) 第一组实验

假设传感器节点的 CPU 工作频率为 100MHz，约定一个单位的数据发送 1hop 的距离需消耗一个单位的能量。簇头上有一个任务，含有 20 个子任务，其优先级别为：[2 5 9 2 10 7 10 8 8 6 8 5 9 3 9 7 10 8 4 6]，簇内有 5 个传感器节点，其最佳任务分配方案如表 9.1 以及图 9.9 所示。图 9.9 显示了算法的性能、迭代代数和适应值之间的关系。较低的适应值表示任务分配具有较低的时间开销和能量消耗。同时，也表明该算法能很快收敛，第 19 代获得最优解。

表 9.1　最佳任务分配方案

状态	最佳分配方案
S_1	18 19 2 1
S_2	7 5 8 9 20
S_3	13 15 11 10
S_4	16 12 14
S_5	17 3 6 4

2) 第二组实验

假设簇内有 20 个传感器节点，随机产生 6 个任务图：g_1，g_2，…，g_6，与随机优化技术进行比较。比较结果如图 9.10 所示。图 9.10 表明本书的算法节省能量多，执行时间少。

无线传感器网络的任务分配过程旨在减少任务间的开销，有效节省能源，尽可能延长网络生命期。利用粒子群优化算法和熵理论，并根据传感器节点上的剩余

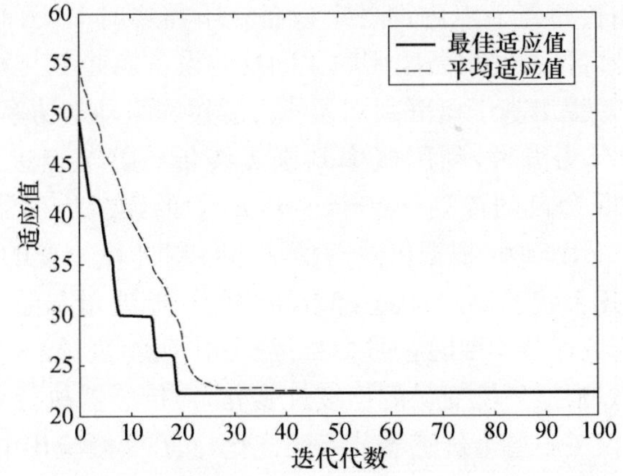

图 9.9　任务分配算法性能

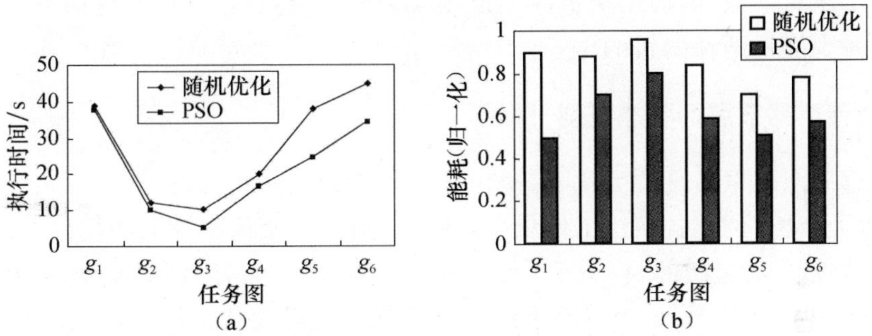

图 9.10　任务分配算法效率

能量以及对任务的动态调整，可以达到无线传感器网络任务分配的目的，从而使得任务分配机制具有更强的动态适应性，从而提升了系统的能效。

9.4　基于预测的无线传感器网络动态功耗管理

9.4.1　动态功耗管理引言

在无线传感器网络中，虽然整个传感器网络的生存寿命主要依赖于各个传感节点的生存寿命，但是设计无线传感器网络时不能只考虑单个微传感节点的能量消耗情况或者只针对传感节点的某个单元而进行低能耗策略设计。一旦整个网络系统设计完成后，额外的能量节省可以依靠动态功耗管理策略（dynamic power management，DPM）来实现。

动态功耗管理是一种有效的、能够在降低系统功率消耗而不影响系统性能的办法。其基本思想是:传感器节点内部各个设备在不需要时关闭,而在必要是加以唤醒。这样,在传感器内部某些设备空闲时关闭这些设备能够产生实质性的能量节约。

MIT 的 Sinha 等提出基于概率判别无线传感器网络动态功率管理[19],即把传感器节点的功率状态分为五种,利用概率判别无线传感器节点进入何种功率状态。Passos 等提出使用混合自动控制(hybrid automata)的无线传感器动态功率管理方法[20]。在这种方法中,Passos 根据传感器检测事件对环境情况的依赖,基于自动控制理论把系统分为几个状态,每个状态都有相应的控制变量和向其他状态转换的条件,当环境变量改变或保持不变时,通过对形势加以预测(反馈)来执行在不同状态模式之间的转换。可以根据环境变量的连续性变化,对传感器执行施行离散的处理应用。但是这些研究仅关心单个传感器节点的优化,而在实际应用中,存在如节点状态切换时间过长、最深睡眠时间设计不当、网络开销大、局部节点过早死亡等问题。

本节提出一种适用于无线传感器网络应用的节点功耗管理方法,即利用传感器节点上已有的数据,应用灰色模型预测未来值,对传感器节点实行动态功耗管理以达到减少能量消耗的目的[21]。

9.4.2　传感器节点的状态模型

传感节点根据负载的变化,各模块处于不同的工作状态,而各状态又有不同的功耗,因此,动态调整各模块工作状态,使其尽可能处于休眠等低功耗状态,从而达到降低节点整体能耗的目的。例如,如图 9.11 所示为处理器 StrongARM SA-1100 的三种运行状态、各个状态下的功率消耗情况以及各个状态进行切换时消耗的能量和延时情况,图中也明显地说明了不同的运行状态不仅功耗不同,而且不同状态之间进行切换时消耗的能量和花费的时间也不同。因此将构成传感节点的各个单元的多种运行状态进行合理的组合,可以使整个传感节点具有多种运行状态,

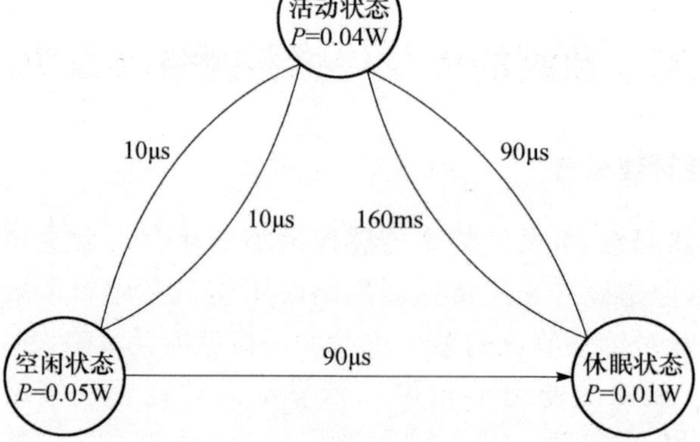

图 9.11　处理器 StrongARM SA-1100 不同运行状态的能耗转换图

并且当传感节点处于不同的运行状态所对应的能耗也有所不同。

节点状态划分依据如下：

(1) 传感器节点能耗模块个数。一般的无线传感器节点的能耗部件有计算模块、传感模块、通信模块、电源模块，有些特殊的传感器节点可能还包括移动模块。计算模块又可分为 MCU、RAM、ROM 等，通信模块包括接收和发送两种方式。理论上讲，传感器节点中所有单独的能耗部件均可看做能耗模块，但是通常不用划分太细，只考虑其中比较重要的几个模块：感知模块、通信模块、计算模块。

(2) 每个能耗模块的状态个数。一般的模块都有工作、空闲、休眠、关闭等几种状态，通信模块的工作状态又有接收和发送两种不同的状态。

(3) 状态的意义。有些模块的状态意义不大，如通信模块的空闲状态，其消耗的功率和接收的功率相差不大，引入这个状态会增加状态转换延迟时间，能节约的能量却很少，一般采用关闭状态替代空闲状态。

(4) 具体应用。无线传感器节点种类繁多，与应用联系紧密，节点状态的划分需要根据具体的应用决定。

节点状态划分越多，需要定义的状态转换消息和判断条件也越复杂，对于能量和计算能力都非常有限的无线传感器网络来说，传感器节点的工作状态划分必须考虑实际情况。

Sinha 对构成微传感节点各个组成单元的不同状态进行合理的组合，把整个微传感节点划分为五种工作状态，如表 9.2 所示，在嵌入式操作系统的支持下进行切换，既满足了功能的需要，又节省了功耗。

表 9.2　传感器节点的五种工作状态

状　态	内　存	CPU	传感器	射　频	功耗/mW	延迟时间/ms
S_0	active	active	on	transmit, receive	1040	—
S_1	sleep	idle	on	Rx	400	5
S_2	sleep	sleep	on	Rx	270	15
S_3	sleep	sleep	on	off	200	20
S_4	sleep	sleep	off	off	10	50

从表 9.2 中可以看出微传感节点处于不同的状态所消耗的能量以及转换到正常活动状态时所花费的时间具有很大的差别：

(1) 当传感节点处于 S_0 状态时消耗的能量最多，因为此时构成传感节点的所有单元都处于正常的活动状态，因此应尽量避免传感节点长期处于此状态。

(2) 当传感节点处于 S_4 状态时消耗的能量最少，因为此时构成传感节点的所有单元几乎都处于关闭状态，传感节点的再次活动是由定时器控制。传感节点工作时也应避免经常处于此状态，因为此状态下传感节点几乎与外界失去了任何联系，如果传感节点经常处于此状态的话就会增加传感器网络的事件丢失率，另外从此状态切换到其他状态时所用的时间也比较长，严重影响传感器网络的实时性。

（3）当传感节点处于 S_1 状态，此时传感节点的信息传输单元处于接收状态，信息采集单元处于活动状态，以便采集环境中的监测数据，信息处理单元处于空闲状态，此状态相对于 S_0 状态的单位时间能耗有所下降，而且从 S_1 状态切换到正常活动状态（S_0）所花费的时间明显要少于从 S_4 状态切换到 S_0 状态所花费的时间。

（4）当传感节点处于 S_2 状态，此时传感节点的信息传输单元处于接收信息的状态，信息采集单元处于活动状态，信息处理单元处于休眠状态，此时只要没有接收到数据信息，信息处理单元就继续处于休眠状态以便节约能量，当收到信息时可以被迅速地唤醒处理信息，但是从该状态切换到 S_0 状态时花费的时间要大于从 S_1 状态切换到 S_0 状态时花费的时间，另外传感节点在该状态下消耗的能量要小于 S_1 状态下消耗的能量。

（5）当传感节点处于 S_3 状态时，此时传感节点的运行状态与 S_2 状态几乎相同，只是在此状态下传感节点的信息传输单元处于休眠状态，因此在此状态下消耗的能量要少于 S_2 状态，但是从此状态切换到 S_0 状态所花费的时间要大于从 S_2 状态切换到 S_0 状态时花费的时间。

假设某个节点检测到一个事件发生，节点完成相应处理的时刻为 t_1，P_0 为传感器处于激活状态时的功率，在 t_1 之后，节点从激活状态 S_0 转入休眠状态 S_k，其功耗为 P_k，下一事件发生的时刻为 $t_2=t_1+t_i$。t_{dk}（t_{uk}）为传感器从激活状态 S_0（休眠状态 S_k）到休眠状态 S_k（激活状态 S_0）的转换时间，功率状态转换如图 9.12 所示。

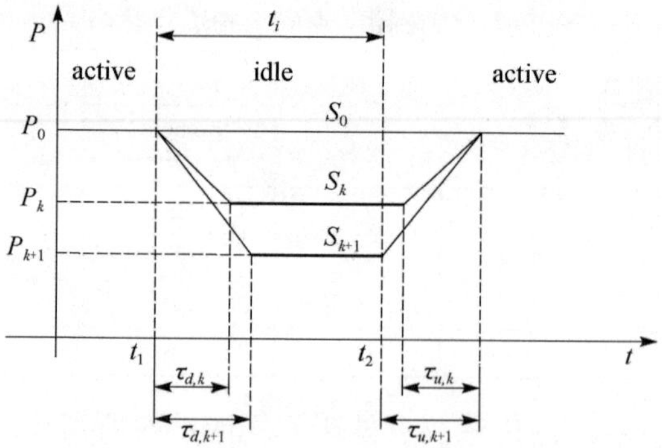

图 9.12　传感节点状态转换时延以及能量

节点状态转入休眠状态 S_k，节省的能量为

$$
\begin{aligned}
E_{\text{save},k} &= P_0 t_i - \left(\frac{P_0+P_k}{2}\right)(\tau_{d,k}+\tau_{u,k}) - P_k(t_i-\tau_{d,k}) \\
&= (P_0-P_k)t_i - \left(\frac{P_0-P_k}{2}\right)\tau_{d,k} - \left(\frac{P_0+P_k}{2}\right)\tau_{u,k} \qquad (9.7)
\end{aligned}
$$

只有当 $E_{save,k}>0$ 时，式(9.7)才有意义。同时，设状态迁移的额外消耗的功耗为 P_{add}，则时间阈值为

$$T_{th,k}=\frac{1}{2}\left[\tau_{d,k}+\left(\frac{P_0+P_k}{P_0-P_k}\right)\tau_{u,k}\right]+\frac{P_{add}}{P_0-P_k} \tag{9.8}$$

对于 S_4 时间阈值的确定需要结合微传感节点当时所具有的能量(电池当时的电压大小)以及应用环境的要求，因为传感节点一旦进入状态 S_4 后，那么它与外界几乎没有任何联系，即接收不到外界任何信息，只能依靠自己设置的定时时间，时间一到就通过系统的硬中断将其唤醒。因此当传感节点经常出入状态 S_4 的话，那么传感节点丢失事件的概率就会增加，因此在某些特殊的不允许出现事件丢失情况的应用环境中，就需要在设计动态功耗管理策略时完全禁止传感节点进入最深睡眠状态 S_4，但在另外一些允许出现事件丢失情况的应用环境中，则可以使传感节点在适当的时候进入最深睡眠状态 S_4，以便节省更多的能量达到延长传感器网络生存期的目的。本书主要是针对后一种应用环境，即在一定程度上允许出现少量事件丢失情况的应用环境。

计算 S_4 时间阈值的数学模型如下所示：

$$T_{th,4}=\mu e^{\frac{V_{std}}{V_{pre}}} \tag{9.9}$$

其中，μ 是一个可以根据需要调整的常数；V_{std} 为微传感节点所用电池的标准电压；V_{pre} 为微传感节点所用电池现在的电压。

如果对 T_i 提前做出判断，即对下一事件在何时发生做出预测或根据 T_i 和 $T_{th,k}$ 综合判断。对 T_i 预测的越准确，就能进入最合适的功率状态，就可能达到效果较好的动态功率管理，传感器节点的状态迁移如图 9.13 所示。

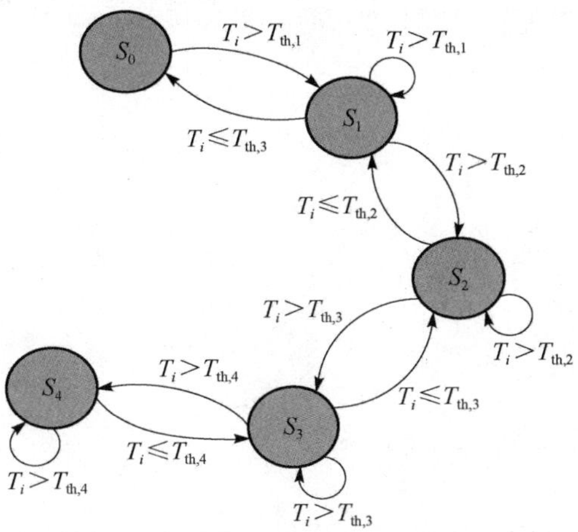

图 9.13　传感节点状态之间的转换框图

9.4.3　基于灰色模型的动态功耗管理算法设计

根据历史记录的空闲时间长度，应用 GM(1,1)预测模型对传感节点即将到来的空闲时间长度进行准确的预测，以便实现提前控制微传感节点进入最合适状态的目的。这样既可以避免传统的超时策略在进入低能耗状态之前由于等待超时阈值而额外消耗的能量，又可以在一定程度上减小服务延迟，因为超时策略通常是在微传感节点覆盖区域中被监测的事件发生后才唤醒微传感节点，由于状态之间的切换会存在一定的时延，所以当使用超时策略进行设计动态功耗管理策略时总会存在一定的服务延迟。如图 9.14 所示是基于灰色模型的无线传感器网络动态功耗管理策略总体流程图。

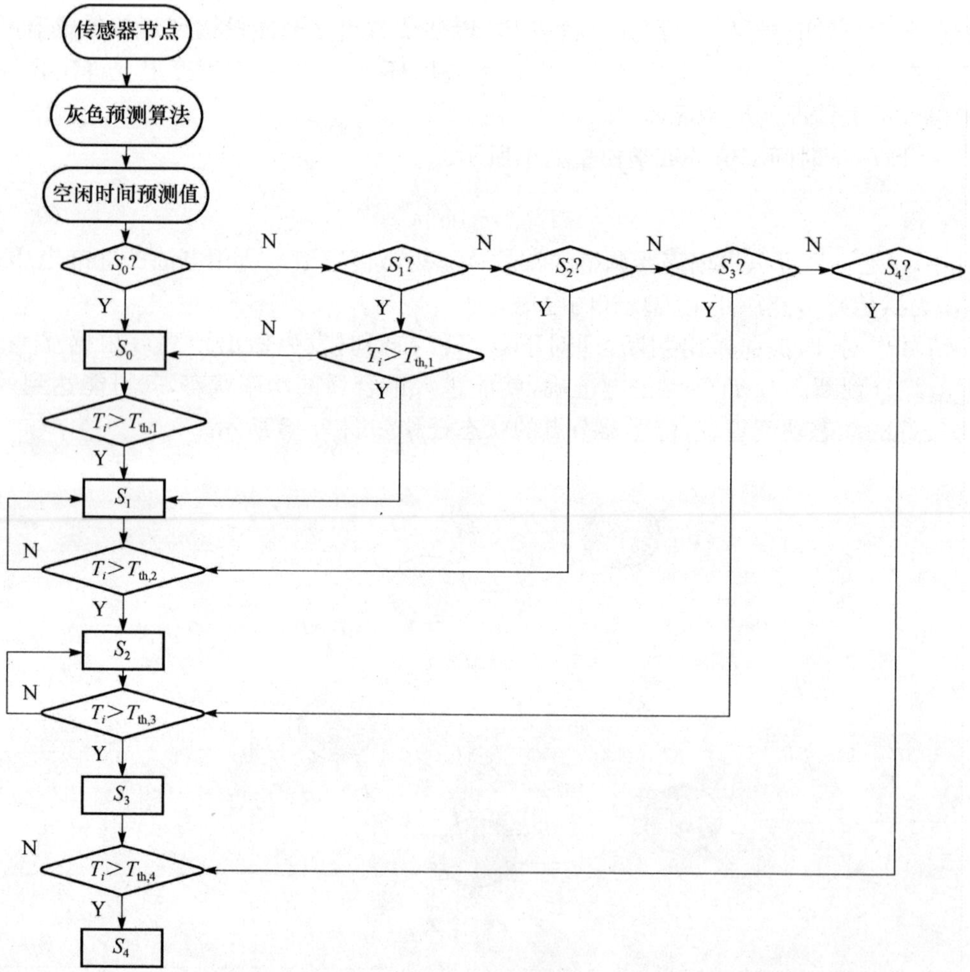

图 9.14　动态功耗管理策略的流程图

使用 GM(1,1)预测模型对微传感节点空闲时间长度进行预测并执行动态功耗管理的主要步骤如下：

(1) 创造样本时间序列。根据传感节点历史记录的空闲时间长度创造样本时间序列 $X_{(0)}=\{X_{(0)}(1),X_{(0)}(2),X_{(0)}(3),\cdots,X_{(0)}(p)\}$，由于通常情况下传感节点的存储空间以及所携带的能量有限，因此选用五个样本时间值进行空闲时间长度的预测，通过循环滚动的方式不断地更新样本时间值，置入最新空闲时间 $X_{(0)}(i+1)$的同时除去最旧的空闲时间 $X_{(0)}(1)$，这就使得预测中所用的样本时间个数始终保持不变，这样既没有加大预测算法的计算量，又保证了预测的准确性。

(2) 建立预测模型。根据样本时间依次创建其一阶累加生成时间序列 $X_{(1)}$ 以及紧邻均值时间序列 Y，即

$$X_{(1)}=\{X_{(1)}(1),X_{(1)}(2),X_{(1)}(3),\cdots,X_{(1)}(p)\}$$

其中，$X_{(1)}(k)=\sum\limits_{j=1}^{k}X_{(0)}(k)(k=1,2,\cdots,p)$。

$$Y=\{Y(1),Y(2),Y(3),\cdots,Y(p)\}$$

其中，$Y(i)=\dfrac{X_{(1)}(i)-X_{(1)}(i-1)}{\ln X_{(1)}(i)-\ln X_{(1)}(i-1)}(i=2,3,\cdots,p)$，当 $X_{(1)}(i)=X_{(1)}(i-1)$时，$Y(i)=X_{(1)}(i)$。

随后根据已创建的 $X_{(1)}$ 和 Y，应用最小二乘法对中间变量 A、B、M、N 的值进行估计，其计算模型如下：

$$A=\sum_{i=2}^{p}Y(i) \tag{9.10}$$

$$B=\sum_{i=2}^{p}X_{(0)}(i) \tag{9.11}$$

$$M=\sum_{i=2}^{p}X_{(0)}(i)Y(i) \tag{9.12}$$

$$N=\sum_{i=2}^{p}[Y(i)]^2 \tag{9.13}$$

其中，$p\geqslant 4$。

将 A、B、M、N 的值代入式(9.14)和式(9.15)就可计算出灰色模型 GM(1,1)的两个参数 n 和 m：

$$n=\frac{AB-(p-1)M}{(p-1)N-B^2} \tag{9.14}$$

$$m=\frac{BN-AM}{(p-1)N-B^2} \tag{9.15}$$

将 n 和 m 的值代入式(9.16)：

$$\hat{X}_{(1)}(k+1)=\left(X_{(0)}(1)-\frac{n}{m}\right)\mathrm{e}^{-n\times(k+1-p)}+\frac{n}{m},\quad k=1,2,\cdots,p \tag{9.16}$$

最终将得出历史数据序列的预测值，即

$$\hat{X}_{(0)}(i+1)=\hat{X}_{(1)}(i+1)-\hat{X}_{(1)}(i) \tag{9.17}$$

(3) 根据上一步预测出的空闲时间长度$\hat{X}_{(0)}(i+1)$决定传感节点如何进行状态切换，将$\hat{X}_{(0)}(i+1)$的值与传感节点的各个低能耗状态的最小时间阈值$T_{\mathrm{th},m}(m=1,2,3,4)$进行比较，如果$\hat{X}_{(0)}(i+1)$大于某个低能耗状态的最小时间阈值，就将微传感节点切换到该低能耗状态，反之则保持原来的状态。

(4) 记录此次空闲时间的实际长度，返回(1)继续循环执行。

9.4.4 仿真实验与分析

在无线传感器网络的动态功耗管理策略中，预测策略的好与差主要取决于所用预测算法的预测准确度，因为只有准确的预测结果才能够很好地控制传感节点进入最合适的低能耗状态，进而提高整个传感器网络的性能。另外根据微传感节点的特点，应选择一种在较少样本数据的情况下就能达到较高预测准确度的预测算法。

1) 仿真实验一

灰色模型预测算法与指数平均法以及小波自回归预测算法在预测准确性方面进行了比较，其比较结果如图 9.15 所示。由图可知，灰色模型预测算法在预测准确性方面最好，其次是小波自回归预测算法，最后是指数平均法。图 9.15 中也显示出了三种预测算法在遇到数据变化比较大的地方都会出现比较大的预测误差，但是灰色模型预测算法的预测误差明显要低于另外两种预测算法的预测误差，当数据变化恢复后，灰色模型预测算法能够很快地跟踪真实值，而指数平均法以及小波自回归预测算法的跟踪速度比较缓慢，而且总是和真实的空闲时间值存在一定的误差。

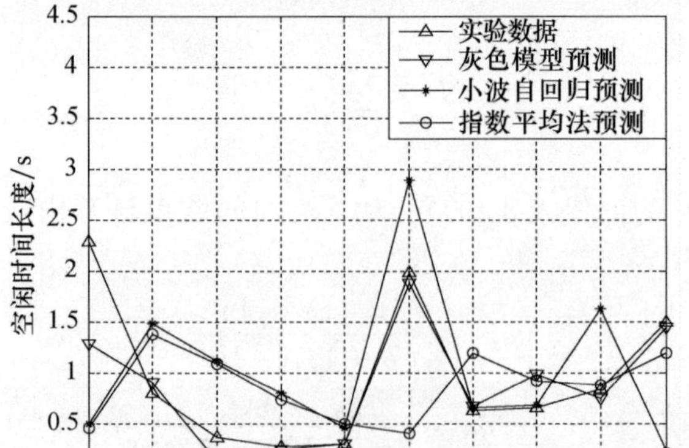

图 9.15 小波自回归预测、指数平均法预测与灰色模型预测比较

2）仿真实验二

基于灰色预测模型的动态功耗策略与未使用节能算法以及基于超时策略的动态功耗管理策略就能量消耗方面的对比。第一组仿真实验假定传感节点平均每隔 0.08s 处理一次事件，处理 50 次；第二组假定传感节点平均每隔 0.5s 处理一次，处理 50 次。每组实验进行 10 次。

图 9.16 与表 9.3 表示传感节点平均每隔 0.08s 处理一个事件后在空闲时段消耗的能量情况，图 9.17 与表 9.4 表示传感节点平均每隔 0.5s 处理一个事件在空闲时段消耗的能量情况。从图 9.16 可以看出，当采用本章的低能耗策略后微传

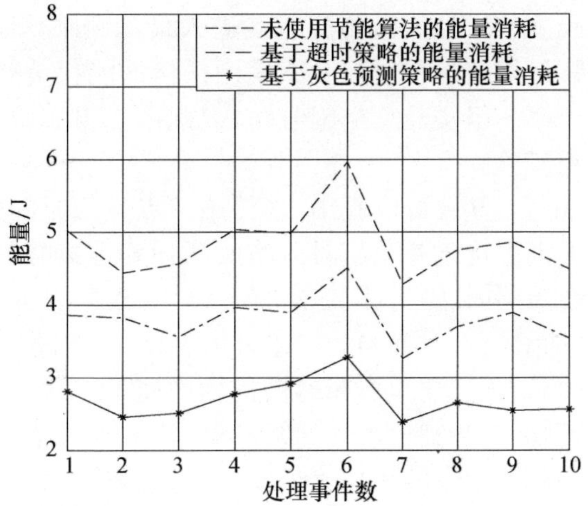

图 9.16　未使用节能算法、超时策略与本章算法空闲能量消耗对比（0.08s 处理一次）

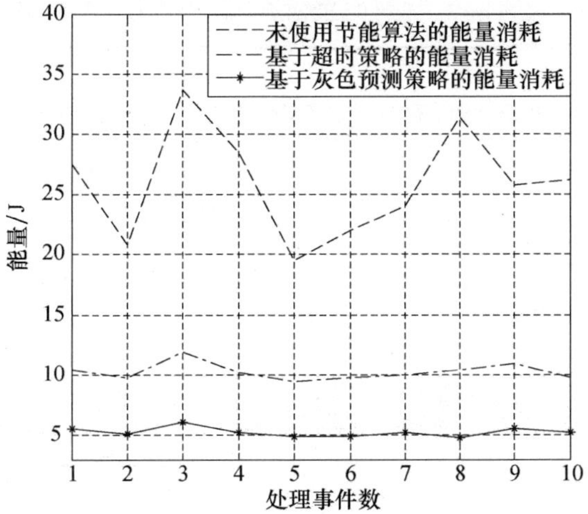

图 9.17　未使用节能算法、超时策略与本章算法空闲能量消耗对比（0.5s 处理一次）

感节点平均每 0.08s 处理一个事件时,处理完 50 个事件相比于未使用任何低能耗策略以及采用基于超时策略的功耗管理策略处理相同的任务时,本章的策略在总的空闲时间段内能够平均节省 44.5%的能量,而基于超时策略的动态功耗管理策略在总的空闲时间段内只能够平均节省 21.5%的能量。

从图 9.17 可以看出,当传感节点平均每 0.5s 处理一个事件时,完成与上一组实验同样的任务,本章的低能耗策略能够平均节省 60.8%的能量,而基于超时策略的功耗管理策略只能够平均节省 47.4%的能量。表 9.3 和表 9.4 也显示了同样处理 50 个事件,第二组实验无论是基于超时策略的功耗管理算法还是本章设计的基于灰色预测策略的功耗管理算法在节约能量方面都要优于第一组实验,这主要是因为空闲时间长度的增加使微传感节点进入最深睡眠状态 S_4(本章算法)和休眠状态(超时算法)的机会也在增加。不使用任何低能耗策略时,由于第二组实验总空闲时间要大于第一组实验总空闲时间,因此第二组实验在空闲状态时消耗的能量要多于第一组实验。

通过比较表 9.3 与表 9.4 可以看出,当传感节点空闲时间长度增加后本章的低能耗策略在节能方面更优于基于超时策略的功耗管理策略,这主要因为当使用本章所设计的低能耗策略时,微传感节点空闲时间长度的增加使微传感节点进入最深睡眠状态 S_4 的机会更多。而当使用超时策略时,虽然进入休眠状态的机会也会增加,但是超时策略始终都要浪费超时阈值内的能量。从这两组实验可以发现无论空闲时间长度增加,还是减少本章的基于预测策略的功耗管理算法,在降低能耗方面都要优于基于超时策略的功耗管理策略,这主要是因为基于超时策略的功耗管理策略在微传感节点进入空闲状态时,由于需要等待一段超时阈值时间而不能立即进入休眠状态造成浪费多余的能量。而本章的基于灰色模型的功耗管理策略就避免了由于等待超时阈值时间而消耗的额外能量,本章的算法是只要预测到即将到来的空闲时间长度大于某个更低能耗状态的阈值时就可立即转入其中。

表 9.3 未使用节能算法、超时策略与本章算法的空闲能量消耗情况(0.08s 处理一次)

次　数	未使用节能方法消耗的能量 A/J	预测策略下消耗的能量 B/J	超时策略消耗的能量 C/J	B/C/%
1	5.0157	2.8034	3.8563	72.69
2	4.4367	2.45	3.8145	64.23
3	4.5582	2.5041	3.5565	70.41
4	5.0195	2.7575	3.9524	69.77
5	4.9804	2.9016	3.8784	74.81
6	5.9543	3.2636	4.4929	72.64
7	4.2717	2.3708	3.2529	72.88
8	4.7419	2.6478	3.6991	71.58
9	4.8523	2.5328	3.8859	65.18
10	4.4881	2.5533	3.5293	72.35

表 9.4　未使用节能算法、超时策略与本章算法的空闲能量消耗情况(0.5s 处理一次)

次　数	未使用节能方法消耗的能量 A/J	预测策略下消耗的能量 B/J	超时策略消耗的能量 C/J	B/C/%
1	27.526	5.4906	10.3862	52.86
2	20.8192	5.0636	9.7719	51.81
3	33.6217	6.0841	11.8772	51.23
4	28.489	5.1715	10.214	50.63
5	19.4925	4.9136	9.393	52.31
6	21.9534	4.9063	9.7088	50.53
7	24.0381	5.2299	9.9478	52.57
8	31.3721	4.762	10.4092	45.74
9	25.8105	5.5856	10.9895	50.83
10	26.1926	5.2432	9.756	53.74

本章主要提出了基于灰色模型的无线传感器网络动态功耗管理策略，通过灰色预测模型对微传感节点即将到来的空闲时间长度进行准确的预测，可以达到提前控制微传感节点进入最合适的低能耗状态的目的。由于基于预测策略的无线传感器网络动态功耗管理策略在性能方面的好坏主要取决于预测算法在预测过程中的准确性，因此本章将常用的指数平均法、小波自回归预测算法与本章所用的灰色预测模型在预测准确性方面进行了比较，结果显示本章的预测算法在预测准确性方面要优于指数平均法和小波自回归预测算法。随后将本章所设计的基于预测策略的动态功耗管理策略与传统的基于超时策略的动态功耗管理策略在节能方面进行了比较，结果显示本章所用的基于预测策略的功耗管理算法在节能方面优于传统的基于超时策略的功耗管理算法。

9.5　无线传感器网络能量有效的簇头选择

9.5.1　簇头选择引言

在传感器网络中，将传感器节点组织成簇(cluster)的形式能有效地减少网络的能量消耗，许多能量有效的路由协议都是在簇结构的基础上进行设计的[22,23]。所谓簇是指具有某种关联的网络节点的集合。每个簇由一个簇头(cluster head)和多个簇内成员(cluster member)组成，其典型结构如图 9.18 所示。在每个簇内，根据一定的机制算法选取某个节点作为簇头，簇头对其簇内的节点进行管理，调节簇内节点的工作，负责簇内信息的收集和数据的融合处理以及簇间转发，负责与基站 BS(base station)通信。因此，簇头的产生是簇形成的基础。作为簇头，能量消耗相对较大。为了延长网络的生命周期，簇头需要周期性地更新。簇头的产生方法、数量和位置决定了最终形成的簇的结构、大小和数量，也影响了节点的能量耗费进度和网络的生命周期。

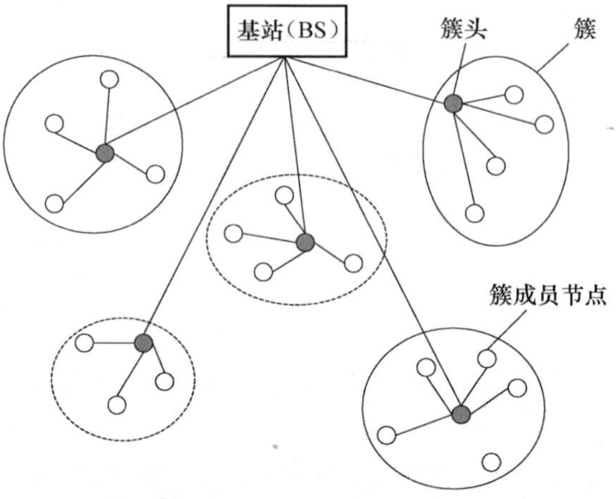

图 9.18 典型分簇结构

传感器节点根据感测能力、计算能力、通信能力和能量等可分为两类：一类是同构传感器网络(homogeneous sensor networks)，即由相同类型传感器节点组成的网络；另一类为异构传感器网络(heterogeneous sensor networks)，是指由多种不同类型的传感器节点构成的网络[24]。在异构网络中，能量的异构特征是普遍存在的，因为不同类型的传感器节点配置不同的初始能量，即使是同种类型节点构成的传感器网络，为了延长网络寿命，而在原有节点的基础上布置新的传感器节点，新加入的传感器节点将拥有比老的节点更多的能量。本章研究在这种能量异构的传感器网络下的簇头选择算法。

当前大多数的簇头选择算法都是基于同构类型的，如 LEACH[25]、PEGASIS[26]、HEED[27]等。LEACH 是一种分布式的协议，每个节点选择一个 0 到 1 之间的随机数，如果其随机数小于某一个阈值 $T(n)$，那么该节点成为当前这个回合的簇首节点。其阈值定义如下：

$$T(n)=\begin{cases}\dfrac{p}{1-p\times\left(r\bmod\dfrac{1}{p}\right)}, & n\in G\\ 0, & \text{其他}\end{cases}\tag{9.18}$$

其中，p 是簇首的节点占节点总数的百分比；r 是当前的轮数；G 是在过去 $1/p$ 轮中未充当簇首的节点的集合；符号 mod 是求模运算符。使用这个阈值，每个节点会在 $1/p$ 操作内担当一次簇首节点。

LEACH 采用所有节点周期性地轮流担任簇头节点的办法来达到使所有节点

均匀消耗能量的目的。

PEGASIS 则将节点组织成链的形式，链的形成由每一个节点或者基站计算得到，因此需要知道网络拓扑的全局知识。HEED 也是一种完全分布式的成簇算法，它随机选择簇头节点，选举概率与该节点的剩余能量直接相关。但是在异构网络中，HEED 可能使低能量的节点比高能量节点拥有更大的概率成为簇头节点。

表 9.5 给出了部分分簇路由协议在簇头产生方式、簇的形成速度、簇的维护开销、优化簇头选举、数据传输结构、优化数据传输、数据延迟等方面具体比较结果。表 9.5 表明，现有改进的分簇路由协议，如 LEACH-C、CEFL 从簇的形成阶段改进了 LEACH 协议簇头选举策略，LEACH-C 根据全局信息由基站负责挑选簇头，CEFL 基于模糊逻辑来选举簇头；如 EECH、PEGASIS 从数据传输阶段改进了 LEACH 协议，EECH 簇头节点与基站不采用直接通信方式，而是采用动态多跳的形式通信，PEGASIS 每一轮只有一个簇头节点向基站发送数据。但是大多数协议只是从某一方面对 LEACH 协议进行了改进，分簇路由协议的整体性能还有待于进一步的改善。

表 9.5　分簇路由协议的比较

路由协议	簇头产生方式	簇的形成速度	簇的维护开销	优化簇头选举	数据传输结构	优化数据传输	数据延迟
LEACH	分布式	快	高	否	单跳	否	非常小
LEACH-C	集中	慢	高	是	单跳	否	小
PEGASIS	分布式	慢	低	是	多跳	是	大
CEFL	集中	一般	一般	是	单跳	否	一般
EECH	分布式	一般	一般	是	多跳	是	大

LEACH 中，簇头节点被随机挑选，这样可能导致能量较少的节点或是位置不佳的节点担任簇头，许多路由协议对随机选举簇头进行了改进。LEACH-C 协议采用全局信息挑选簇头，避免了 LEACH 簇头选举数量和位置不佳的情况；但由基站负责簇头的挑选，增加了成簇前节点能量的消耗。PEGASIS 协议相邻节点之间采用一条距离最短的链进行通信，最后只选一个节点与基站通信，减少了通信量；但 PEGASIS 采用链式成簇，会增加延迟，只适用于小规模的网络系统。CEFL 是基于模糊逻辑的簇头选举方法，避免了节点能量过低、节点密度不佳、节点向心性不好的情况，从而，可以挑选出能量、节点密度和节点向心性最优越的节点当选为簇头；但同时，输入变量节点向心性等同的概率很大，当节点向心性概率相等时，只有通过剩余能量和节点密集度这两个因素来区分节点成簇的概率值，因此，可以简化节点的向心性指标，同时，CEFL 由基站负责挑选簇头，增加了通信开销。EECH 协议把节点能量作为考核簇头选举的重要指标，同时，数据传输阶段，采用多跳路由替代单跳路由，很好地负载均衡网络的能量消耗；除节点能量外，还有节点周围相邻节点数目等一些重要指标也是考量簇头选举的因素。

9.5.2 基于模糊逻辑的簇头选择

假定 N 个传感器节点($n_1,n_2,\cdots,n_N$)随机地散布在一个 $M\times M$ 的正方形区域内,节点总有数据传回到基站,基站远离监测区域。簇头执行数据的融合功能以减少簇内节点产生数据的冗余信息,并负责将集中后的数据传输到基站[28]。

1. 选择概率确定

由于簇头消耗的能量比普通节点消耗的能量要多,因此,我们希望具有初始能量高和剩余能量多的节点成为簇头。假设所有节点的初始能量在$[E_0,\alpha_{\max}E_0]$内随机分布,其中 E_0 为能量下界;$\alpha_{\max}$决定节点的最大初始能量值。在网络运行开始时,每个节点 n_i 配置的初始能量为 $\alpha_i E_0$,故整个网络总的初始能量为

$$E_{\text{total}}=\sum_{i=1}^{N}\alpha_i E_0=E_0\sum_{i=1}^{N}\alpha_i \tag{9.19}$$

将 SEP 协议扩展到多级异构网络环境中,对每个节点 n_i 按照其初始能量的不同取不同的权概率:

$$p(n_i)=\frac{p_{\text{opt}}N\alpha_i}{\sum\limits_{i=1}^{N}\alpha_i} \tag{9.20}$$

其中,p_{opt}为优化簇头比例。

假设 $E_{i_{\text{residual}}}(r)$为节点 n_i 在第 r 轮的剩余能量,$\overline{E}_{\text{residual}}(r)$表示整个网络在第 r 轮的平均能量,则

$$\overline{E}_{\text{residual}}(r)=\frac{1}{N}\sum_{i=1}^{N}E_{i_{\text{residual}}}(r) \tag{9.21}$$

根据式(9.20)和式(9.21)得到节点的选择概率

$$p_{i_{\text{sel}}}=p(n_i)\frac{E_{i_{\text{residual}}}(r)}{\overline{E}_{\text{residual}}(r)}=\frac{p_{\text{opt}}N\alpha_i}{\sum\limits_{i=1}^{N}\alpha_i}\cdot\frac{E_{i_{\text{residual}}}(r)}{\overline{E}_{\text{residual}}(r)} \tag{9.22}$$

式(9.22)表明当 $E_{i_{\text{residual}}}(r)>\overline{E}_{\text{residual}}(r)$时,该节点的选择概率 $p_{i_{\text{sel}}}$ 将比 p_{opt} 增加相应比例的值;当 $E_{i_{\text{residual}}}(r)<\overline{E}_{\text{residual}}(r)$时,该节点的选择概率 $p_{i_{\text{sel}}}$ 将比 p_{opt}减少相应比例的值。同时,式(9.4)也意味着具有高初始能量和剩余能量的节点将比低能量节点有更多的机会成为簇头节点,从而使网络的能量在演化过程中得到均匀的分布。

2. 网络平均能量的估计

由式(9.21)可知,$\overline{E}_{\text{residual}}(r)$仅仅是用于作为每个节点剩余能量的参考值,因此

使用估计值并不会影响算法的性能。如果知道网络的生存时间，我们就能够近似估计网络每轮的平均能量。假设在理想情况下，网络在每一轮所消耗的能量 E_{consum} 是一样的，可以由下式得到网络生存时间的估计值：

$$\hat{L} = \frac{E_{total}}{E_{consum}} \tag{9.23}$$

采用一阶无线电通信模型，如图 9.19 所示。

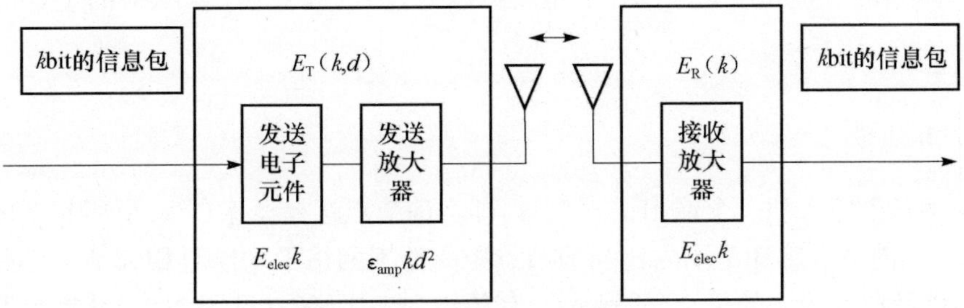

图 9.19　一阶无线电能量模型

在传输 $k$bit 消息经过距离为 d 的过程中，无线电路发送消耗的能量为

$$E_T(k,d) = k(E_{elec} + \varepsilon_{amp} d^2) \tag{9.24}$$

无线电路接收消耗的能量为

$$E_R(k,d) = kE_{elec} \tag{9.25}$$

其中，E_{elec} 表示运行传输电路或者接收电路时每比特数据所消耗的能量，$E_{elec}=50\text{nJ/bit}$；ε_{amp} 表示放大器消耗的能量，$\varepsilon_{amp}=100\text{pJ/(bit}\cdot\text{m}^2)$。

于是网络中簇头和普通节点在一轮中消耗的能量分别为

$$E_{CH} = nE_R(k,d_{CH}) + nE_{DA} + E_T(k,d_{BS}) \tag{9.26}$$

$$E_{non\_CH} = nE_T(k,d_{CH}) \tag{9.27}$$

其中，n 为簇头数；$E_{DA}=5\text{nJ/bit}$ 为簇头执行数据融合的代价；d_{BS} 为簇头到基站的平均距离；d_{CH} 为簇内成员节点到簇头节点的平均距离。

每一轮消耗的总能量为

$$\begin{aligned} E_{consum} &= E_{CH} + E_{non\_CH} \\ &= NE_R(k,d_{CH}) + NE_{DA} \\ &\quad + NE_T(k,d_{CH}) + qE_T(k,d_{BS}) \end{aligned} \tag{9.28}$$

其中，q 为簇头数。

假设节点均匀分布，则

$$d_{CH} = \frac{M}{\sqrt{2\pi q}}$$

$$d_{\mathrm{BS}}=0.765\,\frac{M}{2} \tag{9.29}$$

在式(9.28)中,对 E_{consum} 关于 q 求偏导数,并令该偏导数为 0,则最优的簇头数为

$$q_{\mathrm{opt}}=\frac{\sqrt{N}}{\sqrt{2\pi}}\,\frac{M}{d_{\mathrm{BS}}^{2}} \tag{9.30}$$

将式(9.29)和式(9.30)代入式(9.28)中,得到网络在每一轮消耗的能量总数 E_{round}。网络的总能量 E_{total} 已知,于是就可以通过式(9.23)计算网络的生存时间的估计值 $\hat{L}$。

3. 算法设计

定义三个输入和一个输出语言变量,即当前节点选择概率(P)、距离基站的距离(D)和在当前节点感知范围内比当前节点距离低于网络平均能量相邻节点的距离之和(D')以及成为簇头的机会(chance)。其等级和隶属函数(见图 9.20)分别如下:

$T(P)=${low(低),medium(中等),high(高)}

$T(D)=${near(近),moderate(中等),far(远)}

$T(D')=${near(近), moderate(中等), far(远)}

T(chance) = {very small(非常小), small(小), little small(有点小), medium(中等), little large(有点大), large(大), very large(非常大)}

在当前节点感知范围内,其感知半径计算如下:

$$\mathrm{radius}=\sqrt{\frac{M^{2}}{\pi N p_{\mathrm{opt}}}}$$

其中,M 是部署区域的面积。

模糊逻辑的簇头选举,其模糊逻辑的推理规则 Mamdani-style 推理方式。模糊逻辑的簇头选举推理规则 3×3×3=27 个规则。推理规则如表 9.6 所示。

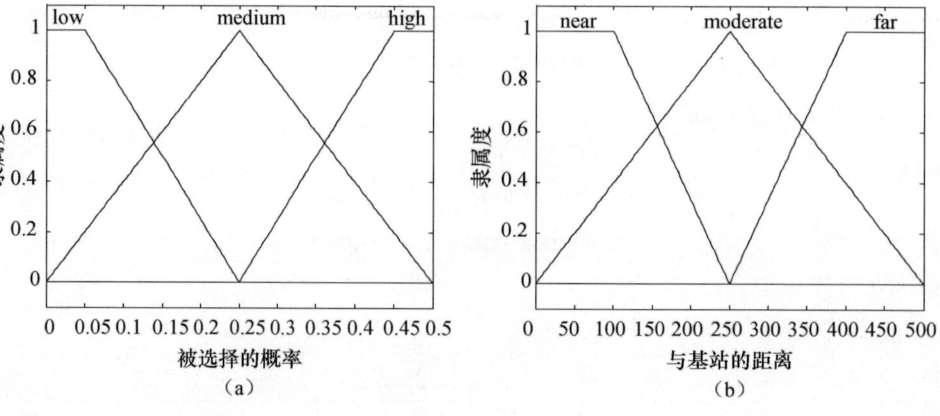

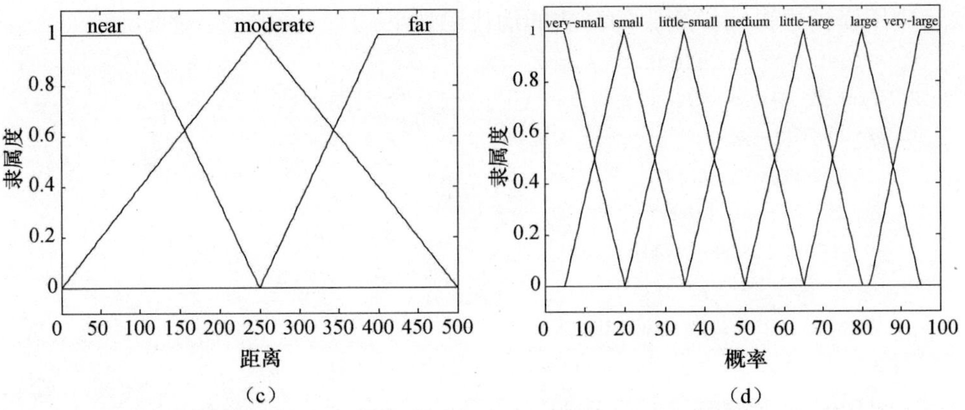

图 9.20　隶属函数

表 9.6　推理规则表

规　则	*P*	*D*	*D′*	chance
1	low	near	near	small
2	low	near	moderate	small
3	low	near	far	very small
4	low	moderate	near	small
5	low	moderate	moderate	small
6	low	moderate	far	small
7	low	far	near	very small
8	low	far	moderate	small
9	low	far	far	very small
10	medium	near	near	large
11	medium	near	moderate	little large
12	medium	near	far	little small
13	medium	moderate	near	little large
14	medium	moderate	moderate	medium
15	medium	moderate	far	small
16	medium	far	near	small
17	medium	far	moderate	small
18	medium	far	far	very small
19	high	near	near	very large
20	high	near	moderate	large
21	high	near	far	little small
22	high	moderate	near	large
23	high	moderate	moderate	little large
24	high	moderate	far	small
25	high	far	near	little small
26	high	far	moderate	small
27	high	far	far	very small

应用模糊逻辑选举簇头的算法的伪代码如下：

```
Cluster-head Selection Algorithm
Adv BS_Message(Etotal, L);
/*对于每一轮*/
if rand()<Popt then
myChance←Fuzzy_Model(P, D, D);
bestCandidate←myID;
bestChance←myChance;
Adv Candidate_Message(myChance, myID);
while receiving Candidate-Message from node N
if nChance>bestChance then
bestCandidate←nID;
bestChance←nChance;
end if
end while
if-bestCandidate= =myID then
Adv CH_Message(HEAD, myID);
end if
else
on receiving CH-message;
select the closest CH;
send Cluster_Join_Message to the closest CH;
end if
```

9.5.3 仿真实验与分析

仿真实验的场景部署为：100 个传感节点随机部署在 50m×50m 的矩形区域的网络，基站位于矩形区域外的坐标(25,100)处。如图 9.21 所示为随机部署的 100 个节点。

1) 仿真实验一

所有节点的初始能量设为 0.5J，其比较结果如图 9.22 以及图 9.23 所示。

比较结果表明：由于考虑节点的剩余能量、相邻节点的数目以及距离基站的距离，使得能量大的节点和相邻节点数目优以及距离基站近的节点有较大的概率成为簇头节点，而当节点能量低或是很低时，节点成为簇头的可能性将会很低，因此它避免了节点能量的过度消耗，从而使得网络节点的能耗均衡负载，延长了网络的生命周期。

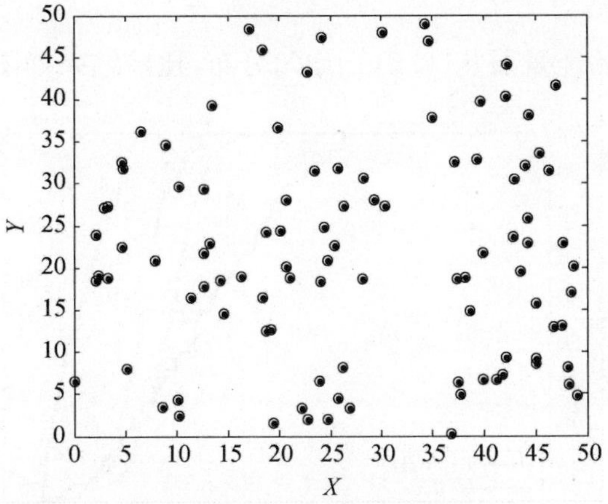

图 9.21　100 节点随机网络

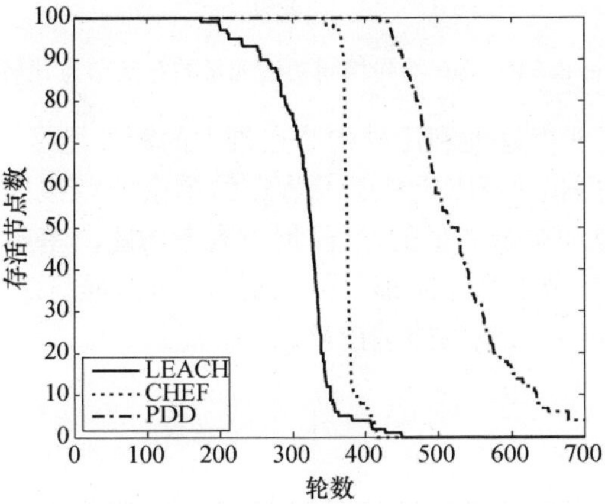

图 9.22　具有相同初始能量的存活节点比较

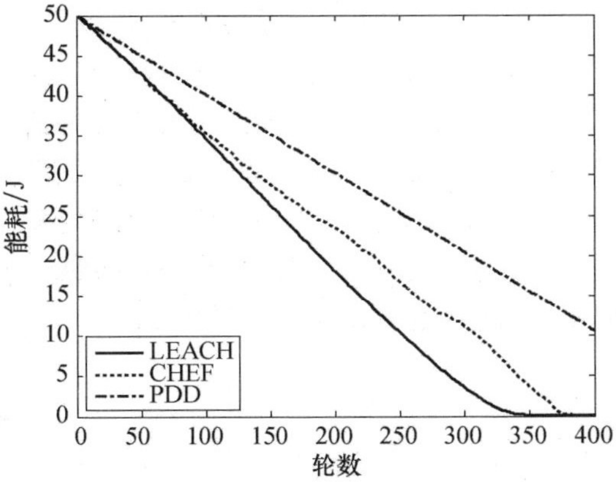

图 9.23　具有相同初始能量能量消耗比较

2) 仿真实验二

所有节点的初始能量服从[0.5,1]均匀分布,比较结果如图 9.24 所示。

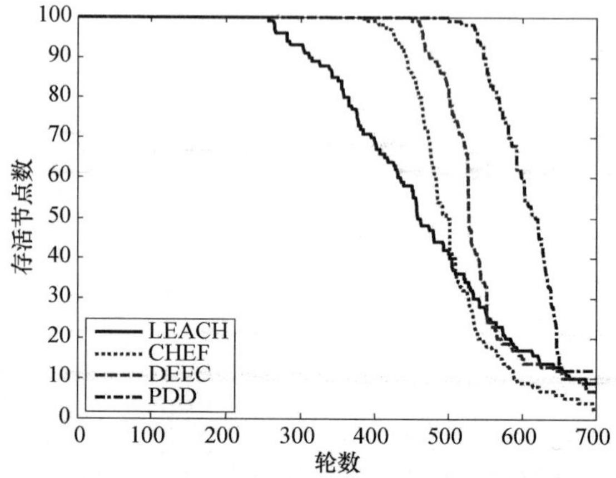

图 9.24　具有不同相同初始能量的存活节点比较

LEACH 协议不能很好地利用异构节点带来的额外能量,其稳定周期很短,节点按照固定的速率死掉。CHEF 考虑了节点的剩余能量以及 DEEC 协议同时考虑了节点的初始能量和剩余能量的差异,但没有考虑距离基站的距离,造成簇的规模以及分布不再均匀,节点会远距离与簇头通信,簇内成员之间、簇头与基站之间的通信开销都增大,导致大量的能量消耗。

9.6 小　　结

本章针对物联网,特别是传感器网络有关能耗设计展开相关讨论,大都是借鉴了分层结构的思想来涉及各层的低能耗策略,由于限制无线传感器网络生存寿命最重要的因素就是能量,如果每个协议层单独进行低能耗设计只会出现局部能耗最小的结果,无法达到全局能耗最小的目的。跨层设计就是将物理上或逻辑上不相邻的各层能够轻松地进行资源共享,以便使整个无线传感网络的性能达到全局最优。目前所设计的跨层优化算法都比较复杂,这对低能耗、低处理以及低存储能力的无线传感网络来说有点勉为其难,将来在跨层设计方面还需要进行大量的实际工作,尽量降低算法的复杂度,以便适应低能耗、低成本、低处理能力的无线传感网络,因此,借鉴传统分层结构中一些高效的低能耗策略思想是一项必要而有意义的工作。

参考文献

[1]　Estrin D, Govindan R, Heidemann J, et al. Next century challenges: Scalable coordinate in sensor network. Proceedings of the 5th ACM/IEEE International Conference on Mobile

Computing and Networking, Seattle, 1999: 263—270.

[2] Akyildiz L F, Su W L, Sankarasubramaniam Y, et al. A survey on sensor networks. IEEE Communications Magazine, 2002, 40(8): 102—114.

[3] Dhanaraj M, Manoj B S, et al. A new energy efficient protocol for minimizing multi-hop latency in wireless sensor networks. Proceedings of the 3rd IEEE International Conference on Pervasive Computing and Communications, Kauai Island, 2005: 117—126.

[4] Tilak S, Abu-Ghazaleh N B, et al. A taxonomy of wireless micro-sensor network models. Mobile Computing and Communications Review, 2002, 6(2): 28—36.

[5] Min R, Bhardwaj M, Cho S H, et al. Energy-centric enabling technologies for wireless sensor networks. IEEE Wireless Communications, 2002, 8: 28—39.

[6] Min R, Furrer T, Chandrakasan A. dynamic voltage scaling techniques for distributed micro sensor networks. IEEE Comp. Soc. Wksp. VLSI, 2000, 4: 43—46.

[7] 姜华，袁晓兵，童琦，等. 无线传感器网络中能量保护策略的研究. 计算机工程与设计，2006, 21(27): 3951—3955.

[8] Ye W, Heidemann J, Estxm D. Medium access control with coordinated adaptive sleeping for wireless sensor networks. IEEE Transactions on Networking, 2004, 12(3): 493—506.

[9] Heemin P, Mani B S. Energy-efficient task assignment framework for wireless sensor networks. CENS Technical Reports, 2003.

[10] Younis M, Akkaya K, Kunjithapatham A. Optimization of task allocation in a cluster-based sensor network. Proceedings of the 8th IEEE International Symposium on Computers and Communication, Netherlands, 2003.

[11] Yu Y, Prasanna V K. Energy-balanced task allocation for collaborative processing in wireless sensor networks. Mobile Networks and Applications, 2005, 10(122): 115—131.

[12] Tian Y, Ekici E, Özgüner F. Energy-constrained task mapping and scheduling in wireless sensor networks. Proceedings of the Mobile Ad Hoc and Sensor Systems Conference, Washington D. C., 2005: 8—16.

[13] Giannecchini S, Caccamo M, Shih C S. Collaborative resource allocation in wireless sensor networks. Proceedings of the Euro Micro Conference on Real-Time Systems (ECRTS 2004), Catania, 2004: 35—44.

[14] Kumar R, Wolenetz M, Agarwalla B, et al. Dfuse: A framework for distributed data fusion. Proceedings of the ACM Conference on Embedded Networked Sensor Systems (SenSys 2003), Los Angeles, 2003: 114—125.

[15] 沈艳，郭兵，丁杰雄，等. 无线传感器网络节能动态任务分配. 四川大学学报（工程科学版），2008, 40(4): 143—147.

[16] Xu Y, Qi H. Distributed computing paradigms for collaborative signal and information processing in sensor networks. Journal of Parallel and Distributed Computing, 2004, 64(8): 945—959.

[17] Wu Q, Rao N S V, Barhen J. On computing mobile agent routes for data fusion in distribu-

ted sensor networks. IEEE Transactions on Knowledge and Data Engineering, 2004, 16 (6): 740—753.

[18] van den Bergh F. An Analysis of Particle Swarm Optimization. Ph. D. Thesis. South Africa: Department of Computer Science, University of Pretoria, 2002.

[19] Sinha A, Chandrakasan A. Dynamic power management in wireless sensor networks. IEEE Design and Test of Computers, 2001, 18(2): 62—74.

[20] Passos C L A M R, Coelho R M, et al. Dynamic power management in wireless sensor networks: An application-driven approach. Second Annual Conference on WirelessOn-demand Network Systems and Services(WONS'05), Washington D. C., 2005: 109—118.

[21] Shen Y, Li X. Wavelet neural network approach for dynamic power management in wireless sensor networks. The International Conference on Embedded Software and Systems, Chengdu, 2008: 29—31.

[22] Krishna P, Vaidya N H, Chatterjee M, et al. A cluster-based approach for routing in dynamic networks. Proceedings of the ACM SIGCOMM'97, 1997, 27(2): 49—65.

[23] McDonald B, Znati T. Design and performance of a distributed dynamic clustering algorithm for ad-hoc networks//Jacobs A. Proceedings of the Annual Simulation Symp. New York: IEEE Press, 2001: 27—35.

[24] Duarte-Melo E J, Liu M. Analysis of energy consumption and lifetime of heterogeneous wireless sensor networks//Wang C H, Lee Y. Proceedings of the GLOBECOM 2002. New York: IEEE Press, 2002: 21—25.

[25] Heinzelman W R, Chandrakasan A P, Balakrishnan H. An application-specific protocol architecture for wireless microsensor networks. IEEE Transactions on Wireless Communications, 2002, 1(4): 660—670.

[26] Lindsey S, Raghavenda C S. PEGASIS: Power efficient gathering in sensor information systems//Williamson D A. Proceedings of the IEEE Aerospace Conference Vol 3. New York: IEEE Press, 2002: 1125—1130.

[27] Younis O, Fahmy S. HEED: A hybrid, energy-efficient, distributed clustering approach for ad hoc sensor networks. IEEE Transactions on Mobile Computing, 2004, 3(4): 660—669.

[28] Yan S, Hui J. Energy-efficient cluster-head selection based on a fuzzy expert system in wireless sensor networks. 2011 IEEE/ACM International Conference on Green Computing and Communications, Chengdu, 2011: 110—113.